500 PUZZLES
WORDSEARCH

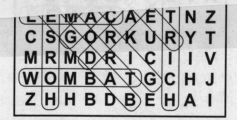

BADGER ✓   LEOPARD ✓

CAMEL ✓   OSTRICH ✓

GAZELLE ✓   PANTHER ✓

GIRAFFE ✓   RABBIT ✓

HORSE ✓   WOMBAT ✓

Languages

```
L S X G E C C U C H T W
G R W N T H P L A U U A
Z P U E I N I C N N R L
R E O N D L G I T G K L
E U E R A I T E O A I O
E S M G T A S A N R S O
E O N A L U L H E I H N
A E Z I N B G K S A L C
B R A L A I A U E N R G
Q N G N C S A N E O Y I
G J I U H I I N A S T H
B A A M X R G T P A E S
N H I C A E I A R D D I
Q R N D R A N A U O D N
I I N M N I J T E E F N
Z A A C S U C J G C J I
M N Q H G H S I M E L F
```

ALBANIAN	HUNGARIAN
BENGALI	ITALIAN
CANTONESE	KASHMIRI
CHINESE	MANDARIN
CROATIAN	PORTUGUESE
DUTCH	RUMANIAN
FINNISH	SPANISH
FLEMISH	SWEDISH
GERMAN	TURKISH
GUJARATI	WALLOON

Birds of a Feather

```
F K B G L R N I B O R E
Y R R L L E L C T S I R
F V R Q A H R C C L A U
K I O B U C P E L G H T
R S R R R T K I T P E L
W O V E V A A B I T R U
O O L D C C M F I A O V
O T R I R R G B Z R N D
D Y E E B E E Y L M D M
D F P G D T S S P I N E
U A I N N S E T T G N R
C L Y I E Y H T O A O G
K C Y K H O E A A N E A
Z O H A R C M U N D G N
T N A R O M R O C K I S
Y S R V O O K C U C P E
P W A E M S I U T C I R
```

AVOCET

BLACKBIRD

BRAMBLING

CAPERCAILLIE

CORMORANT

CUCKOO

DOTTEREL

FIRECREST

HERON

KING EIDER

MERGANSER

MOORHEN

OYSTER CATCHER

PIGEON

PTARMIGAN

REDSHANK

ROBIN

SOOTY FALCON

VULTURE

WOOD DUCK

Just Deserts

```
Z J M N A Y B I L C V E
I E V A J O M G F E R P
L G P K A A P R G U Z Y
I B K A V Q T E B S E I
P A Z M C M N A K S B O
P T T A H U L T C O A T
E N S L I K U V G A U I
A O L K H A Q I R L M A
L S S A U R R C E E U A
P B L T A A Q T A S R V
A I F D H K H O T A P N
A G W A U S Y R B H N A
I R L X A F A I A A W I
J A Z D N L A A S R B B
K L Q A I N Z N I A Y U
L O P A T A G O N I A N
B Z N I S F B R V A D P
```

AN NAFUD	KALAHARI
ARABIAN	KARA KUM
ATACAMA	LIBYAN
AUSTRALIAN	MOJAVE
CHIHUAHUAN	NEGEV
DASHT-E-LUT	NUBIAN
GIBSON	PATAGONIAN
GOBI	RUB-AL-KHALI
GREAT BASIN	SAHARA
GREAT VICTORIA	TAKLA MAKAN

```
P L Z O V W X U H D J J
S U R B L E M R A C M A
Y F K A I V L R K W W I
A W Q G Y E L N I K C M
C N E W M R U L A K A M
R R N I V E D A D N A N
V S L A G S E I F C C R
T I H N P T O F P G D O
K M O I D U V T C Q H H
A K T S S O R O Z U P R
M Z S J Z I T N A X S E
E Z E E G O V R A E B T
T V B L P L F E R I W T
B C A A U G A C N O C A
I V X C N A L B T N O M
J I S U P M Y L O X E V
F M J A U N Z Y D K Y B
```

ACONCAGUA	LHOTSE
ANNAPURNA	MAKALU
BEN NEVIS	MATTERHORN
CARMEL	MCKINLEY
COTOPAXI	MONT BLANC
EIGER	NANDA DEVI
ELBRUS	OLYMPUS
EVEREST	SINAI
JUNGFRAU	TRIGLAV
KAMET	WILDSPITZE

Shakespeare Quotation

```
W I F D X Y A H V F P J
W I S F H M Q C P D M D
I E Z J W G D L T H S C
S N L Z I O L F T I F J
U E C M L A D E H R I W
O C N A L E B T O P L J
N S K L R C O M Q Y W M
I C I E A N M T J M A Y
D W N M T Y A N T K S H
U O S A H J E D I U H A
T R E A E E A N I I L N
I U N V R C G S I N L D
T D U G T T O C N L E L
L G T T H I S B L O O D
U T P E E H E T A E R G
M Q E F D M A M C Z A H
S H N Z B J S R J G F N
```

WILL ALL	WILL RATHER THE
GREAT	MULTITUDINOUS
NEPTUNE'S	SEAS
OCEAN	INCARNADINE
WASH	MAKING THE
THIS BLOOD	GREEN
CLEAN	ONE RED.
FROM MY HAND?	MACBETH.
NO, THIS	ACT II
MY HAND	SCENE II

Creature Feature

```
M K F V E V M Q M U G F
A L A P M I C E J N L J
T R U O J C I Y I Z E H
N A E V O C Y D J N V A
A U L E R N L G E T E K
B G A H M E I K N E R U
C A N R G S C U Z E E O
C J D G C I B N G S T S
C R W G H O A N S N D N
J O D C E P A N T H E R
E S U O M R O D X R O P
V S W I L O V T X V V N
D R H Q B P O S P G E B
W C Y I X L H S U T F M
V I S S E R G I T B V B
Z O M C E Z A I N S W R
N T O W K Q K J U Q L M
```

BADGER	IMPALA
BANTAM	JAGUAR
BISON	KITTEN
CHICKEN	LEVERET
CHIMPANZEE	OCELOT
CYGNET	PANTHER
DOLPHIN	PENGUIN
DORMOUSE	PORPOISE
ELAND	SHREW
GELDING	TIGRESS

```
Q V J P I H C T W V R Q
F W O Y T C H H E F U Z
N I C H O L A S M Q W W
O L N A E A R I O C Q K
M L E R Q R L M L B J G
I I O O S E E A O O H B
S A S L W N S H H S C Q
O M F D E C B N T H X D
L L N F R E D E R I C K
D A V I D E C I A N I T
O W G M N F S Y B I A P
Q R W U A T G R H V Q U
W E L E O N A R D L V M
P N N P Q D L A R E G H
H C H H I O N B H M U O
Y E N D O R D C J Z W L
R I T K M C Y W R D E N
```

ANDREW	HAMISH
BARRY	HAROLD
BARTHOLOMEW	JOHN
CHARLES	LAWRENCE
CHRISTOPHER	LEONARD
CLARENCE	MELVIN
DAVID	NICHOLAS
DOUGAL	RODNEY
FREDERICK	SIMON
GERALD	WILLIAM

Excitement

```
Q Z Z B U S T L E H D G
P L M R U L U U Y K E F
R T I N G L E S S H S R
O W G O U E T A M I N A
V E H E M E N T N D E W
O J V T R R T L E E T T
K F S I F B U Z T L E N
E T A L U M I T S E J A
M R J Y B N M U P C M R
C I T S A I S U H T N E
E F R V K F D A T R E B
Q R L N M E L R X I V U
G A E Q Y Z E A V F I X
G N B E B M A L M I L E
G T K E B U L L I E N T
R I T L C L H Q N D E Y
W C E T I C N I L S D P
```

AFLAME	HYSTERIA
ANIMATE	INCITE
BUSTLE	KEYED UP
EBULLIENT	PROVOKE
ELECTRIFIED	STIMULATE
ENLIVEN	TENSE
ENTHUSIASTIC	TINGLE
EXUBERANT	TREMBLE
FRANTIC	TURMOIL
GALVANIZED	VEHEMENT

Famous Paintings

```
K B V Z J R L U C Q L U
M A G U E R N I C A Z X
Y O P B M C R W R B B B
S B N J W C U E M S A N
P I W A E V V U M I T A
Y R A V L A C Q A N H T
G D T Y M I F C E T E I
S S E I H I S L R H R V
T H R E E G R A C E S I
I P L O I D U T S E H T
L N I A W Y A H E J J Y
L X L P B A C C H U S O
L N I G H T W A T C H T
I J E K E R I V L U Q S
F N S U N F L O W E R S
E Z Z T X S W W W M T T
Y X D T P N U M V T X H
```

ABSINTHE	MONA LISA
BACCHUS	NATIVITY
BATHERS	NIGHT WATCH
BIRDS	PRIMAVERA
CALVARY	STILL LIFE
CIRCE	SUNFLOWERS
CLOWN	THE SCREAM
GUERNICA	THE STUDIO
GYPSY	THREE GRACES
HAYWAIN	WATER LILIES

Take It Away!

```
W Q G V D N T Y T J G F
F H Z O W R C C D T X X
A U I T R O P P U S F E
R E F S N A R T F H T E
G R R D K M D Y U U S P
K G U K D A M T O G H S
H C J N G I W R I D D X
T O H I N N I A X E N A
B N H A I T U N Y L A F
A V I T R A N S M I T O
M E B N B I D P W V S E
H Y A O D N E O K E K Q
T A Y C L V R R Q R E O
L L E S O Z P T C G Y P
U E M M H N I A T S U S
R R E P P P N L Q W J Z
N R L J U X H T I P V D
```

BRING	STAND
CONDUCT	SUPPORT
CONTAIN	SUSTAIN
CONVEY	SWEEP
DELIVER	TRANSFER
MAINTAIN	TRANSMIT
RELAY	TRANSPORT
REMOVE	UNDERPIN
ROUTE	UPHOLD
SELL	WHISK AWAY

Religious Order

```
U N I T A R I A N X Y R
V C G M S I O A T M D J
L R I C N I M U D Z B P
R U L Z A S D A E N A I
T E T B I L R O R A F R
L N C H R A V V H I P G
U R K Y E M T I A T B N
I I M F T R M D N S E N
S G F M Y H A A G I Z M
R Q C M B M T N L R S M
A U A I S S K M I H I M
P A T X E I H L C C S O
Q K H T R A H I A I M R
Q E O L P D U D N I H M
R R L O A U R I D T A O
P Y I T C J A P G U O N
K Q C P W J N X U H B K
```

ANGLICAN   METHODIST

BUDDHISM   MORMON

CALVINISM   PARSI

CATHOLIC   PRESBYTERIAN

CHRISTIAN   PROTESTANT

HINDU   QUAKER

ISLAM   SHINTO

JAINISM   SIKHISM

JUDAISM   TAOISM

LUTHERAN   UNITARIAN

```
P E B G E Y T F S O R L
E K M G H W H S V C Q T
P V F V C D V O B Q L B
P V I Z A S D R N L U E
E R B N N U J G S E W T
R A E G I G Q A J M Y C
S T R S P H E N V F A E
O A R U S J C I F R L Q
Y T L G J U U C R Z U P
A O T A M O T O U H R N
B U G R D A T L I Z V J
E I J A P W E E T L M J
A L A P C I L S E U M G
N L L S T U N L V U V N
S E K A L F N A R B U G
S E S L U P A W M R C T
G E Y H C X Y B X Q Z N
```

APPLES	NUTS
ASPARAGUS	ORGANIC
BRAN FLAKES	PEPPERS
CARROT	PULSES
COLESLAW	RATATOUILLE
FIBER	SALAD
FRUIT	SOYA BEANS
HONEY	SPINACH
LETTUCE	TOMATO
MUESLI	ZUCCHINI

```
Z G S G O E Y B R R M F
J U R E C U D O R P K E
L I M E L I G H T S I C
M D D I A L O G U E M N
F O S K E S U A L P P A
M V O U N J E L G L E M
T A P R O P S P A V R O
R O S T G E O Y A H S R
A E G Q J N W R W I O T
G M C N U R I O O G N T
E I E I I E W S H O A T
D M T G T P Q A S P T Z
Y O H Y V A P Z D E O S
A T Y N O C L A B R R D
X N D U S I F A L A B D
D A R E S O P M O C K K
W P S M T R E Y U R B W
```

APPLAUSE	OPERA
BALCONY	PANTOMIME
CLAPPING	PLAYWRIGHT
COMPOSER	PRODUCER
DIALOG	PROPS
DRESSING ROOM	RECITAL
GREASE PAINT	ROMANCE
IMPERSONATOR	SHOW
LIMELIGHT	TRAGEDY
MASQUE	VARIETY

```
F I H G R U B M O H T G
Q T A H N I A R J P P F
E R E K L A T S R E E D
D G P Q R H H P T E T J
S T O V E P I P E H A T
N Y H L L W N U M Y H R
G R M O W Z G W L C P I
Y E S X O T C P E E O L
T N B S B D A A H Z T B
B E A A T C P C H L E Y
B O B B L E H A T B N B
Z X S L R A T P I I N S
R S U D T U C S P X O H
R K L F E S T L O T B C
S O M B R E R O A N Z V
A Y B R E D C T B V M J
J P A T B F E D O R A W
```

BALACLAVA	HOOD
BATHING CAP	PITH HELMET
BERET	RAINHAT
BONNET	SKULLCAP
BOWLER	SOMBRERO
DEERSTALKER	STETSON
DERBY	STOVEPIPE HAT
FEDORA	TOP HAT
HELMET	TRILBY
HOMBURG	TURBAN

Fungi Collection

```
F E U W G F Z Q O Z L M
M O R I L L E N R Z S Y
C M L T I A S C F O H C
B L A C K T R U F F L E
S A R H O C N P U Z L L
M L O E N A E F G R A I
W T C S E P S U R A B U
A G X B B O O N U D F M
S U L U N N A G R E F D
T A R T O I V I D K U J
T I A T I C B R X A P D
G C T E G R O E G T S S
R U A R A O U T P I L Q
B U J C S P K S F I E Y
Q S K P Y G L Y T H T T
T E P M U R T O V S C S
T I Y H C G L L M M X B
```

ANNULUS	MYCELIUM
BLACK TRUFFLE	OYSTER
BRACKET	PORCINO
BUTTON	PUFFBALL
CORAL	RUSTS
CUP FUNGI	SHIITAKE
ENOKI	ST. GEORGE
FLAT CAP	STIPE
GILLS	TRUMPET
MORILLE	WITCHES' BUTTER

Articles of Clothing

```
D C A I C I J S H W W E
A L X T A Y U T D R R F
M S T P R N F P O L A N
E P M R D O V W U Q P G
G S A R I B U X B N O R
W D E C G H X S L V V I
W S B R A S S I E R E G
S M V K N L K R T R R S
E N R W X L C I B F S T
M A E N Z O O J R S H N
P X M T A S R X E T E A
R G U T T M F V J A J P
S K G H D I O U P B N A
Q D G O L L M R U N W S
F I X X G P O T K N A T
T F C J E N J N O Y L E
G O I R A B T K R A C O
```

APRON	PANTS
BRASSIERE	PARKA
CARDIGAN	PLIMSOLLS
DOUBLET	SARI
FROCK	SHIRT
GLOVES	SKIRT
JEANS	SUNDRESS
JUMPER	TANK TOP
MITTENS	TIGHTS
OVERCOAT	WRAPOVER

```
S R E N I A R T Q X M A
C Y J H M I S T K D B O
O H O U L H E C U A R S
O I G L W C I E I E O Q
T G G A B T B B W H L E
E D I H S O B U H O L B
R R N O T G U C Y T E L
S A G O M A T S P A R P
K O M P N M E K N T B O
P B C O A A L I O O L P
E E B K M T E B T P A S
T T R H C B T U I R D T
R A A F A M A R S M E A
O K D B P T B M M G S R
C S I N N E T T R O H S
K E O N O M E K O P R G
S P M U R T P O T A L L
```

BEANIE BABIES	POP STARS
CB RADIO	ROLLERBLADES
HULA HOOP	RUBIK'S CUBE
HYPNOTISM	SCOOTERS
JOGGING	SHORT TENNIS
MR. POTATO HEAD	SKATEBOARD
PAC MAN	TAMAGOTCHI
PET ROCK	TELETUBBIES
POGO STICK	TOP TRUMPS
POKEMON	TRAINERS

Going East

```
Z Q W G A G F X T S F W
F F G N I M N U K V A G
F M N O R A S A H L F O
S U I K U C X R H J U I
H P J E H A H Q S S J G
E Q N M C D Q E R I N N
N H A G N O K G N O H A
Y I N G A I N S M G T Y
A G L C M I H P L R D I
N Q N I J A N A B N O U
G N A I J G N O L A Y G
K J E I X Z U X Q N Q G
J B A N H O O X E C G N
V N Z O S H A N G H A I
G J U V H G C H R O X N
R N D T X N A Z S N Z I
N Q B G Y V M T L G U X
```

ANSHAN	MACAO
BEIJING	MANCHURIA
CHENGDU	MEKONG
GUIYANG	NANCHONG
HONG KONG	NANJING
JILIN	SHANGHAI
JINSHA JIANG	SHAOXING
KUNMING	SHENYANG
LANZHOU	XINING
LHASA	YALONG JIANG

You'll Need a Plug!

```
N R L T E A S M A I D T
P E R C O L A T O R X U
X V R D P D D F A E T D
E A E S R D E O Q I U J
O H M A O X B U C P M H
X S M D J Y N J U O B E
G H I I E R U Y C C L D
O F R K C J S L A O E G
Q R T S T R L G S T D E
P E S J O I O N H O R T
A Y N K R I O W M H Y R
X R L D E C I T A P E I
E D J K S P D W C V R M
Y R S E D K A E H J E M
E I M I X E R K I I I E
W A S N I A H C N S S R
G H Y B L E N D E R W K
```

BLENDER	PERCOLATOR
CASH MACHINE	PHOTOCOPIER
CHAINSAW	PROJECTOR
DRILL	RADIO
GAMES CONSOLE	SHAVER
HAIRDRYER	STRIMMER
HEDGE TRIMMER	SUNBED
KEYBOARD	TEASMAID
MICROWAVE	TUMBLE-DRYER
MIXER	WHISK

African Capitals

20

```
K A A I L B P Z D V C S
J D J Y A O U N D E L R
A N E N S M F R S I A W
Y A G P A T R N B B I A
I U H S H A E R A N R M
I L E X S E E T D F O O
P R O P N V T H I K T D
U A D L I L O N G W E O
P B D L K E W Y K A R D
W U L D K F N C T A P C
L E L L I V A Z Z A R B
Y A M O U S S O U K R O
V U H S I D A G O M E R
D S U N M Q B B N E J I
U O U M U O T R A H K A
O T H S L U B Q F B Q C
J D O Y P I B O R I A N
```

ADDIS ABABA	LUANDA
BANGUI	MASERU
BRAZZAVILLE	MOGADISHU
CAIRO	NAIROBI
DODOMA	PRETORIA
FREETOWN	RABAT
KHARTOUM	TUNIS
KINSHASA	WINDHOEK
LIBREVILLE	YAMOUSSOUKRO
LILONGWE	YAOUNDE

Dressmaking Pattern

```
R E O P B D C B G H D R
E N O I H S U C N I P S
E R B H F I T T I N G T
L E S C I S S O R S S F
S T E C L W E E O E D B
K T W O C V L Y L P I Q
Q A I T I R V D I S B L
Q P N T K F E H A S O A
H K G O C E D P T O N E
J F P N N H G N P K Q A
V W A O K I E S S I C P
D C J B S M B S G H Z W
I D A E R H T B T Q J I
Z U N A N I J Y O O S F
F M G N I K C A T B J E
O M Y F N K O R D N V D
S Y Y F M C V N I H R O
```

BOBBIN	SCISSORS
COTTON	SELVEDGE
DUMMY	SEWING
FABRIC	SPOOL
FITTING	STITCHES
GARMENTS	TACKING
NEEDLES	TAILORING
PATTERN	THREAD
PINCUSHION	YARN
REELS	ZIPPER

Parlez Vous Français?

```
E D S E L L I E S R A M
S I E D S F S Y U I B N
U C F G G I A W X O A V
O H Q F A P A T U Q M H
L A O V E M N L U I C F
U N N D V L O I A H S L
O T N N P G T R N C Q L
T I O O N A R O F G Y U
V L R E I E E K W D X X
F L L N Y S D L N E L U
K Y E X M C A A P S R A
L K A C H A M P A G N E
H S N C E R E E R Q Z D
D U S D O G N Z I W I R
F C A N G O C H S J Q O
H Y H Q H T Z C O A H B
E P T R P J E N I E S Q
```

AQUITAINE

BORDEAUX

BOULOGNE

CALAIS

CHAMPAGNE

CHANTILLY

COGNAC

DIJON

EIFFEL TOWER

ESCARGOT

FROMAGE

MARSEILLES

NORMANDY

NOTRE DAME

ORLEANS

PARIS

RHONE

SEINE

TOULOUSE

VIN DE PAYS

Paper Types

```
O Q T W I Y R W T K W M
U X I W L D T A H V E U
F G S W M G Y L C I Q L
X O N F S F D L G W T L
Y T O I L E T X E I I E
D P A R C H M E N T S V
G N I P P A R W M O S C
H E U G O E R U A X U J
B W G W R I S T N X E N
B S D D T Q C A V S E A
Y G N I K A B K E L P D
O K N Q R I E K Y R Z W
D G W B L O T T I N G V
W V O Y G E F C Y P R F
D N R C D L G H H N E X
B K B F Z D F A L E E E
B L H E V X M K L Z N E
```

BAKING	PARCHMENT
BLOTTING	TISSUE
BROWN	TOILET
CARBON	TRACING
GREASEPROOF	VELLUM
GREEN	WALL
KITCHEN	WAXED
LEGAL	WHITE
LITMUS	WRAPPING
NEWS	WRITING

Down on the Farm

```
H W J M B Y J X D B G B
D W W N R X O G F I W F
N M I U O P N R F N O E
O C J N I I O C S D R F
N C W G D T K L L E R A
Z I L R C M R E M R A F
S E E A G N I R A E H S
T H R N G F M L G O G P
K T H A N I M A L S U M
P C P R A O B E G K O I
S W O Y E B G R M P R N
P C U T A P E E H S T H
T O L C S B P C M A D N
C A T T L E X O L M U U
H Q R A J O V L H R W L
W P Y N T C K I Y Y A N
N T Y Z R O C C L N Y F
```

ANIMALS	HOPPER
BINDER	LIVESTOCK
CABBAGE	PIGLET
CATTLE	POTATO
CEREAL	POULTRY
CORNFIELD	SHEARING
FARMER	SHEEP
GRANARY	TRACTOR
HARROW	TROUGH
HERDING	WINDMILL

Bridges

```
J Q J M V G K A S I C W
O T G P S R M L S A W H
Q N L O B X E N Y T E C
S O O E L N R S A Z S V
X M C U B D B Y K L T E
O E L K F T E D O N M B
M R I O G R A N D E I N
B F R J E H D E G M N R
Z T N B W O P Y R A S E
H E M Y N G D H I G T V
O U Q Z L A I A P N E E
H B L A C K F R I A R S
Y A N G P U O B Z X V S
U U T E E S T O W E R Z
A M I N A T O U R G A H
V Q H S P E C R R B I J
J T T S I N G M A X Z K
```

BLACKFRIARS	RIO GRANDE
BROOKLYN	SEVERN
FORTH	SYDNEY HARBOUR
FREMONT	TAY
GOLDEN GATE	TOWER
GREAT BELT	TSING MA
HOGA KUSTEN	TYNE
HUMBER	VRESK
LONDON	WESTMINSTER
MINATO	YANGPU

Hands

```
T P E F Y C C O A K V L
D L T B E L C I T U C L
J F I N G E R Y J D I U
J S R M A S S A G E V Q
T N W S U O L L A C B O
L E G T G H L A G R M L
Z T N W N O K C E B U K
H T I I A K B E K A H S
S I L D L E N R U P T E
I M A D N E H U H I L E
L F E L G S F C C N E L
O U H E I C U I J K O B
P W V N S O E N L I L V
R U R K T D E A I E A E
W A G I E L B M I H T G
V C K F S Q B P J G W N
S W R I A T Q C V T G C
```

BECKON	PINKIE
CALLOUS	POLISH
CUTICLE	SHAKE
FINGER	SIGN LANGUAGE
HEALING	THIMBLE
KNUCKLE	THUMB
LIFELINE	TOUCH
MANICURE	TWIDDLE
MASSAGE	WRIST
MITTENS	WRITE

DOWN Words

```
L O V S D N I W S W K E
D E T O Y Q K M R D O M
F C D H D E T R A E H R
C M V I G S D R A W U A
U E I B S I T H U O K D
G G V U G R R A P S A N
N A V D W N O D I J E W
I Y T J R D I Q D R G L
D Y Z E E M Z Y R T S L
A S L D T E K R A M V I
O E A Z V Y S B F L H H
L R K V O I H E T Z P H
G X G Z Z E O A H D D T
V E E I A W L T T L S P
Y U N F A L L A E A Q E
Y G V S U V B I C M R C
Q T U R N O F O N S L Z
```

BEAT	PLAYING
CAST	POUR
DRAFT	RIGHT
FALL	SCALE
FIELD	SIDE
GRADED	SIZING
HEARTED	STAIRS
HILL	TURN
LOADING	WARD
MARKET	WIND

Shades of Yellow

```
P C L I D O F F A D N X
O T M E C H R O M E A N
R K G S L E M O N N F R
E K E O Y O T U T R L O
B U F R D L C H U L A C
M J G M M R O H A G X X
A G V I W U A K R R J Z
D H W R S D A T D E R E
S V M P K Z B R S E Z W
H A N V N L N R W U F A
C J F L O D O O O D M R
A M D F Z F L Y L N Z T
N A Y F R F V O G U Z S
A I Q Y N O G X B G O E
R Z H U L D N A Z V E H
Y E S D L G A M B O G E
B N X O T N E M I P R O
```

AMBER	MAIZE
BRONZE	MUSTARD
CANARY	OCHRE
CHROME	OLD GOLD
CORN	ORPIMENT
DAFFODIL	PRIMROSE
EGG YOLK	SAFFRON
FLAX	STRAW
GAMBOGE	SUNFLOWER
LEMON	XANTHOUS

Mexican Stuff

```
D T E Y U C A T A N E W
E T S L N N Q E Y J L C
B L Z E C O D R B A O S
X A U A U I C R I R M A
P C R N L Q H A N C A C
O H C A N A N C L L C A
J T A U J C G O S S A R
R L R J S A N T C G U A
A I E I D X L T N M G M
C T V L A S A O S O A
M S S L O O H E D N C J
Y E A E G C S T T A D V
S P A N I S H E P R U N
V B L M R S Z U R N O G
Q U I L A U L O A C A C
R H T L M C S I Y M A Q
C H Z A O S E A V P S C
```

ACAPULCO

CACAO

CHICLE

CHIMICHANGA

CONQUEST

CORN

CORTES

GUACAMOLE

GUADALAJARA

MARACAS

MARIGOLDS

MONTEZUMA

OAXACA

SIESTA

SPANISH

TERRA COTTA

TIJUANA

TLACHTLI

VERACRUZ

YUCATAN

```
P A B M G C U Z E Z Q I
E N I L G N I H S A W I
S T R I M M E R K X X Z
N H D E R Z V P J F R Q
A H T N E M A N R O I E
I P A R A S O L H L E Y
L N B P P X K K O T S J
S D L O I Q C Z S R P I
K H E S U O H N E E R G
W U C B M X I Y P T I N
V T S M R A B O I N N I
Z C A I T E P J P A K W
H H S N L S W V E L L S
F H U V D L L O C P E O
B O N F I R E I L P R Z
F Z S M A Z M R D F U Y
L M T A B L E L T E E B
```

BEETLE	PARASOL
BIRD TABLE	PLANTER
BONFIRE	SLIDE
FLOWER BED	SNAILS
FOUNTAIN	SPRINKLER
GREENHOUSE	STRIMMER
HAMMOCK	SWING
HOSEPIPE	TABLE
HUTCH	TRELLIS
ORNAMENT	WASHING LINE

Words of Arabic Origin

```
C E O G H S O T T L I D
O R R K B Z P E N P T N
L S Q I P H R Z N A E I
K N Y P X A S O T T D R
D A P A N I S S A S S A
T B S I R M L M L F A M
P K M B I S K E I Y L A
R N A R A C E C S K U T
Z O C F E H L N M T K V
G R E H O L S V A D I N
T F C W H X L R N L J H
Y F D J Y H B E A I A N
C A M P H O R T Z R A E
H S O N O U N I E A L P
C V B S W I U M D F G U
W K H S U L T A N A D R
W P Y Q Q F S O C S N O
```

ARSENAL	MINARET
ASSASSIN	NADIR
CAMPHOR	QUINTAL
CHECKMATE	SAFARI
CRIMSON	SAFFRON
ELIXIR	SALUKI
GAZELLE	SULTANA
HAREM	TALISMAN
HOWDAH	TAMARIND
KASBAH	TARBOOSH

To the Woods!

```
T N W M A E R T S G N K
J Q G O E S O R M I R P
Y L F N O G A R D G F F
D I G B I D F D W B O B
L P B H R R P W S L L E
B I K L B A A E L A I Z
Y N A V U V C E C L A H
L E S R O E K K L K G N
E C L E T G B O E C E G
R O S S L E O E I N K R
R N G E R T R M L W I E
I E I R S A T U O L E E
U S I D J T P E T T S N
Q E A Q X I D W N A C E
S O G G I O K N O C N R
T E N I D N A L E C B Y
U Z L E A V E S E E R T
```

BLACKBERRIES	NATURE TRAIL
BLUEBELLS	NETTLES
BRACKEN	PINE CONES
CELANDINE	PRIMROSE
CLEARING	SQUIRREL
COW PARSLEY	STREAM
DRAGONFLY	TOADSTOOL
FOLIAGE	TREES
GREENERY	VEGETATION
LEAVES	WOODPECKER

Islands

```
P J G J F I J I U C H W
I L S A R D I N I A M S
C H W N J U C R E A D T
E B H O K K A I D O C Y
L R A B I Z N A Z Q N R
A A E O O C G C K T V H
N D N M R A G T N T X B
D A U E S U W I Y R P C
K N T C U E F P E E X B
L E A V M F L K S K C B
P R U L A L S L R H N Z
X G N B T U G P E A H L
P Y A E R O Y Q J C S Y
C N V P A O G A B O T Y
E O Y M E D T N X R X D
E C H J T R J A A F O H
Z K M M K W N O J U N C
```

BAFFIN	JERSEY
CORFU	MADAGASCAR
CRETE	NAXOS
CYPRUS	PITCAIRN
ELLESMERE	SARDINIA
FIJI	SARK
GOTLAND	SUMATRA
GRENADA	TOBAGO
HOKKAIDO	VANUATU
ICELAND	ZANZIBAR

Three Es

```
X Q T Y A J C V B O Q P
B J F B B L E E T N E G
O N O F S N L Y U D T A
E E R F E R A C I T S E
Y E E F N X H G O I I E
K T S D T C R R N R W Q
I H E S E E T T E S C L
R G E E N E E W T E B
Y I S N D R S P K W B C
X E E U N R D R H F R L
B R U E E D E D B H G M
B E E V T R C E A S T T
Z D O M T A P G N U M G
E E W Q A O G R D E Y O
Z E Q X G W L E L L V I
L M I W A R K E L W J M
S Y B R D B E J N W T G
```

ABSENTEE	GENTEEL
ADDRESSEE	GREENER
ATTENDEE	INTERNEE
BESEECH	LEGATEE
BETWEEN	MELEE
CAREFREE	OVERSEER
DEGREE	PEDIGREE
EERIE	REDEEM
EIGHTEEN	SETTEE
FORESEE	VENEER

Shades of Blue

```
C J L Z H Z I L O R H T
W E R I H P P A S P U C
M L R W G Y F E G L X F
T G J U H H L S T E E L
U O J Z L P T R T R J C
R Y U X R E A L F D N R
Q A Q U A M A R I N E K
U P P Q A B E N E N Z Q
O T W R O N E S I B P F
I F I C C V Y L R R E I
S N Y H P R U S S I A N
E D A V E Z Z R D G C A
U H G D A R O E F H O E
J A W L Z N U S T T C P
R O Y A L R L Z E P K M
P J U F T X S K A U J Q
Z H P W E A I D L A S I
```

AQUAMARINE

AZURE

BRIGHT

CERULEAN

COBALT

FRENCH

LAZULINE

LIGHT

NAVY

PEACOCK

POWDER

PRUSSIAN

PURPLE

ROYAL

SAPPHIRE

STEEL

TEAL

TRUE

TURQUOISE

ULTRAMARINE

```
W N U X G L H Y W B S P
K V P Y S A N D A L S L
T K Z E R C L E L E I J
R U S R E F A O L T W V
A Y N U K A S U S F Z M
I D Q A C M M E L H O H
N W Y E I A Y I Y C E V
E I E L P X P F C S N S
R X P L E F A A P E G B
S N U N L G S A V O D S
R E M O K I D K L L R T
E H P S N R N C A E M O
P S S S I S K G P T S O
P H T L W P V P T K E B
I O L S G N I K C O T S
L E U Y S L I O N Y N P
S S L F F W S C T G E S
```

BOOTS	PUMPS
CLOGS	SANDALS
ESPADRILLES	SHOES
FLIP-FLOPS	SKATES
FLIPPERS	SLIPPERS
GALOSHES	SOCKS
LOAFERS	STOCKINGS
MOCCASINS	TRAINERS
MULES	WELLINGTONS
PLIMSOLLS	WINKLE-PICKERS

Booker Prizewinners

```
O G W Y H U N J M N J Z
Z N O L J E I C W O W E
X F D L K V E W F C M C
V B I A D W F T D A O O
R N Z E A I T O K R I E
S X T N L T N N U E G T
V F O E Y L J G A Y S Z
A X N K M P I E R R E E
Q C G J M H I V U E B E
D D X H S K L H N F S I
A T F I T Z G E R A L D
S K X R E N K O O R B H
C W E O I Y N F E R V S
Z Z I L L C T K H E A U
Q B L F M A R T E L C R
D O O W T A I N R L O X
H F R R B I N K M V R F
```

ATWOOD

BANVILLE

BARKER

BROOKNER

CAREY

COETZEE

FARRELL

FITZGERALD

GOLDING

HOLLINGHURST

ISHIGURO

KELMAN

KENEALLY

MARTEL

MCEWAN

OKRI

ONDAATJE

PIERRE

RUSHDIE

SWIFT

```
A S U D E M L T V X V O
X M V W Q S Z G Z G J P
P A M S H E L O B Q H C
E U X M T S P O L C Y C
T G F I O L R E O W D A
L H B N G E W C U G R F
O R E O G I T T O R A Y
S N U T O P O D B E R T
A C S A H N Z A K T D J
F B S U S I L I L T P F
B Y H R L R N W O I K I
U I F L O G E G N R X I
R C A G K D S B A R E O
S G F O X Z E K Y A K X
E J N P R G E G A C E Z
G G E B Y N A Z G U L E
B J R R N T E T R A P S
```

AGGEDOR	KRAKEN
BALROG	MEDUSA
CYBERSAUR	MINOTAUR
CYCLOPS	NAZGUL
FAFNER	SHELOB
FASOLT	SHOGGOTH
GODZILLA	SLEIPNIR
GRETTIR	SMAUG
HYDRA	TETRAPS
KING KONG	THE THING

American State Capitals

```
H D X P C A Z P T O Y Y
E L L I V H S A N Y R O
L K S E N I O M S E D T
E L V R I R Z M M C K N
N O T R M F X O X C R E
A K U E A Y G K O M W M
G W L F A T C N L K D A
Y A E X N R C G I Y D R
S C G O A O U N T R L C
Y E M M R F V I T I P A
N S S D E K C S L C G S
A I B Z V N L N E H P X
B O F X O A U A R M X C
L B P S D R A L O O U A
A U R P T F P U C N T E
B A M J R V T S K D X U
C H A R L E S T O N Y L
```

ALBANY	LANSING
BISMARCK	LITTLE ROCK
BOISE	MONTGOMERY
CARSON CITY	NASHVILLE
CHARLESTON	PIERRE
CONCORD	RICHMOND
DES MOINES	SACRAMENTO
DOVER	SALEM
FRANKFORT	SPRINGFIELD
HELENA	ST PAUL

Weather Chart

```
E M O H N X C H M K M W
L R T H G I R B L T A Y
U O U S W Q G B D L T V
D T V S R E W O H S M O
A S H I S U J H I A E X
I W N W S E B M A U T W
G O K C D I R D Y Z S H
K N O L T B B P U W Y H
Y S O I L Z S I R O S T
N C L G D L L Y L I L A
U R T H R A E L C I A C
E R U T A R E P M E T G
Q Y O N Z H T N S D N Y
S D R I Z Z L E E Y O X
P B W N I S U N B U R N
W N H G L O O M Y G F D
E B W X B V W I F N A Y
```

AIR PRESSURE

BLIZZARD

BRIGHT

CLEAR

CLOUDBURST

COLD

DRIZZLE

DRY SPELL

FRONTAL SYSTEM

GLOOMY

HAZY

LIGHTNING

MISTY

OUTLOOK

SHOWERS

SLEET

SNOWSTORM

SUNBURN

TEMPERATURE

VISIBILITY

Shakespeare Quotation

```
I O Z X Z M C C G Y I L
N P D L W M M S H V I C
H Y N A M S Y A L P T H
I Z A E I I V E N E C S
S Y N R I E H T D N A G
T Q E N T R A N C E S G
I I M H F R T X X S H J
M Q E P T Q D I T K P Z
E I H K X L T L E R C T
R U T Q I S L P H O P Q
Y A A G T L L A D N A L
T Q S A Q A U W Q A R X
A T G D Y T L O Z I T L
M E R E L Y G M Y U S D
I L R P C R Z E O S F Z
S S R A N D O N E M A N
X T E E I G M W H A F X
```

ALL THE

WORLD'S A

STAGE

AND ALL

THE MEN AND

WOMEN

MERELY

PLAYERS.

THEY

HAVE THEIR

ENTRANCES

AND THEIR

EXITS,

AND ONE MAN

IN HIS TIME

PLAYS MANY

PARTS.

AS YOU LIKE IT.

ACT II

SCENE VII

Transport

```
W O E K X X F U P A L U
U B D F E R R Y I E T Z
T B S G A O T G H L M V
S E D A N C N Z S C U W
G E K V F O Y A E Y N R
K Y H C N U A L C C Y V
C M O T O R B O A T Y S
U E J F O R B T P O G P
R D D A L H A N S O M F
T N A R L M W C F K Z X
M A E C A O G E L R R B
T T T R B I P K B E A B
R V A I N R V Y T I P F
F N G A D P A T T I B D
M X I Y D C I W Y U T B
Y F R Z H L E K O F I L
B P F T F B O J W L U D
```

AIRCRAFT

BALLOON

CANOE

CATAMARAN

CORACLE

CYCLE

FERRY

FRIGATE

HANSOM

JALOPY

KEDGE

LAUNCH

LITTER

MOTORBOAT

ROCKET

SEDAN

SPACESHIP

TANDEM

TRUCK

YACHT

Chinese Towns and Cities

```
E U H A V W L Q S W O J
G N O T A D I O Z T A D
Q I G H T A J U U K D W
E L N C Z B I B I G G U
Q Z E U L G A X L N N Y
C T F S H A N G H A I N
L O I C H C G A F Y Q A
S Q A C H A G G Y I G H
J U K B J T N N G U N S
E N Z J E A A P A G A E
Z X Q H I I I G Q H H H
F Q F X O Y J N Y L C A
F U Z H O U U I V Y N I
Y W D D H A I M N S A K
N B Y Z W N J N H G N O
Q Q C E D L V U H W D U
D C W X S W N K A D M C
```

ANSHUN	KUNMING
BEIJING	LESHAN
CHANGCHUN	LIJIANG
DATONG	NANCHANG
FUZHOU	QINGDAO
GUIYANG	SHANGHAI
HAIKOU	SUZHOU
HESHAN	TAIYUAN
JIUJIANG	XIANGFAN
KAIFENG	YANGZHOU

```
D G Q X D Y H H X C K S
Q N A M R U F G A R B P
J P C T O C J P V K H W
D A D N F S O Q I E E T
S T C R M R A D E T S D
O A X K A U R R R T T J
I I I N S O B W O E F Y
K D N N F O E R J R U A
M A M D T V N O E I T P
W C A T I L N V I N Y S
Y R R H E A E M I G A O
Q A S P M M N O C L E U
U D H P H B P A Y O L P
I L A Y Y H S L A W T E
N H L E G N A V E L Y L
C T L I B R E D N A V N
Y G H V W G N C U H A J
```

ARCADIA	NAROPA
BRENAU	QUINCY
CHAPMAN	RADFORD
EVANGEL	SAINT LEO
FURMAN	SAMFORD
HIGH POINT	TEMPLE
INDIANA	TUFTS
JACKSONVILLE	VANDERBILT
KETTERING	WALSH
MARSHALL	XAVIER

Insect Collection

```
R Q C J T C B C M D C X
S E O T I U Q S O M N T
S U P M D J E X N E I W
I J O P W U F W R A T C
Y L F N O G A R D L I I
T E N R O H Y A W W H K
G Q A I D S S X V O C P
P B E P L T I S Y R M T
B O L G O O L O A M A B
J O Y A U N V N P R B L
N U T D S E E O H E G P
V A R F E F R I N N H K
Q Y A L L L F S K N C Z
H B A Y B Y I A X I J V
P Y L F W A S V T P Q A
U G J N H L H N P S V C
O T C J B I T I N G K Q
```

BITING	LARVA
BOTFLY	MEALWORM
CHITIN	MOSQUITO
CRANEFLY	POISONOUS
DRAGONFLY	SAWFLY
ELYTRA	SILVERFISH
GADFLY	SPINNER
GRASSHOPPER	STONEFLY
HORNET	TICK
INVASION	WOODLOUSE

IN and OUT

```
S Q G I N F E R I O R Y
H C T E R T S T U O M Q
Z N E K O P S T U O B Y
N M Y R A E W T U O Q E
D E E D N I F H P F Y O
B I N S T I N C T Z U O
U W X T T D X D P T W J
E V I T C A N I B X X L
G N E N Z P R R S F K I
G R N R C T E Q G E O N
Z Z A W S A B Q N E U V
R J M T K X R T I G T E
R O U T L Y I N G A R S
O O H U P J S A A R I T
Z I N J U A T F N T D N
W Y I Q N B A N O U E I
P T C E S N I I T O R I
```

INACTIVE	OUTBREAK
INCARNATE	OUTFITTER
INDEED	OUTLYING
INFANT	OUTRAGE
INFERIOR	OUTRIDER
INHUMAN	OUTSPOKEN
INSANE	OUTSTRETCH
INSECT	OUTSTRIP
INSTINCT	OUTWEARY
INVEST	OUTWITTING

Playing Cards

```
A A U D G T D T U R W E
N T I W D R A C S I D D
I K K B L Q X G N S I Z
B L U F F I N N U A N G
H E C H W I I I M Z A J
Y I Z G K N T O S R L F
B T G I G S N E E U Q N
S L N H Q D G H Q X I B
O T A E S U T R U M P S
Q N R C N T E I E Z L F
D O Q A K O A Z N K T D
G N P N T J P K C Y O F
M V E A G E A P E V E P
R B C S O V G C O S W R
J K U T C X G Y K V F I
L H E A R T S I G H P A
T I D B K B F P K M V L
```

ACE HIGH	KINGS
BEZIQUE	OPPONENT
BLACKJACK	POKER
BLUFF	PRIAL
CANASTA	QUEENS
DEUCE	SEQUENCE
DIAMONDS	STRATEGY
DISCARD	SUITS
HEARTS	TRUMPS
HIGH STAKES	WINNING HAND

Aromatherapy

```
O E C Z P I I L O R E N
K M I S T L E T O E V G
V I O L E T B Z V W H J
R M S A N D A L W O O D
F O B L U E B E L L N U
L S G A I H C S U F E K
S A T N S D P E O N Y C
O K H O A S Y V G O S R
Z W A I Y M A L O I U W
V J I T U D I R D S C F
G E C A D S N O G S K R
G N O N H D E O I A L E
P I C R B B D T M P E E
T M O A T Q R U E L X S
C S N C I M A I R G A I
E A U J P V G K G U D A
W J T U B E R O S E D C
```

ALMOND	MIMOSA
BLUEBELL	MISTLETOE
CARNATION	NEROLI
ENGLISH ROSE	PASSION FLOWER
FREESIA	PEONY
FUSCHIA	SANDALWOOD
GARDENIA	SEA GRASS
HONEYSUCKLE	THAI COCONUT
JASMINE	TUBEROSE
MANGO	VIOLET

At the Doctor's

```
Q C J D I C H W I R Y D
D U A X I B U B O N I C
W J I T A B L E T S E O
A D W N A L L I X A X N
I U M S I L U T O B T S
T U W K S N E Z W N O U
I S R G S U E P R Z U M
N O I T P I R C S E R P
G S S N B L G Z A Y N T
R P T Y O H L D B S I I
O M S E Q I O D D F Q O
O U P X R E T R O W U N
M M R M E O T P M B E Q
Q J A U N D I C E O T C
U F I C I V S D N C N Y
O L N O C Q B G S O E E
B E L L I K F L E X O R
```

ABDOMEN	LOCUM
AXILLA	MUMPS
BOTULISM	PRESCRIPTION
BUBONIC	QUININE
CATALEPSY	RECEPTIONIST
CONSUMPTION	STEROIDS
FLEXOR	TABLETS
GLOTTIS	TOURNIQUET
HORMONE	WAITING ROOM
JAUNDICE	WRIST SPRAIN

Artists

```
S Y C H G I L L R A Y B
Q I B O Y R W O L L Q T
I C C O N A S S A B F N
I L S K S S T H V V Y E
Z C B T E C T N M L J G
W I N T E R H A L T E R
Y X T I O N T A B V E A
A I S W V U G G A L N S
R J P U L A T N G J E X
H E A B H Z D R E Q P T
H S T C E Y E R F O S S
S S Z V C C F P G I T O
G I U K O C E R S U E Y
Q T R G I H O L B E I N
X A X R G D E B X J N V
J M P K O Y S F H S I F
M O L I Q M T S H Q B R
```

BASSANO	LOWRY
BOSCH	MATISSE
CHAGALL	MORRIS
CONSTABLE	ROSSETTI
DA VINCI	SARGENT
EL GRECO	SICKERT
EPSTEIN	SISLEY
GILLRAY	STUBBS
HEPWORTH	VAN DYCK
HOLBEIN	WINTERHALTER

Anatomical Arrangement

```
W R M J N A O U P N A L
P U J A W B O N E Q E S
A M V L N B T U A V V I
M E A W V D O V E S J J
L F H I A D I N A P T X
A D U C T S A B C L U E
P V B N A C O L L E E H
C O L L A R B O N E A S
Q L R V E W T O Q N V U
A H A T W T B D G Q X S
W I Z N A F Q S U N K P
R M H O L L O T Y E B E
I R R A Y S V R L G M C
S H C H R E A E E K U I
T T M I L L T A I A J B
F G G A D O C M C N R S
I A G F N C P R J T L M
```

BICEPS	MANDIBLE
BLOODSTREAM	NAVEL
CALF BONE	PALM
COLLARBONE	PORTAL VEIN
DUCTS	SKELETON
FEMUR	SPLEEN
FOREARM	THROAT
HEEL	TRACHEA
JAWBONE	VENA CAVA
LARYNX	WRIST

Cartoon Characters

```
E L M E R F U D D O G I
I S J W X W C R R B T R
P W U O W P O P E Y E O
Y P O O N S B T G U G A
T A Y D M D T G G X O D
E N C Y I Y D V I U O R
E T O W B D E R T N F U
W J Z O U B T K A O Y N
T N O O G L C L C L I N
R P B D S A D L G I B E
A C M P B D M R R V M R
E I U E U K O R O E A T
B L D C N I W L M O B D
I X K K N M G H B Y P D
G A I E Y N L Z G L M Y
O B A R T S I M P S O N
Y T H C C Y E Q Y W A X
```

BAMBI

BART SIMPSON

BETTY BOOP

BUGS BUNNY

DONALD DUCK

DROOPY

DUMBO

ELMER FUDD

GOOFY

MICKEY MOUSE

MOWGLI

MR. MAGOO

OLIVE OYL

POPEYE

ROADRUNNER

SNOOPY

TIGGER

TWEETY PIE

WOODY
  WOODPECKER

YOGI BEAR

Springtime

```
S H C N S O M D L J H G
N D X O G W Z O T Y O R
G O S G G E F V J S A O
I K I R Z S S D A I A W
X V G T E Z U L N Z X T
S K V V A W C B O B I H
N N L C E N O M E N A W
Q A I H O W R H H H R P
C U R Y C V C E S T W S
F F E C I R M M B N N U
W D N O I T A R G I M U
Z B L O S S O M K C H Q
P E U T D N S T J A S A
T B H U W X A U G Y E Y
V H B L O C G K S H R I
K J B I M G P H I V F V
U T X P U D D L E N T I
```

ANEMONE	HYACINTH
BLOSSOM	LENT
BUDS	MARCH
CALVES	MIGRATION
CATKINS	NARCISSUS
CROCUS	PUDDLE
EGGS	RAINBOW
FRESH	SHOWERS
GROWTH	TULIP
HIBERNATION	VIOLET

OLD and NEW

```
S S E N W E N H W X Q L
N E W L O O K I G F I F
R E T T E L S W E N U M
O S X O L D B A I L E Y
B I E L T S A C W E N G
W F P O R O D M G W G H
E C Q L O L E K P Q O N
N S C D P D L S F E L E
E E I C W I G U Q O D W
W M V H E E N N Q L S D
G I U A N R A F R D T E
A T O P W M F O G H Y A
T D L D O W W J F A L L
E L B W C E E P J N E W
J O D M D H N N S D X V
Z L O L D B I L L L G I
O Q O L D D E A R Y A I
```

OLD BAILEY	NEWBORN
OLD BILL	NEWCASTLE
OLD CHAP	NEW DEAL
OLD DEAR	NEWFANGLED
OLD HAND	NEWGATE
OLD SOLDIER	NEW LOOK
OLD STYLE	NEWNESS
OLD TIME	NEWPORT
OLD WOMAN	NEWSLETTER
OLDE WORLDE	NEW WAVE

Words Containing AND

```
L P H G Q G O D L L W O
V J Z E G D U G A N D A
Y C A P N I U D P K N B
V I G A A X T O L Q A V
F G M C M E D N A T B O
H E T S V I O I N K D L
D G M D N A T S D N A B
C A L N R E D N A M O P
X D N A T S H T I W R O
B N C L N Y S G Z D B Z
J A M A N D I B L E I O
B B W V N G U E N D D E
F O I A H O L L A N D Y
O C R N Y D G P A A N I
E G Y D N A C L Z R A R
E P F A S B R C P B L L
K Z C L V O G P Q S B M
```

BANDAGE	HOLLAND
BANDSTAND	LANDSCAPE
BLAND	LAPLAND
BRANDED	MANDIBLE
BROADBAND	ORLANDO
CANDLE	POMANDER
CANDY	TANDEM
DEMAND	UGANDA
GLANDULAR	VANDAL
GRANDSTAND	WITHSTAND

Snakes

```
Y U T U R U S S L A S P
A Z R A C E R M V P Y J
A S Y U I W T I A T R B
Y K A G H P F L H M P P
P I H W H C A O C F B K
V N U E I D N N C V L A
C G C O P P E R H E A D
W B F B B R J D G Q C R
M R A T T L E S N A K E
K O E V J P G R A D T D
P W N D N I O K L N I N
D N A G D C R W S O G I
E G R J T A E W M C E W
A O B S I K P J O A R E
T M O T M D I U O N G D
E H C W X H V K B A X I
G Z U L J H S X D R Y S
```

ADDER	KING BROWN
ANACONDA	KRAIT
ASP	MAMBA
BLACK TIGER	PYTHON
BOA	RACER
BOOMSLANG	RATTLESNAKE
COACHWHIP	SIDEWINDER
COBRA	TAIPAN
COPPERHEAD	URUTU
GHOST CORN	VIPER

Say Cheese!

```
G K V K O Y T I S L A Y
D X H D A N I K E L T H
O I T R A V A H A C T M
L V G V V S A N D A O H
C R N E X E C E N B C W
E O Y X N A R A T E I E
L H T R S B G E P C R S
A F C H Y N O B Y O J C
T R I A E K E X D U N K
T R O Y M R S G D C R E
E A P Q K E S A T B G G
J C Y E U W M T C E L K
Z L L E O E F B O D E S
L E T A H C F U E N X U
Y T R I L D P O T R E X
Y T O T T E B A R G T Z
B E D I S D O O W T X H
```

BERKELEY

CABECOU

CAMEMBERT

COTHERSTONE

DERBY

DOLCELATTE

GRABETTO

GRUYERE

HAVARTI

ISLAY

LANCASHIRE

NEUFCHATEL

PYENGANA

RACLETTE

RICOTTA

ROQUEFORT

SKYR

TEXEL

WOODSIDE

YARG

Volcanic Action

```
W S X T M A U K H O S B
D H U T A M B O R A A I
F I E G M O N T B B T Y
O L L Y G L I A P B I V
L N E L S N T K V E Z X
N M E G U I U Z O N I P
A A R K N P C G O O I S
W G A I I A I S A T X M
U E J L L M R L J S V L
K I L A U E A W L W L S
R K W R F N P W U O N U
B Q U F G J I E A L S R
Z S E I V P R P B L M G
T J L S I Y I F A E T N
U A U H A O H R R Y J K
Q P F E T I C O W H U B
Q H A R G Y K Q G N I D
```

AGUNG

CHIRIP

EGMONT

FISHER

HARGY

JEFFERSON

KILAUEA

LANGILA

MAGEIK

MIKENO

OAHU

PARICUTIN

RABAUL

SABATINI

SOLLIPULLI

TAMBORA

TSURUMI

UZON

WRANGEL

YELLOWSTONE

Photography

```
N U B B W B E V M K J G
T X M X G K O Y Y M I U
S D S O J Z T M N S I J
N R P V N M I A R D L R
X T V R I O W W T I R E
Y I X H I L C N G A G D
N A S T W N X H N K D N
R R E S S L T G R S Y I
F T P A Z M E Q R O W F
U R U R E F X R K T M W
N O I T I S O P M O C E
L P E N F L A S H H R I
D R D O O N L M C P R V
F E L C N I C A M E R A
R E E I D Q U Y X L N P
I L N E G A T I V E I E
K G S P G G F K N T J F
```

CAMERA	NEGATIVE
COLOR	PANNING
COMPOSITION	PORTRAIT
CONTRAST	PRINT
FILM	RANGEFINDER
FIXER	REEL
FLASH	SCENE
LENS	SLIDES
LIGHT METER	TELEPHOTO
MONOCHROME	VIEWFINDER

X Box

```
O A I D N O N E X O W G
E Z R V M N I E S L K U
S I S O H T N A X P Y U
U Z C A M O H T N A X X
E X F M P X A V I E R P
E N I H T N A X N H A B
F B O L R A K I B H Y Q
X B X H D C C D M F I P
E A E B P U I R B C N J
R Y N A S O H X N B G X
O V O T H Q L X Y L E M
P M L P H E Y Y T R J A
H R I L A I N E X B N S
I X T G C X U E Y K G V
L Q H E K T S M L O O W
E P O B P E Y N J Y J W
P F J P S O C E B E X E
```

XANTHINE	XENOPHOBE
XANTHIUM	XEROPHILE
XANTHOMA	XERXES
XANTHOSIS	XHOSA
XAVIER	XIPHOID
XEBEC	XMAS
XENIAL	X-RAYING
XENICUS	XYLEM
XENOLITH	XYLENE
XENON	XYLOPHONE

Job Lot

```
X Z K M R B P T O W B P
B Y G W R T I Z I F W W
R R F E I B B A C L J E
P E N H O P R I N T E R
L I T N D L Y F N W S R
M R B I O L O G I S T N
R U E A R B E G V T I S
I O B T O W A K I V M A
Y C G P T F R V K S A P
F W N A A E I E E N T C
S V A C L K S E D A O U
L V M C S F U E S N R L
G R E T N I A P P N U T
Q Q R S A I L O R Y E X
R E I R R A F Q J L T D
I U F U T S I N A T O B
O I N I M T O V L F Z C
```

BIOLOGIST	MINER
BOTANIST	NANNY
CABBIE	PAINTER
CAPTAIN	PRINTER
CLERK	SAILOR
COURIER	TILER
ESTIMATOR	TRANSLATOR
FARRIER	TYPESETTER
FIREMAN	UNDERWRITER
GEOLOGIST	VALET

Box of Wine

```
N F J R M Z G O C K E F
R I O J A Z E Y L C P D
E L S R P E M E A J G C
U Y I C F U W D R G C C
M H L A S I T J E I X X
S N B C S S B W T L O X
Z M A P D P O H S T B L
L T H P R A R T I R E Z
L M C H A R D O N N A Y
T O K A Y K E L A P U A
Z G J Q E L A R N E J B
Q M E E N I U E A T O S
Q P V G I N X M C K L E
W U C C V G R O S E A K
C Y E A H E D Q O B I W
W X L G I E N N T M S A
S V R P M B H E Y T X H
```

BEAUJOLAIS	MUSCAT
BORDEAUX	NAPA
CHABLIS	RETSINA
CHARDONNAY	RIOJA
CLARET	ROSE
CUVEE	SHIRAZ
HAWKES BAY	SPARKLING
LOIRE	TOKAY
MEDOC	TOSCANA
MERLOT	VINEYARDS

Dances

```
C G L W B P X B W Y Q J
X H F Q E T T O V A G G
F M A M Q F K K Q I M O
T I Y R F M V X J V M Z
O W X X L U A E Z I M J
W M I N U E T M L I V A
Y Z F O C I S B B E F E
L S R A F O X T R O T K
U L Z V N G Y A O K C A
L I T C F D N R W N A H
A M L S H X A A B M A S
J B A I B T C N E G I U
T O W Z K R N T G T W F
W O W V U S A E U O F K
I U K M L R C L I V U O
S Y B N Y E K L N A N U
T A N G O I H A E G A B
```

BEGUINE	MAZURKA
CANCAN	MINUET
CHARLESTON	RUMBA
FANDANGO	SAMBA
FOXTROT	SHAKE
GAVOTTE	TANGO
JIG	TARANTELLA
JIVE	TWIST
LIMBO	VELETA
MAMBO	WALTZ

Capital Cities

```
R S E C J B O T U P A M
N I A M E Y N I R O X S
F T E R W O M L A R P B
L H L K O Y P O T I G T
B I D G I M W P A A T R
N A N A W E W I A C I Q
G A D I B A V R B C L W
R S R D E A S T N Q Q T
A C N U I L M R A J Y A
O H A E B S N A A N D L
Z V A N H M A G L W V L
S O M M B T U B U S B I
K S N I M E A J A J I N
T A C S U M R C U B P H
V I E N N A D R F B A N
I L V M U O T R A H K F
B T H I M P H U F M W Z
```

ADDIS ABABA	MINSK
ATHENS	MUSCAT
BERLIN	NIAMEY
BUJUMBURA	RANGOON
CAIRO	TALLIN
CANBERRA	THIMPHU
ISLAMABAD	TRIPOLI
KHARTOUM	ULAANBAATAR
KIEV	VIENNA
MAPUTO	WARSAW

At the Circus

```
M E C R E L G G U J K L
A C M E A M A R Q U E E
V J H Y R I D E R S X B
O K D T I S L A E S I D
E J Y E A S E S R O H J
F J E F U R P E S K Q O
N R O C P O P P D V J L
Y C R Y O S L A M I N A
C I Q H H N C I U W W V
C H I L D R E N R L Z Z
N Y N N O R X T R A I D
V C S B L T S C I J B N
U Y A B N U S Y A X Q A
K T V Z D A R I N G U Q
Z S N W O L C S Q N E U
Q T A C C Y S W O O U S
N S C T A V H A R X E F
```

ACROBAT	HOOPS
ANIMALS	HORSES
CAGES	JUGGLER
CANVAS	MARQUEE
CHILDREN	POPCORN
CIRCUS	QUEUE
CLOWNS	RIDERS
DARING	SAWDUST
FUNNY	SEALS
GREASE PAINT	TARPAULIN

Weights and Measures

```
K N T S Z M X S U J S C
I I U P V Z E B L S Z P
L A L O S X O P T C C J
O Y L O M O Q O F C V Y
M H U N M A N U E R M Y
E E F F I E R N A M A H
T K B U I K T D A R F H
E O B L R I R R D A T T
R M H Z M L G I E P Q I
N K O E E O O R F I F F
V I T H L U A N X E U X
U E S I T T G H G I R D
R U K H C A W A U V U V
B U X E L F F N E L U P
Q C H L R P G D X L V S
G N O U N C E Q W I J L
A N N L E J A Q F G X J
```

ACRE	HECTARE
BUSHEL	KILOGRAM
CENTIMETER	KILOMETER
DRAM	LEAGUE
FATHOM	OUNCE
FIRKIN	POUND
FURLONG	QUART
GALLON	SPOONFUL
GILL	STONE
HAND	YARD

A British Bar

```
C C N W G Y E K S I H W
G R I D S G U C I A Y C
Y I H S J T Q I B E D M
T S N R U M F N A A M T
Q P D J K M O O R P A T
M S T B E E E T M N T Q
F H G P B K S V A T W X
B J G C O Y K S I H W O
S L A A X R L M D L X W
S P R I T Z E R Y I M G
P A D G T P G D Q F U R
K R E R L E N R W Z K A
J E N E J A U C E I G L
K V A E R N O W H D N L
S S O B G U L O D A I E
E C I U J T I U R F B C
E Z T K F S P K E Q K B
```

BARMAID	KARAOKE
BEER	LIVE MUSIC
BRANDY	LOUNGE
CELLAR	PEANUTS
CIDER	RED WINE
CRISPS	SPRITZER
DARTS	TAPROOM
FRUIT JUICE	TIME PLEASE
GARDEN	TONIC
JUKEBOX	WHISKEY

Ports of the World

```
I R K F V B P X P J S V
S U A S E S B I L B A O
J I K I N G S T O N R H
B B A M I A L R Z B C P
E P S Y C P D O D I C Y
R G O Q E E U G W K N L
G C G T A H M R L R O O
E T E U R Q A O G O T I
N N X E R H D I P C P U
K G V N C B R R F B M U
A O A N T W E R P A A W
D C S V M V T E H G H B
C P A T I R T S Z V T X
H D P L E A O N E G U O
P K N C A N R U T L O K
O E P P E I D P T V S J
V G B L F R S H T A Z S
```

ANTWERP	HAIFA
BERGEN	HARWICH
BILBAO	KINGSTON
BORDEAUX	LIVERPOOL
CALAIS	OSAKA
CORK	OSTEND
DIEPPE	ROTTERDAM
DOVER	SOUTHAMPTON
GDANSK	VENICE
GENOA	ZEEBRUGGE

Soft Words

```
S V J R F P L M Y U N B
K L Q R W M H D M C R U
F T U D A O E T L R S P
B Q I X A S L E A U J Z
E U E R U V G L B C M F
W P T F I R N M E Z W A
F L F T N A I L P M O C
T I Y F E S D O P S M I
D A T I S R L A U N M L
N B E I Z B E O T S Z E
F L V I V Q I R O H H E
L E L X A D Y O D G H R
U B E U O T T U F D G P
F A V L I H S K Q X E H
F Y E V I T I S N E S S
Y M H N Y N M J M G C T
T D G Z D B G T Q N Q S
```

BALMY   MELLOW

BUTTER   MELODIOUS

COMPLIANT   MISTY

DIFFUSED   PLIABLE

DUSTY   QUIET

FACILE   SENSITIVE

FEELING   SOOTHING

FLUFFY   SUBMISSIVE

KIND   VELVETY

LUXURIOUS   YIELDING

```
Z J O O I N O S D U H X
V A F S J U N G L E O N
C E M W T B F Z R L E T
H M S B L A G D O Y N X
D M A P E Y N P W S D S
X C A N U Z O L W R E Z
A I R O T C I V E K A L
N S K N R A C H N Y V S
H R H A A F R I C A O A
R Q M D M H E C T U R C
Y Z Q G A U E H T H R N
N N O S G M N H O I X I
Q A S W E B P D C B C R
P W M I L O E I S L D A
D S S S L L A J E E W H
A M R E A D R B T R N D
B H X W N T Y O K X C F
```

AFRICA	MAGELLAN
AMUNDSEN	MARCO POLO
ANTARCTICA	NEW WORLD
DAMPIER	PEARY
ENDEAVOR	SCOTT
HUDSON	SOUTH POLE
HUMBOLDT	STANLEY
INCAS	TASMAN
JUNGLE	VESPUCCI
LAKE VICTORIA	ZAMBEZI

Bills!

```
U I P D M G C B I T H N
W Z M R B L K R W G O G
E S B A I L E Y S T Z B
R E H N Q U I S T M P W
B G T Y S H R O U E R O
E O I A W E C N R Q B L
N R D M V X S T N R B C
I Y Y A Y Y W D B B O H
U Y R F Q E Y I U Y R X
K T I E E Q M O L F P W
M I G G A H A K L S C N
C F Q A G I N A W K O L
O C D T Y A Q H Y F D N
H Z O E H Y B Z C L D K
C W L S I R R O M G I Z
H A H I B O D J J O E L
H X H G L Y X G U R I U
```

BAILEY	ODDIE
BRYSON	PERTWEE
CLINTON	REHNQUIST
CODY	SHANKLY
COSBY	TIDY
COTTON	TRAVERS
GATES	TURNBULL
HALEY	WERBENIUK
MAYNARD	WILSON
MORRIS	WYMAN

Shapes

```
D I A M O N D H J J O R
A R E L C R I C F G V E
D C N P U C O N I C A L
K I K R E P Z C W P L B
M T N E C S E R C A X W
O J S Q T V P U C P C B
T B N O R I A I E R X S
A K L Q I G R N L L T P
O G T O A D T N A L Y H
Q E L G N A T C E R E E
Z Z F I G G I O A H U R
Y K L O L L B M R O F E
W Y N P E D I S C M E G
C A H H H D T I C B Y A
K B R H G X E R A U Q S
Y C F N T L F P I S B D
U R F B P N A U I U Z E
```

CIRCLE	OVAL
CONICAL	PENTAGON
CRESCENT	PRISM
CUBE	PYRAMID
CYLINDRICAL	RECTANGLE
DIAMOND	RHOMBUS
DISC	SPHERE
ELLIPSE	SQUARE
HELICAL	TRAPEZOID
OBLONG	TRIANGLE

Chess Terms

```
C X R F Y B O J C W N I
N O X U P P V J N V D R
G E M A G D N E Q D E F
L R C P U Q Q B A E F G
S C C H E C K M A T E B
O S T R A T E G Y B N Y
P M E J Q E I H B I S R
S I J H V N R T L S E J
H D Z C C C N U I H V X
S O N E A T N Y T O X S
P P O E U S A J Z P N S
D E I R F L T H K M A E
O N P N P E B L R K S C
G I M G Q P D P I K V E
T N A S S A P N E N X I
T G H I L W G I G E G P
E X C H A N G E Z U D K
```

BISHOP

BLITZKRIEG

CAPTURE

CASTLING

CHAMPION

CHECKMATE

CHESS

COMPETITION

DEEP BLUE

DEFENSE

DEFEND

ENDGAME

EN PASSANT

EXCHANGE

KING

OPENING

PAWN

PIECES

PLAY

STRATEGY

Darting About

```
Y D C O E Z N A R I V Q
P V E F U X W Z K K T G
T R F I N I S H U T J R
O S C A P T A I N Q U R
B P Q O H M L E A G U E
E X P G J U M P O R G Y
K K I O D A L Q V R P A
E L M S N U M B E R S L
F S B R S E L B U O D P
I W U Y S I N G L E S J
N O L I T M M T M O U H
T R L W Q N T N I O P I
D R S E L B E R T F U U
C A E U H R O W O M E N
F C Y H X G M A T P V L
K S E G M E N T R H H Q
L R G O U J J T K D P Y
```

ARROWS   OPPONENT

BOARD   PLAYER

BULL'S-EYE   POINT

CAPTAIN   SEGMENT

DOUBLES   SINGLES

FINISH   TOURNAMENT

FLIGHTS   TREBLES

LEAGUE   TROPHY

MISS   TWENTY

NUMBERS   WOMEN

Magic Square

```
U Q H P R I B S V I F L
V F N A I C I G A M C T
R W C P A L M I N G I C
E J O U K Q P R I X W U
Z T N D S R Y T S H X P
B I J K N T O P H A T S
A B U T N A T S I S S A
Y B R H H C W M N A U N
S A E J I Y P C G V O D
R R R A E P P A S I D D
E K O M S M E N T A T I
B A S R Q Z W A O T W C
U X T P R Q T J P S E E
E Q P N O I S U L L I R
I G I J V D M D O V E S
H H I E M U T S O C N Q
S F L O V R V H S E I N
```

ASSISTANT

CONJURER

COSTUME

CUPS AND DICE

DISAPPEAR

DOVES

HYPNOSIS

ILLUSION

LEVITATION

MAGICIAN

MIRRORS

PALMING

PATTER

RABBIT

SAW

SILK

SMOKE

TOP HAT

VANISHING

WAND

Airplane

```
Z J C N Q M S L F Z B I
J X O B N K R X A O Z H
M J N O Y O D A N R O T
X X V H L A S N U O B R
F D A L G J K Z Y T P L
B W I M N O S E C O N E
K N R O I X F A Q R F R
G R F T N S I P D T E I
T L R Q T R S O A T I F
A A A M H D G I N L K T
L N M D G F L U L K T I
J C E G I P H P S E L P
B A S G L A N D I N G S
F S H A X U T I K S F G
P T N S U B S O N I C H
R E T H G I F O R U E Q
A R R E B N A C L U V X
```

AIRFRAME	MISSILE
CANBERRA	NOSE CONE
CONVAIR	ROLLING
DOGFIGHT	ROTOR
EUROFIGHTER	SKYHAWK
GLADIATOR	SPITFIRE
HUNTER	SUBSONIC
LANCASTER	TAILPLANE
LANDING	TORNADO
LIGHTNING	VULCAN

Boys' Names

```
Q G M J Z W N E F Z L G
C B W C K I V Y Q Z E D
G S N A V I A B U O C D
S U V I L S C L R F Q D
E D O C H B A G C I N W
B T B V F B E I A Q S R
A F N A D N E R B N T X
S R V Y R O Y S T O N H
T S Q V I N C E N T T L
I T X K D O A B E L S F
A U F R L R X B H E I G
N A I L I M I X A M T R
K R F U Z A B Q O S A U
V T A A N N I G E L X L
U W K S E C R N P L I S
K Z U B D K R H G O H K
V U K E V E M J C B D H
```

ABEL	MAXIMILIAN
ALBERT	NIGEL
BARNABAS	NORMAN
BRENDAN	RALPH
CLIVE	ROYSTON
DENZIL	SAUL
ELTON	SEBASTIAN
ERNEST	STUART
GEORGE	TOBIAS
IVAN	VINCENT

Around the House

```
W J U U T O N T A H W K
Z T G P U K R Z S U A U
E M B U N K B E D E S R
U E C D R A P E S S H P
P I T E P R A C L U I C
W C B T Y E E G P A N J
V O V A E H A T N E G P
L M D Z K S V O T S M H
F M E E F A S X E A A A
M O B I T W P V L C C T
J D R S Y H I G E K H S
T E E U M S N S V O I T
J M H O X I D Y I O N A
X T T L D D R N S B E N
J X A A M R I R I G H D
X D E J W V E C O H C K
L R F L U Y R N N R D X
```

BOOKCASE	JALOUSIE
BUNK BED	MIRROR
CARPET	PIANO
CHEST	READING LAMP
COMMODE	SCATTER RUG
DISHWASHER	SETTEE
DRAPES	SPIN DRIER
FEATHER BED	TELEVISION
GAS FIRE	WASHING MACHINE
HATSTAND	WHATNOT

Volcanoes

```
S D X P U L A W E H L K
M Y C T A A L F R N A U
V P N J T P A X Z G M Z
A C A T E N A N G O I P
F N I O T Z L O S G N P
H P Y A L O I A U A G W
Q S L I P O N U R S T H
U E L E R T L I R T O I
T B V T O A L I V H N T
M I A R R I G Z A U P E
S W I B B I I O Y J H I
W N A X R Q D O N K W S
I C U N Z E N E T G C L
E P A G A N M S N E O A
Y Q D U K O N O R T K N
Y K S V O T O L E H Z D
J C V H A K O N E R X N
```

ACATENANGO	NYIRAGONGO
BILIRAN	PAGAN
DUKONO	PULAWEH
FANTALE	RUIZ
HAKONE	SANTORINI
JAILOLO	TAAL
KETOI	TRIDENT
LAMINGTON	UNZEN
LOPEVI	WHITE ISLAND
MERBABU	ZHELOTOVSKY

Beers

```
J V T Y D V H B Y U Y N
X T Q U I Z S O O X W S
A B J R O V X T P S U Z
N H W B K T G R J S N Y
O R N H T N S H A E C F
T N Q B I N I K H N U W
G T G D B T Y D L N T C
N A O P E W E J A I A B
I H L Y P L L B G U M F
D H D O K N A Z E G B R
D Y B C S Y E N R E E E
O X E O E A L T W N R T
B P S L E N A L S O N T
S N T O R C P L E L R I
P E L P V A I M E H O B
T S A E Y P B T J F C H
K U M E V W M C H C V C
```

BARLEY	LAGER
BITTER	MALT
BODDINGTON	MILK STOUT
BOHEMIA	PALE ALE
BROWN ALE	PILSNER
GOLD BEST	SPECKLED HEN
GUINNESS	TETLEY
HELL	UNCUT AMBER
HOLSTEN	WHITE BEER
HOPS	YEAST

Words Beginning with B

```
O D R F N Y R T O G I B
B A L E F U L Q F Q L X
T A I N D W V S P A M D
L U T R C R R F S M U S
P B K T E P O P S V I R
C O B L L T H B A G L S
F M E T U E C R P U L T
X B S X M F F A Y G Y V
B A M E H T R I B N R X
B R I M S T O N E I E G
R D R A O B K C A L B B
E E C P V O E H N K D J
A X H S I T N I S C L E
T S M T J H G L T U C K
H J Q Q O E X D A B Z E
J H I V B R F C L H P W
W F F U O G B A K H H S
```

BACTERIA

BALEFUL

BATTLEFIELD

BEANSTALK

BEGIN

BERYLLIUM

BESMIRCH

BIGOTRY

BIRTH

BLACKBOARD

BLASPHEME

BOMBARD

BORDER

BOTHER

BRAINCHILD

BREATH

BRIMSTONE

BROTHER

BUCKLING

BYPASS

At a Distance

```
Y S R O U N Z G S Z C Z
J N J Y B R V M P Y F M
S Q M S L L A F A R I M
K I Q C C C V A C L N E
C P Z D H Y I Y E G N O
X B R E A D T H S E R J
U G H U I I Z F N Q M E
U Q T W N O I T A C O L
B A V R E A C H P T H E
T N E T X E Q Z X O T N
K T W U H H P S E O A G
E W J W U G L L M F F T
S I S Z M A I E W T V H
O D R U L E R E M F C P
L T N X F O J H H E R H
C H D A H R W Z N S G W
L E H D H J C A G N G I
```

AFAR	HEIGHT
BREADTH	LENGTH
CHAIN	LOCATION
CLOSE	MILE
ETERNITY	REACH
EXPANSE	REMOTE
EXTENT	RULER
FATHOM	SIZE
FOOT	SPACE
HANDS	WIDTH

Tropical Fish

```
B J R A S B O R A B G Q
S W O R D T A I L H O G
Q S Y T A L P A H W S O
H U C E D O C T R L E U
W C K T I K U N Y R P R
J S A N M O R N S Z Q A
Y I A O M A Q I L S N M
B D L E L H S F W G I I
Z L R N L N C O E M U U
Y I W Z E A W L C M Q H
F E Y B T R F O D E E S
X V I F A I P Y L I L B
O R I L S P U P E C R P
K S Z H R D F P M D A S
H T C W K E F U O V H D
J B R A B R E G I T Y E
E N R X R W R E Z M G O
```

ANGELFISH

BLACK MOLLY

CATFISH

CLOWN LOACH

DANIO

DISCUS

FIRE-MOUTH

GOURAMI

GUPPY

HARLEQUIN

KRIBENSIS

NEON TETRA

OSCAR

PLATY

PLECO

PUFFER

RASBORA

RED PIRANHA

SWORDTAIL

TIGER BARB

Soundbox

```
K K V F E K S O G W P L
S C N L S N R W A I L M
B L O I P O G P N L P K
Q Q A N L H U G N A H O
M W W M K C I C R E A K
D O D V Q N Y S N U W W
R Q S J G M R I Z Q U N
U K W W L I H A X S L S
M A B Y N W C L A N G K
M A A G H K W P E D R Y
I F I B P E Z M M A W E
N N S B M T A D B O H L
G G N I T E P M U R T P
T X H D R D O K L S A S
J C U C L F L P A N U V
O S S W I Q Q L Z Z I F
Q D S K M Z B I L H R E
```

BARK	PINGING
BLAST	RINGING
CHIME	SCREAM
CLANG	SLAM
CLINK	SQUEAL
CREAK	STOMP
DRUMMING	TRUMPETING
FIZZ	WAIL
HONK	WHINE
KNOCK	YELP

Astrology

```
Z A Y F A E Q N F D D W
N O I T C I D E R P S J
E R W M P F M A X C K R
E W O U Q G C G R X F R
Z C A C W A T E R B H L
Q V V E I P W S Q G P P
M Q Q D D R R R B C O H
L E O H S L P M A G C P
M Z H F A Q U A R I U S
S B T V B N P I C L Z U
E S R W S G V K K S W C
H L A E C Z U Z N O P W
S T E N A L P O Q C T V
I E W M L D O H T L O Y
F S I G E M I N I K Q A
Y D F R S N T N R W D M
S U I R A T T I G A S N
```

AQUARIUS	LEO
ARIES	MOON
CAPRICORN	PLANETS
CRAB	PREDICTION
CUSP	READING
EARTH	SAGITTARIUS
ELEMENT	SCALES
FIRE	VIRGO
FISHES	WATER
GEMINI	ZODIAC

Cookery Terms

```
E Q F Q S D E K A B F D
H R Z L R T E R R I N E
B F V D O G E H B S D I
N L T I E R U W C F S R
E A U S O U E N E A A F
E M B P Z P C N M D O G
T B L A N Q U E T T E P
O E M H N G R A B I X E
C C Z A R I M S Q R N D
E O H A C F L M Q C A E
R X T A P E U A R A N B
T I I S N T D O B N K N
N N D D J T U O E I E D
E R Q E Z T I I I J L M
O A Z C E L L N N Y X
S G W I E U T J L A E K
I X H D J P S L S Y S G
```

AMERICAINE	FLAMBE
AU POIVRE	FLORENTINE
BAKED	FRIED
BARBECUED	GARNI
BLANQUETTE	GRATIN
BOILED	JULIENNE
CHANTILLY	MACEDOINE
DICED	POACHED
EN CROUTE	STEWED
ENTRECOTE	TERRINE

START words

```
T A Y Z Q M T W R S Y S
M R C F F O T R A T S B
K F A D R L W K Y H F I
S I B T E H S W E F Z N
Q T C K S J X A U V E T
T S A K H P D N N W N R
Y A P R S S U O S H K A
N N U T T T G T T O D T
O D T A A I A H A E R S
N S R V R R N R R A P D
S T A R T I N G T I M E
T A T L H N Y S L U G R
A R S X I Z E J E I R N
R T P N S R D C D S N N
T S M S T A R T O U T E
E D U D L S I G Y B Q I
R L J E E T R A T S A L
```

ASTARTE	STAR THISTLE
FITS AND STARTS	STARTING LINE
FRESH START	STARTING TIME
HEAD START	STARTLED
JUMP START	START OFF
KICK-START	START OUT
NEW START	START UP
NON-STARTER	STAR TURN
REDSTART	UNSTARTLED
RESTART	UPSTART

Danny DeVito

```
Y C U E Y N O K R D U F
Z I Z B Z F K J T E E K
M Q B L G H O F F A N G
J O S Y U G E S I W O Z
B M A T I L D A L I T I
R H P B A T M A N N S X
C A R W A S H G E I M R
O I E Q L Z A L W T A U
M R C B P P N C O R S I
E D R S E T H I X A T N
D R S E R H S E A M I H
Y E N O B P T M X U E B
M S H H S M E K G T H Y
P S L A W R E N C E L M
H E G H I N E V Y A W Y
H R Z C J P O I O W J N
L E A H C I M X I N I M
```

AMERICA	MARTINI
BATMAN	MATILDA
BOBBY	MICHAEL
CAR WASH	NOVEMBER
COMEDY	OWEN LIFT
GOING APE!	PENGUIN
HAIRDRESSER	SAM STONE
HOFFA	SHORT
JACK THE BEAR	TAXI
LAWRENCE	WISE GUYS

Into Port

```
U F B J N X N E G R E B
S N E N T Y X M K N R E
P A C L V R O D L I I N
N B L H T M A O S K D K
W R U E B N S B C K A V
V U W A R B A O O N G P
M D S V M N T M V H A L
L A M F E S O B E K R O
I M D T O U L O N R K V
T L G R U B S N E L F S
M A R S E I L L E S F P
E P F E L T T A E S L Q
S R S O X K S Q K I T W
S N M P L K M M L T T H
I R E V U O C N A V O H
N I H C O C S T I Z Y K
A M H B A U K J B C C H
```

AGADIR	LEITH
AMSTERDAM	MARSEILLES
BERGEN	MESSINA
BRISBANE	MOMBASA
COCHIN	PALMA
DURBAN	ROSTOCK
FLENSBURG	SALERNO
FREMANTLE	SEATTLE
HOBART	TOULON
KOTKA	VANCOUVER

Bay Search

```
R R B R O K E N X P S S
Z C E A T K U S I Q G E
E H N P F Y D N U F D L
U E G F Q F Y B G G A P
N S A V K B I S C A Y A
E A L B Y R T N A B V N
R P G R O E M Y P A M A
A E G I I N R R W L I I
W A T C D K A E L C M V
A K V A C R U V T N M Z
L E L H W G A O I N Z G
E M N A A G T C B S O C
D Y E L D N D S N A T M
N I W I R N X I P F K A
K A J F V L U D R G N V
Y Y N A T O B D D B T D
E D F X N F M S R Q Y Q
```

ABOUKIR	CHESAPEAKE
BAFFIN	DELAWARE
BANTRY	DISCOVERY
BENGAL	DUNDALK
BISCAY	FUNDY
BONAVISTA	GALWAY
BOTANY	HALIFAX
BRIDGWATER	MONTEREY
BROKEN	NAPLES
CARDIGAN	UNGAVA

Saintly

```
T V G N I V O L G P Q E
T D X N U G E N T E E L
Y P O L I T E N A T W Y
E E Z J M R E C N X O X
D E H F N G A E E H T I
M L Y O I J L C A H C R
U B K L N O T Z X O F B
Y A I S V O R C N N R E
L D R E E X U S A E I L
R N N J J N I R U S E B
O E N T M D S F A T N A
B P R N E O T I H B D I
H E K R R H I I T R L L
G D A V D P C E M I Y E
I T N A S A E L P B V R
E P H E L P F U L X I E
N E L B A R O N O H A L
```

ALTRUISTIC   HELPFUL

BENEVOLENT   HONEST

CARING   HONORABLE

CONSIDERATE   LOVING

DEPENDABLE   NEIGHBORLY

DILIGENT   PLEASANT

ETHICAL   POLITE

FRIENDLY   RELIABLE

GENTEEL   SENSITIVE

Mountains of Fun

```
K L Q O S D E M G V Z R
E D O O H R G O Z O D J
N K N E H C A B M A K A
Y O P I Z B U I N U N G
A S W E T T E R H O R N
Y C K M W R O Y S D A U
F I D U O Y E B C N A J
G U R M Z N O T G D N N
Y S J I V R T A T R W E
R Z A I G Q P E O I S H
O K N W Y A R H R T L C
T O N S R A L X P O T G
O O U B I H M U E B S N
S C A N A Q N A A U S A
I T I R M U Y O O H C K
T E T O P N Z R Y N D S
R S N O W D O N B T J Q
```

CHO OYU	KOSCIUSZKO
COOK	MONTE ROSA
DHAULAGIRI	NANGA PARBAT
FUJIYAMA	NUPTSE
GLITTERTIND	PIZ BUIN
HOOD	RAINIER
JANNU	ROBSON
KAMBACHEN	SNOWDON
KANGCHENJUNGA	STRAHLHORN
KENYA	WETTERHORN

A Words

```
X S Y X Z V X V A T T N
I A R R E S T D Q B Y F
A C F I G J T J A R G Z
E G Y T I L I G A N A N
S V C O E B Q U I V O J
Y G O L O R T S A I R P
A A F B N C W L T A T Z
L N E N A L P A U Q A V
L A I C I F I T R A M F
O K Z M A V H N E D A P
Y M R Z A E K E Z L S A
M M U A N L R D C A S P
S R F T V N O I T C U A
E M I N T D C C A A R N
D C N J Z C R C P L E B
X E M O S E W A S A B G
F K U B N G N B A P P J
```

AARDVARK	AQUAPLANE
ABOVE	ARREST
ACCIDENTAL	ARTIFICIAL
ACTUARY	ASSURE
AERIAL	ASTROLOGY
AFTERWARDS	AUCTION
AGILITY	AUTHENTIC
ALLOY	AVIATION
ANIMAL	AWESOME
AORTA	AZURE

Knitting Pattern

```
O L O X P M Q B B G B G
G C S N R A Y E P Y L N
D O U B L E O P V H A I
O W K N I T T I N G N D
M S G T B C H A I N K A
Y Y K E U S K D E W E E
D D G N I L R U P W T B
J T X S A A O M R Z S J
W F Y I C H W V O S V E
I O A O B T H T W I S T
C U T N O A C R C K M O
C R O C H E T H O O K G
H P N Z Z P A N U K C A
C L E B V E P I N M F F
A Y X J W R B A T G X V
C F A I R I S L E Z D P
P S Q A S Y F P R M E K
```

BEADING	KNITTING
BLANKET	PATCHWORK
CARDIGAN	PLAIN
CHAIN	PURLING
CROCHET HOOK	REPEAT
DOUBLE	ROW COUNTER
FAGOT	SWEATER
FAIR ISLE	TENSION
FOUR-PLY	TWIST
HANKS	YARNS

Champion Golfers

```
F G U X W G O O S E N H
R E K Y R U F U N S B J
E H O A Z W T J I E T N
N S H K M T X Y K L Q W
E A W O O D S Y D P O W
M I M N I C K L A U S I
N H O R T H S K W O K A
S C L F O G N L R C O P
E C A Z I N G E R U O H
K E Z J Z I T O C T R L
O V A G K S D N R T B N
S A B R E S P A X K T Y
C C A L E L W R L E T L
O L L L Y E T D I F E A
C A E N T P U C G C K D
B C I S V I A J F U E Y
B T A L P F O R T S A Z
```

AZINGER	LEONARD
BALLESTEROS	NICKLAUS
BROOKS	NORMAN
CALCAVECCHIA	OLAZABAL
CLARK	PRICE
COUPLES	SINGH
DALY	STEWART
FURYK	SUTTON
GOOSEN	WADKINS
GRAHAM	WOODS

Schooldays

```
D Z A R E H C A E T Z C
N S A S G S N E N Y O X
J O C M T N J D G L S S
J T I M E T A B L E S C
F S W T A F A E I C A I
R Y G Q N R G S S T C T
E A E N B E M C H U I A
N D O E T A T H J R H M
C I G U X K A E V E Y E
H L R E T S A M D A E H
A O A D U G K I D B B T
V H P S Z T G S N B F A
D T H E S B T T E C F M
Q Y Y R N R F R Q D P K
R B H Z O C O Y O D G U
V B M P V B I O L O G Y
N W S P U P I L M X Q I
```

ALGEBRA	GEOGRAPHY
BIOLOGY	HEADMASTER
CHEMISTRY	HOLIDAYS
CLASSROOM	LECTURE
COLLEGE	MATHEMATICS
DESKS	PENCIL
DETENTION	PUPIL
ENGLISH	SPORTS DAY
EXAMS	TEACHER
FRENCH	TIMETABLE

Tool Box

```
U Z J A L B S D G D G S
W W A S G I J U A L A E
V K P F R E T S A W G G
E G G I T O A S A U J T
U F B A N D S A W Q I K
L U L H A C K S A W J X
A B X Z U L E S I H C U
B K F T G X G R K C U Y
S M T Y E J F T S C S Y
R E V I R D W E R C S P
R E M M A H N L F R D D
S D D E C A L L I R D S
O M R N L T F A L G X I
U M E P A V H M E M G Y
F R F C M S I I P E A Q
W C E Z P U N C H F A E
C O E I M F S O E B F I
```

AUGER	JIGSAW
BANDSAW	MALLET
CHISEL	PINCERS
CLAMP	PLANE
DRILL	PUNCH
FILE	SANDER
FRETSAW	SCISSORS
GLASS CUTTER	SCREWDRIVER
HACKSAW	VICE
HAMMER	WRENCH

Orienteering Search

```
P Y V Z G I A D O D W O
H S N C O N T R O L Z A
S S I A Y U I G F Q E L
Y D J G V W N T W O Z H
E L O W N I F X A K A O
B E S O K P G D C C N N
W I D L W W O A Z V O R
H F A I W M S S T I R L
D W E R S K P O T E A C
S B L O C Y X A N O K G
A X C U O T R I M Z O N
H C R T O T L T S T J B
W P I E S T F I N I S H
C L C I R G J O R U N A
R H G A E S S A P M O C
U E T N I O P K C E H C
R S L L I H R C R D S M
```

ANORAK	LOCATING
BOOTS	MAP
CHECKPOINT	NAVIGATE
CIRCLE	REGISTRATION
COMPASS	ROUTE
CONTROL	RUCKSACK
COUNTRYSIDE	SIGNPOST
FIELDS	START LINE
FINISH	WALKING
HILLS	WOODS

Shrubs

```
M A A U X O H U W A S Q
Y I I A E E Y M I P M L
L Z N I A P Q L I W L I
R T O T F T O R A A M L
U U H V C N A I B A A A
N E A B G E L W S U X C
R P M A A L O Q S S F M
O W M N E N C M E H A U
H I F M S I T A M E L C
T T A O J B R O O M K J
K C W N R F U C H S I A
C H Y F R S M C V E R S
A H Z C V E Y R K D M M
L A N T E R N T R E E I
B Z V Y M I M L H N Y N
T E P B U D D L E I A E
P L H E C I P S L L A X
```

ALLSPICE

BLACKTHORN

BROOM

BUCKEYE

BUDDLEIA

CAMELLIA

CASSIOPE

CLEMATIS

FORSYTHIA

FUCHSIA

HEATHER

JASMINE

LANTERN TREE

LILAC

MAGNOLIA

MAHONIA

PEUTZIA

SNOWBALL

SPIRAEA

WITCH-HAZEL

```
R X E U Q M J X E K Q M
E A R N S J P F N M U V
B E U F O W W E B I C H
I R M S Y B E U N T W S
S U E N A C L A C H E U
Y Y F A A E R E A I L C
E S U P S C E G E G B S
N K S S Z T S B D H I R
D C H E E K B O N E D Y
I E P C A G M O E V N A
K I L Y L I N E N J A L
P L A P R A C A T E M L
N I T D W L V G L Y W E
G U H I H U T I O A C T
Y M T V B B E G C J H A
S Q V S U I D A R L R P
C E O O J F A O B M E I
```

BREASTBONE
CALCANEUS
CHEEKBONE
CLAVICLE
CRANIUM
EYES
FEMUR
FIBULA
HEEL BONE
HIP

ILIUM
KIDNEYS
KNEECAPS
MANDIBLE
METACARPAL
PATELLA
PHALANGES
RADIUS
THIGH
TIBIA

A Gem of a Puzzle

```
B P P E C W N O Y I E E
E E N I R A M A U Q A T
E N E E O I F B B E P I
R N O T Z P H G U D E H
I W I T E J A P Z A A C
E L K L S Y T L P J R A
O K U C A E V G L A L L
N M D Z N M N K E Y S A
Y R T R A E R I I S M M
X K A I U L C U H R D U
L G L A D Z S O R L D
Y Z A Q I A T I W T I R
R A J R R R S W P A Y R
E P C C A A V I M A E U
B O G U B N T O B B L B
N T Q I D O N I M W A Y
A Y K Q E D L A R E M E
```

AMBER	ONYX
AQUAMARINE	OPAL
BERYL	PEARL
DIAMOND	QUARTZ
EMERALD	RHINESTONE
GARNET	RUBY
JADE	SAPPHIRE
JET	TOPAZ
LAPIS LAZULI	TOURMALINE
MALACHITE	ZIRCON

Buildings Site

```
L A T I P S O H E P H C
B A F J C B M U R B T J
K U Z A L H G O N V C B
E J N V R O A I T O F U
H G L G G M B P N E S S
H Z A A A A H C E C L S
O E N T C L E O O L Y T
L Y T G T R O U U T E A
S L O T T O T W I S G T
F L A H E H C S A K E I
P L A H U N R F M C L O
A L A T L E O E E A L N
L K R T V L C S N R O N
A J C I L U I G I R C O
C U N L N E Y R C A Z R
E U P E B A T B D B M Z
S K Y S C R A P E R G W
```

BARRACKS	FLATLET
BUNGALOW	HOSPITAL
BUS STATION	LOG CABIN
CHAPEL	MAISONETTE
CINEMA	MOTEL
COLLEGE	PALACE
CONCERT HALL	SCOUT HUT
COTTAGE	SKYSCRAPER
DRILL HALL	SYNAGOGUE
FARMHOUSE	UNIVERSITY

Larder Contents

```
C W I R I V G M U O L X
E E P I S E F I N E T L
R L C L E T G X N T S J
Q A C H P S I T Q G A U
Z R G D C E I U L Q E F
A Q Z U U L P V C A Y R
B R L C S O U P L S S C
I Q C U T U R M E R I C
J H O L A N O B E R T B
R E R H R N U M C M H A
L F N N D C O T A N Y E
L Y F S K V M R M K M K
P G L C S C O F F E E X
Y D O K Q J X E I F G U
T T U A R D P S Y A A N
S D R A T S U M K U O S
N S M P F S H Y C T Y R
```

ALMONDS	NUTMEG
BISCUITS	PEPPER
COFFEE	SAFFRON
CORNFLOUR	SALT
CUSTARD	SOUP
GINGER	STOCK CUBES
LENTILS	SUGAR
MACE	THYME
MARJORAM	TURMERIC
MUSTARD	YEAST

Fruits and Nuts

```
B T E C N I U Q A O P V
D R U L F E M W P K I R
F T A N P C S A R J S E
E U K Z T J N V I Q T D
W N O G I S K I C G A C
W A J Q R L E T O M C U
K E S A M E N H T E H R
Q P X V I A E U C N I R
E V I L O V C N T I O A
E X E P L O K J G R N N
W H I T E C U R R A N T
N R T G M A J H P T G M
O E I R O D G P Z C Y E
L F Z O N O L X P E A R
E B I L B E R R Y N J H
M T Y M A N D A R I N W
V L C A H E E H C Y L M
```

APPLE	MANDARIN
APRICOT	MELON
AVOCADO	NECTARINE
BILBERRY	OLIVE
BRAZIL NUT	PEANUT
CHESTNUT	PEAR
FIG	PISTACHIO
GREENGAGE	QUINCE
LEMON	REDCURRANT
LYCHEE	WHITECURRANT

Christmas

```
C R O I V A S M L S L D
V Q F Y I N X A B D X K
U Z Y U U A P Y M M Z H
T H B E Y L D M W Z G N
W G F S A K E V E W A I
R E G N A M U T E T I D
V M D E G J K X I N T Q
G N I C I S D V H D T K
K T N N P O I V O M E V
T H G I N T N E L I S O
J L C K Y E J S I H N F
E E E N Y T J P D R I L
S Y A A U H B C A R O L
U Z E R C P I F Y U P U
S C K F Q E M U L D U A
F E S A V I O U R X W K
Y U K N O B B I R C Y X
```

ADVENT   MANGER

CAROL   NATIVITY

CRIB   POINSETTIA

DONKEY   RIBBON

FRANKINCENSE   RUM PUNCH

HOLIDAY   SAVIOR

ICING   SILENT NIGHT

JESUS   SPICES

JINGLE   TURKEY

LAPLAND   YULETIDE

```
H M A N H A T T A N E M
A I D S I D E C A R O S
R O B R O Y L L B S C W
V B Y C C G V I C R H R
E K K R C G L O E I X Z
Y A Q B A A W W S P M Z
W A K R B M D K E I X I
A I S U U R Y L Y N Y F
L N C L I S U D O A N S
L I E V O J T R O C Z K
B T E U T B B Y H O Y C
A R R N S N V Z N L L U
N A I S S U R K C A L B
G M K S S E H C U D I S
E Y W H I S K Y M A C L
R R A T I R E U G R A M
T D M G N I L S N I G G
```

BLACK RUSSIAN

BLOODY MARY

BRONX

BUCKS FIZZ

CUBA LIBRE

DRY MARTINI

DUCHESS

GIN SLING

HARVEY
  WALLBANGER

MANHATTAN

MARGUERITA

MINT JULEP

MOSCOW MULE

PINA COLADA

ROB ROY

RUSTY NAIL

SCREWDRIVER

SIDECAR

WHISKY MAC

WHISKY SOUR

Wild Flowers

```
S F B K T B Z W Q E Z E
H E H C U I O J R O P E
C K G P H R S Z Z A I B
Y E Z A R I P B U G L E
U M K A R S C Z N U S U
Z E Y S Y F T O E S W N
F K N P Z E I B R C O Y
H A A H L L E X O Y C L
J O I O E L H L A V D I
D K T D L E T E A S E L
H O N E Y S U C K L E D
Z A E L F D A I S Y W H
D N G O R N S J V Y P N
X Y O E F U N O S M A R
M T X F P O R D W O N S
F Z N A I R E L A V K N
Z K T V T G M N H P G H
```

ASPHODEL	HONEYSUCKLE
BLUEBELL	IRIS
BUGLE	KNAPWEED
CHICORY	LILY
COLTSFOOT	RAMSON
COWSLIP	SAXIFRAGE
DAISY	SNOWDROP
DANDELION	TEASEL
GENTIAN	VALERIAN
GROUNDSEL	YARROW

```
Z Z R U U R J X U X V W
A H S S E A S N A I L I
P I F T M Z A S P G A N
P X L J A O R S T O S K
C X I G P R E U U Q L L
G E M B S S F L U C E E
W R P S E H P I U S G H
Y A E H A E D T S W E W
V H T E A L T U G H K K
V A N L N L M A L C R C
S E A L E M O N Z P B G
J S F F M S U P O T C O
J Y I I O W X L O O J P
N S L S N T L Z C D C U
H Z G H E A V K H T T G
C R I Z C U L B M L P O
I O Y S T E R L H Z N J
```

CEPHALOPOD

CLAM

COCKLE

CUTTLEFISH

LIMPET

MUSSEL

NAUTILUS

OCTOPUS

OYSTER

RAZORSHELL

SCALLOP

SEA ANEMONE

SEA HARE

SEA LEMON

SEA SNAIL

SHELLFISH

SQUID

STARFISH

WHELK

WINKLE

What the Dickens?

```
A S N F G M Q E U I P X
V S E L K C A W S R M P
S M I K E C L R U R G H
P C C E Y E S L L U B X
T M R Y W S O I H E W D
H A O O N M L G O A Y X
M G T T O L I L L N Y K
T W F N Y G V T I J F O
R I J V E Z E R Y B A T
W T I L K R R L W N G O
S C R L G O T F B X I O
K H D A N G W D P M N T
I U Y N Y E I X E J U S
M V N C J R S Z T R D B
P I N V W C T M O W F B
I A C O D L I N R U P S
N E S T R Y V E R P W V
```

BILL SYKES

BULL'S-EYE

BUMBLE

CODLIN

FAGIN

FRED TRENT

MAGWITCH

MARLEY

MR LILLYVICK

MRS WACKLES

NANCY

OLIVER TWIST

ROGER CLY

SCROOGE

SKIMPIN

SMIKE

STRYVER

TINY TIM

TOOTS

WALTER GAY

Clothing Store

```
C X Y G S H O T C N S V
A P L A S T N A P O F M
O Q Z P P W S Y C R W S
Y I M B R T E K C A J W
E U S E O H S A T H R S
P X F O H I R S T E R S
F R B L S U E M L E T D
R J X L T V C F K R R U
A T P X O D F C O A C E
C B E A B U I H B J Y Z
S Z T A M N S A V T S Z
K T T V K G T E C V S F
C O I Y U A R O D E F Q
E V C C D R X T X I S X
N S O T T E L I T S M S
J U A V E E G I L G E N
Q R T I U S S S E R D E
```

BLOUSE	PANTS
BOOTS	PETTICOAT
DRESS SUIT	PUMPS
DUNGAREES	SHOES
FEDORA	SHORTS
JACKET	SOCKS
KNICKERS	STILETTOS
MUFFLER	SWEATER
NECK SCARF	TABARD
NEGLIGEE	VEST

Battles

```
O B A W A N I K O R H D
W N G V B O U A V Z S T
H V I V A R X E K T N N
I R I R B L R S A U R E
T V T O E D C L P O O C
E I T I U F I A O J H N
M M F N W N L R L C G I
O Y A L G O C O K A I V
U R D R U X J C S R B T
N I A S S G N I Y T E S
T D M M W T E G M H L E
A G R U H T O T F A T P
I E A L H C M N Y G T A
N O H T A R A M M E I C
M Y B O R O D I N O L N
O N I S S A C E T N O M
M M Y Z S A N N E V A R
```

ARMADA	MARSTON MOOR
BALACLAVA	MONTE CASSINO
BORODINO	OKINAWA
CAPE ST VINCENT	RAVENNA
CARTHAGE	SOLFERINO
CORAL SEA	STALINGRAD
IWO JIMA	TOBRUK
LEYTE GULF	VERDUN
LITTLE BIG HORN	VIMY RIDGE
MARATHON	WHITE MOUNTAIN

```
H C F H A T P C V V A L
N K R E N E N U T E T G
R Y S Q Q Q U D S H U I
D I S I S Z O F B B K L
N N E F E R H O T E P S
J E O G Q A T A N T G F
G S D S N P A E E U Y B
S I R U I M I R P F X X
Q E B X V R E G H N C V
G I H M D W I R T J E F
S D B L A X E S H S E R
G J F T X G D F Y V D X
A T E T S A B D S F G G
N X T E M H K E S E N Y
D O R T E N E F E T T H
X E M Q H T O H T M H H
M D K A B R O H T A H N
```

AMON	OSIRIS
ANUBIS	PTAH
BASTET	QUDSHU
GEB	RENENUTET
HATHOR	RENPET
ISIS	SEKHMET
MAAT	SETH
MERESGER	TAWERET
NEFERHOTEP	TEFENET
NEPHTHYS	THOTH

Weapons Store

```
T F B K F W Z R Y B L G
T O Q S O Z S W O W A W
T Z R Q S H I M K Z O M
H N R P O A B I Y B A H
Q L E T E N X S S C Y N
Y A G D D D G S H M W S
R U G W I G O I G E T C
N N A E M R N L H G N I
J B D U C E T E L F N M
D W O B G N O L V J B I
H T L U P A T A C A R T
J P N R I D U L Y B I A
E E Q R R E V O L V E R
Q J G O L Q N T A S K S
R U W F C E V S N V C X
N S I S T K C I C H U W
A R E F H L K P E A J J
```

AIR-GUN	MISSILE
BAYONET	PISTOL
BOMB	REVOLVER
CATAPULT	RIFLE
CROSSBOW	SCIMITAR
DAGGER	SHOTGUN
HAND GRENADE	SPEAR
LANCE	SWORD
LONG BOW	TORPEDO
MACHINE GUN	TRIDENT

```
Y S P I H Y D Q J V I I
L L A N G O L L E N D J
P N N O D Y O R C L A Y
K U A V W T O U J K R B
D V M A N S P T U T W R
K H A D G U R K N T C I
C K A N L E E E H S M D
V K M A N Z V N E E G G
M L I T X O I S L R N E
R A A E C A L I A O C W
T E S N L Q S N D F Y A
Y V G N O E D G H K Y T
C R U E D U E T C A R E
E R O K N A E O O E W R
O D X I I T L N R P E G
Z M O U L A S H T O N R
D N A L K N O M V K U J
```

ASHTON	LLANGOLLEN
BRIDGEWATER	MONKLAND
COVENTRY	NEWRY
CROYDON	PANAMA
GRAND UNION	PEAK FOREST
KENNET AND AVON	REGENTS
KENSINGTON	ROCHDALE
KIEL	SAIMAA
LEEDS LIVERPOOL	SUEZ
LINDO	TRENT

Trees

```
E N I P E R O H S Z E R
S N R H P E L C I H C B
X U G P N U S R S A U R
W D M L O P F I U W W Q
Z N V A I Q Z B T T C J
K E R N C S V Q P H X N
H L D E W Z H Y Y O A N
O L E R C Z Y O L R M V
E R O M A C Y S A N U E
S D D A L D Z U C K L T
D J A U V X C Z U O B G
R J R M A A A B E L E L
A V L G R A N D F I R O
J Z J I I P N E A J R M
C D A X A C A U P W Y J
F I F C U V M L U S N I
R G W A J E U G M Z A I
```

ABELE

ARAUCARIA

ASPEN

BIRCH

CALVARIA

CHICLE

DEODAR

ENGLISH OAK

EUCALYPTUS

GRAND FIR

HAWTHORN

MANNA

MULBERRY

PALM

PLANE

RAOUL

SHORE PINE

SPINDLE

SUMAC

SYCAMORE

J in the Box

```
Z X H G Q H D R X W H Z
K V A N N L P E X D B D
F H V O Y I H L J B M R
S L D S B R G G Q G E R
Z B X I S R A G U K A N
Z L F T M E E U O C J U
A C A T D B G J N J W L
J F J E T S T R E A M A
E I F J C W H O H C J B
G A X A E I P J T K A H
W J J D J A T O Q D C X
U Z B E R S L S D A K A
Z U L D W E O O U W E Y
K L I G N I T T U J T D
Y Z A L P Z S S D S U P
E Y E T J Y C H E F G A
B U S N E L T S O J P A
```

JACKDAW	JESTER
JACKET	JETSTREAM
JADED	JETTISON
JAFFA	JEWISH
JANUARY	JOGGING
JAZZ	JOKER
JEALOUS	JOSTLE
JELLY	JUGGLER
JEOPARDIZE	JUSTICE
JERBOA	JUTTING

Bodies of Water

```
W V O P J A B H C N B Z
U O U C N A M S A T E B
C Z Q A Z N W I O G L Q
L A I S M Z B R K T L T
Y R N P E A A I H N I M
L U V I R W C S O E N E
V F C A H I N A T L G D
Z A T N W C L I S O S I
W R P U O L T Q K S H T
N A I R E B I S T S A E
B G A D B T X Z A V U R
Z L D J C E L E B E S R
K E F L U I W H I T E A
W Q D R S X T N K P N N
Z W K N R B S L W A Y E
R F F B W Z K C A L B A
V N L G J P Y Z M B E N
```

ARABIAN	EAST SIBERIAN
ARAFURA	IRISH
AZOV	LAPTEV
BALTIC	MACASSAR
BELLINGSHAUSEN	MEDITERRANEAN
BLACK	OKHOTSK
CASPIAN	SOLENT
CELEBES	TASMAN
CORAL	WEDDELL
EAST CHINA	WHITE

Insect Study

```
E Y O F E M C H C J W Y
G N I T S X R G Y A L E
W A T H V D I H P A Q J
E V M O S W C A C E F A
E O Q R R L K K L L Q H
V O R A N G E T I P N L
I N E X Q Y T T V V O F
L Q O G L O W W O R M N
I P E L B I D N A M U D
A U H E F S H S N S E N
T X U T D E G N N C N U
Y L F S I D D A C X H O
B I S J A G K Z E A C P
U I W E D E P I L L I M
R P H X F X Z V W W F O
L K H L V N R T I F I C
V C Y F X U B N G A J G
```

APHID

BLUEBOTTLE

CADDIS FLY

COMPOUND

CRICKET

EARWIG

FLEA

GLOW-WORM

HEAD

ICHNEUMON

LACKEY

MANDIBLE

MILLIPEDE

ORANGE TIP

RUBY-TAIL

SEDGE

SNAKEFLY

STING

THORAX

WEEVIL

Superheroes

```
J H C R O T N A M U H W
A C A P T A I N A T O M
T H P D M M A O A M E R
K N T T R X P I O H C O
N F A L C O N T Q A A T
P B I M H K N C Y Q P S
L R N T O A R A A U T E
G R A P H W X N G A A R
F R M P Y E T I N M I I
E A E Q Y F A A N A N F
R H R E X X M T C N M L
T O I V N R W P O E A A
C D C Q E A R A B M R S
E G A D Z M R C C X V H
P L I V E D E R A D E W
S P S U P E R B O Y L T
S U P E R M A N I W Z K
```

AQUAMAN

BATMAN

CAPTAIN ACTION

CAPTAIN AMERICA

CAPTAIN ATOM

CAPTAIN MARVEL

CATWOMAN

DAREDEVIL

FALCON

FIRESTORM

FLASH

GREEN ARROW

HUMAN TORCH

SPECTRE

SPIDER MAN

SUPERBOY

SUPERMAN

THE ATOM

THE PHANTOM

X-MEN

```
V J L O S K V J H P Y V
E E O E C A X G K C T E
N L R U B L X P E Q Q H
A B R R R C Z J T K E I
L T Y H G N I D C X D C
P P S O T R E T H G I L
R Q X R V F S Y P B R E
I Z U S P A A F G T S D
A I R E L I A R T R D O
G B C O A C H O C R M V
O A O C M W B S A M V U
C N L S M O T O R B U S
B G X L G O B P A I B L
C E E G E F O O V T A T
I R A E R O P L A N E K
E N R U L Q N T N N G V
Q L S S A G K U X S Y U
```

AIRPLANE	KETCH
AIRSHIP	LIGHTER
BANGER	MOTORBUS
CARAVAN	SALOON
COACH	SLOOP
CRAFT	SURFBOARD
DINGHY	TOBOGGAN
GALLEON	TRAILER
HORSE	TRUCK
JOURNEY	VEHICLE

Girls Will Be Girls

```
Z Q X D J N A J L U T C
V H A Z J M O L T H C O
J T F V D E E R E H S E
W A N E U U Y W M M U L
V I C C R J T V L A A O
J U H Q S H I L A R Y P
A D L U U Y C V T G Q I
C K E L L E I R B A G B
A B I G A I L C V R R R
M X G R P D E I A E H G
I U U V V V F N N T A Q
L A Y O L A N D E E Z Z
L A N K R A A P S R B R
A A U D E Q R Z S E O Z
Q Z N D Z H Y B A S N N
N A Y A S M X U I A C A
S U I B Z O N E A N D P
```

ABIGAIL	NORMA
BRENDA	PAMELA
CAMILLA	ROSIE
DEANNA	SANDRA
FELICITY	SHEREE
GABRIELLE	TERESA
HILARY	URSULA
JACQUELINE	VANESSA
LAURA	YOLANDE
MARGARET	

```
H B P O H C Y T V R H D
N A H L V J Z O Z E N B
N C I U A E N A R N V E
I V K O V N D S G N Q L
T B B C V J C E U E S L
D R M V R H W K B J V I
L Z A E E I N S T E I N
T C R L E B O N T K L G
I N C O P E R N I C U S
H Z O R F G D R Z N R H
U J N O A A G R I P P A
M X I K R E L R U U W U
B Q F W A P A S C A L S
O C I H D G R W G D Y E
L N E Y A M U N D S E N
D L H G Y W J O A P P F
T S I O L K O V S K Y X
```

AGRIPPA	JENNER
AMUNDSEN	KOROLEV
BELLINGSHAUSEN	LEBEDEV
COPERNICUS	MARCONI
DARWIN	NOBEL
EINSTEIN	PASCAL
FARADAY	PLANCK
GAGARIN	TSIOLKOVSKY
HERSCHEL	TYCHO
HUMBOLDT	VEGA

Finally FUL

```
K L G J P F E Q E O F Z
S D A D O V V I L F M M
L T I I C Y Q U C O I O
U H N S W U F G L R R U
F K F G D E M U B C T T
M Z U R T A F L L E H H
R Q L A C R I U N F F F
A L R C E S F N P U U U
H G U E S W O I F L L L
L H H F A I T H F U L U
N C U U T I F T F F L F
T L J L F C A R N T M H
S C F U H C E A C N W T
S W L E T D X P X E I U
K L U F N I S D S V G R
U K U O L S H U Y E P T
Q L W F R P H V N L R B
```

AWFUL   HARMFUL

BLISSFUL   JOYFUL

CHEERFUL   MIRTHFUL

DISDAINFUL   MOUTHFUL

DISGRACEFUL   PITIFUL

EVENTFUL   RESPECTFUL

FAITHFUL   SINFUL

FORCEFUL   TACTFUL

GAINFUL   TRUTHFUL

GRATEFUL   WONDERFUL

Trademarks

```
E I P C U P K G E M X L
K T E Y B K J W N E O K
P H R M R C P O X D R E
G E V A S E L I N E E I
H R R P Y F X W Z E X Y
P M K S E O U T P W G L
F O G T P T L A F T G U
I S K S G E T M O S F X
L B P L S H X Q N I J G
Y D I A C X R B A R J L
W L K T B X E A C R U T
O L O E F S V N C A O M
A C W P Q V O D E H R A
S T Y R O F O A M E C T
P F V D T N H I E B L W
L S Z L E G O D P A E K
D J B Q Z I M M E R V U
```

ALKA-SELTZER	PYREX
BAND-AID	SCOTCH TAPE
HARRIS TWEED	SPAM
HOOVER	STYROFOAM
KLEENEX	TEFLON
LEGO	THERMOS
LILO	VASELINE
MECCANO	VELCRO
MONOPOLY	XEROX
PERSPEX	ZIMMER

The Simpsons

```
R G C S W I H P L A R B
E L B M U G Y E N R A B
N E D F L A N D E R S O
N C O D D N Q W T I R B
I R H F Y M A G G I E W
K H M I L H O U S E D O
S E A O E C K G D G N H
L R N U E F V B H R A S
A U P T A S W M F A L E
P L T H B N Z I Z M F D
I C W K E R X Y G G E I
C C D U Q U O H S G D S
N M B I F B X C V L U X
I Y T S U R K F K T A M
R O W H O M E R E M M K
P R L T F N B L I S A Q
K T D M V O C T H X S N
```

BARNEY GUMBLE	MARGE
BART	MAUDE FLANDERS
CHIEF WIGGUM	MILHOUSE
CLETUS	MOE SZYSLAK
HOMER	MR. BURNS
KENT BROCKMAN	NED FLANDERS
KRUSTY	PRINCIPAL SKINNER
LENNY	RALPH
LISA	SIDESHOW BOB
MAGGIE	TROY MCCLURE

Rivers

```
B B S R E X Q K U B M W
P L W H O E Z N F I C W
K N G I E R E G S K R L
F Y S N N V I S T U L A
R K I E O O I N A N K B
L E J L G S B X O R O M
S F G N S N R V N C E G
Z A O I O D A R O L O C
L C P Z N E H G I L S D
N P A E T G M N O U J Z
I M E B U N A D R O J A
A J S M J P P H A G Z A
P F S A M T U D N W M T
W U O Z K D T T G A J K
N J Q Z S O R B E W T L
I T X O T H A M E S D T
S L N G C K B S I J X Y
```

AMAZON	NIGER
AVON	NILE
BRAHMAPUTRA	ORANGE
COLORADO	ORINOCO
CONGO	RHINE
DANUBE	SEINE
GANGES	THAMES
HUDSON	VISTULA
JORDAN	VOLGA
MISSISSIPPI	ZAMBEZI

Famous Sea Captains

```
A K J H W Y T M P S G G
Z M I O N B N A A F B Q
Y T U L C O N G R E D P
S T O N Y B S E R O C S
N B J R D T H L Y G R E
H M T O H S T L E P E W
S U V H I C E A F N F C
X K D B M F F N E F V Z
K H O S E R N W M B D H
K R O O O A S P C V R C
F U H A C N U V Z Z A S
E E I G I K B F D B K Z
X R Q F L L M L O R E D
S L F F L I U T I R U J
N A N S E N L E R G T N
B D V L J E O W J Y H V
V A A N B O C E T E F S
```

AMUNDSEN	FROBISHER
BAFFIN	HOOD
BEATTY	HUDSON
BEAUFORT	JELLICOE
BLIGH	MAGELLAN
CABOT	NANSEN
COLUMBUS	NELSON
COOK	PARRY
DRAKE	SCORESBY
FRANKLIN	TRYON

Barbecue Time

```
Z P L J R C S M U J F K
K A S L D R E S S I N G
C P U E P W K V R I L V
M E C D G E M E V E I C
C R B D W A L E X S M O
E P R E A I S G Z O C L
R L R R G F C U X H I E
V A C H I P O L A T A S
B T T F S X N R A S R L
G E O V A H C E K E F A
R S N L L O A N G S G W
I A G Q A I J R E A U A
D U S L D P U H C T E K
D C V X F B C H O P S A
L E Q R M D Y F I N T E
E W C A J U N N R I S T
W N H O K H Z C E Q K S
```

CAJUN	HAMBURGERS
CHARCOAL	KETCHUP
CHIPOLATAS	KNIVES
CHOPS	PAPER PLATES
COLESLAW	SALAD
DRESSING	SAUCE
FIRELIGHTER	SAUSAGES
FORKS	SKEWER
GRIDDLE	STEAK
GUESTS	TONGS

Oliver!

```
K G C A N M F I B G Q B
A O R N B A G V P B C A
D Q F A G I N R R P S I
B U M B L E X C U Z Z P
N D E E I G U C Y E J T
B S V A C L R V S V L D
R E G D O D L U F T R A
O M K L P F O S B M P W
W A Z E T H H Z I P A K
N H W R K R P Z R K L I
L T J R O F M E R N E N
O V O J C O N U O Y N S
W W W B X T F R R A S R
S E V E I H T T H D Y E
K M T C L A Y P O L E A
I P E R M C R J K P X R
B Z Z D P O L I C E S L
```

APPRENTICE	GRUEL
ARTFUL DODGER	MATRON
BEADLE	MURDER
BILL SIKES	NANCY
BROWNLOW	ORPHAN
BUMBLE	POLICE
BURGLAR	ROOFTOPS
CLAYPOLE	THAMES
DAWKINS	THIEVES
FAGIN	WORKHOUSE

```
R M U C S Y Y S P R X I
D V D V G C U A L S Z Q
J Y O Z B N P L O V Z S
H N U S S R I Y N E O O
E P D H I R L W I M F L
U C I K G O L D O W F S
C N A M N L I F N L K X
E E N N I H H C A D G W
B L Q T R S C M F Q H Q
R W D W I U E T X E O Z
A T R D H S F M A E T S
B B A F I R E T D M Q B
K R T B Y R R U C F N X
Z A S D A C G O O A O U
X N U I R S B L A V A K
J U M H K T C C L C Q K
G C F M L N N O S V J G
```

BARBECUE	HEAT
CHILLI	LAVA
COALS	MATCH
CURRY	MUSTARD
FIRE	ONION
FLAMES	PAPRIKA
FURNACE	RADISH
GLOWING	STEAM
GRIDDLE	SUNSHINE
GRILL	TABASCO

Awards Ceremony

```
H L U W A P C L I Z S V
L L H E E R G E D S E O
T N O M J O H C E E P S
Q O N M D D G R A M M Y
Z I O Y B U T I F D N K
F T R O T C A T S E B A
G A S V A E B W O U R E
A D R T D R A W A Y A R
E N S A D Y T N T Q V O
A E T A C I F I T R E C
B M T W C S R X H R R S
M M O T I B O E E B Y M
B O X L E N M N C Y Z L
W C U L P S N D I T Y I
B V E E G I O E R V O F
U C U T D J D R R L N R
X J L K C J E Q N U F F
```

AWARD	DIRECTOR
BEST ACTOR	EMMY
BEST ACTRESS	FILM SCORE
BRAVERY	GRAMMY
CELEBRITY	HONORS
CERTIFICATE	OSCAR
COMMENDATION	PRODUCER
DEGREE	ROSETTE
DINNER	SPEECH
DIPLOMA	WINNER

```
Z N C N D K V O B T U N
L A A U P N P Y Y Z P L
G O L T H G I N R E V O
E N O N A T C W N I S G
E U I H E N I O W T P H
M U X P C I T E M S O C
U L R D E S S O R R R T
U A P L D E A Q E E T U
C I T A M O L P I D S L
A Z L U U R P S R N A C
V G T N C M D E R E G U
H D H D G K Z I A V A Y
O J G R O E E V C A V K
M M I Y E G R R D L Z O
C P L R M C G Z U T J D
T N F V J U O I P K A V
V N O W D U F F E L M W
```

CARPET	LAUNDRY
CARRIER	LAVENDER
CLUTCH	OVERNIGHT
COSMETIC	PLASTIC
DIPLOMATIC	SCHOOL
DOGGIE	SLEEPING
DUFFEL	SPORTS
FLIGHT	TUCKER
FREEZER	VACUUM
GLADSTONE	WIND

Bonfire Night

```
Y F I F T H G I L A S V
N F T V K R T I E U U C
O Z G Y T F E W Y E W H
I B V G P H D A L O D I
S R C T E V L Z S N R N
S I D Y W P Z S K O O E
E L S K S A M I C I N S
C L P I Z F N E T S B E
O I D J M G L I Z O O M
R A W N J L D Q Q L N A
P N B A A A E X S P F L
H C M R R C H W M X I F
W E S T M I N S T E R Z
S Q N G U Y F A W K E S
K C A J G N I P M U J F
B B Z E C T E K C O R O
A R E R E M E M B E R V
```

ALIGHT

BONFIRE

BRILLIANCE

CELLARS

CHINESE

DISPLAY

EXPLOSION

FIFTH

FLAMES

GUY FAWKES

JUMPING JACK

KING JAMES

MASKS

PROCESSION

REMEMBER

ROCKET

ROMAN CANDLE

TRADITION

TREASON

WESTMINSTER

Animal Homes

```
R Y H T O Y O P Y R F Y
S E U L L C A B D T L J
B R T J L A I Q E N S G
H D C N T A F C W W T A
S B H E E Q T B J L B B
N Q X S L A J S D M M K
O K R T A E R R F I T E
B U R R O W N T O H W N
Y L K B S E I N H S T O
N D B X N N Y V E T X R
F L O D G E S R E K D A
J I H E M L J S I U D C
P Q V B O O J S T E E M
R I C A U H P S N E V T
H Y R A C I M R O F A M
G T P A D D O C K Q C U
N B P S P O Q C O O P L
```

BURROW	HUTCH
CAVE	KENNEL
COOP	LODGE
DEN	NEST
DREY	PADDOCK
EARTH	SETT
EYRIE	STALL
FORMICARY	STUD
HIVE	STY
HOLE	WEB

Pasta Pasta

```
P S S Z I T O N I E J K
I K R F K L W C L W Q Y
O M O Z R O W L L U F Z
U L T I C C E R A S A C
R A I N H N A D G M R B
L B N N A C R H I M F I
U S I P G E R T D A A B
M H M J F U T O E F L I
A A K I L E I D T A L L
C I O X B J F N S L E U
H R X U L P Q D E D I M
E S T A Z T U C R E F A
E N O I L G I H C N O C
Z A N G I M A R G S R O
R Q I E R S D U M Y T N
N P A E R O P U K X M E
H P V M I T I Z R Y N W
```

CAMPANELLE

CASARECCI

CONCHIGLIONE

CRESTE DI GALLI

FARFALLE

GRAMIGNA

LINGUINE

LUMACHE

LUMACONE

MAFALDE

ORZO

QUADREFIORE

ROTINI

TORCHIO

TRENNE

TROFIE

TUBETTI

VERMICELLI

ZITI

ZITONI

L Words

```
N C D G Z Y D F W Y U Z
Z L P N U T T C T S G A
I F O I Z W G F F U D B
P Y F Y A P E B O O L L
T I O L A R E T A L U F
B X E I T L E X I C O N
S C P S O H T M K S A D
U W U T G M P Y Y G G D
O L X L R N L T L N N K
I M C E E E I O S I I F
C B M S S V H G X D K X
A A S S E R U T G A C O
U X E G R X H U A E A X
Q R N O E H C N U L L C
O O B G N J H D Y Y K S
L A R E B I L B J D H K
L J M Q V U R E T S U L
```

LABOR	LISTLESS
LACKING	LOFTY
LATERAL	LONGEVITY
LATHER	LOQUACIOUS
LEADING	LOUSY
LEGGINGS	LOYALTY
LESSER	LUCKY
LEXICON	LUNCHEON
LIBERAL	LUSTER
LIMPNESS	LYING

Tribes of Africa

```
Q E X B V W I Z A W S I
E X E F I E E O D T K E
C G D A F Y C Z O N U P
V U S G Y K W T P N W H
R A A N M V N Z F O U W
M I S O A E Y U Y T M N
Z W G S T W R G U N H H
L V N T A U W T V Z L Z
K W O F B B S H O N A I
T H J M E I L A M O S T
T Q A S L G Y E B N U H
H S M U E N K D K H A M
O E A N G O N I M G H M
V F R F M L D A K Q T B
O I A E A O M J I U R P
P K K E R R O Y M G Y P
I M W X L O S X L Q N U
```

AFARS

ANGONI

BASSA

BASUTO

HAUSA

HERERO

HOTTENTOTS

HUTU

KARAMAJONG

KIKUYU

MASAI

MATABELE

PYGMY

ROLONG

SAMBURU

SHONA

SOMALI

SWAZI

TSONGA

TUTSI

```
D N S C I M A N Y D B Y
Y P Y C A T A L Y S T O
S K T N I L N T F I S P
Z C N O I T C E V N O C
U Z I I P X S A W S Z S
Y N D T D T R U I T C K
E G X C S G I T O I O T
S N R A H I R C E C G N
Y Q T E N O L N A P A V
G Q A R N O C L V L M T
U W T N O E T R A K M K
J N O I T P R O S B A B
X K M A Q O Y A R S R X
J F S H J T H A L P A N
Y T I C O L E V Y O Y D
G M U I N O T U L P S Y
V I W A T T S V N U J R
```

ABSORPTION	GRAVITY
ACOUSTICS	NEWTON
ATOMS	OPTICAL
BALLISTICS	PLUTONIUM
CATALYST	POSITRON
CHAIN REACTION	PROTON
CONVECTION	SCIENCE
DYNAMICS	SOLAR ENERGY
ENTROPY	VELOCITY
GAMMA RAYS	WATTS

Lord of the Rings

```
Z A M O N H E N T S U L
G N E H B O L E H S S X
F R O D O B A G G I N S
Z B X J R B V M X M E M
H P L D M I L O E J V N
P E E T O T U R O H A N
G I I E O Y G D F W H W
S P R X D A R O O E Y F
M H D Y T S O R Q K E Z
X E A S N H M T E R R Y
L F L D U T R L N M G H
L O A U O I J E E X C H
D U G N M W D C K H U I
K W G A H O F U S O W P
Y U R Z E S K A R Y C J
E A L H A M L N X L O F
F I T T Z N S V B G C T
```

AMON HEN	MORDOR
ENTS	MORGUL VALE
FARAMIR	MOUNT DOOM
FRODO BAGGINS	NAZGUL
GALADRIEL	ROHAN
GREY HAVENS	SHADOWFAX
HELM'S DEEP	SHELOB
HOBBIT	SMEAGOL
HUORNS	THEODEN
MERRY	WORMTONGUE

```
R D I R J B G B I M T C
I O T R E T R A U Q H S
H U T Q X H A L F N I R
T F I A O E T C H X R Q
N C F M N I G O T L D Y
E O M G P I Z H E R E U
V M I L W R M U I G H D
E M E T I U O O T U F C
L O P W C S G P N N I F
E N G T V A N D E E E J
S H T S B T R L W R D B
S I M P L E A F T F E H
D S C N D M T O V I S J
Q U O T I E N T G F Q M
K V H C A N D H F T I K
S S E V E N T H Q H Q E
G D T W P H A H T N E T
```

COMMON

DECIMAL

DENOMINATOR

EIGHTH

ELEVENTH

FIFTH

FRACTION

HALF

HUNDREDTH

IMPROPER

MULTIPLE

NINTH

QUARTER

QUOTIENT

SEVENTH

SIMPLE

SIXTH

TENTH

THIRD

TWENTIETH

The Romans

```
J F C S M B L Y J V G Z
S D L O S R L B A T H S
Q M I O L N T P Z A U P
M A G M R O P G T I M B
S R R O H I S E N E C A
U C I T A R A S E A C V
X U V N I U E N E S D A
H S W Z H T N M U U N E
T A D W C N U M U S M B
Y U Z O F E B S U S L V
E R A M H C I I U A H Z
S E N A T O R E N R I N
G L A D I A T O R C P Q
X I M M N O I G E L W W
Y U R E P U B L I C E F
Y S D B Z A I N W T L F
D Q P E S B Y P W I R L
```

APPIAN WAY	MARCUS AURELIUS
BATHS	NERO
CAESAR	PLINY
CENTURION	REMUS
COLOSSEUM	REPUBLIC
CRASSUS	SENATOR
DENARIUS	SENECA
FLORIANUS	TITUS
GLADIATOR	TRIBUNE
LEGION	VIRGIL

```
W F E R X P Z M E A Q B
F A A K L A H C Z S Q W
J W H G T N I L F R I E
L Z A A D M T S E I I T
C N R M U S P Y G K O I
S O W P S O I D O P N N
D K A I N W N F B G S A
Z G E L B R A M S E H R
M N T Q R E T S I N A G
G G I R U T S D D O L M
M U M A L A C H I T E I
J N O P H L R Q A S V W
A E L S D S E T N E K G
B I O D G K P W Z M N L
P B D L G S S C H I S T
Z B K E J B A S A L T P
V M P F U P J V Z U X E
```

BASALT	JASPER
CHALK	LIMESTONE
COAL	MALACHITE
DOLOMITE	MARBLE
FELDSPAR	OBSIDIAN
FLINT	PUMICE
GANISTER	QUARTZITE
GNEISS	SCHIST
GRANITE	SHALE
GYPSUM	SLATE

Hard Choice

```
L H F D M B P F O P E Z
X B R N Q M X H Y H A Q
R E S O L U T E M G N A
A G F M T N A M A D A F
N N N A C F D W L E Z J
T H D I P E R T N I N X
Z M A D D E R O M R A A
I B U R E L B I C R O F
S B X V D I E D G P N S
O W A A G N U I E I T D
S R O G N E B Y O D M
B Y T N I L F S U N E H
S N R O B B U T S D U O
O M O A V I W E G A Y X
L Y R S X Q S E D J K B
I U U I P H H L E V A I
D Y Z T F Z V Y K C O R
```

ADAMANT	NUMB
ARMORED	RESOLUTE
BRAVE	RIGID
DIAMOND	ROCKY
DURABLE	SOLID
FIRM	STEELY
FLINTY	STOUT
FORCIBLE	STUBBORN
HARDNESS	UNFEELING
INTREPID	UNYIELDING

```
Z J O R C H I D E Z G A
M O L O Z Y C R Y W O N
N O A T H S T Z P D F N
W E E A C M M I D L Z P
B X D L H X U M S A B J
B O S L Q I E M R E J U
O W C I O N Z T I M B G
E R O C T I S B H T P O
E Q M S I E P E D A P Z
U S N O H D U D R O O O
L B I C L H E F A H V N
N A R W B U T N W S C E
S O V E R S T A T E D O
N S U O R E N O U A J C
D Y J U W S H E O T L H
X V F J Z G M T G E A E
M N A G R O P P O S E R
```

OATHS	ORCHESTRA
OATMEAL	ORCHID
OBESITY	ORGAN
OCCIDENTAL	ORMOLU
OCHER	OSCILLATOR
ODDMENTS	OTHERWISE
OLDEN	OUTWARD
ONEROUS	OVAL
OPPOSE	OVERSTATED
OPTIMUM	OZONE

Ball Games

```
H N U P L J O R Q B Y K
O X X L H L J G A J B V
H F Q P L S A G H L G H
S L I I Q A A B O I U P
A L B V A T B C E L R J
U A J R E I N T U S F Y
Q B E L X S T D F E A E
S T L L L A B T O O F B
Y E N E T B A L L U S S
S K E U Q N A T E P E C
O S S W Y C V S F L P R
C A Y E R E I C T X E I
C B S O L N K T O Z L C
E M S L N U I C Y O O K
R S H E W K O U O L T E
E C T U S O J B E H A T
W J M A N I B V N L O R
```

BAGATELLE	LACROSSE
BASEBALL	NETBALL
BASKETBALL	PELOTA
BOULES	PETANQUE
BOWLS	RUGBY
CRICKET	SKITTLES
FIVES	SOCCER
FOOTBALL	SOFTBALL
GOLF	SQUASH
HOCKEY	TENNIS

```
J C F I Y M B R E A K S
H W O L S W I N G Z Z P
L J L L P D O X Z V Q Y
Y A C I L E V I R D H H
U S H W C E T Q S O G O
S N E E Z E C N T U B I
E Y E Y E A T T A C K R
T R E R E R J L R L E D
K L A C E W U Z E H L I
P S N P H C C S T M D D
U A I V E B I A N H D B
D W R R E R G T R I U G
F Q W J F R P E E R H V
I D U Y T V I W V J Y T
Q M I G T U H F B R T D
P Q C G E Y T E Y I E A
N Y E R E P M I H W R S
```

ATTACK	JUMP
BREAK	LAUGH
CARRY	PREPARE
COLLECT	RECITE
DANCE	SERVE
DRIVE	SNEEZE
FRISK	STARE
GATHER	SWING
HUDDLE	VERIFY
INSURE	WHIMPER

Sea Lines

```
N N D X B Y S J V M Z T
R O P O X C W B C F T T
G E R A O K G V T Z S C
D T E T R U S E R O L F
G Y I Z H A N D U Z L A
J A F Z R C M T U A L D
J N A I N E H R R Y T N
U L A K D C D A A Z G A
S A M Y H C A I N M R B
R C U I W A E S U N E V
L C N J M E G A V Z E Z
L A D S T N E R A B N L
O D S U L U A G B V L A
H I E C I T N A L T A G
L V N C T P X S X E N J
H E W L Z E H S W B D N
I N D I A N R O I K B N
```

AEGEAN	LACCADIVE
AMUNDSEN	MARMARA
ARAL	NEPTUNE
ATLANTIC	NORTH CHANNEL
BANDA	SARGASSO
BARENTS	SCOTIA
FLORES	SOUTH CHINA
GREENLAND	SULU
INDIAN	TYRRHENIAN
JAVA	ZUIDER ZEE

```
F F V D E M M I R T Y B
Z A X P H H A M M E R A
H D G E I R E T E M M A
R O Y R D Z L C E M R F
D E G S T D R N L U I I
H E M I E E I E H L R L
H L M M M S J M M P E U
X R N M A I N O M M A H
E G O O I R M E M E A P
Q C H N M R G I M A S Y
J S N E D M N O A M H T
S F L F C G A F R J I B
U S A R Z Q X G L P M M
M A M M A N K J K R M F
M I M D N A M M O C Y E
E T A D O M M O C C A X
R U M N S W T V H O Z B
```

ACCOMMODATE	LEMMING
AMMAN	MAMMAL
AMMETER	PERSIMMON
AMMONIA	PLUMMET
BACKGAMMON	PROGRAMMER
COMMAND	RIMMED
COMMERCE	SHIMMY
DIMMEST	SUMMER
HAMMER	TRIMMED
IMMENSE	YAMMER

How Noisy!

```
Q Z O M H C T A R C S L
R I S H S Q U E L C H W
M Y Y N C B R A Y H E O
T E E W T E T W U L R Y
A B P S U N H H E P E K
H H L M T A A E U T V S
G O V A M W P A Z D E Z
O W L C C H S S J V R E
C L I K W I C G N A B P
H H I K B S R S Z A E U
G C I R K T E G B A R L
P R N R X L E W A S A J
Y A B U R E C N Z H T Q
T C Q R R U H K I B I M
U K K R G C P S F A O B
H K H W K C S W J B N S
L S V A C L A T T E R G
```

BANG	REVERBERATION
BRAY	SCRATCH
CHIRRUP	SCREECH
CLATTER	SMACK
CRACK	SQUELCH
CRUNCH	THUD
ECHO	TWEET
HISS	WHAM
HOWL	WHISTLE
PEEL	YOWL

Physics Exercise

```
G L I E L C U N W F E C
S Y E K G R A V I T Y L
E C E L E C T R I C A L
R V E Y C V H C L N U O
U B I S R I K O T C H I
T M N T I B T I O P T E
A C O R C R M R L Y E Y
R P I O O A A X A Z P C
E O S N T T O L Q P O N
P L R T M I Z I O N C E
M A E K Y O P K D P S U
E R P D E N R U Q A O Q
T I S M S A C T S G R E
K Z I Y U T I J S B Y R
U E D Q I D P W R G G F
H G N O I S S I F C N O
P E N D U L U M Q U A A
```

ANGSTROM
ANTIMATTER
CONDUCTION
CYCLOTRON
DISPERSION
ELECTRICAL
ERGS
FISSION
FREQUENCY
GRAVITY

GYROSCOPE
KLYSTRON
NUCLEI
PARTICLE
PENDULUM
POLARIZE
QUARK
RADIOACTIVE
TEMPERATURE
VIBRATION

Tool Box

```
W R G S T C M R H W J W
R S P I Q S H E A R S R
K S P H M J N L Z O K G
Z K I A C L I P P E R S
N W E C N R E A W E O Q
C B A Y K N O T A C F V
E Q R Y H L E S M A H S
O I O K N O E R S R C E
E H T O B G L B W B T C
L T A J U X R E A D I A
C I T N N A C X S N P T
B S O V D I H A D A W E
Z D R A V S O K O T W U
O M W D R I P C O I D R
G L N A Y G P I W B B S
F A S R P G E P K P V M
H W R H S C R A P E R G
```

BIT AND BRACE

BRADAWL

CHOPPER

CLIPPERS

CROSS BIT

GIMLET

GREASE GUN

HAND VICE

HANDSPIKE

KEYHOLE SAW

PICKAX

PITCHFORK

ROTATOR

SCRAPER

SECATEURS

SHEARS

SICKLE

SPANNER

STAPLER

WOODSAW

```
L Z Q S J R E D N E T K
H J F L E E C Y M N B K
C J E T U L O S E R R I
L O S T Z A M I L D H H
N K T X N X N S L H Z P
W Z A W R E P S I H W J
D D G K L D G U F B V J
Q K E L B A E L L A M F
V C T A Y H S A U Q S G
L U W H Y P N D O D X S
K D S R P D T Y U B N B
Y U O C H Z Q L S O A I
M P P W X U C I M L L H
A E L T N E G S O U I C
G U X U T Y G I O Y M L
M Q X K P L T H T Q B S
K I W Z V G S Y H S U C
```

BLAND
CLOUDS
CUSHY
DOWNY
DULCET
FLEECY
GENTLE
INDULGENT
IRRESOLUTE
LENIENT

MALLEABLE
MELLIFLUOUS
MILD
MUSHY
PULPY
RELAXED
SMOOTH
SQUASHY
TENDER
WHISPER

American States

```
A H D I Z U H S M V D A
I L N W C B J A U L L N
G W A S H I N G T O N A
R T L B M I S S O U R I
O N S O A O D O K I S D
E O I J K M G K C S R N
G M E S E H A W A I I I
N R D D N A L Y R A M Q
I E O A T O S E N N I M
M V H G U O C N P A C D
O W R N C D E S N Z H U
Y D F Q K W C O I I I A
W G L W Y J A R O W G Z
P U I O K L A H O M A O
N X R A K S A R B E N T
C K J J V D G S N H U Y
D K I F I J Y W A R L F
```

ALABAMA   MISSOURI
GEORGIA   NEBRASKA
HAWAII   NEW YORK
IDAHO   OKLAHOMA
INDIANA   RHODE ISLAND
KENTUCKY   UTAH
LOUISIANA   VERMONT
MARYLAND   WASHINGTON
MICHIGAN   WISCONSIN
MINNESOTA   WYOMING

Fungi

```
Z R J O D B E Q N O Z B
N H M K K E G H D R F G
A Y F U W E G O B K L S
P V S L S C R E S T E D
Q T L T Y H Z M I C H L
O J T O I A R G H C S O
C P W I V N G O F B A M
T Z T T W T K A O E K M
W E E D I E I H R M P I
D N K Q A R L N O I A N
G A A G Y E B B T R C K
L M T R N L B W D O N C
B S I J O L O V O O W A
I N I L L E B A T R O P
G O H D E C E I V E R W
H I S T U M S D D M B L
C L O O T S D A O T T N
```

BEECH	MUSHROOM
BROWN CAP	OVOLO
CHANTERELLE	PORTABELLINI
CRESTED	SHELF
DECEIVER	SHIITAKE
FAIRY RING	SMUTS
FLY AGARIC	STINKHORN
INK CAP	TOADSTOOL
LION'S MANE	VOLVA
MOLDS	WOOD BLEWITT

Islands of the World

```
V C G I W O K Y U S H U
M N N H D V T A I W A N
U C A O G V C L E H W D
O D M N Q I E X L Z A K
H O I G T S B J L D I E
K K D K B U O O I A I S
U F D O Z U C N V G K L
V R S N G P I K L Y D N
K A N G A R O O E I K K
V S L C T L F S M T J R
N E W F O U N D L A N D
Y R Z K H R P E N A N G
R H O D E S S M E I Q L
B O F U F S A I W R P L
H U G E M Y H X C F G S
E F I R E N E T F A F X
Y F G N I W Z S Y X F U
```

CORSICA	LESBOS
FRASER	MELVILLE
GREENLAND	NANTUCKET
GUERNSEY	NEWFOUNDLAND
HAWAII	PENANG
HONG KONG	RHODES
JAN MAYEN	SKYE
KANGAROO	TAIWAN
KOMODO	TENERIFE
KYUSHU	TRINIDAD

Picnic Hamper

```
E N A W D A Y Q P C Q R
H R X I S E T A L P W C
O R A N G E J U I C E U
J V E E G C I W M K R T
Z E S E E H C Z V T C L
W P E C D F R H H O S E
D V V U E K F A D M K R
U M I T L C M O W A R Y
Q I L T I R V W C T O U
U X O E O K M T W O C H
H N D L B S I O U E H Z
S A L A D U A F E S F M
T S L N R D J N P X W X
G F L F A G K S A L F Y
I I S E H C I W D N A S
B C R B S R R E P M A H
J B H E C K I A D E Z B
```

BANANAS	HAMPER
BREAD	HARD-BOILED EGGS
CHEESE	LETTUCE
COFFEE	OLIVES
CORKSCREW	ORANGE JUICE
CRISPS	PLATES
CUTLERY	SALAD
FLASK	SANDWICHES
FRUIT CAKE	TOMATOES
HAM ROLLS	WINE

Famous Bens

```
U J N A Q V W R X R N H
O S E I Z N O H C F R O
S H E R M A N R H G K R
N Z R P C E U N L R A R
Q C G Y V A M O B I W J
Z R P I C H D T P U C U
W S S H A W S L L R U H
B L A W E R S E O Z H H
D N H F E E I G L G I X
K W O T F D V S H G C J
I C A S T L E B X E O D
X W L M N A E A O J Y F
F L E H M H B C A S W P
Z U D N O M O L K I F K
D M G R R H G J X K E B
Y H Z Q E B Z N C C D U
P M Q N F Y H W U T L E
```

AFFLECK	HUR
ALDER	JOHNSON
CASTLE	LAWERS
CHONZIE	LOMOND
COHEN	MORE
CRUACHAN	NEVIS
ELTON	SHAW
FOGLE	SHERMAN
GOLDACRE	VORLICH
GREEN	WATERS

```
B U F N X O G X D E B N
P U G V X G H A L L J U
U G O R S E E E U Z D C
X F P V K N G F H Z Q W
B F H P G E P R T U E L
E P E N O T S M E G G W
U R R D I I N P A A B G
Q W U H W C O B M N T X
R P M T V C L B Y N C K
A D K W S E L H K E C X
T U N O W E A G J T N W
I L R A B V G N W X X N
U Y J E L G G I G R Z M
G I N G E R L Y B H S G
X W O J A M A A V B X J
N Z O S X N J G R Y O R
L C S S W S B K I E D N
```

GABLE	GIGGLE
GALLON	GINGERLY
GAMBLE	GLARE
GANNET	GOPHER
GARLAND	GORSE
GAUZE	GRASS
GEMSTONE	GREAT
GENETIC	GUITAR
GESTURE	GUZZLE
GIBBON	GYROSCOPE

Soccer Crazy

```
J B N N N J C S P F A
D R A C D E R P O A D K
S R C N K M M S L A O G
U G E U N S S D W O R C
G Z B S S E V R A C S D
R A Y I S N R F B V L C
E K W S E I T L A N E P
G Y I I H L N A F S G C
A O D N U O R G O H E W
N F Q G R P O S R O S Y
A F R I L G Q R M O E C
M S G N I L K C A T O A
O I O G P S J P T I N M
S D U C H A N T I N G Q
J E R F S K Y U O G R J
X G V Z E N J R N V F B
R Q X X W F C F R K V J
```

BANNER	OFFSIDE
CHANTING	PENALTIES
CROWDS	POSSESSION
DRESSING ROOM	RED CARD
FLAGS	SCARVES
FORMATION	SHOOTING
GOALS	SINGING
GROUND	TACKLING
LINESMEN	TURF
MANAGER	

Taxing Task

```
Y I X U J A M E D B G A
C O N T R I B U T I O N
G E S C Y D V T U A B T
S U H N O I T C U D E D
T N C J O M B D Q N N X
U E U E A I E X O F E Q
T V E U R R T T G T F Q
R E C O R D S P A Y I G
I R N E L E N U M X T X
C D F O R O Y O R E S A
E E P E I A T U K F X T
D D T S S L C C D E E
G N N S S M A C Q H F T
I E U C Q R N V E M I A
P M P F B O E F E D L T
T A X H E F P I U Z E S
B K J J O R I A R W K P
```

AMENDED	FILE
AUDIT	FORMS
BENEFITS	INCOME TAX
BRACKET	INTEREST
CONTRIBUTION	PENALTY
DECLARE	PENSION
DEDUCTION	RECORDS
DEFERRED	REFUND
EVASION	REVENUE
EXEMPTION	STATE TAX

Time Frame

```
P N E D K V Z J V R T T
L O D R A F G K C P S O
K Q Y E S T E R D A Y P
P Q A T H E E V L M V U
L D I S W B N L C U P B
T V S A M T N T I O T D
Q F W E U F S H E N B O
S H V T U W O U E N E I
H O C T O B E R C K C R
N U U W P R R S R A T E
X R L J V U P D N L F P
E T A Y C E L A T T E R
C T O A E B M Y C H H T
A Z U D H L G G X E T C
B Y C N A K H M F F F F
Q K O U I Y P E W P U I
S W U S V M Z K T F Y G
```

ALMANAC	PACE
CURRENT	PERIOD
DATELINE	RATE
EASTER	SENTENCE
FUTURE	SPEED
LATTER	SUNDAY
MINUTE	THURSDAY
NOVEMBER	TODAY
NOW	WEEK
OCTOBER	YESTERDAY

```
B H J T A F F E T A S J
O W A F F U G T C Q Z E
M J G N I F F A H C X K
A Q U N D L Z C U J S L
L F X J I C T O A D L M
O F F W U F U F I U U Q
S I E L B A F F E N I U
S T M O U A F U F B I A
J S I Z F E Y S P S H F
T A V F R F N E A M X F
L M R E F F E C T I V E
L D N U L N R N E D B D
H C R A F F E E S R I I
E C K F Z F F S F I K A
S O N T E O L A S F V T
L B N C E L V E W F U E
M K M S B T Y A J N I B
```

AFFLUENCE	MIDRIFF
BUFFER	OFFENSIVE
CHAFFING	PUFFING
DIFFERENCE	QUAFFED
EFFECTIVE	RUFFLE
GUFFAW	SCRUFFY
HANDCUFFS	STIFFNESS
INEFFABLE	SUFFOCATE
JAFFA	TAFFETA
MASTIFF	WAFFLE

Not on a Diet?

P	S	E	I	D	N	A	C	X	A	K	C
K	W	Q	X	V	D	S	P	M	G	S	A
C	E	Q	S	E	O	T	A	T	O	P	K
O	E	X	P	E	A	N	U	T	S	E	E
O	T	X	D	A	I	S	Z	I	T	G	S
K	S	G	N	I	L	P	M	U	D	X	E
I	X	E	V	I	N	I	K	U	O	R	L
E	O	P	T	H	C	H	F	R	F	F	F
S	I	Q	R	A	L	C	O	H	O	L	F
U	T	S	G	M	L	D	P	C	V	P	A
Q	R	A	C	B	T	O	F	F	E	E	W
D	E	U	R	U	L	L	C	G	K	U	R
P	A	S	T	R	I	E	S	O	Y	T	A
S	C	A	I	G	H	T	T	S	H	B	V
X	L	G	V	E	S	P	S	I	R	C	G
X	E	E	T	R	A	G	U	S	X	M	M
V	B	S	Q	S	G	O	D	T	O	H	J

ALCOHOL	HOT DOGS
CAKES	PASTRIES
CANDIES	PEANUTS
CHIPS	PORK PIES
CHOCOLATES	POTATOES
COOKIES	SAUSAGES
CRISPS	SUGAR
DUMPLINGS	TOFFEE
FUDGE	TREACLE
HAMBURGERS	WAFFLES

F1 Grand Prix Winners

```
B C T P H H M B S H B G
U S C H U M A C H E R R
F E P Q H E H B R V E W
K G P B Z E B B X U F L
I C M N C L A R K E T A
T T Z K A M R I J N K L
S B T G C D B C U E L Q
O E D E M L U H I L L M
R H F A R I N A E L J J
P Z U O E D E S L I M U
T O M O X R N F E V X B
U R D S F A I A N N E S
I G A G M G K N O K O Z
Q F V W B Q K G D R K J
V N I Q E N A I J T P G
N J H A W T H O R N T X
K M L G D S S V Z M N G
```

ANDRETTI	JONES
BRABHAM	LAUDA
CLARK	MANSELL
FANGIO	PROST
FARINA	RINDT
HAKKINEN	SCHECKTER
HAWTHORN	SCHUMACHER
HILL	SENNA
HULME	STEWART
HUNT	VILLENEUVE

Swimming Pool

```
U J E K O R T S K F H X
X T Q C T O W E L L F E
C B H T R I A O I S C O
V D T X M O V F U E J X
A C X M O B E B P M F L
M V I M T G M E A U V F
G N X C U E A N D L N V
G P H A R R K I D F S I
X N R G P F E R L B E C
C D E L T O R O I P L Y
B K U U T O A L N S G F
R G B N L T B H G H G U
S E L C I B U C N J O M
S G T N B A T H I N G V
D P G A N T R O V A Q O
I A Y X W H F D I P S W
W X T S Z J J C D W S O
```

BATHING	GOGGLES
CHLORINE	LIFEGUARD
CUBICLES	PADDLING
DIPS	STROKE
DIVING	SUBMERGE
DRAIN	SWIMMING
EARPLUGS	TOWEL
FLOATING	TUBE
FLUMES	WATER
FOOTBATH	WAVE MAKER

Stimulating Words

```
O W P A O N H Y W Q H J
Y J N R J L Y L B S X J
L D F C O M I Y V K T K
Q O K C Z M W E I D L Y
K M F Z L C P S A C L W
I N S T I G A T E L U K
C Y Z D N N H I A L Q N
K U G C C O D R A U P T
H L M A E D A U S R E P
L R S J N P V P C G N X
P Q M O T I V A T E L A
P I L L I F M W M H I V
X R N E V E K A H S V S
L W J P E N L K T C E O
G H G M U F X E R E N K
Q S T I N G Y N U U H K
O F W I W E L K O W Z W
```

ANIMATE	KICK
AWAKEN	MOTIVATE
CAJOLE	PERSUADE
ENLIVEN	PROMPT
FILLIP	RALLY
IMPEL	SHAKE
INCENTIVE	STING
INDUCE	STIR UP
INFLAME	URGE
INSTIGATE	WHET

Fabrics

```
M S S A T E E N O L Y N
U A R O G N A I S S E H
S E E R S U C K E R P O
L B C Z G T A S T F Q Z
I Z R Y I V R K W F N L
N X N O T T O C X I L P
M R Z X C K H U B Y L J
G M I U F A V B N A M P
D K S A M A D L C X R A
M Z Q O H S O E G F C W
O D I L F O L A P O L Z
Y S T U W L M T L D E S
D P R G I N G H A M U A
Q Y E N I M R E I E K B
V O G L J U Z R D C Y K
Y R X B D D A E T A T N
H V G N I L E W O T J L
```

ANGORA	LEATHER
BROCADE	MOHAIR
BUCKSKIN	MUSLIN
CHAMOIS	NYLON
COTTON	PLAID
DAMASK	SATEEN
ERMINE	SEERSUCKER
GINGHAM	SUEDE
HESSIAN	TOWELING
LACE	WOOL

ABLE Endings

```
R E C O G N I Z A B L E
E J U S T I F I A B L E
L L W Q J Y T C V B R L
B H B N Z E L B A N E B
A E G A I A J N F F Y A
T L X T D M O S F T S S
U B K J H I M Z O E J O
M A C W T C O L R W P P
M T L S L A R V D E E S
I I E E L B A F A L L I
X U A L A L M C B B B D
Q S N B B E E A L A A G
K T A A F A H E E Y I V
J J B U B G S C Q A T N
Y F L L U W R U Z P A E
H R E A D A B L E E S A
C B L V F E L B A R A P
```

AFFORDABLE

AMICABLE

AVOIDABLE

CLEANABLE

DISPOSABLE

ENABLE

FABLE

IMMUTABLE

JUSTIFIABLE

LAUGHABLE

PARABLE

PEACEABLE

QUESTIONABLE

READABLE

RECOGNIZABLE

REPAYABLE

REUSABLE

SATIABLE

SUITABLE

VALUABLE

Dog Pound

```
D N U O H F L O W Q K L
I M T I Q H U G E G U L
N M O C N A I T A S L A
G G O D P E E H S M U E
O D R E R S H U A H B Z
D N D E N A D T A E R G
N U N C Y I N U Q E P D
U O U A N H H R I H N L
O H O S I I O R E U X B
H E H V H N R U O B O V
R M D C L E A H N R T Q
E I O Q T P E R Z D E S
E L O L S R W O E D L O
D A L M A T I A N M D S
E U B H P A P I L L O N
B R E T R I E V E R O P
R E G N I R P S M Y P H
```

ALSATIAN	HAREHOUND
BLOODHOUND	LIMEHOUND
BORZOI	PAPILLON
BULL TERRIER	POMERANIAN
CHIHUAHUA	POODLE
DALMATIAN	RETRIEVER
DEERHOUND	SHEEPDOG
DINGO	SPRINGER
GREAT DANE	ST. BERNARD
GREYHOUND	WOLFHOUND

```
K J J N X C T I Y L C W
B L J I E H E U Q J S M
Y G O S L I N G L C U K
G T H Y Q C M T U I L M
B Y L X G K P S E V P W
C K U G I G T P A R H I
A E L P P A E N I P U U
O P L I R Y A M U B R J
Y U I D D N R C H K A R
Q L T L A O R A M K N U
I W E B S E F I N O S F
L E V E T W S F L A U L
C U U T C A O E A O C U
Z B U I N Y M C E D O S
H B T D E O E O C H R E
M N Q W N A J R V I C N
R E H C O L I N I F N N
```

BANANA	EGG YOLK
BUTTERCUP	GOSLING
CANARY	LEMON
CHEESE	MELON
CHICK	OCHER
CORN	PINEAPPLE
COWSLIP	PRIMROSE
CROCUS	SAND
CUSTARD	SULFUR
DAFFODIL	TULIP

Place Your Bets

```
Q T A I L L O R V C X P
B R Q Y P C E X D R J G
F O S I D Y C F Y A B N
U A B P A I G H E W O A
S T R L I V C A S I N O
Y B P B A N K E R N T K
A W Y R J C N J V N T K
Y F Q B Q O K I X I E W
T U G B L A N J N N S T
R Z T E V G P C A G T X
T E B U T A R A C C A B
F R Q E L O S S E S K E
E O T Y U X P G I P E L
R U Z P W I D K P R E I
N G I K H G G G C E Q T
N E I C Q U A X H A J T
R X W E Q X E W V D J A
```

BACCARAT	PLAYER
BANKER	ROLL
BLACKJACK	ROUGE
CASINO	SPINNING
CHIPS	SPREAD
CROUPIER	STAKE
DICE	VINGT-ET-UN
JACKPOT	WHEEL
LOSSES	WINNING
NOIR	ZERO

Time for T

```
X X V I B J L G Y Z E M
T R E A T M E N T N E C
M M O I A B L I O R A F
T A B A S C O H G R F G
F M O I T Q P C T C N L
O X G Y E E T T Y S L R
P G N I L G N I T S E T
S R I E E Q A W S N A A
T W T S S E E T R E V G
G E S E S G L U I U Z G
V V A M R Q T I H E B E
S W O R R O M O T I T D
U X T U F T E D W C R I
B T E X T U R E I I A M
R Y P W O L L A T E N T
U E I U C Q R O Y Q C G
P U D H J J Y H P G Y E W
```

TABASCO	THIRSTY
TACTILE	TINGLING
TAGGED	TOASTING
TALLOW	TOMORROW
TASTELESS	TOWING
TEARFUL	TRANCE
TELEPHONE	TREATMENT
TEPID	TUFTED
TESTING	TURNER
TEXTURE	TWITCHING

FUL Stops

```
L C P W K P X F C Y S L
U S H A L H L E M K H U
F Y O Z I U J A C L A F
D B U R F N S R U S M S
N C E Y R T F F L X E S
I M A A E O N U W C F E
M L Q R U R W L L H U R
P L F Q U T R F A L L T
M U M O S G I T U U U S
L F M F M T E F F L F D
U K N F F F T T U S E K
F N W U U H H A H L R U
E A L L G G B T E D A A
T H R I I Z A V X S C J
A T L R D R E A D F U L
F E F L U F T E R G E R
D L U F E E L G B G B J
```

BEAUTIFUL	MASTERFUL
CAREFUL	MINDFUL
DELIGHTFUL	MOURNFUL
DREADFUL	PAINFUL
FATEFUL	PLAYFUL
FEARFUL	REGRETFUL
FITFUL	SHAMEFUL
FRIGHTFUL	SORROWFUL
GLEEFUL	STRESSFUL
HATEFUL	THANKFUL

```
Y A K U G P R H D K T R
V S A K L A S U R A I E
R E F O L G F V N L N W
W M T L U L U N D V T E
Q E Z Z T I H O B U U R
X L L Y S A N N I I R T
O E Y I U C O E L O A H
B S W S A C U L L N E
A T E R F I D E Y L D R
N R L E T J D K B E O H
C O S I F A N T U T T E
S Y R N A X I R D O L I
W E S M D M I A D A E N
G N F V A D O J X F X G
W S M R I G O L E T T O
G S K C E Z Z O W Y K L
K O E N E M O D I H T D
```

BILLY BUDD

COSI FAN TUTTE

DON CARLOS

ELEKTRA

EURIDICE

FAUST

IDOMENEO

LES TROYENS

LULU

NORMA

OTELLO

PAGLIACCI

RHEINGOLD

RIGOLETTO

RUSALKA

SEMELE

TANNHAUSER

TURANDOT

WERTHER

WOZZECK

Knitwork

```
O L N O T S A C O W R R
E D G I N G R T B E W I
P M S H A W L E T L C A
I F O T J L R S P W I H
C K L K R G E A I M Q O
O C Q T L Y W G L F U M
T E Y F L N E S V L K J
M P L O K C E N L L O R
P A P O E N O P I L S C
G G C F H T C G P D T E
R A J H W N N H E I G U
A G R O I I O P U A G H
F F P T K N P T V N O K
F L D C E O E L T B K A
Y Q O R R E N B U C Y
P T Z D I S Y Y C W B Q
S C A S H M E R E O W V
```

BUTTONHOLE	MACHINE
CASHMERE	MOHAIR
CAST ON	PICOT
CHUNKY	POLYESTER
COLLAR	ROLL-NECK
DROPPED	SELVAGE
EDGING	SHAWL
GARTER	SLIP ONE
HOBBY	STOCKING
JUMPER	TWO-PLY

```
A Q P J A L A P E N O S
I N O R E P P E P J T A
T Y C R A X B I S U S U
K O U H B W N A F E U S
D U M T O E N F C I R A
H I N A A V E S L O C G
T M C P T D I W E M N E
L M P E C O T E N O I F
K L X R D N S U S Z H E
E T U D I P S M N Z T E
W S E V I L O K C A L B
T E D C Q K N R I R S D
O N A G E R O K K E T N
W N O D R C H I L L I U
A C H I C K E N A L E O
N A P P E E D Q D A Q R
M H J E Z D U F W K T G
```

ANCHOVIES	OREGANO
BACON	PEPPERONI
BLACK OLIVES	PINEAPPLE
CHICKEN	PRAWNS
CHILLI	SAUSAGE
DEEP PAN	SMOKED HAM
DICED PORK	STUFFED CRUST
GROUND BEEF	THIN CRUST
JALAPENOS	TOMATO
MOZZARELLA	TUNA

Greek Deities

```
Z H R D Z H E S T I A R
Y H C R E E T Z J K U K
Z Y D R H N Y T S X P Y
B G M S X E I T F L O V
A E S C U L A P I U S F
S I S O R E T E M E D J
I A Y O J S H E C S W E
M A I H Z H R P Y A T A
E R M E T I D O R H P A
H Q U G A I A T A O I K
T S P Z N O E N L V M Z
V F U R E M A L H T K T
S Y O N I T O H I X P O
G U T S O A A K S E Y E
U P M S Z R P C G L B X
M B N D I E C U E X A I
J S B E V Z T A S H X U
```

AESCULAPIUS

APHRODITE

APOLLO

ARTEMIS

CRONUS

DEMETER

EILEITHYIA

EROS

GAIA

HECATE

HERMES

HESTIA

HYGEIA

MORPHEUS

PRIAPUS

RHEA

SELENE

THANATOS

THEMIS

ZEUS

Car Manufacturers

```
D D S V L Z U F P X B Y
P A B N D L V N L K V H
D E N E G A W S K L O V
W W U V V N C B D N J J
C O M G U D U A D O K S
K O K F E R R A R I J Q
C H E V R O L E T C Z S
T O B M A V T X G B X M
U N B R O E E I A N D T
B Q N E O R T I C R T P
T T T F N B A A S A O O
F Q R L V T Q F N U Y N
N W Z A U X L I L G O T
I T R H M A S E R A T I
E Z B L I S N B Y J A A
N L W F A K Y E S B V C
D W H N S U B A R U E Q
```

ALFA ROMEO	NISSAN
BENTLEY	PEUGEOT
CHEVROLET	PONTIAC
CITROEN	RENAULT
DAEWOO	SAAB
FERRARI	SKODA
HONDA	SMART
JAGUAR	SUBARU
LAND ROVER	TOYOTA
MASERATI	VOLKSWAGEN

Bath Time

```
N I S A B Y C G W B I K
L L H N T B Z Z F S B E
T J O A E L C M L I S T
U S W I N B U Y D V H S
N L E L I D R E P U H A
V X R C B U T H T A B P
Y Z E L A M A O V F H H
F A D I C Y I I W T S T
Z N W P I Y N R S E U O
F E O P Z G A B R Z L O
N E P E B A A R P O F T
Z R M R U Z A I P A R O
R C U S O A P D I S H I
Y S C I T E M S O C W L
H B L D S B E B H N L E
S H A V I N G F O A M T
Q S T B F T J H X K G J
```

BASIN	PIPES
BATHTUB	SCREEN
BIDET	SHAVING BRUSH
CABINET	SHAVING FOAM
COSMETICS	SHOWER
CURTAIN	SOAP DISH
FLUSH	SPRAY
HAND TOWEL	TALCUM POWDER
MIRROR	TOILET
NAIL CLIPPERS	TOOTHPASTE

Capital Cities

```
M L T T O B F G G O E B
F Z X K U S N A N P Z O
J A I V O R N O M T O G
T P Y G K K I X B E S O
S A A I I C U O O S C T
E L U L N T O N Q H I A
P H Y U G Q W L A P P L
A G S T S O L S O L Y R
D A M S T E R D A M I G
U B R E O L X G T N B M
B O E P N A I R O B I O
D R S A B C I A A L Y D
F O R D U O K B U W W Y
N N J G R A M A N A M Y
U E E B H Q N T X G I L
F T U D C D C C E F U U
T N G Y A E D N U O A Y
```

AMSTERDAM	LAGOS
ASUNCION	LISBON
BOGOTA	LUANDA
BUDAPEST	MANAMA
COLOMBO	MONROVIA
DHAKA	NAIROBI
FREETOWN	OSLO
GABORONE	RABAT
KINGSTON	TEGUCIGALPA
LA PAZ	YAOUNDE

Financial Matters

```
S H A R E S L M C X O R
H N N E S A V I N G S X
D C O M T S E R E T N I
V S N I A P T B O S I B
S P P N T E D E B T O R
J A Z D E C R B S K U E
C N N E M U A F P S U E
H H L R E L C S X U A T
E F C P N A T Z N M F S
C C B X T T I R S A P U
K W U Y T I D Y R R R R
E Z D R I N E D N K E T
A M G E R G R T G E M Q
C B E G W E C D Z T I C
I G T R V F N W T T U C
A C C O U N T C Z J M V
L S G F X D I W Y E S X
```

ACCOUNT

ASSETS

BUDGET

CAPITAL

CHECK

CREDIT CARD

CURRENCY

DEBTOR

FORGERY

INTEREST

MARKET

OVERDRAFT

PREMIUMS

REMINDER

SAVINGS

SHARES

SPECULATING

STATEMENT

TRANSACTIONS

TRUSTEE

Healthy Eating

```
Q Q D U N I A T N A L P
X G R A P E F R U I T K
B D I R E C P Y T G B N
F B E H H I O O C O T H
B Z D U C R T G U A E Y
E X F B I D A U T A I D
N A R A U L T R L U N M
V A U R Q I O T E U C R
O I I B U W H C T Z E W
A A T R E Y W R C W L V
T Y Z A A R I Z C O E D
M Q F H M T G C Y B R U
E C L I I I E I S Y I B
A R E O S C N G N Q A Z
L E N T I L S S E E C V
U P Z J X D A Q X V R J
W E B B R O U S A Y T J
```

AUBERGINE

BROCCOLI

CELERIAC

CREPE

DRIED FRUIT

GRAPEFRUIT

HEALTH

LENTILS

NUT CUTLET

NUTRITION

OATMEAL

PLANTAIN

POTATO

QUICHE

RHUBARB

SALSIFY

VEGETARIAN

VITAMINS

WILD RICE

YOGURT

Birth Day

```
S H T N O M E N I N G O
F T X Y A A C W A R Y V
Y T I N R E T A M C Y Q
S N I Y Y E R T N X S F
N N Q S N O V A L J Z I
E E G X T V N I S Q K R
U W F I L G F W L E O S
P B N H E A R T B E A T
J O Y R V M R P R S D C
M R P M S S X U F O D R
L N S L J X T S D K R Y
D Z L A G A T H G I E W
B O M Y M F O R C E P S
U I C E Y M I D W I F E
V R R T A K X T O H R L
T P A T O K C Y S W D Q
P U C E H R O B A L L A
```

BIRTH	MATERNITY
CAESAREAN	MIDWIFE
DELIVERY	MONITOR
DOCTOR	NEWBORN
EPIDURAL	NINE MONTHS
FIRST CRY	PREGNANCY
FORCEPS	PREMATURE
HEARTBEAT	PUSH
LABOR	SCAN
LAYETTE	WEIGHT

```
Q L Z W E D T J X B R A
V E S U V I U S Q Y D L
W S E D N J W S B O W A
X N L A S S E N P E A K
H E K L A U I A L O I T
W L K I W O L C Y L C E
Y E G A S A H A I L J H
N H X N O I L M E U A S
B T Y C C A A K Q R A U
P S B H N N O I E O M A
F T O I J K L W H J B P
M N D A I E A M I L O C
Z U R A I R N I Q J Y G
P O R E A O U M S X U Z
O M X T A M A J A S U F
V O S T R O M B O L I B
N T P Z Z P W Y J Q A Q
```

AMBOY	OPALA
COLIMA	PAUSHETKA
EL CHICHON	RAIKOKE
FUJI	SAJAMA
HEKLA	STROMBOLI
JORULLO	TARAWERA
KILIMANJARO	UDINA
LASSEN PEAK	VESUVIUS
MAUNA LOA	WUDALIANCHI
MOUNT ST. HELENS	YEGA

Fine Wines

M	W	A	C	T	Q	E	U	P	D	J	Q
V	W	D	A	M	P	N	G	W	C	Y	H
L	S	R	B	D	E	H	G	N	Y	D	D
C	F	Y	E	P	F	B	X	T	N	N	B
I	O	J	R	F	G	F	I	T	O	U	M
E	I	T	N	A	I	H	C	E	N	G	D
G	V	I	E	D	H	O	N	G	G	R	C
C	M	O	T	S	Z	B	A	U	I	U	H
Y	E	B	J	E	D	R	I	O	V	B	A
Q	Z	H	K	H	N	U	N	R	U	O	M
H	D	H	H	C	P	T	R	N	A	B	P
F	G	S	E	A	O	E	O	H	S	L	A
A	J	F	A	N	S	H	F	P	O	A	G
Z	S	R	I	E	S	L	I	N	G	N	N
T	L	P	R	R	W	A	L	S	A	C	E
V	Z	V	A	G	Z	M	A	F	E	L	F
M	E	D	E	Z	T	Y	C	T	P	W	U

ALSACE	FITOU
BLANC	GRENACHE
BRUT	HOCK
BURGUNDY	PAARL
CABERNET	PINOT NOIR
CALIFORNIAN	RESERVE
CHAMPAGNE	RIESLING
CHIANTI	ROUGE
COTES DU RHONE	SAUVIGNON
DRY	SYRAH

Admirable Adjectives

```
T H Y S L L X S Y U N G
H N H T A S U P E R B O
T S E Y E L B A I L E R
S U O L L E V R A M P G
N O G O O D L K Y L M E
L L X L O V N L N A V O
G U E A S B E I G M D U
N B F H V V V N K I P S
I A S H O A I G E A R U
L F U L T F T X E B E O
L L P C I I C O F L C L
I P R C N E A C V E I E
R C E T L C R F L B O V
H N M L Z U T P F R U R
T C E E K U T I D R S A
G N I L T R A T S M X M
T Z X S U O I C A R G K
```

AMIABLE

ATTRACTIVE

BENEVOLENT

EXCELLENT

FABULOUS

FAITHFUL

GOOD

GORGEOUS

GRACIOUS

KINDLY

LOVELY

MAGNIFICENT

MARVELOUS

PRECIOUS

RELIABLE

SPARKLING

STARTLING

SUPERB

SUPREME

THRILLING

On Vacation

```
N G Q P N P L O A I V N
Z O X O U T I N G W M D
T H I S J W A K J B U A
P T Z T S I R U O T L U
Y R R C A E G A Y O V N
R O J A P K M F Q Z K S
E P E R V J R H M L I P
N S T D W E O A O Y H Z
E S F K E L L U B T I A
C A M P I N G L R M E N
S P I D G U I D E N E L
D Y A R E Q H K G R E C
T Y Y B P S Q W A I T Y
V A E E P O Y B G B K P
R B C A M E R A G E F Z
J S M C K G Z T U A J Q
W D Q H G N I K L A W U
```

AIRPORT

BEACH

CAMERA

CAMPING

DUTY FREE

EMBARKATION

GUIDE

HOLIDAY

HOTEL

JOURNEY

LUGGAGE

MAPS

OUTING

PASSPORT

POSTCARD

SCENERY

TOURIST

TRAVEL

VOYAGE

WALKING

Comedians

```
S M M L E E C R N X F J
T U Z L E O X P H G T W
V A B M D F Z I L W R Z
N S S J B N Y D G T I F
S G C I D A A E A Y V C
B I W N K V R R Z G E Y
M Q Y Y I V B K B Z R X
I R K S A U N D E R S H
F S O I C T S B B R G P
R N S K C J M V B E W U
E H F S M A I L L I W A
N I X E C O R B E T T I
C L E E S E I R U A L B
H L R Z P S E K O I X I
P O C O M L I E U T E D
M Z O G G I V S K O T N
P C A P D D E U M V B X
```

BARKER	GERVAIS
BRAND	HILL
CARROTT	KAY
CLEESE	LAURIE
COOPER	MORECAMBE
CORBETT	RIVERS
DAVISON	SAUNDERS
DEE	TARBUCK
FRENCH	TOKSVIG
FRY	WILLIAMS

Ski Resorts

```
H U E X M V A M N L S Z
K V S T M O R I T Z T F
I H I N T E R T U X N X
N N U R P A K A L T U I
O A O S S O V A D U X N
T M L Y S O L D E N Z O
N A E F R D C F T Q P M
A N K I T Z B U H E L A
T Q A S R E T S O L K H
S Z L H A I N I V R E C
E E R W O A N K Y D O E
E R Q M F J S G S O L L
F M O Z B P T F E Z D D
E A F W O U L S E N P P
L T T I U C X B A E R Q
D T I Y T V O R A Y B J
D W Q L D O B A A V V M
```

AVORIAZ	LECH
BRAND	MEIRINGEN
CERVINIA	SAAS FEE
CHAMONIX	SEEFELD
DAVOS	SOLDEN
HINTERTUX	SOLL
KAPRUN	ST. ANTON
KITZBUHEL	ST. JOHANN
KLOSTERS	ST. MORITZ
LAKE LOUISE	ZERMATT

Astrological Chart

```
Q L Z Y B F S F X L W Y
C O N J U N C T I O N T
W H E E L B G A P P S H
Y D Z P L J S U H P C G
Q X N C O L G R G O A T
V H E I E C L U V S W U
J L O Q G S S A I F A
F S V E N R Z O N T P J
X E E V N G I S R I A U
T Q U W F P U V S O P Y
R S K T R A H C U N H T
S L X O P E E S N R Z Y
X A C V R S H S E O U N
A S Q E U J N C V G I L
N M V O T C N A R B I L
P Y H E O A C Z T A B Z
A Y X P C P J S Q W M N
```

AIR SIGN	LION
ARCHER	OPPOSITION
BULL	PISCES
CANCER	RAM
CHART	SCORPIO
CONJUNCTION	TAURUS
GOAT	TWINS
HOROSCOPE	VENUS
HOUSE	VIRGIN
LIBRA	WHEEL

Computer Screen

```
Y R S U I N U E E N B H
Z Q T E N R E T N I A B
T W R L L A W E R I F X
Z T N E O I T C R D C B
N U Z A A G F H R C L W
L A N D X H M N A K S I
R E Z A W O S O P D E N
X C X N N K C L A M V D
P N O I T A V O N N I O
X X T M P Q L G K R R W
P O R U P N N Y E E D S
R R J Y W U O C S C S P
U E O O R O T W V I F X
I V D G T O O E E R S X
O R O E R R M Z R X V B
G E T Y B A G E M C I P
E S L O O T M X M G W Q
```

ANALYSIS   MEGABYTE

BROWSER   MEMORY

COMPUTER   MONITOR

DIRECTORY   PIXEL

DOWNLOAD   PROGRAM

DRIVE   SCREEN

FILES   SERVER

FIREWALL   TECHNOLOGY

INNOVATION   TOOLS

INTERNET   WINDOWS

```
J S E C X F D F L I Y N
S V Z F A U R E L F R A
C I N A T I T A O S A K
M Q L J W D L S N I M L
E A A A U R Y F R C N F
G A R K R O Y A L J E C
O I R Y Z T M Y R U E U
L N E K R A S Y T T U C
D A B A T O H U M O Q S
E T N N B I S M A R C K
N I A Z E O Q E Y I Q T
H S C L A W D Q F A V F
I U A S G K W H L N P T
N L F I L J Z E O A G J
D U E R E B U S W O A H
N O R M A N D I E X D V
H V Q Z V M W N R S J R
```

ARK ROYAL	HOOD
AUSTRALIS	LUSITANIA
BEAGLE	MARY ROSE
BISMARCK	MAYFLOWER
CANBERRA	NORMANDIE
CUTTY SARK	ORIANA
EREBUS	QUEEN MARY
FRAM	SANTA MARIA
FRANCE	TITANIC
GOLDEN HIND	VAAL

IF and BUT

```
H A L I B U T C H E R S
C A Z A A L W A T K T Z
Y R E T R I B U T I O N
R H K Y T G B L M B X M
E A H F F I L I A B C X
T M E I R T O F K U X A
F P G T H E O L E T K F
I L S R U L F O S Z K X
R I I E W B R W H S H T
D F G C Y F I E I Z S S
T Y Y Q H F Q R F U T G
Y R A T U B I R T N A Z
W L E F F I E R O N N M
S D P L S T F T R R O Q
J O C U T I T F O E M C
O R H U T U W I S W T S
R T B S B Q B U C H X X
```

AMPLIFY	DRIFTER
BAILIFF	EIFFEL
BUTCHER	HALIBUT
BUTLER	KIBBUTZ
BUTTER	MAKESHIFT
BUTTON	QUIFF
CAULIFLOWER	RETRIBUTION
CERTIFY	TERRIFY
CONTRIBUTE	THRIFT
DISTRIBUTE	TRIBUTARY

Occupational Hazard

```
R X B Z N N R X O B H E
S G M Z T A X P I G G R
B P U P D M W M I D O T
G L O Q O K J A U L Z R
M B U S P L B J I W O T
F G R O T I N A J T E T
S L L I I M T A C B E J
L C P R C R A O E E Z R
C E I R I K D N Y N G L
F I C E A M L R R G T T
L L K T N G A A C I S D
S I E S U T N S Y N I Y
L B U E E R I E O E T E
H A I R D R E S S E R B
E K C O O K A R T R A J
J E J F C M Y K M N U J
S R E W I E T S H B C H
```

ARTIST	LECTURER
BAKER	MASON
BRICKLAYER	MILKMAN
COOK	OPTICIAN
DOCTOR	PILOT
ENGINEER	POSTMAN
FORESTER	SCIENTIST
HAIRDRESSER	SECRETARY
JANITOR	TAILOR
JUDGE	WAITER

Baseball Terms

```
Z Z S J S N A P R W W P
M P D Z Z T F O L H U P
K P I T C H E R I A R M
M B O F A B H A D L T E
Q C A T C H E R L L D E
G X E T S X S A W A L K
W G O O T T B O S B E I
S I N G L E R S U T I R
G V Y R S H R O C I F T
C Y M A T S D K H P T S
S C B N D X R S A S U H
H Y M D L E I F N I O F
D R V S T E O T G M U F
H J R L C C A Z E X Z E
X L L A B E V R U C D F
M S T M Z U U M P I R E
Q I N N I N G G F O Z C
```

BASEBALL	OUTFIELD
BATTER	PITCHER
CATCHER	PLATE
CHANGE UP	SHORT STOP
CURVE BALL	SINGLE
DOUBLE	SPIT BALL
GRAND SLAM	STEAL
HOME RUN	STRIKE
INFIELD	THROW
INNING	UMPIRE

```
S V A F L O D C O A L U
E V A W T A E H E U A M
T L Q X P B T L A K I G
A S E N I H S N U S N T
L G I C L F L U S H E D
U L O U T I S A J M G B
S O P X M R A W E K U L
N W A Z D E I R G G F A
I I S U Z S P C N E T N
Y N S J D I E E I E U K
T G I A L D N D T T O E
R Z O F F E E I A A Y T
E E N E F R S P E I M P
H O V K D A O E H D Q A
R E Q O A V R T E A S A
R V W V C L E A P R W B
V N V R Z V K I P I T P
```

BLANKET	HEATING
COAL	HEATWAVE
COVER	INSULATE
EIDERDOWN	KEROSENE
ELECTRICITY	LUKEWARM
FEVER	PARAFFIN
FIRESIDE	PASSION
FLUSHED	RADIATE
GENIAL	SUNSHINE
GLOWING	TEPID

Greek Islands

```
D K N U C T J Z L K N R
D Q A F I P V C E V R N
S A J R S N A F S U R L
O O M O P G F R B H U H
L Q R C C A O P O C N M
I G X Y L T T D S S Z R
M R L O K K E H K B Y X
Y C N R T S Y E O T E L
V I S D O H W T O S Z E
A A O X O E A N H A E M
F N A C H I O S K N E N
T N I N W P J I S T O O
O Z S G C Y N O E O J S
Y Q A J E T Q R D R S O
P J M B H A C N O I V S
C F O O U S O R D N A A
A R S S V M T K R I L K
```

AEGINA	LESBOS
ANDROS	MILOS
CHIOS	NAXOS
CORFU	PAROS
CRETE	RHODES
KARPATHOS	SAMOS
KASOS	SANTORINI
KEFFALONIA	SKYROS
KYTHNOS	THASSOS
LEMNOS	ZAKINTHOS

Wedding Anniversaries

```
D C J C A M R S X P S Q
P F T Y D U N A Q U C O
M K U L I N E N E B M G
D N O M A I D N Z L W S
O G W C P T P O S M Q L
Y K S Y D A S A G A J A
N A Z R T L P Y N B R B
Y P D V L P A E R I E W
S O M S H G W R R C H Q
P T S I L V E R E Z T C
U T R L A Y M E D M A C
E E V K J B R O N Z E G
K R B X E U C O R A L V
N Y B W R R T I V R D P
A X A Z L T T J A I S I
E K Q D O D J E A E F L
R L A C E O P K P V B P
```

BRONZE	LEATHER
CHINA	LINEN
CORAL	PAPER
COTTON	PEARL
CRYSTAL	PLATINUM
DIAMOND	POTTERY
EMERALD	RUBY
GOLD	SAPPHIRE
IVORY	SILK
LACE	SILVER

Biblical Characters

```
K X P M C Z K O W A T B
G K E Q L R D M L M H T
B A T E A X G U N H O J
Q I E Y T L A P U Z M E
X F R X H O G I S A A C
X A S E T A L I P B S U
M R T E H H A N N A H R
E M V S Z C U P B T E Q
K A Y I A R A A G H T U
V T B Z Q H N N T S N W
Y T O R B R P S N H W R
B H N K A I E A K E L L
B E P B C H N L I B S Z
Y W W E B K A O A A F X
K N J E S U S M A S C K
I X S M J O X E A H H R
S W H U H E J H E H S Z
```

ABRAHAM   JOSEPH

BARNABAS   LOT

BATHSHEBA   MARY

CAIAPHAS   MATTHEW

ESTHER   NOAH

HANNAH   PETER

ISAAC   PILATE

JEHU   SALOME

JESUS   SENNACHERIB

JOHN   THOMAS

```
L C A C T I I Q E A H Z
L O Q U I T E L O I V I
A B S G Y D L I W E H T
L W U B A N K W H E R E
G R O W S A G E T C D E
M G I N V S F N H R N O
R U C O K P Q I Y E B V
V U S K W I W T M M T E
W P U K D L I N E M H R
M W L I R X T A B U E C
S X H E E O H L L S N A
Y S T N A E S G O D O N
E T I E M R W E W I D O
W H W C D E E H S M D P
O G I S Q H E T O A I I
Q I V J R W T I R Q N E
E N I B D O O W H T G D
```

I KNOW A	WITH LUSCIOUS
BANK WHERE	WOODBINE,
THE WILD	WITH SWEET
THYME BLOWS,	MUSK ROSES AND
WHERE OXLIPS AND	WITH EGLANTINE.
THE NODDING	A MIDSUMMER
VIOLET	NIGHT'S
GROWS,	DREAM.
QUITE	ACT II
OVER-CANOPIED	SCENE I

Geographical Features

```
F T M Z L W O R R K R D
J H E J S S D I P A R S
M Z J W G T V E V P G T
B B A P M E E I S E J R
Z M P I R O N P P E S A
P K K W Q E A H P R R I
X Q Y R E P T S Q E C T
R F W E P M N Y I X U S
N L H G M M I C Q S R O
M L E T P C A N Y O N E
G A R Y T L T P L A I N
Y F U Y G B N R H R S W
T R S T O U U H S H A X
R E S E R V O I R X B H
B T I F F H M L A O S H
E A F Y E K A L M E O Y
G W Y G F E Y P Y L V M
```

BASIN

CANYON

DESERT

FISSURE

GLACIER

HILL

LAKE

MARSH

MOOR

MOUNTAIN

OASIS

PLAIN

RAPIDS

RAVINE

RESERVOIR

RIVER

STEPPE

STRAIT

SWAMP

WATERFALL

Famous Johns

202

```
R C B L O M K Z W E A X
S O M H Q I I R P D T M
L M J P K L F K N M L C
N O L A K L X B A B O E
L R V E M S O L O A V N
B T G R R M K C E R A R
E I F Q C O L L U R R O
T M M K V A T A I Y T E
J E F I E S N H Q M C O
E R C A I N S D L O L H
M H P W S U N L Y R E H
A T T A L H O E M E E E
N N N E R Y A D D U S T
E K B G D R V N I Y E N
N O N N E L O B U Q I O
J L L H S U R T E E S C
E N Y A W L H Q T T J M
```

BARRYMORE	LLOYD
BELUSHI	MAJOR
BETJEMAN	MALKOVICH
CANDY	MCENROE
CLEESE	MILLS
CONTEH	MORTIMER
ENTWISTLE	PARROTT
F. KENNEDY	SURTEES
FASHANU	TRAVOLTA
LENNON	WAYNE

Trucks and Vans

```
R O E U R E A J U I V F
L P S K P B P O S L N J
P O H E X I R U T F T Y
O C E V I Z S C A N I A
D J R K M D Q T H E S T
Y N P V T R A F I C N K
R F A B M X T E A A A V
O D T L I Y P M D P R X
X C R D Y B M O K S T S
K C O M M E R J Q E S P
D U L I L D L O N I H R
O Z A L O F P M N B O M
D U C A T O A N H K G T
G S S Z S R E O D K U U
E I I O I D S X K W N R
Z C W K R T F F P G Q S
V R O Z B I E R T I V I
```

BEDFORD	JEEP
BRISTOL	LEYLAND
COMMER	PATROL
DAIHATSU	RHINO
DENNIS	SCAMMELL
DODGE	SCANIA
DUCATO	SHERPA
ESPACE	SHOGUN
ISUZU	TRAFIC
IVECO	TRANSIT

Norse Deities

```
S I Y M O F N C D D E A
K P O N Y J U F D E N Z
A J E E O C L B V O D G
D D Q R J T S T S I L Z
I E D T A N T P M K Y F
D T M H T Q T W M P B P
O A E U V H E L R F X T
X S E S Y H O Z N G H S
S K X I R K D R I M N W
V I L L I O K R D A Y G
C G D E G E F J O N G O
Z C T N E C A B M I I U
L Z M I A Z Z Y R G S R
V O K U Y N R F E A V R
F O M Q C R N H H R G E
J A Q A F G A A M M F I
A U C T E V U H Z F R J
```

AEGIR	NANNA
BRAGI	NERTHUS
FORSETI	NJORD
FREYA	NOTT
FRIGG	ODIN
GEFJON	RINDR
HEL	SIGYN
HERMOD	SKADI
LOKI	THOR
MANI	VILLI

205

Double P

```
M E X C D E P P I H W B
H I P P O P O T A M U S
X B N O U P E P P E R E
L Z Y L J G P D M M E Z
T A G G P I Z E U D K G
B F R W N I E P R I R E
R L A E I I P L P A E V
Z H S Z A E P P P K P G
Y S S M T O E P G P P Z
U E H I V R L N I C I W
T T O Y P E I Q Z D Z R
J R P N O P N R P M E U
B E P H P P O F C P K B
F M E I P I P F P G R X
H N R J Y L F U Q Z X E
C T G R S S Y G K F O
E N F N Y D A B A N J N
```

APPLE

COPPER

DIPPING

FOPPISH

GRAPPLE

GRASSHOPPER

HAPPINESS

HIPPOPOTAMUS

KIPPER

MUPPET

OPPUGN

PEPPER

POPPY

RIPPLE

SLIPPER

SUPPER

TRIPPING

WHIPPED

ZEPPELIN

ZIPPER

Whodunnit?

```
I H C Z V M Y G H S X S
T D G L E K F N N T M T
F N G F U P B V W T O S
E V I T C E T E D D T N
D N Y R E T S Y M O I H
K U D G P H W Q R D V N
R E D H E R R I N G E J
E S C I S N E R O F X D
D V R N N S S G U E L F
R Y P W E A P O N S P O
U B L O O D S T A I N Z
M N S O L V I N G U F P
L W U A Y I R V H G F A
X J I H U H C B E S L K
U R R J K T J E M I R C
T P E H S Y D O B D F W
O W S B E V F I Q B Z T
```

ALIBI   KNIFE

BLOODSTAIN   MOTIVE

BODY   MURDER

CLUES   MYSTERY

CRIME   POLICE

DETECTIVE   RED HERRING

DISGUISE   SOLVING

EVIDENCE   STORIES

FINGERPRINT   TRIAL

FORENSICS   WEAPON

Very Saucy

```
Y E T T E U Q N A L B O
J L P R I M A V E R A E
G H Q T A G U W N B A L
N S B O L O G N E S E R
A U P O I V R E D K U U
E S I A D N A L L O H E
B S A C Y M T M S P Q S
K Z O L W A I D T B P S
C C G R S T N E P N B A
A Y P E E A R R B A E H
L G Z B T I V A O W C C
B S I E Y B R E X M H Q
V P E A J B Z A R G A Z
X W K L E A U E M D M F
S I R C I R E P I R E P
G D U P A R S L E Y L S
Z E E S P A G N O L E X
```

APPLE	ESPAGNOLE
ARRABBIATA	HOLLANDAISE
AU GRATIN	MARIE ROSE
AU POIVRE	MORNAY
BARBECUE	PARSLEY
BECHAMEL	PERI PERI
BLACK BEAN	PRIMAVERA
BLANQUETTE	SALSA VERDE
BOLOGNESE	SWEET AND SOUR
CHASSEUR	TERIYAKI

BIG Words

```
S T O H S G I B P G P H
R S B I G G A M E S Y X
B I E G V M A S E D R I
I M Y N M P E Z D L O L
G A E Z I E H B E E E P
B G B J H S P I R E H H
A I I C D F U G A H T T
N B G Q K E C B E W G U
D I S S A M N R G G N O
B G P H I W O O I I A M
I D E Z B S O T B B B G
G I N A N T T H J G G I
M P D E T R A E H G I B
O P E C O F F R R L B B
N E R N E B G I B S R M
E R D N A H G I B U J W
Y Z B I G T I M E Z N W
```

BIG BAND	BIG HAND
BIG BANG THEORY	BIG-HEARTED
BIG BEN	BIG MONEY
BIG-BONED	BIG MOUTH
BIG BROTHER	BIG SHOTS
BIG BUSINESS	BIG SISTERS
BIG CHEESE	BIG SPENDER
BIG DIPPER	BIG TIME
BIG-EARED	BIG WHEEL
BIG GAME	BIGAMIST

Dragons in Myth and Story

```
P T E E I F G Z S V Z H
A J N O R B E R T M J Y
M F J E J J L A X N S B
F Q I Y C U D K N C F E
A P O P H I S X O R A V
L A D O N V F H G P F Q
K D D C R S T E A Q N Y
O E W A W E L L L X I F
R U Y R U K A H A A R A
F S Z D P L G G C Z M T
H I G L A U R U N G S L
D R R Y A I A I A K I T
V G T M A U D A N N Y Q
E E S U A H T A C S W G
O Z L J O S D M Y Q S B
Q E P G V U G Y J U X C
N X G T B M H I N M U V
```

ANCALAGON	GRISU
APALALA	HAKURYU
APOPHIS	LADON
DANNY	MALEFICENT
DRACO	MUSHU
DUCY	NIDHOGG
FAFNIR	NORBERT
FALKOR	SCATHA
GLAURUNG	SMAUG
GRIAULE	WAWEL

```
V Y I K A M H S A Y P W
E Y S T O O B M U G A U
S A M A J A P Z I N Y O
T N Q U P U L L O V E R
O J O D H P U R S R I F
C S X T K K A H O N R L
K B B E G K Z F I A X O
I O L F K N A K C C V G
N W O B C N I S S E R D
G L U S I B D L R T B S
S E S P W A E D L S S U
I R O X E I R Q O E U U
N H N H O E M B K A W M
G A L O S H E S T J J W
L T X S W K U T U Z W D
E U M H N M R O F I N U
T C A S R E N I A R T D
```

ANORAK	PINAFORE
BIKINI	PULLOVER
BLOUSON	PAJAMAS
BOWLER HAT	SINGLET
DRESS	STOCKINGS
GALOSHES	SWIMSUIT
GUMBOOTS	TRAINERS
HEADSCARF	UNIFORM
JODHPURS	VEST
OVERDRESS	YASHMAK

Horse Course

```
I N D Y Y B X H E P M C
M O Y L E S E G R U M A
R R I E E N L I M F U G
T D H O X A K C S I O A
M L M N M G A C M N N L
P A W I O R G U A N A I
B N L S O O D C X H T C
P D K O R M T L L O I E
X M N L P I U Y C R S N
U B A J O O U D A S U O
Y A B D N A L E V E L C
S V S W Y D L S C K J E
M E T P M A Q D K V F R
Q V R X B D X A O I T I
G R U B N E D L O Q D H
U P P T A R D E N N E S
G I X G N A U G L L Z E
```

ARDENNES	KNABSTRUP
BALEARIC	LOSINO
CLEVELAND BAY	LUSITANO
CLYDESDALE	MALOPOLSKI
EXMOOR PONY	MORGAN
FINNHORSE	MOYLE
GALICENO	MURGESE
GUANGXI	NORDLAND
HACKNEY	OLDENBURG
IOMUD	SHIRE

```
K R Y U G Y B X G D H Y
K D E T T I F O S S E K
R Q N V J E F B S N J B
I E M H I G H F O R C E
M X I D A R I H L Z I X
M H H C R R S X E T L R
L A C A A O A N G T E L
B I N A H L G G N T H S
Z R A S B T G I A U S L
E O I V A L G W T I D L
G T D D T U E Q O U N A
V C N W A T Z M Z B P F
E I I S I L E N M H R N
N V S H V C V Z A U S I
I U W E E M P E R O R W
H C A B N E H C I E R T
R Q J U S S O F L L U G
```

ANGEL

BOW GLACIER

BRIDAL VEIL

DETTIFOSS

DUNNS RIVER

EMPEROR

GULLFOSS

HIGH FORCE

IGUASSU

INDIAN CHIMNEY

KRIMML

NIAGARA

REICHENBACH

RHINE

SHOSHONE

TRUMMELBACH

TWIN FALLS

UTIGORD

VICTORIA

WHITEWATER

Around the House

```
O J R T E S O L C D I G
N Y D O Z E A O H W E M
R G L P P D U H A R R E
E H I G H C H A I R I X
O D N T H A F O S M A J
X R H A M P T G E Z T N
V K A S Q I L B L X E G
J S L K R B O A O U R S
R O L C W R J M N V C R
E U S A D A K I G T E E
J E T R R E S P U T S N
H J A B E D S T E A D J
G W N A S Z O K E P C R
K F D C S T E N I B A C
L Q X I E X U E Q A I I
K I A R R H E B R S T N
P Y O B L L A T R F R G
```

BEDSTEAD	FREEZER
BRIC-A-BRAC	HALLSTAND
CABINET	HIGHCHAIR
CHAIR	OVEN
CHAISE LONGUE	PLANTS
CLOSET	SECRETAIRE
COUCH	SOFA
DESK	TALLBOY
DRESSER	WARDROBE
ESCRITOIRE	WASTE BIN

I Spy

```
W F M X B G M X M J G T
D N H L R C O W F C X S
E I U B D B I F G F M E
K G G G I R Y V N E H V
N L O U A S P M K C T N
I O K N A S U O E N G I
S O I I G N I T E A W F
I A T T N L A G E L L I
N I R R A T I O N A L M
F C D U I L E G X B B P
O P R M L R O R N M D E
R Z I E J S E M N I V A
M T T R U P G L M A Z C
S N R M B F B K A I V H
I M P R O P E R B N X L
U Y D C R N D I C E D P
E A L D E H A S B U I U
```

IBIZA	IMPEACH
ICED	IMPROPER
IGLOO	INFORM
IGNEOUS	INKED
IGNITE	INTELLIGENT
IGUANA	INTERN
ILLEGAL	INVEST
IMBALANCE	IRANIAN
IMITATE	IRELAND
IMMOLATION	IRRATIONAL

Candies

```
Y F C W A N I S E E D K
A S R H I S H E R B E T
V A Z U O N K S N I I G
E N P Z I C E R K Z M C
W E J R D T O G A J A Q
C G F G A C D L U R L L
W H C F P L W R A M Z G
L S I O O N I M O T S E
Y O P K B T E N A P E L
S R L I I L T N E O S T
J E L L Y B A B I E S T
M C L D I P F E O N G I
Q I N F I P G I G O U R
J A N Z F D O V M U B B
C V R T U U K P E G M E
O A H F S A R J S A U L
M S W E H C G T T T H T
```

ANISEED	LOLLIPOPS
BRITTLE	MARZIPAN
CANDY	MINTS
CARAMEL	NOUGAT
CHEWS	POPCORN
CHOCOLATE	PRALINE
FRUIT DROPS	SHERBET
FUDGE	TOFFEE
HUMBUGS	TRUFFLES
JELLY BABIES	WINE GUMS

```
D C D D X R Y U L E I A
F W N C N C U N S Q Q V
L A B R A D O R A X I W
Z A E L P D O L A C I O
L V B L M H U F T N I T
Q V S O E I I O N R A T
H A E T T L R I A G L A
L Y I L A I P T R W B W
N H T H A E N A H T E A
W F N K G O S A M D R P
N O U Q L S J U M H T L
O C O D R O A O W S A U
K E M I N U N A V U T X
U B V L Y T J D L Y T I
Y E L L O W K N I F E K
R U A N I G E R Z K R U
C Q M N D B J W M W E M
```

ALBERTA	NUNAVUT
EDMONTON	ONTARIO
GRASS RIVER	OTTAWA
HALIFAX	QUEBEC
IQALUIT	REGINA
KLONDIKE	VICTORIA
LABRADOR	WHITEHORSE
MANITOBA	WINNIPEG
MAPLE LEAF	YELLOWKNIFE
MOUNTIES	YUKON

Bodies of Water

```
X Y S J X F Y U D Z A Q
T C A S B E R I N G Z N
S H T R O N A M A D N A
L U M K V L R E I O A I
Y E L L O W L B R E E N
K E N R R I P W U S B O
G E L O C B E E G B B I
M H M N T G P X I R I D
C I T A I R D A L A R F
T F N A R K O X B E A B
T M N R K E C F K S C K
J E A C N I C M U D K P
Z I U T F U J A P A N V
V E Z I W R J L R E E U
A S C C O T I A V D E B
I A S H K B T Y I Q V H
P S Z P Z B Y L N N O E
```

ADRIATIC	JAPAN
ANDAMAN	KARA
ARCTIC	LIGURIAN
BEAUFORT	MALAY
BERING	MCKINLEY
CARIBBEAN	NORTH
CERAM	NORWEGIAN
DEAD SEA	PACIFIC
GAELIC	TIMOR
IONIAN	YELLOW

State Capitals of the USA

```
M N P M G P X O P Z M A
E D V L U M L M X O A T
F S R L K L V R L E D S
J U I Y T J U Y W H I U
A Q E E H G M L V L S G
J T O B D P X K O C O U
L U L S I L O P A N N A
G I N A O J A C K S O N
P U N E N N E Y E H C H
H R A C A T F R A T J X
O E B I O U A R R Q J O
E V D V H L T E P N T C
N N O J E F N G I O H K
I E J I O T A T P T M Z
X D G R O K S E K S W U
Y H D N R U K F E O I D
Q O L S A A Y X L B W R
```

ANNAPOLIS	JACKSON
ATLANTA	JUNEAU
AUGUSTA	LINCOLN
AUSTIN	MADISON
BOSTON	OLYMPIA
CHEYENNE	PHOENIX
DENVER	RALEIGH
HARTFORD	SANTA FE
HONOLULU	TOPEKA
INDIANAPOLIS	TRENTON

Ancient Civilizations

```
N Q M C S O E B M R K F
I S N E T I T T I H O S
N I P H G L N T N N V W
X F Y W A Y U C O A U P
H S E N F D P N A E P R
F Z U A F I J T N A K Y
H D O M S A C A I T B T
N P H O E N I C I A N G
H A Z R R R M H B B N Z
N R I M Y P I Y C A A X
S A E S C B L A E S M Y
G M S S R O C D N S O B
C A C I N E L L E H T C
L E Z I J A P W H R T N
J A A T H Y Y M V P O F
L N J C E S H A N G G S
U E F G X C K P M L Y R
```

ARAMAEAN	MAYAN
ASSYRIAN	MINOAN
AZTEC	OTTOMAN
BABYLONIAN	PERSIAN
CHALDEAN	PHOENICIAN
EGYPTIAN	ROMAN
HELLENIC	SABATAEAN
HITTITE	SHANG
INCA	SUMERIAN
LYDIAN	ZHOU

```
E N A L P R I A M W V A
H U T Y E E Y T F D I Q
T V C R O F T B O Z Y J
R Y O A U I I A R U F R
A O R S E C L T O L R E
I K I R Y B K W J B E L
L A S C O A L J U N I C
R H L T H L W K A B G Y
O E O I A L J L I I H C
A M O G M O P J I Y T R
D W P S H O B M D A E O
S T T O R N U R T T R T
Y R R E F Y O S O Q A O
M S A B A F H O I T V M
E J M C O A C H C N O C
H S H I P S L E D G E M
K T L X T Y L U A A Y G
```

AIRPLANE	MOTORBOAT
BALLOON	MOTORCYCLE
BICYCLE	RAILROAD
BOAT	SCOOTER
COACH	SHIP
FERRY	SLEDGE
FREIGHTER	SLOOP
HORSE	TRAM
HYDROFOIL	TRUCK
LIMOUSINE	YACHT

Let's Go Camping

```
H G F V H A T C H E T U
K I N D L I N G M T A R
Y E E I Z L A T R I N E
M F M P K D S W R S B L
O O S E C C L M C P L I
U Y U B E M A L F M V A
T T E N P T E P G A G R
D E V P T C M O K C F T
O E V R O A L D D C N N
O H E O K R I F N A A X
R S K W T T O N L L L B
S D T J U S F L S E D G
U N U H C A E B X A S O
M U H H V P Z F Z F M E
P O C K E T K N I F E A
L R N R U C K S A C K Y
R G A B G N I P E E L S
```

AIR MATTRESS	LATRINE
BACKPACKING	MOUNTAINS
BEACH	OUTDOORS
CAMPSITE	POCKET KNIFE
COOK	REPELLANT
FLAME	ROPE
FOIL MEALS	RUCKSACK
GROUND SHEET	SLEEPING BAG
HATCHET	STOVE
KINDLING	TRAILER

At the Circus

```
I Q E T M Y K Z Q D E R
E E C N A M R O F R E P
Q S N W K S E K E T N R
N E A F E A T S S V T O
J O L Y U H Z A Z I E G
E S A E P I M F R R R R
D D B T P G E E Q S T A
X T M S N H N T C Y A M
I P L I E W A Y O G I M
C H R T H I G N S I N E
S A V R E R E E T S M S
I Y N A L E R T U S E U
F F X N I F I H M T N A
N J T P O F E U E L T L
Q G N I N N I P S I K P
L G X A S L B I G T O P
V R J X M M G W M S J A
```

APPLAUSE
ARTISTE
BALANCE
BIG TOP
CANNON
COSTUMES
ELEPHANTS
ENTERTAINMENT
FEATS
HIGH WIRE

LIONS
MAKE-UP
MENAGERIE
PERFORMANCE
PROGRAM
RINGMASTER
SAFETY NET
SPINNING
STARS
STILTS

RED Starts

```
C D X P W L V N T I Q J
X U R S V J L Y C A I I
P O R B R E P P E P D F
L A S R L N B X N W U R
Q E U Q A G N I R R E H
Q G L N U N Q H Z D L R
K A X D A I T B I Q E Z
C B H F H D R P I H T M
I B F R A T S R L U T G
R A Y E B C R A E W E T
B C H R S W R A S L R C
C S D L L I L W E R G H
H B M E M B L O O D E D
I W W D Z T A O C O R G
N Q A M U L L E T A D F
A F R A W D Y I C H O T
C G A L F H E V I C X G
```

ADMIRAL	FLAG
BLOODED	HEAD
BRICK	HERRING
CABBAGE	HOT
CARD	LETTER
CHINA	MULLET
COAT	PEPPER
CURRANT	SPIDER
DWARF	SQUIRREL
EARTH	WOOD

Christmas Treat

```
C W P Q H B A U B L E E
W J A R H P L O D U R X
R O M S E T E I V P F R
A G O B S S U T X J T
P M L T S A E F F Z N M
P F J I O I I N I F E I
I M G L T N R L T N K N
N E W Q A T R Y N S R C
G K D O N N E R V U G E
P H E E D I B R Z A D P
A D B C X C N E R D F I
P O R I K H A B Q A N E
E B E G O O R C S F R S
R C Y A M L C S A G U M
B G A M V A E N M Z Q U
M S R E M S T O V G J Q
I Z P D P G D J N T T M
```

ASSES	MINCE PIES
BAUBLE	NOEL
BERRY	PEACE
BLITZEN	PRAYER
CRANBERRIES	PRESENTS
DONNER	RUDOLPH
FEAST	SAINT NICHOLAS
GLITTER	SCROOGE
INFANT	WASSAIL
MAGIC	WRAPPING PAPER

American Wild West

```
W B N Y G A E E Q Z W C
S A D D L E N P T N U R
N Q L X X V V N Y U F B
U D S T Y A O B X K E Q
O Y T K U O R W D R A W
C J E R L O T S I P Y L
B V T A N T M A S A M X
T T S C N T F I T D R I
W C O U L F C T A E E E
G B N M I A E D G A T N
N M G R H A R N E J S O
A A E E R O I R C S L T
T H E P F L R B O Y O S
S R R B S C Z N A C H B
U U O N Y N O A C K K M
M B U X E O M L H E W O
J G B P U R R I T S A T
```

BOB FORD	ROY BEAN
BRONCO	SADDLE
COLT	SALOON
DRAW	SHERIFF
GUNSLINGER	STAGECOACH
HOLSTER	STETSON
MUSTANG	STIRRUP
OK CORRAL	TOM HORN
OUTLAW	TOMBSTONE
PISTOL	WYATT EARP

Breakfast

```
B D F J T L Z X W W C D
P J A S E G A S U A S I
Z J A M S E O T A M O T
B O G P O R R I D G E F
T L M R H S A E K X X J
D Y A K A L N M G X M T
E Q R C M P G I X D N R
G N M A K F E Y F A E C
I W A W F P J F S F O K
U W L D C R U S R F U L
S Z A K L F I D F U D M
E Y D G I O C E D D I B
L E E H R P E F D I M T
F N O C A B P R T E N V
F O P O A C H E D E G G
A H V K W L A E R E C G
W D B L P N Y Y A S S W
```

BACON	MARMALADE
CEREAL	MUFFINS
COFFEE	ORANGE JUICE
CROISSANT	POACHED EGG
FRIED EGG	PORRIDGE
GRAPEFRUIT	SAUSAGES
HAM	TEA
HONEY	TOAST
KEDGEREE	TOMATOES
KIPPERS	WAFFLES

Eight-letter Words

```
T Q R N Y L I P E E L S
U U U E O W T R Y Y V Q
R I R X L B T L U A I P
M L L H J L L W S K S O
E T E P Y U I E M B C V
R I E I F T N R M E O E
I N M T N Q H K H A U R
C G I P U F T M Y T N A
R F G I L C A B I A T W
S C R E S O P M O C R E
Z E A V M M D C O D W D
D T T L W P X E D U E X
A X E O M L O Y D F S W
H Z J S A E T R Z Z B E
S D A S Q T N W I A C V
A G N I L E R I H U F L
I W J D E I F I D O M X
```

COMPLETE

COMPOSER

DISSOLVE

EMIGRATE

EMPORIUM

ENQUIRED

FITFULLY

HIRELING

IMPLODED

INFAMOUS

JUNKYARD

MODIFIED

NOBLEMAN

OVERAWED

QUILTING

RHYTHMIC

SLEEPILY

THRILLER

TURMERIC

VISCOUNT

Lower... Place Names

228

```
Y G Q X Z C G U M V W Z
F Q V T R E G A N T L E
V O D A F U H H G C N R
D D R O F S N A R O T E
D S E N R U O B D A R M
R T N E E G J G E L E N
E R M H E N N R O A A A
T O M B C I J W L R L R
S D E I R T K X D G A T
B E T R U C I N U O W U
O C A C M P H D R L C B
V F G H P T L U L A B P
X B N W S L M C T O C C
A G W O A D N E U E H Y
Q Z O O L T S R T J K X
V A D D L B N O M M O C
L X L X Y E Y I V R H I
```

ANSFORD	HOLDITCH
BIRCHWOOD	LARGO
BOURNE	RADBOURNE
CARNKIE	RUDLOE
CATESBY	SOMERSHAM
CHUTE	STRODE
COMMON	TRANMERE
CRUMPSALL	TREALAW
DOWNGATE	TREGANTLE
FARRINGDON	VOBSTER

Typefaces

```
V C A A H X T Y D N R R
L A T I E N N E C M E X
P N A L L A R A L T I O
P D M A V X A R S W R N
W I R T E S V I E Q U O
E D O I T M O A L V O L
R A F R I L J L L H C Y
G E E X C E L S I O R M
V D G G A C U T V C L P
G B N I Y A U W R P N I
S D T O T P P E E P E A
X F B Z M U T B K U U N
R O M A N A R I S T Z T
K B C L E A R F A C E I
P E R P E T U A B N I Q
L L Z A I O B F G L T U
R L Z V N P Z Y X Y Y E
```

ANTIQUE	FORMATA
ARIAL	FRUTIGER
BASKERVILLE	GARAMOND
BELL	HELVETICA
CANDIDA	ITALIA
CLEARFACE	LATIENNE
CLOISTER	NEUZEIT
COURIER	OLYMPIAN
EGYPTIAN	PERPETUA
EXCELSIOR	ROMANA

```
G O P G J H T T R U M V
G O R E N M L K W E E H
J J A L L I H C N I H C
L F I E L D M O U S E H
J E R B O A D M F Y X I
V L I L G E P A E B G P
L O E I E E R C E L O M
U V D Y N K R E J I H U
S X O U I R Q B L Q E N
D Q G I P A E N I U G K
J O U J U Y J T R L D T
X R R I C T O M S A E Y
D P E M R V S C Y M H C
C F V H O R T O M R A M
S I A D P U E V T V K H
P J E X X O S L Y M I O
T I B B A R G E L X Q Y
```

BEAVER	HAMSTER
CAVY	HEDGEHOG
CHINCHILLA	JERBOA
CHIPMUNK	LEMMING
COYPU	MARMOT
DORMOUSE	PORCUPINE
FIELDMOUSE	PRAIRIE DOG
GERBIL	RABBIT
GOPHER	SQUIRREL
GUINEA PIG	VOLE

Safari Park

```
H Z E N B W U N W G X F
C I G U S P R A O M U J
I A A I G R C Z M T O K
R N B N R O E B B J T T
T A T I B A H L A S A X
S C H F G Z F A T K T W
O I L D K G O F R N F C
W L S L R L A E E H A F
A E Y R A D E M O R D L
L P X F P M N R E G I T
L W F W I O A K U L P B
A U H E R B I V O R E W
B J O I A C E M E L H U
Y S V E F I L D L I W F
T N S L A M I N A O X L
E C Y G S S G L N N F W
R N H T C A O I D C T S
```

ANIMALS	LION
ANTLERS	LLAMA
BIG GAME	MEERKAT
BUFFALO	OSTRICH
DROMEDARY	PELICAN
ELAND	SAFARI PARK
ENVIRONMENT	TIGER
GIRAFFE	WALLABY
HABITAT	WILDLIFE
HERBIVORE	WOMBAT

Monopoly

```
L F T T G Y B Q U M P M
I U A I J T T L Q S E A
X Q D R R P E M S I R Y
C V V E U I E O A K A F
G M A H L C R R L Q U A
A A N N E C T T A W Q I
V N C I S A S G R H S R
K N E G R D L A Y I R C
A U N T E I O G L T A T
B I A B Y L O E E E G C
K T L S A L P E G H L O
I Y K N L Y R R N A A L
J D R S P T E X A L F L
M R A D S N V Y E L A E
Y A P W O L I J H U R C
E O O R I Z L F T L T T
J B I R T H D A Y H J V
```

ADVANCE

ANNUITY

BIRTHDAY

BOARD

BOW STREET

COLLECT

INHERIT

IRON

KING'S CROSS

LIVERPOOL STREET

MAYFAIR

MORTGAGE

PARK LANE

PICCADILLY

PLAYERS

RULES

SALARY

THE ANGEL

TRAFALGAR SQUARE

WHITEHALL

```
T E B J D C F P T K J T
C Z E E N O D T U O T U
A K A N R C M N X I U O
L V T F A E O F S N U H
L R E O J W L S P T P S
I I N G H F E L S J Q A
T E D E S T A H A Y D W
Q U R X D C O D J F W J
U E O X E N E R E S O L
I J P D E A D E N D Q M
T J O Q E R I F S I M U
S A U U N K S N M M H G
A B T I S E C O N D Q W
L O U T N A R O S L A U
M D Y T I T N E N O N T
Y V O E Z L N I T K Y E
U M Z R Q M O R P E D N
```

ALSO-RAN	LOSER
BEATEN	MISFIRE
CALL IT QUITS	NONENTITY
DEAD END	NOWHERE
DROPOUT	OUTDONE
FADED	OUTSHONE
FALLER	QUITTER
FORFEIT	SECOND
KNOCKED OUT	UNPLACED
LAST	WASH-OUT

In the Money

```
Y B U C H S K C O T S N
C M T I D E R C V K W I
B H Y U N F X E E A W T
O S E W Q S U Q R N S N
D E U Q U E U D D E K U
E C S T U Y R R R C H O
P U G Q A E F E A C I C
O R N J V E T L F N R C
S I I O G N B K T W C A
I T V R I E E K I Y J E
T Y A J H C O F S T S H
Z H S T N I O P H S A C
C Y N A E L B K C E H C
R I L O T M O D B V T S
B A P A Y M E N T N G T
B V U K B X C N H I W Z
J V O S E G A G T R O M
```

ACCOUNT	INVEST
BALANCE	MORTGAGE
CASHPOINT	OVERDRAFT
CHARGE	OVERDRAWN
CHECK	PAYMENT
CREDIT	QUEUE
DEPOSIT	SAVINGS
IN THE BLACK	SECURITY
INSURANCE	STATEMENT
INTEREST	STOCKS

Flower Border

```
W A J F V X V T W T M L
B J A X J R C L I U Q L
Q N P A Z A H V S Y O E
B T O A L I R S T K D W
M J N I W V Y G E I U D
D N I K T L S P R A R E
M P C R A A A P I V S E
I A A A E S N H A R I P
M H E L I O T R O P E S
O A A C D Y H G A E N F
S Z Z N S V E R A C I Y
A B O R E N M S I I B S
F L O E T C U J S M M O
W F Y I O A M S E M U L
Y N A G L L E B E U L B
L N J T D I H C R O O J
L V T M E L V C F O C N
```

ALYSSUM	GORSE
AZALEA	HELIOTROPE
BLUEBELL	JAPONICA
CARNATION	LILAC
CHRYSANTHEMUM	LONDON PRIDE
CLARKIA	MIMOSA
COLUMBINE	ORCHID
FORSYTHIA	SALVIA
FREESIA	SPEEDWELL
GENTIAN	WISTERIA

Terms of Endearment

```
P S E C J E D I R B A N
J I L U N M N A J S H R
D V H T R O D G H S H O
F E Q S I T N E T E O E
I N V S N I W S S N N N
C V S O M O J Y E D E D
Y A W R L N I A R N Y S
P Q A F F E C T I O N Q
B H P I D Y B T A F E U
C P Q X A D N R F L Y H
A D M I R E R A W O E A
P L U B L V Z C K V Y R
T X L A I O Z T N I K M
S H V E N T R I S N G O
Z K C I G I F O R G H N
T S U O Y O J N I U I Y
P H K C E N G A G E D F
```

ADMIRER	FAIREST
AFFECTION	FONDNESS
ATTRACTION	HARMONY
BELOVED	HONEY
BRIDE	JOYOUS
CHARMING	LOVING
DARLING	PASSION
DEVOTION	RELATIONSHIP
EMOTION	TRUE
ENGAGED	VALENTINE

Time and Time Again

```
X J K M R F D T X E P W
D J Y G P X C L X J A S
I N V P G L N W T T O Y
C N O D O E Y C B Q R
W P E C N O B H U S H Z
Y Z K F E T A L Q A D F
I O W F U S P N K R O L
O N R Q T A O P Y G B F
D T V E M P M N R J W Z
T H N D T S E J A L K P
E K Z E O S R B U N B C
H Q M E V E E A R L Y W
G P O A B D F M B T Y J
O P W Z T I A S E O P J
S C M I M R K Y F S S X
E E M P C T W Z Z R K K
U E U H F X C L P X D I
```

ADVENT	JULY
BEDTIME	LATE
CLOCK	MARCH
DAY	NANOSECOND
DOT	ONCE
EARLY	PAST
FEBRUARY	SEMESTER
GONE	TEMPO
HASTE	WATCH
IDES	YORE

Tools of the Trade

```
R U N M M X O H K Z D S
Y L M Q R E L L O R U L
F Z E N X Q E G O U G E
B W S V H A T C H E T R
U H C R O T W O L B U L
E S C Y T H E R L K V E
M P R N I B S K I T Y P
W E O E E B C S B I X L
C C W U Z R R C V X R A
U R B J B E W R P C G C
B O A J D E E E G H R S
O F R I P V N W P A I O
I I V U A K K D T I P Q
X I W E N S O P X N P W
D P L I E R S V H S E M
I C F O U P B V F A R D
R E H S I L O P Q W X A
```

BILLHOOK

BLOWTORCH

CHAINSAW

CLEAVER

CORKSCREW

CROWBAR

DIVIDERS

FORCEPS

GOUGE

GRIPPER

HATCHET

PENKNIFE

PIPE-WRENCH

PLIERS

POLISHER

ROLLER

SCALPEL

SCYTHE

SHOVEL

TWEEZERS

N	O	Y	L	I	L	G	B	E	Q	R	A
I	D	S	B	J	U	G	H	L	A	M	E
E	M	N	H	O	Z	M	Y	Q	Q	S	R
G	D	A	A	E	J	Y	P	P	O	P	Z
Z	O	P	R	V	A	R	E	R	N	J	W
Y	T	A	Q	G	L	T	S	O	N	U	H
X	Y	I	A	H	U	L	H	X	K	F	M
K	B	L	V	N	Y	E	X	E	E	A	V
J	I	H	I	G	N	H	R	N	R	B	D
K	E	A	K	H	Y	A	C	I	N	T	H
U	O	D	P	R	Y	S	G	M	T	X	X
Y	Z	A	P	C	L	O	I	S	N	E	S
V	D	V	I	O	L	E	T	A	F	C	X
C	S	K	Z	D	O	O	B	J	D	I	G
D	R	I	G	S	H	P	V	I	O	L	A
C	R	W	H	C	Y	P	L	E	H	Y	U
H	K	Q	A	Q	L	R	S	I	R	I	T

CLOVER

DAHLIA

DAISY

DAPHNE

HEATHER

HOLLY

HYACINTH

IRIS

JASMINE

LILY

MARGUERITE

MARIGOLD

MYRTLE

PANSY

PETUNIA

POPPY

ROSE

VIOLA

VIOLET

```
D F E Y T P Y U K R O F
J K S J A L U B E N O Q
T O C Q J U P I T E R P
L F H I L T C N O W H A
F A I A N O A O C Z G R
T L R H N A I C L C Q Z
E N Y I S N L U E Q S E
L P U C P D B L Y B S G
E L L I P S E A E K O A
S K T T D S W R Y G L N
C H C P T Y H S T E A Y
O Y P I K G M N P F R M
P R A L R Y R E O A Z E
E L I C R D Y W L Y C D
N M F E I P O T I O T E
W E C I T S L O S I T P
W U N T C C I N G W Y P
```

BINOCULARS	NEBULA
CELESTIAL	NEWTON
ECLIPTIC	PLUTO
ELLIPSE	PTOLEMY
GANYMEDE	RED SHIFT
GOODRICKE	SOLAR
JOHANN BAYER	SOLSTICE
JUPITER	SPACE
MAGELLANIC	SPIRAL
MILKY WAY	TELESCOPE

In the Dentist's Chair

```
V P P S Y J E I I Z U E
M V G L U C Z S F K E B
G D C H A R C Y G J U B
H A S R Z Q Y A R E Y C
B D B S B Q U C E U M I
T G T E N A M E L T O E
X O W R G W W D Y A L R
Z I O U T F B G E R A K
S C I T N O D O H T R O
Y L L N H I V C S A S H
M A I E G P C Z E R Y T
R A P D A N A N O V S E
H Y G I E N I S T I H E
E U Y L R N I L T G T T
Y T I V A C L N L E W I
F E P C N M E D G I C B
J L L I R D A E J M F W
```

AMALGAM	ENAMEL
BITE	FILLING
BRACE	HYGIENIST
CANINE	INCISORS
CAVITY	MOLARS
CLEANING	ORTHODONTICS
DECAY	PLAQUE
DENTIST	TARTAR
DENTURES	TEETH
DRILL	TOOTHPASTE

Cake Selection

```
M I P Y S R L V B Z L P
J A N Y E E D N U D K L
C H R I S T M A S A X T
F K F B T A P L W T W I
H A B W L I T X I E T U
F S I M N E L E S A F R
C A R R O T M T S N U F
G C T W Y W O A R D A L
X C H E R R Y L O W E L
M A D E I R A O L A T J
G D A X E W F C L L A X
T Q Y H E S J O U N G S
B B A N L Y E H Q U U C
G O L E L U Y C R T G W
K E G N O P S M A J E W
B N O R F F A S R K K D
A J X K R G N I D D E W
```

ANGEL'S FOOD	FRUIT
BIRTHDAY	GATEAU
CARROT	JAM SPONGE
CHEESECAKE	MADEIRA
CHERRY	MARBLE
CHOCOLATE	SAFFRON
CHRISTMAS	SIMNEL
DATE AND WALNUT	SWISS ROLL
DUNDEE	WEDDING
FAIRY	YULE LOG

Presidents of the USA

```
R E W O H N E S I E T E
Z P M K D O I G C Y F I
W H O Q W T O X V L M U
I T N A R G A V O K P O
N V R A N N T R E N R A
D C O O L I D G E R N Q
T R E J O H N S O N Y H
E G Q P C S K Y T K T Q
U R K H N A E X Y W D K
N O S L I W Y V D L V I
P U C S L T O C E C U N
B C M Z M C K I N L E Y
I I N B L A F L N I T T
T W Q Q T R D X E N F O
T Q T M A T D A K T A W
I N A G A E R D I O S A
L D S T T R U M A N L D
```

ADAMS	KENNEDY
BUSH	LINCOLN
CARTER	MCKINLEY
CLINTON	MONROE
COOLIDGE	NIXON
EISENHOWER	REAGAN
GARFIELD	ROOSEVELT
GRANT	TRUMAN
HOOVER	WASHINGTON
JOHNSON	WILSON

```
K A M S I N B E D C Z A
M O Q M A L V N B Q U K
Y M V U M Z Q F S L I A
K L E M A C U R T D U A
X R X P A M U R H B S E
W G O L D E A K E R J E
B T I C K M R R L O K Z
V L F Y A B G C I W H R
C R Q R K I M Y O N A T
Y Y I R N G Z A T P E I
D N S E N L A W R W T F
E C S H D E T I O I R N
J M T C B N C O P P E R
D O I N I O X N E B T X
P Z D L T T F D M Y W R
I N Z G H S Q A J W E P
V K I W H O V F I W P Y
```

APRICOT	CREAM
AQUAMARINE	GOLD
AUBERGINE	HELIOTROPE
AZURE	LILAC
BLUE	LIME
BROWN	PEWTER
CAMEL	STONE
CHERRY	TAN
COPPER	TOPAZ
CORK	ULTRAMARINE

A Rose by Any Other Name

```
P I D K I E Q D W A R F
E M R Y X A L Z C A J K
D A A B Y O H T M X J C
W I D R G T T I R U Y K
A R N I H G E L L H A I
S Y A D N U B I R O L F
H M T E G N A M N E D T
R H S W D S Z Y I E H S
A L B E R T I N E G V G
M G U O S H L E Y Y F A
R R S R H E E F W Z D T
R E H T O M N E E U Q E
P B B L T F E L I C I A
B E Q M S P E S A Q Z R
Q C J Q I F U J O O U O
T I E N L L Q W G X D S
N X G J K K C Z Y M Q E
```

ALBERTINE	JULIA'S ROSE
ASHRAM	KIFTSGATE
BRIDE	MAIGOLD
BUSH	MYRIAM
CLIMBER	QUEEN ELIZABETH
DENMAN	QUEEN MOTHER
DWARF	SHOT SILK
FELICIA	STANDARD
FLORIBUNDA	TEA ROSE
ICEBERG	WEEPING

Purrfect Cats

```
T J E W X S L M J V T X
R H I M X O Z X Z E A R
D L A B R E T E P Z C D
F N A I L E R A K R I V
X F Y L L I T N A H C O
U C O U M U J G O P O O
U G B O M B A Y S V L W
I M B V F M V N Z A E K
I L F N U T A L G I G D
M A L F A I N N P L V L
U I F O R I E N T A L Q
R I T E D B S I U M N E
N D B T E G E R V O A C
V I X S S I A M E S E A
S P H Y N X V R I P B U
G X F B J K T A R O K X
E I G J F R N F F U T Y
```

ASIAN	ORIENTAL
BENGAL	PERSIAN
BOMBAY	PETERBALD
CHANTILLY	RAGAMUFFIN
DEVON REX	RAGDOLL
JAVANESE	SIAMESE
KARELIAN	SIBERIAN
KORAT	SOMALI
MANX	SPHYNX
OCICAT	THAI

Nursery Rhymes / Fairy Stories

```
D T A R P S K C A J P D
A M O L E Z N U P A R P
B I A M K F I T K F F E
N S L R M I U Y O N N T
I S R E G Y N S I D R E
S M E N F E T G V K J R
T U H R E E R U C A J P
E F S O R H F Y C O K I
K F I H O H D K D K L P
C E F K H A A E V A E E
O T Y C Y N P L R S W R
L U T A D P E E P O B F
Y J T J M A R Y M A R Y
C S I M P L E S I M O N
U L K N E E U Q W O N S
L A L L E R E D N I C E
S K C O L I D L O G L Q
```

BO PEEP	MARGERY DAW
CINDERELLA	MARY MARY
DR. FOSTER	MISS MUFFET
GOLDILOCKS	PETER PIPER
JACK AND JILL	RAPUNZEL
JACK HORNER	RED HEN
JACK SPRAT	SIMPLE SIMON
KING COLE	SINBAD
KITTY FISHER	SNOW QUEEN
LUCY LOCKET	TOMMY TUCKER

Herb Patch

```
E R C B E M Y H T Z S T
Q R G W I R S N S S S A
S Y Q T O W C E F D K E
F E B V N X V E C N S I
S L A B O I G L O J T Y
G S L C H A M G R N A T
F R M C V W A R I W M K
M A R O J R A M A I R P
Y P L V R D R R N E C R
L I S A B E A V D H P O
V L T M P C R Y E T D S
J D L P D X D R R K H E
G H E H I F V E G C A M
C P N E L I S L I H Q A
H T N U L I A E V X W R
D I E G N D G C P Y Z Y
C J F A Z T E Y B T G A
```

ANISE

BALM

BASIL

CARAWAY

CELERY

CHERVIL

CHIVES

CORIANDER

DILL

FENNEL

LOVAGE

MARJORAM

PARSLEY

PEPPERMINT

ROSEMARY

SAGE

SAVORY

SPEARMINT

TARRAGON

THYME

Kids' Korner

```
G R E L D D O T L J A U
R E P I A P Q S U X X O
P T K X K D Q X T W J J
R H G E G G D L I H C B
G G E B A M B I N O Z U
N U A I D S F T E T G R
I A T G O B R O W N I E
L D T T L O Z L I R A H
K F L V E Q T L E Y E C
C M Q V S R G T B L N N
U X A J C D S I I T I B
S N E R E G A N E E T E
K G S L N L E F I L L Y
K N F U T V B A J P D Z
H U O G U W C N R J E I
F Y A J Q C W T X I J D
L H E S P U P I L A S S
```

ADOLESCENT	JUVENILE
BAMBINO	KID
BROWNIE	KNAVE
CHERUB	LADDIE
CHILD	LASS
DAUGHTER	PUPIL
FILLY	SUCKLING
FLEDGLING	TEENAGER
GUTTERSNIPE	TODDLER
INFANT	YOUNGSTER

Sail Away!

```
Y K F Q J E N H Q R X H
I D G I H U C R A C E R
M K R B F M T W D M E O
Z C R A R U A S P M S L
Q H M H W S Q R A I P I
A N J Q T E S E I M H A
Q O Y C A P T A I N I S
R I F J O S D S P K E W
S T A R B O A R D M D R
G A M T E N I P I L O T
D G U L F I V L C H C C
R I L W I F A E C O K K
O V G D L L G N S F S V
D A V M M A A N K S D T
B N U D Y G K U Z L E B
K L M O Y S I F M A C L
T M V K T R K O G E K D
```

ANCHOR   NAVIGATION
CAPTAIN   PILOT
COMPASS   RACER
DECK   SAILOR
DOCKS   SHIP
FLAGS   STARBOARD
FUNNEL   STEAMER
LIFEBOAT   STEWARD
MARINER   VESSEL
MAST   VOYAGE

251

Cold Spot

```
A N Q P R C O A K H B X
W G X C F C C Y A G E Y
L I A U Y T S O R F W R
E A N S G U C E C R Z E
G H M T S O B H T B R V
B E Y F R E E Z I N G I
U C L N C Y N B C L N H
Y J Z I A P L D R G L S
F J O Y D I O A L I N Y
R Q V P Z A L A C O N W
I L X Z G O C I W U C B
G R A G P I C S T K Y A
I R F Z A L T K W P T F
D H J L E O A W P F E V
R O T A R E G I R F E R
O M M M L P N M B Y L E
F H D B R Y P Z N F S C
```

ARCTIC	ICEBERG
BLEAK	ICICLE
BLIZZARD	NIPPY
CHILLY	POLAR
COLDNESS	REFRIGERATOR
FREEZING	REPTILIAN
FRIGID	SHIVER
FROSTY	SLEET
GELID	SNOWSTORM
GLACIAL	WINTRY

```
G D R E B M U C U C W S
X E Y C G L B O B A T X
D W L U S A E P C B H S
F N Y T N D G F E B N D
S V X T D X A N B A W F
J U C E R Q S R E G R M
X D M L A V O B W E Q N
Z H U U H C Y P W J R R
K C Y I C P E O C M E G
W A T O S I L Q U L M I
H N L A S F S S P H Y N
G I C E I W R P I W H I
K P B L W W A R A V T H
M S U Y S W P O W C L C
Y A N S L C U U Q C M C
C O U R G E T T E S B U
J X O L I V E S M F S Z
```

APPLE	OLIVES
BEANS	PARSLEY
BROCCOLI	PEAR
CABBAGE	PEAS
CAPSICUM	SAGE
CAULIFLOWER	SPINACH
CUCUMBER	SPROUTS
GREENGAGE	SWISS CHARD
KALE	THYME
LETTUCE	ZUCCHINI

Human Character

```
H C G M L B L D Q Q I U
J Y I T S B O P T H E F
R V Y T T E A C E J R Y
S E T W S A F R O Q C A
I C B N A U E E D S W M
D E U B D T R C D X T A
E P P H I Y I N B N N Z
T U I C S F Q A A C A O
I M W S T H E M L Y S N
R D K L S O N O L M A I
O D F A V O U R I T E A
V T J N C L G S A C P N
A J M I J I S L H X P M
F M K M T G R R V X T I
Y N U I S A N C E E Q S
L K T R H N Z O M B I E
K P A C I F I S T G O R
```

AMAZONIAN	LOAFER
BEAUTY	MISER
CHARLATAN	NUISANCE
CON MAN	ODDBALL
CRIMINAL	PACIFIST
FAVORITE	PEASANT
FIBBER	PEASANT
FIBBER	ROMANCER
GOSSIP	RUSTIC
HERETIC	SADIST
HOOLIGAN	ZOMBIE

Shells

```
T M Z E P O J B E C B S
O I A U T I K L U F E K
O I K C G A K C R F R O
T U R B A N H O E P R A
H K E C I B F C T U G R
G B Y W W L A K S P C W
U F U R T E L L Y T V I
B Q B V E M E E O R C Y
R L A D M A E N S N G J
A Y L I L E N O T S E C
L M O E E R C C U C U S
R C M E H W R L H O X M
R A Z O R S I I V N Q U
T E B F N T N B T C E R
K P V G U I I R D H O E
B V R A T S T M O P Q X
Z K N E L Y E E L H T E
```

ABALONE	MUREX
AMMONITE	MUSSEL
COCKLE	NAUTILUS
CONCH	OYSTER
CONE	RAZOR
ECHINITE	STAR
ENCRINITE	STONE LILY
HELMET	TOOTH
HORNSHELL	TURBAN
MITRE	WINKLE

An Apple a Day

```
H L V F W A T S E I F R
G W H L D N H E B I R F
E C I M M V D B T D D N
G R E N A D I E R A L N
D T I P S S S M R R O Z
W R N P M T C U E E G R
M O G A S X O C V D A E
L H R K Z N V N W V N R
V C I C H I E K W I O G
K R D F E P R D I C J J
M A M F P S Y R L T H S
S N A L I I T V K O Y V
U O R U C R O E S R G X
P M I K U C X P R I S T
E V E I R G S E M A J J
R M I T E N U T R O F Y
B M J U P I T E R K M J
```

BISMARCK	INGRID MARIE
COX'S	JAMES GRIEVE
CRISPIN	JONAGOLD
DISCOVERY	JUPITER
EPICURE	MONARCH
FIESTA	RED VICTORIA
FORTUNE	REV W WILKS
GOLDEN SPIRE	SUPERB
GRENADIER	WINSTON
IDARED	WORCESTER

Elements

```
V F T Z A R S E N I C S
Y Z W I Q E N E E A T U
Z Q Y R R I T N L R M L
O C V C R S I C O S A F
M O S O G D I N V P N U
L H U N O U T B O V G R
T L U I M I Y T W L A R
F T E U U I A D C P N E
B X P M I S Q N H L E V
A P H O S P H O R U S L
R I A I E J H N O T E I
I C U W N X X E M O K S
U M U T G Q N X I N N O
M U I D A N A V U I C Z
L U H V M T D L M U G K
J Y T T E R B I U M B K
N O B R A C V J S Q S Z
```

ARSENIC	PLUTONIUM
BARIUM	POTASSIUM
CALCIUM	SILVER
CARBON	STRONTIUM
CHROMIUM	SULFUR
FLUORINE	TUNGSTEN
IODINE	VANADIUM
MAGNESIUM	XENON
MANGANESE	YTTERBIUM
PHOSPHORUS	ZIRCONIUM

Hubble Bubble

```
A N I Y S P W T C F T K
P R K C O L R A W A G H
L D B T U A U H C N D L
D A I A Q L D K I J N L
X O H N D W C T P P O E
N T Q R S A N Y B W I P
D Q O B L A C K A R T S
R N R B H D E A B S A O
A E L C N Z G N R J T O
Z L R X A N P A O B N T
I Z G E I L I D O R A H
W Q B W C L W O M K C S
N R E C I R F F S J N A
S R Z M G T O Z T C I Y
B N A D A P C S I F S E
M F F R M R A H C Q C R
A E D S W Z S C K Q V F
```

ABRACADABRA	INCANTATION
BLACK ARTS	MAGICIAN
BLACK CAT	POTION
BREWING	SOOTHSAYER
BROOMSTICK	SORCERER
CAULDRON	SPELL
CHANTING	TOAD
CHARM	WARLOCK
CRONE	WITCH
FAMILIARS	WIZARD

Birds of a Feather

```
A P H E N L U B U B H Q
B H F L V W H B E P C Y
I L G G P H U E O D T J
T L U A A X E C K U A I
T Z X E R A H P R N H Z
E R Y N T A Q T A L T Y
R R U E R I L O L I U J
N R R D I E T Q Y N N A
V F D L D P T F K T U C
W G Q O G Y G Y S Q L K
Y R V G E J D A T Q C D
W E L R U C A U M O E A
Z D T R A K U H C J O W
M P P S P H Q D E K J S
C O E O F N O O V C S Q
J L G R C O C V I W N K
B L Z Z W A G T A I L J
```

BEE-EATER	NUTHATCH
BITTERN	PARTRIDGE
BLUE TIT	POCHARD
BUBUL	REDPOLL
CHUKAR	RUDDY DUCK
CURLEW	SKYLARK
DUNLIN	SOOTY TERN
GOLDEN EAGLE	TURTLEDOVE
JACKDAW	WAGTAIL
MAGPIE	WOODCOCK

Heavens Above!

```
T A D G P K G M A C F V
E S R O J A M A S R U P
S U P E R N O V A R H L
K R T R M C G W T W A E
I U J N A K D V S G V I
W T E A D E M O R D N A
Y C K D T P Y S L I O D
W R D I O R E T S A Y E
G A H R N R I T H I H S
Q W Y X A L A G P G E N
K N E T J R R F E P I P
Z E N I T H C P Z L B L
H A L U B E N C X E T A
Y R T A S Y Y O O P D N
N T P R D Z K E O N A E
T H A T Y R E W E M Z T
V P H X M B V F O A A L
```

ANDROMEDA

ANTARES

ARCTURUS

ASTEROID

EARTH

GALAXY

LIGHT YEAR

MOON

NADIR

NEBULA

PARSEC

PLANET

PLEIADES

RIGEL

STAR

SUPERNOVA

URSA MAJOR

WHITE DWARF

ZENITH

Hallowe'en

```
R O R D M H P Y I V U K
M S W A H Y S A Y G D V
T C S A B B A T V N N F
Z K X G R W A P E R E N
S Y F U O L S V X I L W
Q I B R I R O M H T E A
K N S S W C F C F U M T
Q C M P M R S A K A E U
O A P A E I R U O L N R
N N H I M C N L W S T G
W T A K H G T D I P A X
C A N C S H U R Z E L A
N T T V T O L O A L S G
C I O Z Z U I N R L R U
W O M A D L V N D S P I
L N W Y D S E S R U C Z
V G X P P S D E Y M Y D
```

CAULDRON	PHANTOM
COVEN	RITUALS
CURSES	SABBAT
DEVIL	SPECTRAL
ELEMENTALS	SPELLS
FROGS	TALISMAN
GHOULS	TOADS
INCANTATION	WARLOCK
MASKS	WITCHCRAFT
MISCHIEF	WIZARDRY

Aircraft

```
C F Z M L F L U K E S M
Z R O P I F Z T W C M H
V O E K A R B R I A T H
D K M T K S A L G U O D
W R R O P E S G J D L J
F S A V Q O R E E X I F
H U Y W H M C H N I P L
F K R D E O Q I Y G R W
C H C O N T R O L L E R
F O P X T N S N R E T R
Z I C X E A C O E D H A
W A C K J H V A H T G T
Q W G M P P J E M X I S
Z T E R M I N A L R F I
A K N B U L T J L E A R
Q S K K J R E F U E L T
I V L T H G I R W A Q R
```

AIR-BRAKE	MIRAGE
COCKPIT	PASSENGER
CONTROLLER	PHANTOM
DOUGLAS	REFUEL
ELEVATOR	STEWARD
FIGHTER PILOT	SUKHOI
FOKKER	TARMAC
HELICOPTER	TERMINAL
HORNET	TRISTAR
JUMP JET	WRIGHT

Straits Set

```
N K W S K G Z S Z G M B
X Z R S P N Q Q P D Q E
I H P A Z I K V Y U Y T
B P U B M N B Q R M O T
R M J C X N S R A W J O
B A T P G A E C T A I L
B Y N I B M A D L C D R
J Y T I O S A O A C C A
K E O F S M P F R A E H
E F R A P S I P B L T C
M I R I H N E O I A A N
Z T E E O U T M G M C E
J R S B R M S E A U E E
H O R M U Z T I E L H U
W L E D S T D O V E R Q
G R T M A G E L L A N E
X U A K O O C I U Y D D
```

BASS	HECATE
BONIFACIO	HORMUZ
BOSPHORUS	KATTEGAT
CABOT	MACASSAR
COOK	MAGELLAN
DAMPIER	MALACCA
DAVIS	MANNING
DENMARK	MESSINA
DOVER	QUEEN CHARLOTTE
GIBRALTAR	TORRES

Insect Selection

```
U T T U E J Y Z U E Y Q
Y D U N G B E E T L E V
X R K Q Q I A N F T Y L
V E L V E T A N T E L O
S R X V A D O W Y E F C
N O J N E I S P P B N U
O B O R P P G S E G E S
Z D T R R K U K E A E T
O Y O A M S Q H R T R W
H C A O R K C O C S G W
S P N A O B D V E B N N
N M T O W J E E G L I K
A M E M G S D R D O W H
K J N M U C I F I W E I
G A N G L I A L M F C V
K K A Y S I D Y X L A U
I H I R L E N M X Y L V
```

ANTENNA	LACEWING
BLOWFLY	LOCUST
BORER	MIDGE
COCKROACH	ODONATA
CREEPY	RED ANT
DUNG-BEETLE	SCORPION FLY
FIREBRAT	SLUG WORM
GANGLIA	STAG BEETLE
GREENFLY	TARSUS
HOVERFLY	VELVET ANT

Occupations

```
R E D N E T R A B J W H
B I J E U B E N S N F T
B O V T J C U K A M D P
S N O E G R U S F Q U M
Z R G K S E O Z N C S U
M Y L E K C R T A H T M
A T V H Q E U R C B M R
C X F R L P E V D A A E
D R A W E T S P A R N B
B A R M A I D I E Z A M
U X M K V O Z T W R L U
T D E Y V N T A R Z Y L
L R R O T I C I L O S P
E B D G F S S H X G T D
R Q W R I T E R C K L E
N P N A M E G A B R A G
Y E N R O T T A C H N F
```

ACTOR	GLAZIER
ANALYST	MAID
ATTORNEY	NURSE
BARTENDER	PLUMBER
BOOK-KEEPER	RECEPTIONIST
BUTLER	SOLICITOR
CARETAKER	STEWARD
FARMER	SURGEON
FITTER	TUTOR
GARBAGEMAN	WRITER

It's Magic!

H	J	A	F	Y	E	S	C	T	B	W	M
W	R	Z	S	W	F	T	W	I	S	T	H
E	B	G	F	S	M	I	T	O	G	P	N
T	E	I	K	C	I	R	T	D	R	A	C
Y	E	C	M	P	J	S	O	S	B	D	M
U	O	Y	U	E	E	O	T	R	Y	M	D
L	V	A	K	R	S	J	A	A	D	M	S
Q	Q	K	P	Y	F	C	J	E	N	U	S
W	Z	Y	H	R	A	E	A	P	A	T	S
O	E	Y	V	D	A	Y	K	P	W	E	O
H	V	T	A	R	G	B	J	A	E	G	H
S	O	B	V	A	U	J	B	S	F	O	J
S	R	V	X	Z	C	Q	K	I	U	O	U
A	U	Q	Z	I	J	S	N	D	T	T	N
L	M	F	W	W	F	O	I	Z	X	S	Q
G	L	M	H	Q	C	N	W	C	X	Z	J
I	L	T	O	T	I	R	X	R	X	O	L

ABRACADABRA

ASSISTANT

CAPE

CARD TRICK

DISAPPEAR

ESCAPE

FAKE

GLASS

HEY PRESTO

HOUDINI

LOCKS

MAGIC

MYSTIFY

RABBIT

SHOW

STOOGE

SWORD

TWIST

WAND

WIZARDRY

Ending in EX

G M C M J V Y F V E U L
U P E L O S X U J Z C X
K Q I R I E E M R X O D
X X T G T P S I E L N Y
B E Z A X Q I N C E V Y
X T L O F U N A Z Q E E
B R R P C A U Y F W X F
I O C G I D T I D E E S
L C G O E R H R U K L G
B Z Y X M U T Q P S P R
Z Z X E L P I T L U M D
E T E L F L L L E S I G
Q S P P J E I E X S S C
P N S R Z X G Q X E B I
I J R E F L E X G X P N
L F E P X F P E H N F A
Q N P L W M F F M C X J
```

ANNEX
APEX
CAUDEX
COMPLEX
CONVEX
CORTEX
DUPLEX
ESSEX
IBEX
LATEX

MULTIPLEX
PERPLEX
PERSPEX
QUADRUPLEX
REFLEX
SIMPLEX
SUSSEX
TRIPLEX
UNISEX
VORTEX

269
```

Shades of Red

```
M L R W B G Y W D E H A
T Y U B S L A B H P L C
O U D J A C O I U O A D
V Q R D T B A O W R C O
K I C K U H R R D A K G
A O F V E R M I L I O N
C G R K C Y N I C E M O
B X A I M A Z T X K T C
V K B N L A R I W C E H
R R A Y R K G M A R H R
V K N I R E E E I P K O
X I N O N R T S N N D M
H E I P S R E S X T E E
R C C S I M G H B K A N
U N A I D N I Y C O O R
D U F R N O O R A M L H
I E D N R T C J C S K Y
```

ALIZARINE	CRIMSON
BLOOD	INDIAN
BRICK	LOBSTER
CARDINAL	MAGENTA
CARMINE	MAROON
CERISE	RUBY
CHERRY	RUDDY
CHROME	SCARLET
CINNABAR	TURKEY
CONGO	VERMILION

```
Y V Z Y T R I H T Q S Y
T T R U H H F H L L T D
B H X A V Q O F S F R B
E V I I Z U U Q I I M U
R U O R S Y R F X X F F
U I T A T J T G T F G G
N I N E T E E N E B G R
S D N O E L E V E N O J
Y I K N I E N N N V P Y
N S P S T L O H C I E L
Y T Y H Y I L S A W A S
X N G T L T O I Z Q W G
X I R L H U N D R E D S
E O I X C G Z E I T N U
F M T D M F I Q W G Y V
V I T W E L V E Z T Y D
F Y N U B X H B E C F G
```

EIGHTEEN

EIGHTY

ELEVEN

FIFTEEN

FIFTY

FORTY

FOURTEEN

HUNDRED

MILLION

NINETEEN

NINETY

SEVENTY

SIXTEEN

SIXTY

THIRTEEN

THIRTY

THOUSAND

TRILLION

TWELVE

TWENTY

Drinks

```
Y C C I U N Y I G B C T
I E O U U R C F W A F O
N W M C A T W X N L F D
W H I S K E Y E B H U D
P B M A R T I N I U V Y
R E T Y D N A R B E M R
S E B B X Q Y I X D X R
H O T C H O C O L A T E
E S H A D O S W K N C H
M E B C W P I H A O T S
L E F L Y L T M C M X R
L K A F W U A O I E M S
X A A D O I A R E L A V
Q H G M C C N J E T K A
J S R E E B R E G N I G
X E P O R T G N H P I J
V V N Q K Y Y F G V P M
```

BRANDY	MILK
COCKTAIL	MINERAL WATER
COCOA	PORT
COFFEE	SHAKE
GINGER BEER	SHERRY
HOT CHOCOLATE	SODA
LAGER	TODDY
LEMONADE	VERMOUTH
MARTINI	WHISKEY
MEAD	WINE

Helicopters

```
Z X R U R Z E Z C G Z M
A N T H E L O F Y P E C
X Q B E L L W C C R B Q
D D K E H Y G Y L Q S B
Q S Z W T C T I G E R A
O A S E A K N I G H T U
G N N P N H R A G A H X
N Q K X H O K U M V E V
I V H W Q N E C V O Y N
K C I U A N I O A C C W
A H O L D H M H T L O A
E I Y P U M A P P U B L
S N G T D P U E Z U R D
X O Z M A N G U S T A L
C O N C P M I W T Y F D
F K H S N M K H L W W F
R E Y X O W G A W Y F P
```

APACHE	HOKUM
BELL	IROQUOIS
BLACK HAWK	LYNX
CHINOOK	MANGUSTA
COBRA	MERLIN
COMANCHE	PUMA
DAUPHIN	SEA HAWK
GAZELLE	SEA KING
HAVOC	SEA KNIGHT
HIND	TIGER

TIN and CAN

```
U T J V L A G K T Y N D
X X I W V U C S Z E X W
W C A N A S T A F G A A
C C A N C E L E T N H B
J A S N I T L Z I I A T
H N N A Y D U A N T R N
T D X O O O V R S I E A
G I D O P T N N E N T T
C D N M J H T U L N A H
C A N O P Y I B T I L K
C T N E L U N L S T P N
R E I D U L K L I U N N
O E W N Y B E G H S I P
W O D V H T R N W Q T H
Z C A N D O R R N P X X
M U B Z I E R F I A M V
K Z C U D T I N T A C K
```

TINCTURE   CANASTA

TINDER   CANCEL

TINGE   CANDIDATE

TINHORN   CANDOR

TINKER   CANDYTUFT

TINNITUS   CANNELLONI

TINPLATE   CANOODLE

TINSEL   CANOPHILIST

TINTACK   CANOPY

TIN WHISTLE   CANYON

Boys' Names

```
C T I K Z B V F A K S J
H F V Z A E U S A B Y B
R G M A T X E K R I K V
I E N F K N O M O L O S
S E B A S T I A N S C U
T N J X U H Y T F S U N
O X R M C G H R N K T G
P B E A N T U I A E C A
H Z O G E M M S H D U M
E J H Q W B P T T D Q Q
R Y A N T M H R A U F P
D S T S K R R A N N S K
S Q E N O R E M A C J S
F N N H R N Y B H A M E
Q F G I R P X N L N M R
R X M D A L E S L I E Z
Z W L Q Y R O G E R G A
```

AARON	JOACHIM
AUGUSTUS	KIRK
CAMERON	LESLIE
CHRISTOPHER	MAGNUS
DALE	NATHAN
DUNCAN	QUENTIN
GILBERT	RYAN
GREGORY	SEBASTIAN
HUMPHREY	SOLOMON
JASON	TRISTRAM

UP Words

```
D E T A D P U P H E L D
E E S L F V T C M G L U
U U T Z A R L S Q Q P C
P P P F G V X C D K B D
T T S L I N A W E S Q E
H U X T M L I E Q V R G
R R Z H A V P S H S P A
U N U G T I U U I P Y T
S E P I T T R P A R U S
T D C R L N V S E X P P
A E U P S E T T I N G U
E T R U Q Q S A K A R H
B O V Y P L B N V I O I
P O E K O T D D J J W V
U R D H U P T I G H T U
F P P J S Q B N S I H J
Q U Q L D U P G R A D E
```

UPBEAT	UPRIGHT
UPCURVED	UPRISING
UPDATED	UPROOTED
UPGRADE	UPSETTING
UPGROWTH	UPSTAGED
UPHEAVAL	UPSTAIRS
UPHELD	UPSTANDING
UPHOLSTERY	UPTHRUST
UPKEEP	UPTIGHT
UPLIFTED	UPTURNED

Airlines of the World

```
C P G Y U D A W V C E K
I Q V E A I L A T I L A
Y R M H W C G X C P S Y
Z K I B D W U E H M R E
K T K A R L L M A Y B Z
E A B T N A F D S L M B
S Q J C N N A U N O D G
Y J A D C N I T A F I T
A U A N A A R F H C X E
W I B C T R Q F T E V J
R U R N Z A W R F N N Y
I I E F O R S B U T R S
A N I G R I V S L S M A
B S I N G A P O R E B E
G O D E T I N U A K I D
L U K S A N A C I X E M
H Z A S F L Y B E J Z Q
```

AIR ARANN	GB AIRWAYS
AIR CANADA	GULF AIR
AIR FRANCE	ICELANDAIR
ALITALIA	LUFTHANSA
BRAATHENS	MEXICANA
BWIA	OLYMPIC
EASYJET	QANTAS
ETIHAD	SINGAPORE
FINNAIR	UNITED
FLYBE	VIRGIN

Motorcycle Manufacturers

```
H D G G M C M Q B T K I
D V L R Q H P M U I R T
B I K A S A W A K D J A
D C G N B R I T T E N C
T T D R A L G L N Q A U
R O Y A L E N F I E L D
Z R A V T Y V I K R Z V
S Y G Q X D Q C T F P H
J S O S L A V E R D A A
N I O U H V K Y D V T T
A Q C H P I A G G I O E
T A K M S D A V T R O E
I K U Z U S X H I P C H
T K I N G O O D A G H C
W F W A W N L B R M A R
B N S W D E L D F S A C
N Y G A Y W S Q M W A Y
```

APRILIA	KAWASAKI
BOSS HOSS	LAVERDA
BRITTEN	PIAGGIO
CAGIVA	RIDLEY
CHEETAH	ROYAL ENFIELD
DUCATI	SUZUKI
GAS GAS	TITAN
HARLEY DAVIDSON	TRIUMPH
HONDA	VICTORY
HUSQVARNA	YAMAHA

```
Z T S I B S S L K Y G N
U F F D P X D O D B N C
P J S E R X A C B W I J
B A S E B A L L O M L A
Q V U P E G C C A L I V
S E H A R N R R T K A V
I L O G N I M M I W S A
C I C X C E N S N R K C
H N K K I O J T G O I L
E W E Z E N M H I U I L
C T Y U C A F G S N N A
K P R K X C J U T D G B
E L X U L X C A R E N T
R P D M G S J R A R I F
S O G N I B N D D S Y O
W L O D M E Y B O W L S
M O M M U M M R X C F Z
```

BASEBALL	FLYING
BINGO	HOCKEY
BOATING	JAVELIN
BOWLS	POLO
CANOEING	RUGBY
CARDS	SAILING
CHECKERS	SKIING
CRICKET	SOFTBALL
DARTS	SPRINTING
DISCUS	SWIMMING

Beatles Songs

```
E Y E S T E R D A Y D I
E D U J Y E H G H I M D
S I I F E E L F I N E T
W L S R N O R E P L Y A
H E L L O G O O D B Y E
I T W O N T B E L O N G
A I R T T O T L U D R S
N T M E S U O E C K H K
O B I L P V T A K E T C
I E C L E P U N L C G A
T N H M L C I O L K I B
U A E E I E V R F R E T
L D L W L E F R T U I E
O I L H S P W I S Y D G
V A E Y Y H P G F B A M
E B O A H M H B Q I E D
R U Q P E N N Y L A N E
```

DAY TRIPPER	LET IT BE
ELEANOR RIGBY	LOVE ME DO
GET BACK	MICHELLE
GIRL	NO REPLY
HELLO GOODBYE	PENNY LANE
HELP	REVOLUTION
HEY JUDE	SHE LOVES YOU
I FEEL FINE	TELL ME WHY
IF I FELL	TICKET TO RIDE
IT WON'T BE LONG	YESTERDAY

```
R E C N E P S J M B N F
F R A G O N A R D O Y Z
R D N C F L D F S T O N
S N A H O W K D O T S S
L R L H B J N L T I R E
O L E G N A L E H C I M
H H T T L E R T E E O S
R I T W T O I Z R L N M
A G O A T I A F K L E E
W R N N A N W H E I R S
M O I H N N H H Y C C G
D T A E K N G A C U T N
B Y A S P E O E O S I I
A Z R L U O G B T E T N
C H A R D I N O O N I N
E R B N E P A Q R K A U
Q L M E K B V V A U N M
```

BERRY

BOTTICELLI

BRUEGHEL

CANALETTO

CEZANNE

CHARDIN

DONATELLO

FRAGONARD

KLEE

MANTEGNA

MICHELANGELO

MUNNINGS

RENOIR

ROWLANDSON

SCHWITTERS

SPENCER

TINTORETTO

TITIAN

VAN GOGH

WARHOL

Girls' Names

```
E V E L Y R Z A S D B Q
Z K I V E K I O Z U I P
Y U I O T T N A B I C O
W Y M H L I W E Y L L V
C E T E A E C F R N H E
I T N V Z N T V W P A F
V L L I A D N A M A V T
T H U L T B J A X J N S
R U F O E S R W H E J I
L D A R D E I I E J U L
E A Y Y H T O R O D D L
S L B T K A U P H B I Y
L Y S A X A C E H C T H
E E G D M X F M L J H P
Y R F E N I D A N J E X
M F W R R O W E N A D D
Z P I F K A A M M E G E
```

AMANDA

BERYL

CHRISTINE

DOROTHY

ELIZA

ESTHER

FREDA

GEMMA

HANNAH

IVY

JUDITH

LESLEY

MAUREEN

NADINE

OLIVE

PHYLLIS

ROWENA

SONIA

TANYA

VIOLET

```
F L N P R D Z T N Y P L
Q O O L S R E T T E L T
T T J B I P N S N A E J
M T E X E A U R G R O Z
T E N N I L B N Y E P L
U R I J W I I L L Y A U
V Y P S Y V O A E S R M
K T U S A Z U Z S V D B
Y Y L E E G A I O Z G E
E U L N H X T N O J K R
M S G I O U G E L O L J
G E N L D A S S J Y E A
W G Z E A S R S R Q M C
C K N V C W T I A J O K
U P L O G I C A L X N G
W W S L D A L D D N G A
Y H H U L L U R E F C P
```

LASSITUDE	LOBELIA
LAUGHING	LOGICAL
LAZINESS	LOOSELY
LEAVING	LOTTERY
LEMON	LOVELINESS
LEOPARD	LOZENGE
LETTERS	LUMBERJACK
LIABLE	LUPINE
LICENSE	LUSTY
LINNET	LYRICAL

African Countries

```
C M O A S R W K L S B P
J C H W L K Y B E U D U
B B T F T U K L D N W E
N O O R E M A C O U Y F
L G S T X L Z A M B I A
N N E O S H O I W C L L
M O L N Q W S S X O N A
J C B Z D N A I G P I G
W W A A S M F N V N N E
R Y T I G X A U A O E N
M F B N X F N T S R B E
B L M A U R I T I U S S
N Y F Z S R K T Z T R K
D O Q N U P R T F E C G
C C H A D E U X G U G H
F Z M T A I B I M A N M
H G W L N B N D L P M R
```

ANGOLA   LESOTHO

BENIN   MAURITANIA

BOTSWANA   MAURITIUS

BURKINA FASO   NAMIBIA

CAMEROON   NIGER

CHAD   SENEGAL

CONGO   SUDAN

ERITREA   TANZANIA

GABON   TUNISIA

KENYA   ZAMBIA

Bath Time

```
M G H S U R B H T O O T
E D U S G P P A I O E A
V Q G R U D X W B D U T
A S B U J R T Q I G R E
H T A B E L B B U B I C
S L L B A H C L F Q L U
R A Q E N T P O I J H A
E S U R G H H W D A Z F
T H B D K R S M I G N U
F T P U Q Z E R A Z O R
A A A C X H B W C T G F
M B T K A R Z T O W E L
U C T F U R E K L H X A
J W O S I N K H D X S N
V O H S O C I S T E R N
L X F R O O P M A H S E
C I O D W H J Q P V A L
```

AFTERSHAVE	LOOFAH
BATH MAT	NAILBRUSH
BATH SALTS	PLUG
BIDET	RAZOR
BUBBLE BATH	RUBBER DUCK
CISTERN	SHAMPOO
FAUCET	SHOWER GEL
FLANNEL	SINK
HAIRBRUSH	TOOTHBRUSH
	TOWEL

Just Write

```
R A R U H F H F O R Q V
P C N S S E R D D A W X
P E S H O R T H A N D I
E J N G R A M M A R P T
P U N C T U A T I O N Y
O S P R I Y M N S M L P
L T N T N L M T U L H E
E A X H G K O T U W P W
V M M O O F C F X O O R
N P T A F J H I O E S I
E S J I F T R V B R T T
D I C T I O N A R Y M E
X E B A C Q K K E O A R
L C F X E Z Y F T D N G
N X K R A M R E T A W S
N M G D E L I V E R Y U
H E A D I N G T L O T C
```

ADDRESS	PENCIL
COMMA	POST OFFICE
DEAR JOHN	POSTMAN
DELIVERY	PUNCTUATION
DICTIONARY	SHORTHAND
ENVELOPE	SORTING OFFICE
FAITHFULLY	STAMPS
GRAMMAR	TEXT
HEADING	TYPEWRITER
LETTERBOX	WATERMARK

```
A Q A S E U B Z G E A T
W V C H F N F R L C P D
D M O U S S E B O Q J F
P E A L W S M I B F Z F
P R Z E V U P G F C A F
E I P B R A B U H R B U
S N H C T C P E K X A D
A G V W U M E X A K G M
N U L P A S L C S J L U
I E O E E L I A I Z I L
L P R C M A L M L J O P
O C A P P A D I A X N P
M K B K D D R N N R E Z
E I P E L P P A U A I X
S A K M F E Q B C S V T
J A M S P O N G E L Z T
B N D Y D O Y L L E J K
```

APPLE PIE	MOUSSE
BAKED ALASKA	PAVLOVA
CARAMEL	PLUM DUFF
CHEESECAKE	RHUBARB PIE
CREAM PUFF	SEMOLINA
CRUMBLE	SUNDAE
ICE CREAM	TAPIOCA
JAM SPONGE	TIRAMISU
JELLY	VANILLA WHIP
MERINGUE	ZABAGLIONE

Medical Matters

```
S C U T H Y R O I D L R
I W A Z O U C N P V V B
S T E T H O S C O P E D
P I K S A U Q A Q N F B
E H T B L R K M D B J A
S I T I S O R B I F N Q
A V N L C D I H S L O B
M E D I C I N E I O I H
E R R O T A D M N N T E
Z T P U H B Y N F E A A
C I A S I E P L E H R R
E G S F H T U G C P E T
O O T Y F E W P T I P R
B L H R N S W O A L O A
K L M Z K A O D N L Q T
U X A R O H T B T S U E
N E N D W X I I U N V I
```

APPENDICITIS

ASTHMA

BILIOUS

CATARRH

DIABETES

DISINFECTANT

ECZEMA

FIBROSITIS

HEART RATE

INFLUENZA

INSULIN

MEDICINE

OPERATION

PHENOL

PILLS

SEPSIS

STETHOSCOPE

THORAX

THYROID

VERTIGO

Wild Animals

```
B T C U O K U H C U B P
G C Q O C H R H O P B J
O X I B T C A I O R M K
S R B A D M C R R R S Y
Y H P H E Z C F A R H E
K I K L V U O K G T I K
R N E R P B O O N N Z O
I O P I A A N A A A E P
N C N J C V H L K M I S
L E M A C P D A A A P T
Y R A D E M O R D L S I
L O F L R Y M Y A L P Z
W S E V V O R T R A I E
J M O O S E Y X K R N G
I S V E G P D O D B U X
B B T I U N P X U E W K
L T T S K U N K W Z I N
```

AARDVARK	MOOSE
CAMEL	OKAPI
CHAMELEON	PLATYPUS
DROMEDARY	PORCUPINE
ELEPHANT	RACCOON
HORSE	RHINOCEROS
KANGAROO	SKUNK
KOALA	TAPIR
LLAMA	TIGER
MARMOSET	ZEBRA

Court of Law

```
T X F U X N W F Z V H N
W U P T T R G R P K E E
W Y G L N E L A I R T U
S L E D A A C U L T O S
I L I A D I L D F I R F
X T P T N L N L Z W B F
T N E M E L T T E S A I
B F E I F N W C I P N L
F N V G E I N L Y F P I
G T N E D E C E R P F A
B A L E C U T R U O C B
K E K O S Z J K J M X P
F F N T O W F T U S L E
Z N O C A S E T M Z W Z
I D Z D H B J A G U Y Q
Y B G R Z L M P R C D W
Z B A Q H H Y Z W F C Z
```

ALIBI

APPELLANT

BAILIFF

BENCH

CASE

CLERK

COURT

CUSTODY

DEFENDANT

FRAUD

INNOCENCE

JUDGE

JURY

LAWFUL

PLAINTIFF

PRECEDENT

SETTLEMENT

SWEAR

TRIAL

WRIT

Summertime

```
T Z G T B S K K U M N Q
T Q Q L E Y E K T A L W
S E W N A K D K F E A O
M G N R C U C U M R W U
R N L N H S D I K C N S
O I T C I E E H R E M N
Q M W K G S S E L C O M
W M U S O S D K Z I W L
P I R T Y A D N T D E O
Y W B R N L C O T M R S
A S I O G G L S E E M A
D C M H G N E D R A G R
I E E S A U I B R D E A
L V Y T O S M H L O I P
O R N A A O N K S W O M
H U G E S C I N C I P G
S F S H A P G K E L F C
```

BEACH	MEADOW
CRICKET	PARASOL
DAY TRIP	PICNIC
FISHING	SEASIDE
GARDEN	SHORTS
HEAT	SOMBRERO
HOLIDAY	SUNGLASSES
ICE CREAM	SUNTAN LOTION
LAWNMOWER	SWIMMING
LEMONADE	TENNIS

ABLE Ends

```
E L B A E V O M M U M E
L L E L B A F F A H F A
B W B E N D A B L E V W
A S E A S O N A B L E P
E L B A R O L P E D L V
G L L B R E H T E V B X
R F B O V A D L S W A P
A R S A W P B N E N K D
H I B E T A U L O M R P
C A Y H P C B T E P A I
P B V A N A I L S H M T
P L C K S C R D E F E I
L E F U E F N A N I R A
Q H C A C L I L B I G B
T X B A D O R A B L E L
E L B A M U S E R P E E
E L B A H C A E T I W W
```

ADORABLE	INDICTABLE
AFFABLE	MOVEABLE
ALLOWABLE	NOTICEABLE
BENDABLE	PITIABLE
CAPABLE	PRESUMABLE
CHARGEABLE	REMARKABLE
DEPLORABLE	SEASONABLE
EXCUSABLE	SEPARABLE
FRIABLE	TEACHABLE
IMPONDERABLE	WEARABLE

Chicken Run

```
N A B N I I R D W S A P
N A N R O H G E L U A A
G B T K J T L R N S D F
E I K L I S G D P S F K
L A R A U C A N A E N R
Z M P M I S B A I X O E
Z Y M H D E A L G P C W
I E M A R A N S E E R R
R I E R D I D I A K E O
F O T B H G A E D I A V
Q D T C G M L D X N M M
K C O R H T U O M Y L P
S C D R O R S H Q P E O
H F N Q K O I R E Z G F
R C A Q U I A O Z I B F
X Q Y F M I N O R C A I
Y O W G W S Q G E O R B
```

ANDALUSIAN	ORPINGTON
ARAUCANA	PEKIN
BRAHMA	PLYMOUTH ROCK
COCHIN	RHODE ISLAND RED
CREAM LEGBAR	SILKIE
DORKING	SULTAN
FRIZZLE	SUSSEX
LEGHORN	VORWERK
MARAN	WELSUMMER
MINORCA	WYANDOTTE

Easter

```
X R P R A G E N I V V E
D N R I S E N O T S C Z
Y S W V A G A N O M I S
A E A H T A M I R A N Z
B T N M R W E N L R M K
X A C R O S S T O Y T C
C L R D B H H H X M T L
R I F A E K T H Y A H B
U P V N B M E O P G I T
C S E F J B G U Q D E F
I U C A L V A R Y A V W
F I V L F P Z S J L E O
I T R E H C L U P E S N
X N R S H I V A C N H I
I O X C A X P E T E R K
O P G N G X P A Q T Z S
N O I T C E R R U S E R
```

ARIMATHAEA	PONTIUS PILATE
BARABBAS	RESURRECTION
CALVARY	RISEN
CROSS	SEPULCHER
CRUCIFIXION	SIMON
GETHSEMANE	STONE
MARY MAGDALENE	THIEVES
NAILS	THOMAS
NINTH HOUR	THORNS
PETER	VINEGAR

```
D T T O L A H S Y Q R J
G U L N J A M Z U E D N
A V A L O N N E X E V E
H Z O V I G J C R F J A
H E D E S C A M E L O T
H R C L C L I R A L I W
R I F T I S E M D V O N
I O L B O V O D P N A T
O E U L E R E V E D E B
S R D N A B C A R E T P
L E I K D M R C C R N S
Z U U S A T B F I D K O
G M Y M H X A S V R U Y
W I Q U A H T B A O E A
N N R I L R F N L M T N
M O R G A N L E F E Y J
N W Z M G V B K M E J C
```

ARTHUR	LANCELOT
AVALON	MERLIN
BEDEVERE	MORDRED
CAMELOT	MORGAN LE FEY
EXCALIBUR	NIMUE
GALAHAD	PENDRAGON
GUINEVERE	PERCIVAL
HECTOR	ROUND TABLE
ISOLDE	SHALOTT
LAMORAK	TRISTRAM

Opera Composers

```
P V L A S H T X Z E Z A
U U V G M T K B U U V A
F E C E K B T R G N B G
Y L C C R G F O V P E B
B N U C I D U E C U E L
P L Y K S N I V A R T S
G M N D O F I R L C H M
Y O I D O D J I H E O E
H Z D K J N O A A L V T
X A O T E Z I B N L E A
X R R W V K L Z D N N N
P T O N O M U U E H E A
B H B V Q L D S L T T Q
Q X S Q D S S U A R T S
Q K K Z W A G N E R I I
Y T A W M O R C R Q R B
P L H Y H K V U C W B A
```

BEETHOVEN	MOZART
BERLIOZ	PROKOFIEV
BIZET	PUCCINI
BORODIN	PURCELL
BRITTEN	SMETANA
DONIZETTI	STRAUSS
GLUCK	STRAVINSKY
GOUNOD	TCHAIKOVSKY
HANDEL	VERDI
MASSENET	WAGNER

```
B K Q T N E G R U S W A
C A L L E R B M U U U T
T I Q I D L P D N X T H
T P N U N I O N I S T P
W O P O R I R O V A E B
G T U E S S O K E E R D
A U S B A A I N R G E N
Z M U I N A R U S A D I
S J O V P E E T A L N W
U C T T D N T T L L Q P
O U R N O E L E L U K U
I Q U B I Q U I T Y O T
R F X C R N F Y X Y F E
O E U P S T A R T C O N
X V C L D R V B M E W S
U I C L Z B P O R P Q I
J C O L U F G I W U A L
```

UBIQUITY	UNIVERSAL
UKULELE	UPSTART
ULCER	UPWIND
ULLAGE	URANIUM
ULTERIOR	URBAN
ULTRASONIC	URGENT
UMBRELLA	UTENSIL
UMPIRE	UTOPIA
UNDERNEATH	UTTERED
UNIONIST	UXORIOUS

Extinct Animals

```
A E J H M W W L Z J L A
U Z Q Q O C L T C F Y K
R O M A M K C A L B A U
O W T A D O D O U K J A
C O A T A C W N A N O C
H L R L V U A W O L L A
S F P A H T A I A A A D
J U A S U H L I U L Y Z
T A N B I E K G E H S E
R O V E P A H D U H A B
H A W A I I M A M O N I
V R C R N X F D H T R L
N R E G I T I L A B A L
R G O I P O I P P U I F
K W B B Y J J G G Z L L
L D B U S H W R E N H B
V V D K U A T A E R G X
```

ADZEBILL

AKIALOA

ATLAS BEAR

AUROCHS

BALI TIGER

BLACK MAMO

BUSH WREN

CAPE LION

DODO

EZO WOLF

GREAT AUK

HAWAII MAMO

HONSHU WOLF

HUIA

JAVAN TIGER

KAKAWAHIE

LAUGHING OWL

LAYSAN RAIL

PIOPIO

TARPAN

```
R T Q Z Y O P R F U O F
O W R F L D E N V E R R
C M O A T N A L T A C G
S K M R H L M Q N L Y D
I C O F H D X K O T S X
C I W K B T F S O M T N
N W L A G U A R D I A D
A T S L R N O E D T N F
R A E T G N A M H N S Z
F G L E T N Y B V C T P
N N L O H P I H C S E M
A E U J A I O J H T D I
S W D F O U G C I Y X Y
U A O M S P Q N C E O E
I R X T A D E N A H B K
I K O O A P B S G H F O
E N O R L A N D O C C K
```

ATLANTA	HEATHROW
BANGKOK	HOUSTON
BEIJING	LA GUARDIA
CHANGI	LOS ANGELES
CHICAGO	NEWARK
DENVER	ORLANDO
DULLES	SAN FRANCISCO
FRANKFURT	SCHIPHOL
GATWICK	STANSTED
HANEDA	TORONTO

Countries of the World

```
B A J V N A C W N M D I
F P R C A I G S Q A B K
W T V U D B G W K M W M
T E V P T M U E M Z C O
Y O E L Z A K D P J B P
F R K B Q Z U E O E G F
J R A F K F I N L A N D
Y X B G R A L G A P Y A
N B R U N E I Z N V U S
A Y E K R U T N D G L G
M U W S M D H C A O W A
R M S Y G J U R V B X I
E E R T P O A E W Q L T
G X T G R C N P J I C A
Y I V P I I I O A E E O
P C A N A D A N L N P R
T O H E J Y M V L Y S C
```

ALBANIA	JAPAN
AUSTRIA	LITHUANIA
BELGIUM	MEXICO
BRUNEI	NICARAGUA
CANADA	POLAND
CROATIA	SLOVENIA
EGYPT	SWEDEN
FINLAND	TURKEY
GERMANY	VANUATU
HUNGARY	ZAMBIA

Swimming Pool

```
G G Z I M E A D Q A X G
A A B U T T E R F L Y N
F F H J B A E A F Y I I
X Y S H A L L O W E N D
L W A R C X T B A D P A
T R U N K S S G T U G W
N S U N S H I N E T S S
F W J M T V H I R A E E
V I L N R H W V Y C D W
O M N E O Q U I U I I Y
C S S X K Y P D P V L H
B U I C E R E W O H S A
F I G U R E O F T P S E
Q T J I P F V N L A E A
W G R E G F M A S O N X
H B N S T Q S U L M A D
V D L O C H C E W Q L T
```

BACKSTROKE	SHOWER
BUTTERFLY	SLIDES
COLD	SNORKEL
CRAWL	SPLASH
DEEP END	SUNSHINE
DIVING BOARD	SWIMSUIT
FIGURE	TRUNKS
FLOAT	WADING
LANES	WATER
SHALLOW END	WHISTLE

```
K V Z T E Y U A O S D N
D O M P I E L H J O K K
P W Z J C G P B F V R Z
Z U Z D O N G U O D O X
M T U U H D P N R C N L
H C R O R B O L I V A R
P D C S D C F J N R I M
E O G S A L K D T Y V I
D L B E S M B S I L I B
H L A Z T E U Q E Q L E
M A O B L A B O D R O C
C R V S H E K E L I B R
C D T C W H V Z F I O K
B H A G N I L L I H S F
Y W C X E O G A R U E P
K U G J T K K E E K P L
K G X Y Q Q U A F R J S
```

AUSTRAL	KWACHA
BALBOA	LEV
BOLIVAR	PESO BOLIVIANO
CORDOBA	QUETZAL
DOLLAR	REAL
DONG	RINGGIT
FORINT	RUPEE
GOURDE	SHEKEL
INTI	SHILLING
KRONA	ZLOTY

Q Words

```
Q O X S Q Y W E U P H H
G A F C U T W V G M K D
B M T T A I D T N W R A
S R I A R L E F I E I I
Q U A D R A N G L E U L
U U O P E U O L B W Q H
I M T L L Q I X B U S Y
C Q Y Q U R T P I A Q U
K R U U D R S V U T Q C
S L Q A A Q E Q Q U V D
I H U G I R U U I O J V
L Q A M E N Q E Q W V L
V K N I L C T L E Y K C
E X T R J E N L L N N D
R E I E N S J I Y A D D
R E T R A U Q N U S S T
M V Y I G A O G I Q P R
```

QATAR	QUEEN
QUADRANGLE	QUELLING
QUADRILLE	QUERULOUS
QUAGMIRE	QUESTIONED
QUAINTLY	QUIBBLING
QUALITY	QUICKSILVER
QUANTITY	QUIETEN
QUARREL	QUINCE
QUARTER	QUIRK
QUASH	QUIVER

Fruits and Nuts

```
P J T A Y Z O S V W M O
N H I U E G N A R O V B
X X U C N I W T C U G E
R Z P A Y Z B S H Y T E
V J M I R U L U E C N C
R M P N R Z R M R I J H
I Y R R E B W A R T S N
H K S V B U Q E Y J K U
H A X R K F G M R E S T
P T Z B C N I I R P C W
P I N E A P P L E O Y A
Q U X T L N L C B P O L
X F M L B N A N P E N N
C R M P V N U N S A R U
Q Z E R K T L T A C K T
E N P Z P I Q G R H W G
O X G E J D N O M L A J
```

ALMOND	ORANGE
BANANA	PEACH
BEECHNUT	PECAN
BLACKBERRY	PINEAPPLE
CHERRY	PUMPKIN
COBNUT	RASPBERRY
FILBERT	SATSUMA
HAZELNUT	STRAWBERRY
LIME	TANGERINE
MANGO	WALNUT

```
L P L K C O T T A G E F
I M F M H H G A D H S F
M A L L E R A Z Z O M X
B L E Q D E R J T N A B
U O Y N D O E Y O A L S
R Z C A A O D T Z U E W
G N M C R S L E E C E Y
E O G G O I E V U N O E
R G D R T N I M S C M T
I R O S E N C L R M K I
H O A U N B E I E A L L
S G Y E D Y S N N Q P S
E H Y V D A T L U I A I
H M K A N A E A R I S T
C L L A L L R I T A J K
Z E B M K G T C R E J Y
T R H S N J H Q Y B F G
```

BLUE VINNEY	GOUDA
BOCCONCINI	JARLSBERG
BRIE	LIMBURGER
CHEDDAR	MOZZARELLA
CHESHIRE	PARMESAN
COTTAGE	QUARG
EDAM	RED LEICESTER
EMMENTAL	STILTON
FETA	TILSIT
GORGONZOLA	WENSLEYDALE

Motoring Mayhem

```
I G A S O L I N E O U Y
L K E G R E A S E A L S
X L Q N P O M Y B H U K
B K X I K H O N N S B C
R J O K O O G D P E R I
J H L A W H D E K W I T
E K A R B D N A H L C S
C O M B U S T I O N A P
S Z H I I R T R R G T I
J B R O E E T O S T E D
V O N V L E R Y E S B O
S I O I P R K G P O M G
D I N D I C A T O R S K
P E G M L I X T W F V N
S W I N D S C R E E N U
Q G D B A V I Q R D A R
T I R E S L E E H W Y T
```

BRAKING	LUBRICATE
COMBUSTION	MIRROR
DEFROST	OVERTAKE
DIPSTICK	SIGNAL
DOORS	SUSPENSION
GASOLINE	TIRES
GREASE	TRUNK
HANDBRAKE	WHEELS
HORSEPOWER	WHITE LINES
INDICATORS	WINDSCREEN

```
G M L O W B O R N W V W
U Y D E M O C W O L T L
G T L O W M A S S O O R
Y C N E U Q E R F W O L
D T H I T P E B T P E A
I C I W O Z K E N R F R
A Y G L G P N F I O I I
P A H O E S W W Q F L M
W W R S I D H O C I W D
O H A O S G I V L L O A
L G N W I O S F N E L H
T I K H L P R G H N I G
R H I G H K I C K G E I
T D N A M M O C H G I H
H I G H B L O W N G S H
F R E T A W W O L S I L
G K E E W O R B H G I H
```

HIGH ADMIRAL	LOW-BORN
HIGH-BLOWN	LOW COMEDY
HIGHBROW	LOW FREQUENCY
HIGH COMMAND	LOW LIFE
HIGH CROSS	LOW MASS
HIGH FIDELITY	LOW-PAID
HIGH KICK	LOW POINT
HIGH RANKING	LOW PROFILE
HIGHWAY	LOW-TENSION
HIGH WIRE	LOW WATER

Creature Feature

```
U D N U O H H P Q D V D
N R D A Q Z N O N F M V
J E A L R Z D V C P D R
S T B E I W C Y G N E T
X A F U J Z H R H J C W
L E H R L H A A Z D U M
O T T E R L M R L U E L
P N G F L S O K D J B S
O A R I T H I C A C T S
F L R E N A S C K E U Z
D O R H V K K K R F Y T
G B P N W A L R U S L I
O S P U L O E D E H G A
B T G I S F M B L E E G
J E N Y R B R B G E M N
C R H V R M Z J A P O R
F R V A V N B G E T W I
```

ANTEATER	HOUND
BEAVER	JACKAL
BULLOCK	LIZARD
CHAMOIS	LOBSTER
CYGNET	MEERKAT
EAGLE	NARWHAL
FERRET	OTTER
GORILLA	SHEEP
HAMSTER	WALRUS
HEIFER	WOMBAT

```
N S H O T P O T C O T Z
I O I R A Z N K E P S I
B C M H O A Z E I O T U
Q E S M S A I V L H E K
R Q E A A P S N O C A B
Y C E F T G X T F B K N
O H O A B O W C L M F D
P R E T R U F K N A R F
C M D S T L R G Y L M P
A X O E P A F G L Q H B
S C P G G S G E E W N V
S H W A J H Q E C R K L
E I P S D R E H P E H S
R C B U P O R K P I E A
O K R A B B I T S T E W
L E R S I G G A H P J B
E N O S I N E V J Z W B
```

BACON	LAMB CHOP
BEEFBURGER	MEAT PIE
CASSEROLE	PHEASANT
CHICKEN	PORK PIE
COTTAGE PIE	RABBIT STEW
FRANKFURTER	ROAST LAMB
GAMMON	SAUSAGES
GOULASH	SHEPHERD'S PIE
HAGGIS	STEAK
HOTPOT	VENISON

Palindromic Puzzle

```
K E N O O N R A Y K K Y
U U D P G E S A E O E K
I S Q R V R O T A T O R
R G X I A A Y W C C X W
D R V R C C L R E N J K
V E I A L I E S M V A S
R P O D W F V C O Y V E
R A L A E A E I A L J X
G P Q R B L L K C R O E
N E R O T O R V V D H S
W R H G F T Q F E U K S
S U E U M K N I M W V B
M A G C O Z F J A O D O
K R G O A I R E D D E R
N J K A E O A O A T X S
A V Z D S E K F M F T W
E T E N E T D E E D H P
```

CIVIC	REDDER
DEED	REFER
DEIFIED	REPAPER
KAYAK	REVIVER
KOOK	ROTATOR
LEVEL	ROTOR
MADAM	SAGAS
NOON	SEXES
RACE CAR	SOLOS
RADAR	TENET

```
K X S H I N T Y S G R M
C H A M M E R E N N K F
O M O C U N O I O T O I
D N Q Q L N T T R N N W
A Z O S I A N A O X I H
N R L M K I C H F Z Y F
C S O S M K T R E K P L
I D C D R A W F O G U T
N L A I R F G W M S M W
G B Y A E W P K Z C S N
W N M G N I T H C A Y E
S S I L L A B D N A H T
M I S K S Q A O X A B B
J V R A L S R I X S P A
G A M K I A E V D I K L
B Q I E X M W H V R N L
Y S O C C E R A C I N G
```

BACKGAMMON	MARATHON
BADMINTON	NETBALL
BOXING	RACING
CHESS	SHINTY
CROQUET	SKATING
DANCING	SOCCER
DOMINOES	TRACK
HAMMER	TUG OF WAR
HANDBALL	WALKING
LACROSSE	YACHTING

Golfing Giants

```
X A O M Z Y N D W M N S
M Q T H Y E T F A Y Z C
S J D W M D T N H N R S
S O U I O O S Z S L Y B
E I R E M O G T N O M B
L Y L E O W D G E R B I
P S L W T T X S R B Q W
U Q U E I S T U C F D C
O I E Z A E E A F B A N
C N J K W W P L A Y E R
R R I A J A C K L I N P
E U R V X N S C D A S U
M T I C E O K I O L B D
L A N G E R D N N J O X
A R M R F M T B V G F J
P E J X E A G E A A H I
D S B W U N O H J S T D
```

BALLESTEROS   NORMAN

COUPLES   PALMER

CRENSHAW   PLAYER

ELS   SINGH

FALDO   SNEAD

JACKLIN   STEWART

LANGER   TREVINO

LYLE   WESTWOOD

MONTGOMERIE   WOODS

NICKLAUS   WOOSNAM

```
Z M Y G U A S Y F J Z N
D E P E J G L O P S L S
F J C R R A G A H J U J
K C T H A D D A E U S N
X L E B A U D T S Q A S
F N L F N R H M E H E O
U K I Q A R I S T S A H
U D S C O Q N A O M I T
V P H L V A N M H J P X
I P A U C O Z U T A Z Q
B N I Q J G W E U S M X
L T A E Y D W L R B G S
T X S B R M S K O E M L
J S I C A I S P H K Z R
E M M D H L P J U L R J
B Q A J A C D D V X U L
K V O V B P Z T C G Z Q
```

ABEL	JOSHUA
ADAM	LABAN
BAAL	MOSES
ELISHA	NAOMI
HAGAR	PAUL
HAM	RAHAB
ISAIAH	SAMUEL
JESSE	SHADRACH
JETHRO	THADDAEUS
JONATHAN	ZECHARIAH

```
D J H N I H C T U L C D
I H I H B O S P E E D O
C S Z Y R U M V L S U R
L D T N A O O J Y E L D
S E E H O U T Y G I X E
J R X S G W O A H D Y T
U E J D S I R R I H V A
N J P W I A L Q K D Z L
C O H L G R P D K X A P
T A C C E L E R A T O R
I N S U R A N C E E E E
O D R P N Z H S T D H B
N L J C A V N X N I N M
F T S T E E R I N G O U
K P I G C D L O S A F N
D F N I V Y R E T T A B
P P L Q C T R A F F I C
```

ACCELERATOR	INSURANCE
BATTERY	JUNCTION
CLUTCH	LICENSE
CORNER	MOTOR
CYLINDER	NUMBER PLATE
DIESEL	RADIATOR
DIRECTION	SPEEDO
EXHAUST	STEERING
GARAGE	TRAFFIC
HEADLIGHTS	UNDERPASS

Flower Arrangement

```
P I L U T Q P D L C Y O
J A I N N I Z J C A F Y
L A D A H L I A S Y P B
Q I O Z P A L U M I R P
D T F Q E D S V X E O B
V E F P R S E I W S L E
E R A L I H P O S P Y G
R B D C W L L L N N J S
B U R A I F O A A W G B
E A E G N W B I P I N K
N R W R K I E S D D P O
A X O E L O L H R A H L
O C L H E Q I C A Q L Z
W Y F T S X A U G M O G
X U N A L U H F O V X X
J K U E D H W Q N Z K B
Z C S H E K M O U J Q F
```

AUBRETIA	PERIWINKLE
CORNFLOWER	PHLOX
DAFFODIL	PINK
DAHLIA	PRIMULA
FUCHSIA	SNAPDRAGON
GLADIOLI	SUNFLOWER
GYPSOPHILA	TULIP
HEATHER	VERBENA
LOBELIA	VIOLA
NARCISSUS	ZINNIA

```
N S L F R T D Y E L P W
X Y E T V E C V M W D V
C M N D A H A O A M V Y
L H B L A J N U A P U I
U D E N M P A L A Y O R
B R G M R D S R W S J D
S E A M I D T S I H W C
O Y I C N N A O C U P Y
T G R A E A D P N F E S
U A R R G H M E E F U X
D G A S N G T G F L C Z
U J M G T N D R Q E H P
K T L Z K I T T Y V R L
J E W S R N U Z D V E J
K S Q B N N H S S P K X
A H S T N I O P L F O C
N Y M W W W R L Q K J L
```

BRIDGE	MARRIAGE
CANASTA	PARTNER
CHANGE	POINTS
CHEMIN DE FER	ROYAL
CLUBS	RUMMY
DEALER	SHUFFLE
EUCHRE	SPADES
GRAND SLAM	SUITS
JOKER	WHIST
KITTY	WINNING HAND

Island Ahoy!

```
H O F V M X J B D T L I
Y T Y A T L A M X V S H
C L K B H R V B I G H P
O M I U I U A C R O N K
Y O U C J G T Q N E H A
V T K H I O E S W C J I
Z A C S R S H G D M S D
W H C I R U U Z E P M O
O I A I A I R P A C I K
K T I Z N T L Y M P N Q
S I N E G I M A A B D E
S Y A M L R M W N N A A
T G M Z E U S O A K N P
V G S R S A Z L D O A M
L Y A W E M E Z Z M O Z
L F T K Y R G U C A G L
U F G X I W L N L S Q Q
```

ANGLESEY

CAPRI

CUBA

DJERBA

DOMINICA

HONSHU

IRELAND

JAVA

KODIAK

LUZON

MALTA

MAURITIUS

MINDANAO

NEW GUINEA

RHUM

SICILY

SRI LANKA

TAHITI

TASMANIA

VICTORIA

```
T M Y G B O P Y V V G N
S C H O O L E D H R T A
S W E L L V E R S E D M
H Q M L H O B U K D D Q
R E V E L C F Y M I G D
E U E G D E L W O N K Y
W A A S T U T E I F W B
D S H A R P C N W O M M
B R A I N Y O A I R O D
T Q S G L S H L T M T Z
D A A E A S U I N E G D
A E B E N C N K K D D H
Z Z R C O S I E R Y A U
D I I O I J I O M N M M
X U G G T K F B U U N H
H I H R A U K L L S C T
N T T B R Y T G L E M A
```

ACUMEN

ASTUTE

BRAINY

BRIGHT

CLEVER

EDUCATED

GENIUS

INFORMED

INSIGHT

INTELLECT

KNOWLEDGE

RATIONAL

REASONING

SAGACIOUS

SCHOOLED

SENSIBLE

SHARP

SHREWD

TUTORED

WELL-VERSED

Anatomical Arrangement

```
S P E C I R T B V W H L
T H Y M U S P Q E C C E
Z T B C L J O I N T S W
Z O N R U T I M T X I O
O H E T A T S O R P L B
F T E C B O O X I G A A
C R G S T O M A C H P A
B D Y N E R S V L N R F
S A O R A O Q K E G A Q
D H L P A I T M I P C P
N N F U Y L O G C N A H
A Q E G B D L B I M T N
L G E C B I R I I B E O
G D A A K K F E P U M L
O S A E R C N A P A P O
M H N M U R D R A E C C
M E N O B P I H L E G L
```

ABDOMEN	LEG
BIG TOE	METACARPAL
BOWEL	NECK
CAPILLARY	PANCREAS
COLON	PROSTATE
EARDRUM	SKIN
FIBULA	STOMACH
GLANDS	THYMUS
HIPBONE	TRICEPS
JOINTS	VENTRICLE

What Knots?

```
D T O N K L I A N Q D L
F E N I L W O B K U R L
C L Y U G N I L S R A J
O R E E F K N O T R N E
W T I M B E R H I T C H
H H O C I A Z A C I H C
I U L N D S T Q L Y O T
T M S A K L H P O P R I
C B U L O G S B V W B H
H K O O U E A J E R E E
P N P D Y O R B H N N L
E O F E R T C P I A D I
G T H A L F H I T C H P
K R I N G H I T C H I B
N V S H E E P S H A N K
O T O N K W A R D A A I
T M U S A C K K N O T T
```

ANCHOR BEND	LARIAT LOOP
BAG KNOT	NAIL KNOT
BOWLINE	PEG KNOT
CLOVE HITCH	PILE HITCH
COW HITCH	REEF KNOT
DRAW KNOT	RING HITCH
EYE SPLICE	SACK KNOT
FLEMISH BEND	SHEEPSHANK
HALF HITCH	THUMB KNOT
JAR SLING	TIMBER HITCH

Battles

```
H P C P D Q E E P R V Z
S A O O L R E T A W K B
M G D I E P P E L J B O
W I N T Z S W D Q C G Y
A N Z I O M U P U N Z N
C C C E T Z F A E H I E
M O B R W S G R B L N Y
Y U P S S G A N E C L W
S R Z E D M A H C U L A
B T S P N V W E W L I Y
O R Z C A H Y M C L H N
P E A R L H A R B O R N
L Q I E K O W G I D E B
F N W C L L D E E E K N
O F I Y A I I T K N N L
Y T D Z F H M R J E U L
T V J G L S B O Q J B U
```

AGINCOURT	HASTINGS
ANZIO	MARENGO
ARNHEM	MIDWAY
BOYNE	NAVARINO
BUNKER HILL	NILE
COPENHAGEN	PEARL HARBOR
CRECY	POITIERS
CULLODEN	QUEBEC
DIEPPE	SHILOH
FALKLANDS	WATERLOO

Languages

```
V R I W X X N Y Q P O Y
T A T D B R U S S I A N
T A S L N H C I L E A G
E I R S D I C I P L D Q
K H L A N A H N A D W J
U E S E M A N T E I V A
R B R E W A A I J R Q W
D U Q S I C I K S A F P
I R S G J R G C I H P U
S M L V T F E D N R K N
H E X F C I W Z H R F J
B S B Y T L R E A Z O A
Z E I G J I O I L R Q B
J F L L W P N N E O E I
R O Z T G I D E S Q O E
R J A P A N E S E K V B
T B X N S O E A M B Z K
```

AFRIKAANS	HINDI
ARAMAIC	JAPANESE
BELGIAN	KURDISH
BURMESE	NORWEGIAN
CATALAN	PUNJABI
DANISH	RUSSIAN
ENGLISH	SINHALESE
FILIPINO	SWAHILI
FRENCH	UKRAINIAN
GAELIC	VIETNAMESE

Books of the Bible

```
H C R G H A P V C J Z D
N J R I E I N A Z P Z M
E F J S D N B S E K F U
E C O O K N E A F K U L
C H C T B Z J S N D S Y
Y A G L E A J N I A E D
G I L K E I D O A S N R
Z M I N K S K I E H E N
V E H W U A I T A L U O
L R C X K I V A L H A M
A E A H K A L T S W U O
T J L B A H N N L T I L
U X A H B R F E O L E O
S X M H A C I M C I W S
G A O W H N H A G G A I
G Y S G A N O L H Z T Q
E X O D U S Q J N J V F
```

AMOS	JEREMIAH
DANIEL	JOEL
ECCLESIASTES	JONAH
EXODUS	LAMENTATIONS
EZEKIEL	MALACHI
GENESIS	MICAH
HABAKKUK	NAHUM
HAGGAI	OBADIAH
HOSEA	SOLOMON
ISAIAH	ZECHARIAH

Shakespeare Quotation

```
X N D T J D G Q Q D A T
Z N G R R S T Q I I N A
T T R W U I I S R N D T
L A O O G O C W U U A O
M L H C V O N S O C L H
I A A T N S S O T N L B
O R D T S I M I P I T T
P I E E H D S O N U H F
S N I T G C U T S E E K
T Q Y I E L H O W O R Y
E B Y N D E O I L O B O
H M E I D R N R Y C F C
T I K E E T A F I O O E
F I E M E M O H U O Z A
O P M R A T J R C M U N
X U I B U R I E D I D S
S W N K C H O U S E R K
```

NOW IS	LOW'R'D
THE WINTER	UPON OUR
OF OUR	HOUSE
DISCONTENT	IN THE DEEP
MADE GLORIOUS	BOSOM
SUMMER	OF THE
BY THIS SUN	OCEAN
OF YORK.	BURIED.
AND ALL THE	RICHARD III
CLOUDS THAT	ACT I SCENE I

Camping

```
D F Q F O P N N S C D A
M P Q S E K A T S N T A
M T A L K S T Q U S H M
B U I N C M U O W E G X
O P S S E N R E D L I W
I J T L Y G E Q B O N Q
V S U T P F H S D P R N
Z L E M E S S K I T E H
N I A H W F B E T E V X
J C N N C G R G T L O S
W I O S T T T N A D N Q
Z M H U E E A M E D P F
E N I Y L C R M R I I R
Q Z K L T W T N T R T D
B L I E P A C S E G U N
V K N U B Q C G R I L L
S T G R X A T W X X V Q
```

AX	MATCHES
CAMP-GROUND	MESS KIT
CANTEEN	NATURE
ESCAPE	OVERNIGHT
FIRE	POLES
GRIDDLE	RETREAT
GRILL	SKILLET
HIKING	STAKES
INSECTS	TENT
LANTERN	WILDERNESS

Homophones

```
W F U M E V G H U X E E
C C H M Z H U A S W W N
N V Y V A O E Z H A B U
B Q N C D R S J V M Q I
D A F Z X S T E O T K Z
J W A I V E R I Z M Z Y
X N G V N W P R A B M W
N N Y G Q I R R O L Y O
O S Y B B H S I N N I F
D C W R O H D H N J W W
H E H O A R M E L K C Y
B A S L R S D T R W D C
P R L S D D L E S A H L
J K Y V E U I N R Y O X
F M J Z R U U G J I A S
S S I U L F G I L L E D
K Z C P I R E S R A O H
```

BOARDER	GUESSED
BORDER	GUEST
CYGNET	HOARSE
SIGNET	HORSE
DAYS	MARSHALL
DAZE	MARTIAL
FINISH	SOARED
FINNISH	SWORD
GILLED	WAIVER
GUILD	WAVER

Collectibles

```
S N I O C F V Y T J I Y
T H H N O S V A N B R S
A S O S L B S D E A D G
M V W L D C P E U R K N
P S E F I R R T A Q Q I
S H X M X M O C H W M R
S S O T A G T C A X I Y
B C R T R S G Q E W N E
O C S A O S O L S R I K
O E P P E G E W N F A K
K H N X S B R P L W T D
S C V D L V Y A I X U A
E T A P A J G D P C R K
S G U M D S I H D H E H
B U T T E R F L I E S R
Q V M G M O Q D O E T Z
F B Y T S C S L L O D I
```

AUTOGRAPHS

BEER MATS

BOOKS

BUTTERFLIES

CAMEOS

COINS

COMICS

DOLLS

FLAGS

KEY-RINGS

MEDALS

MINIATURES

MUGS

PHOTOGRAPHS

POSTCARDS

RECIPES

RECORDS

SHELLS

STAMPS

TEDDY BEARS

Fictional Sleuths

```
X L Z O R Z H T N J P F
U N U V B F A Q X E F C
N U Y F H M H K T L E D
A C N S D T O R I O P B
O U A E S U O L C R J V
W R H R O C K F O R D K
T S A V E Y E I B C Z I
Z G L L D G R H X Q N B
F N L C F E R R D M S Q
D I A M F W H E A S T X
S R C O W O Y I B H W I
O T I R U L G A Q A G N
K S E S I R C A N N O N
S E T E E A J I S N P A
P O I T L M B M L O A M
N H O L M E S N F N Z H
X S Q C S M V N B S F Q
```

BERGERAC	MAIGRET
CALLAHAN	MANNIX
CANNON	MARLOWE
CLOUSEAU	MORSE
COLOMBO	PETROCELLI
HANNAY	POIROT
HARRY O	ROCKFORD
HOLMES	SHANNON
HOOKER	SHOESTRING
HOUSTON	STEELE

Springtime

```
N H H T L O B U N Y U M
D N F A O H B Z G F P Y
G I J D D O X K U U M O
O F N V M V H U S G N B
F A N D W N E S T I N G
S H C R A M Y R S E R Y
E W W A E W B K D E M S
S L G L I Q L V E A J W
S I X L A I U N U D N A
N D L I R M E I G B L T
O O O P Q R B U N N Y O
W F A R Y A E S I O X Q
D F L E D G L I N G X E
R A C T W O L L A W S Q
O D M A Y C W I E B T N
P I V C G H J N L T A H
N M P H H P S R C Y X Y
```

APRIL	LAMBS
BLUEBELL	LILY
BUNNY	MARCH
CATERPILLAR	MAY
CLEANING	NESTING
DAFFODIL	PUSSY WILLOW
EQUINOX	SHOOT
FLEDGLING	SNOWDROP
GREENERY	SWALLOW
GUSTS	VERDANT

Olympic Sports

```
G L A T H L E T I C S R
C E S W L L A B D N A H
L G N E N G L V A C A X
O N O I H O C K E Y O S
Y F L G L Z T W G M W S
Y E H H Z O A W L I H U
M N T T S L P O M O S C
W C A L K A L M T O S S
F I T I O F I P A C H I
Z N N F R N U L I R B D
H G E T G T G I A T B
M R P I E N S J S N M D
Q Y C N C A I E U J G J
N X N G N Y B X U M Y O
T I A M S A G M O Q P O
S C Y C L I N G X B E F
X G L L A B Y E L L O V
```

ATHLETICS	LONG JUMP
BASEBALL	PENTATHLON
BOXING	RACE WALKING
CYCLING	SAILING
DISCUS	SHOT PUT
EQUESTRIAN	SWIMMING
FENCING	TENNIS
GYMNASTICS	TRAMPOLINE
HANDBALL	VOLLEYBALL
HOCKEY	WEIGHTLIFTING

```
C H W C Q D G U J G K U
G G R I P P E R J L L I
K T L U W H S Z H X F K
A G O I S Q M Z A Q A C
R R Y G T H W G K R H H
G U W Y R T N E G C G U
N Z G R V A E N I U G L
O S F A H Y D R E G S Q
R T U T R Q D R I T R O
N J A O N B A E F Y G S
R O R R R M L I P A G Q
G A H Y M O G E F W L C
G R M A K Y M F D E A W
D E G M Z P E A S T S G
Q T L S A R Q K L A S V
F E N I D R A B A G Q V
I W O H D H G O D P H T
```

GABARDINE	GLAMOROUS
GAFFER	GLASS
GAMMA	GLITTER
GARBLED	GOAT
GATEWAY	GRAMMAR
GAWPED	GRAZED
GELID	GRIPPER
GENTRY	GROUP
GIFTS	GUINEA
GLADDEN	GYRATORY

Canadian Conundrum

```
M Y S S F I S S A M E L
H A Y R L A K E D G L Y
L E F E E D N O R N L Q
O S K Q K R J U B A E B
V S E U A C B U N L S U
A O H B L N O A V N M O
N R U O E A C H O O E B
C C E N V U V M E C R I
O A U N A D L J N C E R
U L N E L A T E T I I A
V D D B S Y R A G L A C
E I X A T W F S R B V K
R V Q Y A B N O S D U H
M A P L E S Y R U P Q S
U K T P R A I R I E S K
M S N A G O L T N U O M
Q Y D N U F F O Y A B E
```

AYR LAKE

BAY OF FUNDY

BONNE BAY

CALGARY

CARIBOU

ELLESMERE

GREAT SLAVE LAKE

HUDSON BAY

ICE HOCKEY

LACROSSE

LE MASSIF

LUNENBURG

MAPLE SYRUP

MOUNT LOGAN

PRAIRIES

RIDEAU CANAL

SALMON

ST LAWRENCE

VANCOUVER

Water, Water Everywhere

BATHING	GALLON
BOREHOLE	HOSEPIPE
BROOK	LIQUID
CANAL	OASIS
CURRENT	OCEAN
DELUGE	RAINFALL
DITCH	SAILING
DROPLET	SPRING
EVAPORATION	TIDAL
FLOAT	WATERFALL

333

Rivers

```
W Y L T A V A R D S T P
V Q M M Z R E I I H Z Z
Y S L A F G A O N S C O
M H T K C S Z G E D H H
B A B L S K J R A Y U U
G N E O A F E A I I A S
T N E N V W G N B C N F
E O Q D O M R D Z O G V
K N K I N H N E G I H W
L M I K G I R O N D E M
W O S E V E R N I C U L
L L Z V S Z F E L R E K
L V W E T T W C R N T I
U B Z Q L C G A A O O U
L F S T D B Y N D J B G
X K L Q C S E M A H T S
M K P Z N N X A O Y B V
```

AVON	MURRAY
DARLING	NIAGARA
DRAVA	RHONE
ELBE	RIO GRANDE
GIRONDE	SEINE
HUANG HE	SEVERN
INDUS	SHANNON
KLONDIKE	ST LAWRENCE
LENA	THAMES
MACKENZIE	YANGTSE

```
M O E X U N E L O O W C
D Y N W S O G P T G A V
J F S O V I U Z O Z Z B
S P O O L C A G E C U W
D O A R K Y G N I C A F
L A C P U G N I B B I R
B I H K C K K P A T H U
S I Z E S R U O L O C R
G Y H F K L P O L R T L
F P W F L A A L S Y I A
I C A O S G L S T Z T J
B X V T O F F H C I S D
E E I S T L R Z O B I Z
R M K A M E L D E E N B
E O E C A L R E T N I A
X J O D Z Z E N N U F A
I N D D W S R O L O C I
```

BALLS   PASTIME

CAST OFF   PATTERN

COLORS   PULLOVER

FACING   RIBBING

FIBER   SIZES

GAUGE   SOCKS

INTERLACE   SPOOL

LOOPING   STITCH

NEEDLE   THREAD

NYLON   WOOLEN

Double O

```
G S L I C E N O O S E K
M G K G J F V C E C Y O
M R N U N E I O H Y E O
B N Z I B A L L O O N T
J M X E P C D G S R J S
L L A B T O O F N S G I
F R R A J Y O O V Q Q M
I G C O M S O N K J H E
Y P O O O T N B S E J D
Y K O O S K O O N A R Y
U L O E D O E N O A G Y
G H F O T N E R G Z W P
Y O J S P L E O Y I E O
Q O J V O S O S G D N O
D K A O A N M K S H O R
R E W Y L O O P I N G D
A D S N O O W S G K U K
```

BALLOON	HOOKED
BOOTS	LOOPING
COOKERY	MISTOOK
DRAGOON	NOOSE
DROOP	ROOKERY
FESTOON	SNOOPING
FOOTBALL	SNOOZE
GLOOMY	SPOOKY
GOODNESS	SWOONS
GROOVE	WOOLEN

```
O I F X V I O M K K W W
C X R N I E A U W Q K I
T E O I A T N R E Z M M
E A N B S N O U O H X Z
S I S E N E N A S R P D
V F V J W Y N K Q E U R
L B K U N D A L I N I A
R S C A L L I S T O P D
D B S T R D H R A H C S
E E A H P I R N R P X M
M I N E R V A O O E T U
E S L N I Q D D D S C F
T H J E U I H R N R N M
E T R A T S A V A E Y G
R A D E O F R O P P Z B
V R W C N E M E S I S Q
B V M W E T A C E H G J
```

APHRODITE

ARIADNE

ASTARTE

ATHENE

AURORA

CALLISTO

CERRIDWEN

DEMETER

DHARMA

HECATE

ISHTAR

KUNDALINI

LAKSHMI

MINERVA

NEMESIS

PANDORA

PERSEPHONE

RHIANNON

VENUS

VESTA

A Matter of Time

S	E	E	T	N	K	D	Y	U	Y	M	B
V	Z	Y	Y	N	B	L	A	O	R	R	A
Z	H	P	Q	A	A	M	I	B	U	K	I
I	L	S	E	H	D	T	L	E	N	T	O
G	G	O	E	N	M	I	S	I	I	K	H
P	M	O	T	O	D	Z	L	N	C	C	C
X	W	N	M	D	T	U	Z	O	I	O	O
T	H	E	N	E	E	Z	L	W	H	L	P
R	N	S	D	H	R	C	N	U	X	C	E
T	B	T	R	N	M	E	A	W	M	O	B
W	O	I	L	R	E	T	V	D	W	O	A
Q	E	U	A	R	U	S	H	E	E	K	J
M	Z	L	G	N	E	S	D	F	N	C	P
S	A	Y	N	K	N	M	H	A	G	U	C
I	X	Y	X	N	U	U	R	I	Y	C	T
L	H	F	Y	G	J	K	A	O	N	K	F
E	J	Q	L	U	P	Q	L	L	F	G	C

ALARM CLOCK
BIANNUAL
CUCKOO CLOCK
DECADE
EPOCH
FORMER
GREENWICH
HOLIDAY
INSTANT
JUNE

LENT
MAY
MOMENT
NEVER
PENDULUM
RUSHING
SOONEST
THEN
WEDNESDAY
YOUTH

Girls' Names

```
P P W S A J M E G W X C
U C C I D X E E M F N J
I E M I L Y B U J Y E E
P H J P E R D O R E E N
K O O C Z M H G J N R I
E C A Z H A T R E B O R
A R N F Y T S R I K N E
T L N L V I I V I E N H
C D E F E L V J G O M T
M Y Z G R D I N G Y Z A
Z S E C N A R F K R P C
K M H L A A G E X P Q C
F B U E O P I Z I Z G A
C O K G I U N L Y W C O
J N D L D L I Y L S Y K
X T G P Z H A S C I N X
F U A Z P H T D E B G L
```

ANGELA	LOUISE
CATHERINE	MATILDA
DOREEN	NOREEN
EMILY	PHILIPPA
FRANCES	ROBERTA
GILLIAN	SHEILA
HAYLEY	TRACEY
IRENE	VERNA
JOANNE	VIRGINIA
KIRSTY	ZELDA

Exploration and Discovery

```
K N M Q D P I R C Q O N
P O L Y N E S I A N J O
Y U O S I L P T O M M Z
Z H D C H K G I R H A A
J D S O N L T H R C C M
I M N S E I N A A W S A
P K M A D V A T Z I E C
Y Q I E L I N T I O T K
T B P N O N S G P Q R E
H X H Q G G E M E A O N
E E D G D S N E P U C Z
A L N E U T L O R Q A I
S C H Q O O G E L G B E
R G E N S N L B Y V O H
O D R T U E A L U K T B
S U B M U L O C I M E O
S A K F A I E H O W Y S
```

AMAZON	LIVINGSTONE
CABOT	MACKENZIE
CANOE	MUNGO PARK
CAPTAIN COOK	NANSEN
COLUMBUS	PIZARRO
CORTES	POLYNESIA
EXPEDITION	PYTHEAS
GOLDEN HIND	ROSS
GREENLAND	TAHITI
KINGSLEY	WILLOUGHBY

```
J V Y L Z T F K R P Z L
C A R R I A G E A Z Y H
S S R D U I T S M A C K
H C E H W H S A T T B R
Y W H G G A Y R C A R P
D T W I G F A G C O G Q
R F E E H I A I R B U S
O R O L N V N F P W N Y
F S P S L I M T J O D S
O D C B M C S C G T A I
I M T O K Y J U D K O R
L D S B O D E T O B R E
K P G V O T M T U M L D
L A N D A U E E B S I I
D O Y A D A M R A W A L
C K J A C X T K J M R G
Z P V D K E F P I G Q L
```

AIRBUS	LANDAU
ARMADA	LIMOUSINE
BOBSLEIGH	MINICAB
CARRIAGE	PASSAGE
CONVOY	RAILROAD
CUTTER	SCOOTER
FREIGHTER	SMACK
GLIDER	TOWBOAT
HYDROFOIL	TRAIN
KAYAK	WHERRY

Volcanoes

```
F Z J I E U T D N S D W
C R U Z Y H T L H V I Y
P D X A O E Y O Y O W S
G O S L T P P N O O A M
C U P C M A T G F N W T
R P A O U U K V T O F B
N E D G C R W A O N H O
I O B M U A M L R B K M
J Z Z U C A T L T K U I
N Z S U R T S E Y D I W
I Y L I K A I Y P I Y V
T A A A M W T A M E S G
J U V M B J A U E N T K
Y R X T B E Y L R G P L
X H F A U E T N A E J B
C C J K Q N N R P B B T
H H E S B C J I I S M S
```

BERUTARUBE	OYOYE
DIENG	POPOCATEPETL
ETNA	RUAPEHU
GUAGUA	SANTA MARIA
IZALCO	SURTSEY
KATMAI	TOON
KRAKATAU	UMBOI
LONG VALLEY	VOON
MERAPI	YASUR
NYAMBENI	ZUKWALA

```
P R F Z T R E B I T J R
K A O C I C E R O A F H
Q T L M L C S U I C E D
P Q O A U A R A N I B S
O Q U G T L U K O T R L
M G D O U I U D C U U Q
P A S T S G N S I S T N
E B R U U U F E B U U Q
Y G A K N L L O U T S G
T D R S A A J M R S K K
Q K M F I N I X O U A M
G R H O S L T R S G M I
I A M J A E I O D U Y D
K A L T P H K C N A R O
I Z G L S C R T A Y H N
F R N O E H T N A P H I
E O Q U V Y G E B I E H
```

AUGUSTUS	MARK ANTONY
BASILICA	PALATINE
BRUTUS	PANTHEON
CALIGULA	POMPEY
CICERO	ROMULUS
CLAUDIUS	RUBICON
DECIUS	TACITUS
FORUM	TIBER
GALLEY	TOGA
HADRIANUS	VESPASIANUS

Hobbies and Pastimes

```
W W X G N I H S I F C J
L F K N I T T I N G R R
C G N I G G O J N S B L
G N I K L A W I W A E S
N I U O N S K I L S E S
I D S O X A M L C K K Z
W A U C M M O R G E E G
E E N G I O S N R T E O
S R U N N C I J H C P X
W R G I Y L W M W H I T
I M N T I R G H S I N F
P G G A R D E N I N G O
A M S R B E V H I G V U
P A G O Y F Q E C K Z L
J I Q C O W Y O H R I I
D Y R E T T O P T O A H
N Q M D J U J I T S U V
```

ARCHERY	KNITTING
BALLOONING	POTTERY
BEEKEEPING	READING
COOKING	RUG-MAKING
DECORATING	SAILING
FISHING	SEWING
GARDENING	SKETCHING
HIKING	SWIMMING
JOGGING	WALKING
JUJITSU	YOGA

```
D A R C S W M M R L H Z
G K E A D B N I F F U M
J K V P E S M S L B L R
Q U O T L B F S W Q A Z
E J R A O N E P O Z M F
M Y G I O P O I R G B S
W F X N B I O G Z Q C G
V O L S Y N A G N Z H M
D G U C L K R Y I C O N
S N J A O Y O B D G P F
B S H R O L L S O U I O
S K C L H A A Z R B J O
W B N E B D N A L L I B
E O U T M O D S O O T Y
E I P R G D R I B G I B
P E R K Y E A L F C S T
V Y M B S N T I M R E K
```

BIG BIRD	MISS PIGGY
BILL AND BEN	MR. PUNCH
CAPTAIN SCARLET	MUFFIN
FOZZIE BEAR	PERKY
GONZO	PINKY
GROVER	ROLAND RAT
JUDY	ROWLF
KERMIT	SOOTY
LAMB CHOP	SWEEP
LOOBY LOO	TOPO GIGIO

Native North American Tribes

```
X Y M M M I P A X W I X
E N O R U H F U F B X M
P Z H B F O O Z P F Y I
A T I H C I W U Z W M R
W Y C E S Y E N C R O W
N E A V A B S E K I H H
E Z N N L A I O B T A O
E B D O C H O C T A W B
F O E E H N U G F C K U
T A N L I S Q O H D Y B
B E E H O A O E Q S Q Q
S R C N R N R H H B N R
G P V O W O I A S K B V
T Q L T K Y W M P M C R
L D D E L N O P E A R Y
P Q E T E J W D U S H A
P S N E H C A P A V C O
```

APACHE

ARAPAHO

CHEROKEE

CHINOOK

CHOCTAW

CROW

HURON

IROQUOIS

MOHAWK

MOHICAN

PAWNEE

PUEBLO

SEMINOLE

SENECA

SHAWNEE

SHOSHONE

SIOUX

TETON

WICHITA

WYANDOT

```
D F E T E D A Y Q Y X P
N E W Y E A R A A S F R
G O O D F R I D A Y T H
T H A N K S G I V I N G
Y T B Z Y N P L C M A T
A A P M I U X O H H H E
D T D X X H D H R G V L
N A O R C W D K I E A O
U B F D E I L N S A Y W
S E D E W M E A T T Y S
M H E A S R M B M N N U
L S L A I T P U A E U N
A I X F S P I H S V S D
P M N I G T P V D D T A
I O R N V I E R A A I Y
B H B F P Z U R Y L H M
C N E E W O L L A H W O
```

ADVENT	FETE DAY
BANK HOLIDAY	GOOD FRIDAY
BONFIRE NIGHT	HALLOWE'EN
BOXING DAY	LOW SUNDAY
CHRISTMAS DAY	MIDSUMMER DAY
CHRISTMAS EVE	NEW YEAR
DIWALI	PALM SUNDAY
EASTER	SHEBAT
EPIPHANY	THANKSGIVING
FESTIVAL	WHITSUN

Chess

```
M U A S E S E R A U Q S
S Z P E Q Y R E Z H P D
G T N U F E O Q W A F L
F L G X I P O H S I B D
C N O G D X K S G C C L
E H K N R M K G R H G V
X T N K A Y A Y A E Y Q
C T I Z O M S M N S J U
F N G H B F P T D S E E
G T H I W I A Z M M L E
U X T S O S R K A T Q N
M L E N M C O K S G F G
C P M W R H V A T Y M Z
H J P A U E C R E J Y E
Y L O P H R T P R H W R
U B M P G R M O V E S Z
W N G E F L B V Z L K I
```

BISHOP	KING
BOARD	KNIGHT
CASTLE	MOVES
CHAMPION	PAWNS
CHESS	QUEEN
FISCHER	ROOK
GAMBIT	SPASSKY
GRANDMASTER	SQUARES
KARPOV	TEMPO
KASPAROV	WHITE

```
X P Y V C P S A M U W P
D D S T S E U G N S A N
A R S T G C R U R F O P
B I S T N S R E W O L F
P P C E I E E F M A O Q
A L T A R A S Y I O Z M
I X J D R V E E H E N N
T I U S G N I N R O M Y
T O Y P O N A C I P D U
E B Z H K M I T E A I O
F R X K T S P D I N R I
N S D S H E A R D O R T
O Q E J C D L O Z E N S
C B Q E R I T S K Q W Z
X V R M U R W E I E Y R
Y P O F H B Q S R A N L
K Q C L C P X G U E N V
```

AISLE	GUESTS
ALTAR	HONEYMOON
BEST MAN	MORNING SUIT
BRIDE	PRESENTS
CARNATION	RECEPTION
CEREMONY	RINGS
CHURCH	ROSES
CONFETTI	SERVICE
FLOWERS	TRAIN
GROOM	WEDDING

Gone Fishing

```
Y G H W G A J A J D Q U
Y R A U T S E F L R W B
Q V I K M R S X U K R V
G A Q V S B E O Y E Q D
Y R M C E P B N T K E W
S H O T O R V S N C H I
E G J U A A B F I I D I
M L E H N O S A P E P N
B A K A L D L T N W Q S
A O C C T P B I L K I H
R V F K A R L A W I G O
C O M P E T I T I O N R
O H S L F R H R U T I E
T U G I A G E R J R T Y
Z N R I I O N L A O S M
A D V E F E H Y J U A U
J M W M Y R Y S T T C N
```

ANGLER

CASTING

COASTLINE

COMPETITION

CRAB

DRIFTLINE

ESTUARY

GROUNDBAIT

HARBOR

INSHORE

LOBSTER

MACKEREL

PLAICE

RIVERBANK

SHOAL

SHOT

SPINNER

TACKLE

TROUT

WEIGHT

```
Y W D D N A L H G I H Y
D B R A E G W O L I D V
B D E D N A H H G I H O
N S R E M I T H G I H H
G O U H D H C P F W C H
J R S C S H T Z U R B G
O A S T A N Y E U W N L
Y T E I C O S H G I H L
E L R P T T C K T U O A
D A P W G W D U W W H B
I H W O O N L K N E I H
T G O L A A U E A G G G
W I L L F S C L O Z H I
O H W H C K P D S H N H
L O G R E D A O L W O L
L I T D M N W O D W O L
H I G H C O U R T X N L
```

HIGH ALTAR	LOW CHURCH
HIGHBALL	LOW-DOWN
HIGHCHAIR	LOW GEAR
HIGH COURT	LOWLAND
HIGHFALUTING	LOW-LOADER
HIGH-HANDED	LOW-NECKED
HIGHLAND	LOW-PITCHED
HIGH NOON	LOW PRESSURE
HIGH SOCIETY	LOW-SLUNG
HIGH TIME	LOW TIDE

```
F D J T V N Z U P J U I
H T E B C A M G V D C L
A F N I O C G P S E V E
N A U J R I A C R R Q Q
S L F D L F L R K F X E
E S A S A N G E M R U D
L T J T A U A E D E Z I
U A P X R L I B I I N N
N F R H C A O S U S F N
D F I I M B V M J C D A
G I N X N O V I E H C V
R A C U K H A T A U T O
E Q E T S E C L A T H I
T P I M Q M S F O Z A G
E U G E N E O N E G I N
L U O E W L T W E A S O
P A R S I F A L W L B D
```

ALCESTE	LA BOHEME
ALCINA	LA TRAVIATA
CARMEN	MACBETH
DER FREISCHUTZ	NABUCCO
DON GIOVANNI	PARSIFAL
EUGENE ONEGIN	PRINCE IGOR
FALSTAFF	SALOME
FIDELIO	SIEGFRIED
HANSEL UND	THAIS
GRETEL	TOSCA
JENUFA	

Rocks and Minerals

```
L E T I R O I D A T G V
R E T O D I P E R W O H
X R N Y D L S E I R N S
I Q Z F H Y H Z B H Y W
N E L V E C S B E I U M
V P N N A A N M R R D
B S I I O G O R E H V K
R T Z M T T I N T Y I F
E N O T S N O R I O G C
D U A D D A E R C L N M
M Q U G N P T P A I E X
A M K N A A I R R T O O
R D U X S T S L H E U Q
L S Y E W I E R T Z S H
I B F F U T D P N T J Q
S E D I M E N T A R Y A
E T E R C L A C N D H L
```

AGATE

ANDESITE

ANTHRACITE

APATITE

CALCRETE

CHERT

DIORITE

EPIDOTE

GABBRO

IGNEOUS

IRONSTONE

MUDSTONE

RED MARL

RHYOLITE

SANDSTONE

SEDIMENTARY

SERPENTINE

SYENITE

TRACHYTE

TUFF

Boys' Names

```
C P A R D Z V W G L L F
P T C O C Y Q H H J V U
J X B G B W D T Y N D F
B A S E C N E R E T X W
N L E R O N A L D M Y H
P X W M N R O K M K O O
S G S E W I N S T O N E
Y E K U D A M R A M E W
D O C K R T F A B I A N
Q F B D A S S Z J P O H
W F U L W I L R Y N G E
L R B A D L A N I G E R
V E D W E A O L Q F M B
E Y R S R H O A D K R E
Q N S O T C V P U T Y R
D U B N Y R K Y E E S T
R T A Q X A K Z C O F O
```

ALISTAIR	KENNETH
ANTHONY	LEROY
BENJAMIN	MARMADUKE
COLIN	OSWALD
DESMOND	REGINALD
EDWARD	ROGER
EMRYS	RONALD
FABIAN	RUSSELL
GEOFFREY	TERENCE
HERBERT	WINSTON

```
I Z D R O F X O P V T Q
L K G L E E D S U J L M
Q O L L O T S I R B M A
G U O C O V E N T R Y N
H P C P B U N X E G V C
R E A J R Z C L E S A H
P Q D R A E W E G O G E
X N M E D X V B S U D S
O E A T F A R I O T L T
D W H S O O V R L H E E
Q C G E R O O M N A I R
D A N C D B A I U M F Z
R S I I R H Q N P P F I
U T T E D F R G R T E F
A L T L E C C H P O H K
M E O O D H T A B N S Z
P Y N L P L Y M O U T H
```

BATH   LIVERPOOL
BIRMINGHAM   MANCHESTER
BRADFORD   NEWCASTLE
BRISTOL   NOTTINGHAM
COVENTRY   OLDHAM
EXETER   OXFORD
GLOUCESTER   PETERBOROUGH
HULL   PLYMOUTH
LEEDS   SHEFFIELD
LEICESTER   SOUTHAMPTON

Newspaper Names

```
Q B K K V F S O I F I S
O Y O D L M Z B N N N A
D R A D N A T S D B V N
X T Q F G R N E V E I X
A N Q L B A P R B S H R
J V J L Z E Z V U P H X
C H A M N I O E A O P Z
S O Z D M A T R T R J Q
X L E L V F G S C T E O
A N G A J E C H O V E N
T M Q R L H R C R P I T
A L R E P O R T E R Z L
X C T H N U B E I E X D
Z M T I M E S K R S E D
X G C A R G U S U S E I
L L C X C G D R O C E R
E G C M O Y R U C R E M
```

ADVERTISER	OBSERVER
ARGUS	POST
CHRONICLE	PRESS
COURIER	RECORD
ECHO	REPORTER
GAZETTE	SKETCH
HERALD	SPORT
INDEPENDENT	STANDARD
JOURNAL	TELEGRAPH
MERCURY	TIMES

```
F F F V J G N I W O L P
C H A H B I M B Q V P I
U U L X X I A F L Q R H
M I L L P O N D P E U D
M P O T F I G F I Z Z V
Z X W Z I A D B G I A L
W C T F R V R S S A R G
A Y R A R M A M T M G R
Q A B H I F I T Y N W J
N L O L G P N L I A F N
E R U N A M A H K O R H
G R N B T R G S R I N D
A V W A I U E E T R N M
L E S R O H S S N U V G
I E K L N T A R T D R X
S D P E R E A P I N G E
V H A Y R I C K A G H M
```

ARABLE	IRRIGATION
BARLEY	MAIZE
CULTIVATION	MANURE
DRAINAGE	MILKING
FALLOW	MILLPOND
FARMYARD	PASTURE
FORESTRY	PIGSTY
GRASS	PLOWING
HAYRICK	REAPING
HORSE	SILAGE

Dogs

```
S B M D W Z Z L E Y W Q
N T Y R E T N I O P B E
F M Z F I L U R C H E R
H O U P F C A F Z U K I
H M S V O H F D L D W J
N D L R X I O B E K I N
T Q G G T B Y E T R T E
D I W S E R W E I W I S
E I A R R E O S K H Y A
L M M E R D H E U I K B
E A K L I S C N L P S S
N B K V E E W I A P U L
W O R T R T O K S E H U
A X T G O T H E C T X S
D E U U L E C P E C U E
R R O D A R B A L U N T
J K D N U H S H C A D J
```

AIREDALE	KERRY BLUE
BASENJI	LABRADOR
BOXER	LURCHER
CHOW-CHOW	MASTIFF
CORGI	PEKINESE
DACHSHUND	POINTER
DOBERMAN	RED SETTER
FOX TERRIER	SALUKI
HUSKY	SPITZ
IRISH SETTER	WHIPPET

```
N B B U R A S P N R B S
V U T S N S W A P W B N
N A I E M Z I W S E K F
H O C I X E M W E N Q U
K A R N Y A K S A L A B
Q I P T I Z S Z B L I K
F U I N H E C V W F N V
H L E K N D P D I H R C
W Z O N H U A L S A O B
E N E R V D L K C L F D
C T E B I I X F O H I M
W E S V N D R R N T L O
Q G G O A O A G S Z A N
N W I H R D G D I G C T
Z S P I O W A E N N Q A
F P D O D U W P R R I N
W X S W K A R I Z O N A
```

ALASKA	NEVADA
ARIZONA	NEW MEXICO
CALIFORNIA	NORTH DAKOTA
COLORADO	OHIO
FLORIDA	OREGON
ILLINOIS	TENNESSEE
IOWA	TEXAS
KANSAS	UTAH
MAINE	VIRGINIA
MONTANA	WISCONSIN

Verbs

```
O M M M X L K N I L B V
X Y U E G C R E M B Z D
S D Z F R C A T C H Q P
K U R N A W W S C U W H
H T M P Z F Y I C A D R
L S H L E X P L O D E A
Q B H J J K G M N P C R
Q N H O E N A R S B V M
I M I B U I D I T Z V A
M N H S T T H U R R Y J
Q O T M C W E Q U V E N
F M U C Y R R S C H Z K
X L T J W P E J T Z Z B
O V A O S D K A X I F D
M N I S Y G E V M A F E
A I H L W R W F N K H Y
U G K Q B R R U Y S Z Y
```

ADHERE	JOIN
BLINK	KNIT
BREATHE	LISTEN
CATCH	REACT
CONSTRUCT	SCREAM
DEFY	SHOUT
EXPLODE	SQUIRM
FIX	STUDY
GRAZE	TESTIFY
HURRY	WHISPER

Anyone for Tea?

```
R B P R A E G G E A R S
M X Z S V N Y L N E C P
H A S C E W A I D I H I
B A T S X T H W O U U D
M A N C U C O L D D N E
E I J P H P P C W E M R
G O A Y N A A H L Y E L
W H K U E M U I U S E E
O V G E E U M J J B Z G
H D R R P O J H I E H K
C O O W M E N I M S A J
G O E A R L G R E Y X J
N A C A I S E N O D N I
I R A T A R U T A M J R
N S H R N E E R G R K V
D A R J E E L I N G O I
C E Y L O N T Q Z F J Q
```

ASSAM	GREEN
CAMEROON	GUNPOWDER
CAMOMILE	HAPUTALE
CEYLON	INDONESIA
CHINA	JASMINE
CHUN MEE	MATCHA UJI
DARJEELING	MATURATA
DOOARS	NINGCHOW
EARL GREY	ORANGE PEKOE
GINSENG	SPIDERLEG

Clouds

```
C O A W M F I F G F S X
O H H O R S E T A I L S
C Y S L I A R T N O C U
S D U O L C W O L L I B
T R T Y I Y G M M X R M
R O A S V C I F C M R I
A L R U N L Y C V B O N
T O T T A O C I F K C O
O G S A C N W H E H U L
C I O R T I I P N K M U
U C B T H C R A I N U M
M T M S U A G R I V L U
U U I O N U T G U Q U C
L S N T D M V O X S S I
U P I L E U S R C T N L
S U T A R T S O R R I C
M A E R T S T E J E X C
```

ALTOSTRATUS	HYDROLOGIC
ANVIL	JETSTREAM
BILLOW CLOUDS	NIMBOSTRATUS
CIRROCUMULUS	OROGRAPHIC
CIRROSTRATUS	PILEUS
CIRRUS	RAIN
CONTRAILS	SNOW
CUMULONIMBUS	STRATOCUMULUS
CYCLONIC	THUNDER
HORSE TAILS	VIRGA

Eight-letter Words

```
Y R E T N I L P S T K D
E R S S C A L D I N G H
L G O D H C T A W E E W
C P N T F M W G T I S Q
Y M G N I L P M U D N R
C U A E O D A W X E E V
I S I U P S U G M B S K
N H D Q A X I A R O N U
U R Y O P L I R Y A O Y
L O V L V Z Y D P S N R
H O M E L E S S E M W T
Z M K R C F A R R E I S
S T E T S C U P T I Q I
O T W S K T S U N Q A G
P K O N X U O O E X S E
P A C I F I S M S D B R
O E M M L F S J S W I E
```

AUDITORY

DIAGNOSE

DUMPLING

ELOQUENT

FLAGRANT

HOMELESS

IMPRISON

KNAPSACK

MINSTREL

MIXTURES

MUSHROOM

NONSENSE

OBEDIENT

PACIFISM

PERTNESS

REGISTRY

SCALDING

SPLINTER

UNICYCLE

WATCHDOG

Anatomical Arrangement

```
L G C E E U C B J W A X
S M R A N L U M Y N E B
F G F K V Y O E O Y K D
C C K Z F I S S U R E A
H X V B T G T W O Z T N
U C M O L R V Y M G F Y
F P C G I A S I D X E J
M G I L A C D Y O T C C
M A S I M R E D I P E G
I M L F I N H B E N B Q
P N U F D Y I P O R E H
B S F I U A I B A X X M
G W K T L N N I H I G R
Y L B H E I N Z B C D S
G D N A H E V B Q S Q C
J S L S R Q T E O O F O
S L A V W P O H R T Q G
```

ARMS	LIVER
BLADDER	MIDRIFF
BRAIN	NOSTRILS
CAVITY	PINEAL
DIAPHRAGM	SHINBONE
EPIDERMIS	SOLE
FISSURE	TEETH
HAND	TIBIA
ILIUM	ULNAR
KIDNEY	VOICE BOX

```
Q B T X L F Y O O B F S
D D N A M O T T O U E S
R R W U H E G O G R A F
A E U M A I K Y U E S K
O D F B E S F T M A Y Y
B R S R H Z C I N U C R
E A X E I I A E U O H W
D L L L P G E T F N A R
I F D L F R E F F S I E
S S E A C I E R H L R T
F G B S V E T S A I T S
C K E T T E T L A T P O
A C L A Z A N H B K O P
R O B N N G C P C H N R
V L U D R M S T O O L U
E C O L R X O X C R M O
R X D A A B T A O H T F
```

ARMCHAIR

BOOKSHELF

BUREAU

CARVER

CLOCK

COFFEE TABLE

DAVENPORT

DOUBLE BED

EASY CHAIR

FOUR-POSTER

HI-FI UNIT

LARDER

OTTOMAN

PICTURES

REFRIGERATOR

SCREEN

SIDEBOARD

STOOL

UMBRELLA STAND

WASHSTAND

Buildings

```
V E S U O H T U O B A Z
M D S D M M C I S M W J
U I W U B O A I E E Y J
E Z V N O I S N A M J O
S G T M V H I Q P X A U
U U A W U C N U U P F K
M Y P R L I O W A E L G
D A N E A E R R O N O S
D C S J R G T A U T O K
V W I N D M I L L H H U
U A E S E E A R O O C D
M E C N H L E R G U S K
U T T E T T G I K S L Z
G Y M N A S I U M E E L
K T R E C A R O U B T G
M C H U R C H K O I O L
V T P Q L G L H M Z H Q
```

APARTMENT
CASINO
CASTLE
CATHEDRAL
CHURCH
CINEMA
GARAGE
GYMNASIUM
HOTEL
MANSION

MOSQUE
MUSEUM
OUTHOUSE
PENTHOUSE
SCHOOL
SOLARIUM
SUPERMARKET
THEATER
TOWNHOUSE
WINDMILL

```
R C B I Z T P J K W V T
L E Y T P O T S F D U Y
S M W R I N L U A I M T
L I E I X W E B O A X O
X R U P N I O J Z P P O
M R S O F D H E O H G H
M O E D I E S C O R A S
W R T F L A T T M A K L
T E B M T N O D L G B H
X D W I E G H I E M M S
M E U L R L S R N E C M
G Y P A C E U Q S Z P R
H E P A C S D N A L F S
T H C L O S E U P M R R
V S Y P A N O R A M A O
B O X M Z L O N B G M T
R E T T U H S D K O E C
```

CLOSE-UP	PHOTOGRAPH
DIAPHRAGM	RED-EYE
EXPOSURE	REWIND
F-STOP	SHOOT
FILTER	SHUTTER
FRAME	SPEED
HOT SHOE	SUBJECT
LANDSCAPE	TRIPOD
MIRROR	WIDE ANGLE
PANORAMA	ZOOM LENS

Battles

```
N W G J A R D E N N E S
E T A L P R E V I R G O
W M L R A V O E R U D X
B A L A M O M C A B I B
U B I G C A C D U K R O
R Z P L L D A L L C B S
Y Y O A M L G R X O D W
F B L F C E O V D N R O
D E I A V L T N E N O R
M S N R P K A E Z A F T
L A W T Q L R H J B M H
L N S V T G A I F P A F
J X W U E H S S K Q T I
F V J S K E N O S N S E
Q Y O E R D M E M E U L
F O C P S M K I T M Y D
G C Y J I P W D M Y E A
```

ALAMO

ARDENNES

BANNOCKBURN

BOSWORTH FIELD

BULGE

DUNKIRK

EL ALAMEIN

GALLIPOLI

GOOSE GREEN

GUADALCANAL

JUTLAND

NASEBY

NEWBURY

PLASSEY

RIVER PLATE

SARATOGA

SOMME

STAMFORD BRIDGE

TRAFALGAR

YPRES

Double S

```
L A L S L E S S E V Q R
U A S K A E L S R B B O
G A U S F U S S I L Y B
T Y W V E S X S E N P Q
X R S S E S J S O O U M
G G E R L X S I E N I R
L R P L A I T N E S S E
I P F F N A G J T Z N S
O T S G S C U R M M O S
D G S S S S E R P M I E
D N E C E S S A R Y S R
U C L B S N S S K P S D
I F O E Z G I T A Y E Y
E S S E N I F L H U S W
G U S S E T R Q G U E M
Y K I S S I N G O U J G
J T R V F M K M X T I B
```

ASSESS	KISSING
BLESSING	LESSONS
CESSATION	MISTRESS
DRESSER	NECESSARY
ESSENTIAL	OPPRESS
FINESSE	RISSOLES
FUSSILY	SESSIONS
GUESS	TRESSES
GUSSET	UGLINESS
IMPRESS	VESSELS

In Germany

```
X S A G Q P M V T M D Y
T T Y X R B T E Z Q C B
E S M L K U Q Z I T E E
S W E I S S B I E R P U
U C T R E Q E M L B J F
N P H A O H R I A F R Q
U I V L I F N H U H N M
A X A B O R K N I H E I
T H T R E S A C A N M R
D E A A V E S V A M E Z
L Z E T F A T K A L R C
E A E W U E E H L B B O
S P H U H H L I O T Q L
S T T R Q W H W X V P O
A F E S F C K L E A E G
K C O T S O R A Y I K N
X W G A U T O B A H N E
```

AUTOBAHN	HAMBURG
BAVARIA	KASSEL
BEETHOVEN	MANNHEIM
BERLIN	RHINE
BERNKASTEL	ROSTOCK
BLACK FOREST	SCHILLER
BRATWURST	SCHLOSS
BREMEN	TAFELWEIN
COLOGNE	TAUNUS
GOETHE	WEISSBIER

Dams

```
T Q D L V I W P V V R W
A L E B R A T K E N C R
W N S A N L U I S S D R
K A K H O V K A H K M C
H C X H T O F I C C K X
G K A N E V G L C W O X
E N C D P H A P G A J C
A L G N A M R D R V J F
B G L S H W D A I X V R
J N W I C S I C S G O A
T A V N V B N T A Z C K
N S Y R M O E R N U G R
J A N U G O R W R A I U
L P T C N I E O O E D T
S I S Y S Z B J Q Y P A
J C S O I I U R U C U T
G K N F G R L Z E L S A
```

ATATURK	KAKHOVKA
BORUCA	KANEV
CHAPETON	KIEV
CIPASANG	MANGLA
COCHITI	OROVILLE
DANTIWADA	ROGUN
GARDINER	SAN LUIS
GARRISON	SAN ROQUE
HIGH ASWAN	TARBELA
ITUMBIARA	TUCURUI

Bicycle Tour

```
K M U D G U A R D S E P
U Q C W L Z D W I W S C
H B O L T S F N D P O M
U A J E B U T R E N N I
E L N R R S B E S G C R
F E P D E E D L E T E S
J V H K L O E A N I J T
I E A L M E R R N S E H
G R V E H S B N P R M G
B S T W U Y A A R H A I
N E P W A P N M R D R L
R Y E S C N C D D S F R
G S D L E B A S K E T W
X V A R D K S E R I T U
Q X L F O D O P U M P X
M W S X E V A P T K K O
U A U C P P V S S T K G
```

BASKET   MUDGUARDS
BELL   PANNIER
BOLTS   PEDALS
BRAKES   PUMP
FRAME   SADDLE
GEARS   SPANNER
HANDLEBARS   SPEEDOMETER
INNER TUBE   SPOKES
LEVERS   TIRES
LIGHTS   WHEELS

```
F L T R A J T H G I N S
N K P E L I C A N B V T
I D R A Z O R B I L L Y
K S U Z M H D Y T U T K
S V N N J C R A N E H G
I C W W N A O U U T A K
S N O W C O C K B H O Y
D R I B T A C Y E R G K
H Q E G M I H K L O F R
P O G L H P C W T A Y R
Q D O C I T N K T T E O
X R B P H O I V I B R C
Q A I R O L F N L S I K
D T U N S E L O G E G D
T S D R A L L A M A M O
H U S C H O U G H P L V
F B J L M L B Q O A S E
```

BLUETHROAT	MALLARD
BULLFINCH	NIGHTINGALE
BUSTARD	NIGHTJAR
CHOUGH	PELICAN
CRANE	PIPIT
DABCHICK	RAZORBILL
DUNNOCK	ROCK DOVE
GREY CATBIRD	SISKIN
HOOPOE	SNOWCOCK
LITTLE BUNTING	THRUSH

Beauty Box

```
U C E M U F R E P E Z D
M L G S P R E Y M H O K
A E A D E S Y E U F G S
S A L O N S R S G Z R C
C N R D C Y D H Y G F V
A S O R B K R A X R A N
R E N O I T I D N O C L
A R A L E B A O R O E E
S R I L L S H W S M P R
D Q L E I A E M R I O M
J S P R F P E H O N W Q
X T O S L T S A S G D E
B Y L V I L M T S U E M
L L I C A B G J I R R Q
H I S N N V O S C C E B
A S H A M P O O S L K D
J T B V W A S H I N G A
```

BRUSHES	MASCARA
CLEANSER	NAIL FILE
CONDITIONER	NAIL POLISH
COSMETICS	PERFUME
EMERY BOARD	ROLLERS
EYE-SHADOW	SALON
FACE POWDER	SCISSORS
GROOMING	SHAMPOO
HAIRDRYER	STYLIST
LIPSTICK	WASHING

Write About

```
E G A K C A P A S G X G
P W L Q Z O I G K K D U
R Y R I R R N W R R P F
I E L I M I S C A F O R
N D R A T F S C M U G R
T J I E Q T T N N P N X
I L E D U S E T O O I G
N R C U O G A N I T L V
G M E P V I D T T S L R
T J C P N E A W S L E I
E P F P A T V H E L P T
L A E R I P O J U U S A
E N S V S N E K Q F B L
G I N O I T A T C I D I
R I Y P O C O T O H P C
A L N Y L E R E C N I S
M A I L I N G Y Z G O H
```

AIRMAIL	NOTEPAPER
DEAR SIR	PACKAGE
DICTATION	PHOTOCOPY
FACSIMILE	POSTCARD
FOUNTAIN PEN	POSTCARD
FULL STOP	PRINTING
GREETINGS	QUESTION MARK
INVITATION	SINCERELY
ITALICS	SPELLING
MAILING	TELEGRAM
	WRITTEN

What's in the Larder?

```
U S W H E R B S D X B V
O G E F W T A U I H F V
H L L N C O U G T F G S
I K I U U O X Y E N O H
M V M V O R E G A N O T
O I C T E W P W B T I Y
N D N F L O U R A S D V
A F R T M R I R G P U K
M O T I S R R L S A H L
B A Y L E A V E S G U L
J J H R G D U E L H S J
C O R O A V F C M E T E
L S N I S I A R E T I H
O E I H I C C A U T E I
V U V F E N N E L I E A
E C U A S O T A M O T T
S B E L K C I P H Y A O
```

ARROWROOT	OLIVE OIL
BAY LEAVES	OREGANO
CLOVES	PICKLE
CUMIN	PRUNES
DRIED FRUIT	RAISINS
FENNEL	SPAGHETTI
FLOUR	TARRAGON
HERBS	TEA BAGS
HONEY	TOMATO SAUCE
MINT SAUCE	VINEGAR

```
D X E P R L N A W V O V
P Y Y Y Y S O R P E L N
O U S A N G I N A I E V
G B K P R S T K N X R S
P E L C E R A N A K U C
T U A L E L N M C L S G
S X A S H H I C E E S L
T C P L L N C P A N E R
S N J W A A C B E R R B
E V G T R M A R U F P E
T O I D C N V T P O D Y
S O I R D O C W L I O A
N A D A U A M I O A O Z
C J G S R S O N N R L Y
S E H F L A E T E I B R
P J A J T D E R A H L O
Q V C I A I P O Y M A C
```

ADENOID

ANGINA

BANDAGE

BLOOD PRESSURE

CARDIAC

CHECK-UP

CLINIC

CORYZA

EPILEPSY

EXAMINATION

FRACTURE

LEPROSY

MYOPIA

NERVOUS

PANACEA

POLIO

SCALES

TESTS

VACCINATION

VIRUS

Timber

```
Y Y C K I U G K T Z R E
M N W P E K P P Z R L Y
X F O J E L R A D E C N
V L M B G I P C P P S M
N E E R E D O A K J J B
L G D I F S S A M F S R
X W Q M A H O G A N Y I
P O E C W E Y W U O E K
C L L W T U N T S E H C
W L E I A N A R A P U O
K I H B P L E K C G W L
R W R C V D N K H V C M
I E L S E E A U F N D E
M F D A I E N U T P D H
M K L L T S B I R C H U
P U Z D A R A T P U I V
K I E Z F I G H I E O T
```

ALDER	MERBAU
BEECH	PARANA
BIRCH	PINE
CEDAR	RED OAK
CHESTNUT	SAPELE
DEAL	TEAK
EBONY	WALNUT
HEMLOCK	WHITE OAK
MAHOGANY	WILLOW
MAPLE	YEW

```
R R U E A G E O E S W L
F A D E F Y I E W M P R
O N L M A Y U Z E V K F
L D D L P R J N H S Z X
N T J R O X Y D B G S L
V W K B J D U I G G I B
P X U B N I R O U B L E
R M C U A R I A N S K W
S X O Q H H R F C R F P
V P T K Y A T H O H K H
G N R E N M I N B I M U
S V F I O L E P F J E A
G E D A L A G V U F Y N
M K M I O V R K W R S U
Z W N W C B Y Z K A J R
M G I P M Z U D O N V O
E K S J W M E O M C H K
```

BAHT	KORUNA
BIRR	KRONE
COLON	KYAT
DINAR	NAIRA
DIRHAM	POUND
DOLLAR	RAND
DRACHMA	RENMINBI
EURO	ROUBLE
FRANC	RUPIAH
GUARANI	SCHILLING

Hard Words

```
I N D U R A T E F S Y L
D I L O T S X B T R D K
S T O I C A L R G I D Z
L U F I C R E M N U I I
H K O T R N H F I N F M
M P I R U K L S S B F P
P N L O O E Z E I E I E
G E U A X G N V M A C N
D S R I B S I E O R U E
J M B P I O I R R A L T
Q L W T L V R E P B T R
E D I A I E R I M L K A
R V C H W A X V O E V B
E G R A N I T I C U U L
T R E S I S T A N T S E
O B D U R A T E U G X V
X U Y T T O N K W X P D
```

DIFFICULT	PERPLEXING
EXACTING	RESISTANT
GRANITIC	RIGOROUS
IMPENETRABLE	SEVERE
INDURATE	STOICAL
INFLEXIBLE	STOLID
INSENSITIVE	STRENUOUS
KNOTTY	UNBEARABLE
LABORIOUS	UNCOMPROMISING
OBDURATE	UNMERCIFUL

Archery Contest

```
Z E Q T E N I P S E D K
B N S S J S V S C O K R
G A T V O L Z H I D H A
F W L A K H M N Y C C M
L K C L G G K O T W O J
P R B U I E H O E C B A
Q H L O R S N Y R Z M Q
E S R O W C T A N A I S
D G C E W A R A S C L A
C Z A F C E R L K E R I
U R E D H A R M T L E M
A K E T N B R L U I P I
N A A E P U G B I P P N
R E V T P N O X S M U G
F S T R I N G P L O B S
V I Y L E B E L L Y T Y
P T S S G N I R D E R G
```

AIMING	MARK
BALLISTA	NOTCH
BELLY	PILE
BOWARM	POUNDAGE
BRACER	RED RING
CREEP	SLING
DOINKER	SPINE
FAST	STRING
FEATHER	UPPER LIMB
LOWER LIMB	YEW

Gardeners' World

```
B U L I I O S C E R R I
S G J B W T T T C U A Q
Y E M G O Y T R N A I K
H O O X R B M N E Q N E
K E X T R A E A E N T E
R S D D A R K F N S C E
K U P F B M B E E U D H
U O E E L Y O V T A R G
V H A R E D R T P X Z E
E N S T E A E S D E E W
S E D I H L M O U X Q A
E E J L W I Y P B P M U
L R N I H O F M B U S O
P G U Z U S W O L U D P
P G S E T P X C A N E S
A U Y R E O H U V Q N I
G Q V A Z T N A L P U U
```

APPLES

CANES

COMPOST

FERTILIZER

GREENHOUSE

HARVEST

LETTUCE

MANURE

MULCH

PEAS

PLANT

RAIN

RAKE

RUNNER BEANS

SPADE

TOMATOES

TOPSOIL

TRENCH

WEEDS

WHEELBARROW

Shakespearean Characters

```
T M D H P N M O T T O B
O E B A M U A O N S X V
F T I M K C C A O H O U
Z I H L H Q B K S C C B
Z T R E U I E T K O T R
O A N T L J T T B R A U
C N J A B L H I D E V T
E I C I R W O E L P I U
F A L L L C P G F S A S
R O M E O M N D A O H O
C S J H I I J E L R R S
M O H P K R T R S P V H
Y Y A O Q A A L T O X L
O B E R O N W O A E R R
Q G K C H D H I F B F X
P D W F C A K K F F Y K
A C T M L U H O L L T T
```

ARIEL	OBERON
BOTTOM	OCTAVIA
BRUTUS	OPHELIA
CALIBAN	OTHELLO
FALSTAFF	PROSPERO
HAMLET	PUCK
JULIET	ROMEO
KING LEAR	ROSENCRANTZ
MACBETH	TITANIA
MIRANDA	TYBALT

Foot Work

```
N G T U E D J X S M P D
K Q O A Y L H E E L O S
B X E L V P K T N G K C
C V N S G B A W I W I A
R H A T G T B S E G S V
N F I R A E E U V G I I
R N L R C N A O N N K D
E Z S M O H K I B I N H
T U D B R P Q L S P O C
S N I U N Q O I E P D N
I Y T V Y G E D P I N W
L Z N A J T I I I K E A
B A Y W S C N O C S T W
R M S O U G S B J T T E
V G P R L I T U F I P S
K N E Z A G E C A C V E
E C T D T T P S Q X R W
```

ANKLE	HOPPING
ARCH	INSTEP
BLISTER	METATARSUS
BONES	PEDICURE
BUNION	SKIPPING
CHIROPODIST	SOLE
CORN	TALUS
CUBOID	TARSAL
DIGIT	TENDON
HEEL	TOENAILS

```
I X Z X H O Y R C D T R
D M G V D N E T N I O L
N B A H I E E U R C K H
V I L G H Z Y E D I T B
I Q M P I G H B G N M A
C I W M U N W U M G H J
O J E I I I A E J Z F H
N T N T I N I T I A T E
I N J I O O E A I N K V
C E Y D I R P N O O F O
T D O B L I V I T Q N R
L N G H L E S M S O S P
C I A E N R Y U L Q T M
E K Z T E C I L L Y D I
P X I V S M O L G I H E
O O N T S N A I R E B I
N I Y R O V I J Y L P M
```

IBERIA	INDENT
ICING	INHERIT
ICONIC	INITIATE
IDYLLIC	INSTANT
IGUANODON	INTEND
ILLNESS	INVENTION
ILLUMINATE	INVERSION
IMAGINATION	IRONING
IMMINENT	ITEMIZE
IMPROVE	IVORY

Perfectly ABLE

```
U O S E L B A I N E D K
E R B E L B A E Z I S U
A L E L B A F F A U P N
R D B C O N Y C S E R E
E R M A O W D T R N O N
M I P I C V A M I F B D
O N L L R I E P R M A U
V K A F N A L R H E B R
A A S A B V B P A L L A
B B B L S E A L P B E B
L L E E Q G N I E A L L
E E U L Y E O A L T N E
V T J B S T I B B S N I
F G J A Q A H L A U J X
G Y B X R B S E T J X B
E L B A P L A P O D T L
E I U T L E F R P A R S
```

ADJUSTABLE	POTABLE
ADMIRABLE	PROBABLE
AFFABLE	RECOVERABLE
DENIABLE	REMOVABLE
DRINKABLE	SABLE
FASHIONABLE	SIZEABLE
INAPPLICABLE	SUSTAINABLE
PALPABLE	TAXABLE
PERMEABLE	UNENDURABLE
PLIABLE	VEGETABLE

```
R E K N I T S B F S F D
N K K A Z X O U P F W Q
T A U M Y X N I I E U Y
O F M E E V A L A I A E
S X D R A P I D N J K C
A T C O E A C E I S K B
D G E F B H I R S H S E
D C S E T X S A T U Q A
L Y T N P V U I R V S P
E R H I Y L M V F E L I
R E N G I S E D B A B P
G N Z Z K Y H J S B H L
O A C C O U N T A N T I
T E A R Y P E R I C Z J
D L L V Q R D A Z J K Z
B C U Y E K C O J R O B
Q J E R O T I D E U M X
```

ACCOUNTANT	JOCKEY
BAILIFF	MUSICIAN
BLACKSMITH	PIANIST
BOXER	PLASTERER
BUILDER	RABBI
CLEANER	SADDLER
DESIGNER	STEEPLEJACK
EDITOR	SURVEYOR
FISHERMAN	TINKER
FOREMAN	VET

About Time

```
V J Q Y O Y S P E L L O
O J V A A N N U A L V H
K V L D V D L L K T W W
Q W D N M H S S K U U H
T I Z O N Z Z E S A E U
M E E M R W A O U O N R
D W V R E G U L A T O R
U K Q E M F G D N H U Y
Q M Z B L N U E D G W P
E S F M N R S N A I U S
V T A E A E T P N N V I
E X H T R C E T C T Z R
N W I P U I E T J R N E
I O K E Z R U S V O D M
N Z H S M A D V D F X M
G P Z N L B M A V Z L U
N M F W C L F N Y U J S
```

ANNUAL	PUNCTUAL
AUGUST	REGULATOR
DURATION	SATURDAY
EVENING	SEPTEMBER
HURRY	SPELL
MIDDAY	SUMMER
MONDAY	TERM
OLDEN	TUESDAY
PRESENT	WHEN
PULSE	WINTER

```
P Q J K F P W E F C J D
V A Q C A Q B G S U K D
X Y I O Y T O O G Q A I
M A G N Y C W G S N V V
P G N I T P L U C S C I
F E I C B I I I H Z D N
A N T Y N G N M N R O G
G E I G N G G G G G Y F
N A R I U G N I F R U S
M L W P U Z Z L E S G O
J O G G I N G D T N Z G
R G A B S E I L I N G A
R Y G O L O R T S A N P
M X X C R Y A S N F I Q
G N M B H K E X X N D S
L K M M S H D C G M I K
Q E Y B C I S U M U R Q
```

ABSEILING	JUGGLING
ASTROLOGY	MUSIC
BOWLING	PAINTING
CHESS	PUZZLES
CYCLING	RIDING
DANCING	ROWING
DIVING	SCULPTING
EMBROIDERY	SKATING
GENEALOGY	SURFING
JOGGING	WRITING

Fictional Places

```
E G D I R B R E T S A C
P O L X A T L A N T I S
B T E A E L A D S M I D
S H I N L W Q A K A M J
T A F A B I Q V A R I J
E M G D D Y R T E Y D U
P C N U E N V G P M W R
F I I C L O W B N E I L
O T R O A O E E I A C E
R Y P M D D A B W D H A
D C S K R A P H T U O S
U C P O E G R R S R M T
H T C M M I J O P Z X W
B K Z R M R M K D E U I
E J I H E B I X I L I C
P U W A M B R I D G E K
Q N O T E S U O M A H F
```

AMBRIDGE

ATLANTIS

BEDROCK

BRIGADOON

CASTERBRIDGE

DIMSDALE

EASTWICK

EL DORADO

EMMERDALE

GOTHAM CITY

MIDWICH

MOUSETON

QUIRM

SHANGRI LA

SOUTH PARK

SPRINGFIELD

ST. MARY MEAD

STEPFORD

TWIN PEAKS

XANADU

Presents of the USA

388

```
Z N O J N J Q A I C T C
D N A L E V E L C D C S
N A O N H L K D E D L A
M Q N S A A O C J O S A
O A L C R H R A T Y H C
R F D T R E C D N S I D
S C H I I K F U I L A P
V U V P S S J F B N E U
R Z R O O O I O E E G E
O F N L N L N R G J P W
L N B K L K U D E A I G
Y W H M X B E N J L G Q
A J O H N S O N S H Y X
T R N A Y B R O N P C T
E R V Y X T N X T J F B
G I A E Y W O Y W A P I
W S U S R T M P T Z J V
```

ARTHUR	JOHNSON
BUCHANAN	MADISON
CLEVELAND	MONROE
FILLMORE	PIERCE
FORD	POLK
HARDING	TAFT
HARRISON	TAYLOR
HAYES	TYLER
JACKSON	VAN BUREN
JEFFERSON	WILSON

Tribes of Africa

```
Y Y J K L G A X O U X T
R B C U N C E S R U U K
E L Y P V I U R E M Y V
B Z U L U M B W A U S Z
R A N V B V I I J U O E
E A N Q R R I Y B B T V
B B F G U M G A A I H P
W M W M A N D I N G O A
U A N A K R U T T H G R
P S Q L T V W N U G R F
T E H I D U Q A A X H Z
M D J I E Z T H N X O F
W E N R P H C S A D K F
J L R M F I G A I Z A V
K C C G J E W N T N Y F
O B F V I I K C G R U R
C T N Z E A T S X Y W S
```

ASHANTI

BANGARWANDA

BANTU

BERBER

CHAGGA

DINKA

FANG

IBIBIO

LUMBWA

MALI

MANDINGO

MERU

SAMBAA

SOTHO

TUAREG

TURKANA

TUTSI

WATUTSI

YAKO

ZULU

```
N K J P U K W D L U G G
J I X Q D K M V A J M A
L A T N E N I T N O C I
C H W R I X N S C D D H
D J R E A S Y R I U K Q
B P B V D M S O A R Y W
M E F O N T N T F O R D
I O O R U P G O V L O V
H C R E Y T D M T L V Y
K N L G H C A L X S R I
V L L N A P I A P R A S
H O A A Q N M R O O N U
W C H R Y S L E R Y P Z
E N X Q T M E N S C R U
M I U X R N R E C E I K
F L A M B O R G H I N I
J Z V W Q Z J E E P Q K
```

ASTON MARTIN	LAMBORGHINI
AUDI	LANCIA
CHRYSLER	LINCOLN
CONTINENTAL	MORGAN
DAIMLER	PORSCHE
FORD	RANGE ROVER
GENERAL MOTORS	ROLLS-ROYCE
HYUNDAI	SUZUKI
ISUZU	VAUXHALL
JEEP	VOLVO

Card Games

```
D Y Q T X K P W T X X G
D U T S D R A C E N I N
V W A I H L E J K N B P
C E R H R I K C R F S L
O C A W K D L U A A K F
N N C T V B M O M R A B
T E C U E M L A W O T B
R I A O Y L B A E J R E
A T B K Z V H C N I N E
C A E C M M L C D O A P
T P Z O Q R W G O O A M
W K I N U T E T G N I V
H C Q K P R N D S U I B
I O U L B O G E I Q O P
S L E M P A M E I P J P
T C O R R K Y J C Q S T
W A R D D R A C E V I F
```

BACCARAT

BEZIQUE

BRIDGE

CLOCK PATIENCE

CONTRACT WHIST

ECARTE

FARO

FIVE-CARD DRAW

GIN RUMMY

HI LOW

KNOCKOUT WHIST

NEWMARKET

NINE-CARD STUD

OMBRE

PINOCHLE

PONTOON

SKAT

SNAP

SPIDER

VINGT-ET-UN

Astronomical Arrangement

```
R Z P Q K K Y Y R Z U E
B S E I X K D H E W J N
A Z T N A I G A I U I G
N C O E L X N Z S J R N
R O L G L E H C S R E H
M P I G A L I L E O S Z
Q E Q T R L A M M F T Q
L R T X A U O R W L L F
O N V E P N E N S A R P
J I G M O A I Q V M T T
E C S R E R T L F S N Z
U U T E S L B A C T A Q
R S A T E L L I T E I C
A X B S H E M O T E D K
N Y Q U A S A R C D A O
U Q L L G D R E Y E R B
S Q Z C L M S D M P W F
```

ASTRONOMER

CLUSTER

COPERNICUS

DECLINATION

DREYER

FLAMSTEED

GALILEO

GIANT

HERSCHEL

LUNAR

MARS

MESSIER

METEOR

ORBIT

PARALLAX

QUASAR

RADIANT

SATELLITE

STELLAR

URANUS

Admirable Adjectives

```
H B G N I S I R P R U S
F A E L B A R O V A F G
O B E D I E N T E E I Y
P S F P D T T S E N O H
T S E D O M T D T D U I
Z C T T N E T E P M O C
S H G A R F L E R L G D
U A A N G L H G O I E B
P R G U I G D N P S N E
P M R G L D E I I L I G
O I E N A X N R T Z A L
R N E I Y G A U I E L E
T G A S O B G L O N W N
I J B A L W Y L U T G N
V E L E E Q E A S G S V
E E E L X O M F A L H A
Z Y E P S H I N I N G T
```

AGREEABLE

ALLURING

ASTOUNDING

CHARMING

COMPETENT

DESIRABLE

FAVORABLE

GENIAL

GLITTERING

HONEST

INTELLIGENT

LOYAL

MODEST

OBEDIENT

PLEASING

PROPITIOUS

SHINING

STAGGERING

SUPPORTIVE

SURPRISING

Colorful Conundrum

```
E H S H D V V L R J T S
U U I C G I A S A G G G
T L L X O N V T M Y I Z
E L V L A R S Y I W X E
S I E K G G A C U T G A
I T R E R E F L B M W R
O P Q G F E F J X L M Q
U S K I A F R I W U T C
Q I Y E D T O G I D N I
R F M B E T N C P U C E
U I C R U S S E T T E D
T M R N F R V R G A L A
C Q I S B I A I Q A D J
O T M K L H M S R P M K
B X S O N P V E Y V T B
D N O I L I M R E V D E
Q Y N O B E P C G S T X
```

BEIGE	OLIVE
CERISE	PINK
COFFEE	PUCE
CORAL	RUBY
CRIMSON	RUSSET
EBONY	SAFFRON
EMERALD	SILVER
INDIGO	TURQUOISE
JADE	VERMILION
MAGENTA	VIOLET

Group Nouns

```
U W W X X K L L C E V B
P T X E G E I S R S X W
P F P B D T L U A C A C
W A Y I Q E T R S H S S
M W R R U X R F H O N H
X P W T I A H E B O C O
L B H M Y L C I I L V O
X U O P C T T T F W U Y
O Z O S G A A S O U Z U
T O P X C T B M N W Z F
T S S E N I S U B P U O
R N O E F O G R O U P M
C M T L E N O D F B J D
G S O G A O N E V K W Z
O C V G D Z V R G S E X
K J O A W O I G Y A M P
Y E X G C Z Q B P T K B
```

ARRAY	MURDER
BATCH	OSTENTATION
BROOD	PARTY
BUSINESS	PRIDE
CRASH	SCHOOL
EXALTATION	SIEGE
FLOCK	SLEUTH
GAGGLE	SURFEIT
GROUP	TRIBE
MIXTURE	WHOOP

Stimulating Words

```
S N R H T E V I V E R Q
S J S E I A N Y X F E R
T Q M T E C A R B P N W
X P K S I H W J I P C A
T B Q T X M C Q U E O Q
M J E N O R U P S J U X
V E O W X E I L Y N R B
A M P P Y H E L A S A O
A A R Y W N G C X T G E
Z R O D T P T N D I E Q
Z L V B R U E H H M R P
T Q O X A K X L D U I V
E N K T C R C K E L P A
X Z E I Q E I K C U S Q
O X U M B P T X D S N U
M Q D A O G E N M U I C
T V U P V F M O X H H M
```

ACTUATE	PIQUE
BRACE	PROVOKE
CHEER	QUICKEN
ENCOURAGE	REVIVE
EXCITE	SPUR ON
FOMENT	STIMULATE
GOAD	STIMULUS
INCITE	TEMPT
INSPIRE	WHIP UP
PERK UP	WHISK

Trees

```
H C R I B R E V L I S B
E T I I R E L P A M C K
D O L J A E P W M M O E
A H L P O B P B A F T E
I E C I V W A E H P S Y
I M N R V N B K O A P K
Z T H W A E A W G G I D
Q N K N T L R S A C N Z
D P A I S I C Z N W E N
M M H W A A I N Y U V T
J W O D O P A C A C I A
R U R T C R H Q H R Y P
K B N R N E N E E L O U
U F B I L U R D L P Y B
D M E M P R L O L A X N
H A A B Y E H A Z E L E
A L M O N D R R C L T D
```

ACACIA

ALMOND

BANANA

CHERRY

CRAB-APPLE

ELDER

HAZEL

HOLLY

HORNBEAM

JUNIPER

LARCH

MAHOGANY

MAPLE

OLIVE

POPLAR

ROWAN

SCOTS PINE

SILVER BIRCH

WHITEBEAM

WYCH-ELM

```
W S Y H P S M G G X G U
S S I M N E X T W D W W
C N T B O R E H T A F K
G N O E L L L K M D E C
O U N I P I C D R P C H
N A V I T M N R E E R C
F P R G D A U G H T E R
W T W H R G L M T S H V
I G A G E A A E O H T N
F C S Y A G N X R U O I
W X K S H M T D B S M S
F P R T F W C U P B W U
A T E E M F V E B A Y O
O U F N T D T P L N R C
O I D J E S W N C D Y X
W J E Y H Y I F U S X A
O E P V J L N S Q A G E
```

AUNT   RELATIONS
BROTHER   SIBLING
COUSIN   SISTER
DAUGHTER   STEPDAD
FATHER   STEPMUM
GRANDMA   STEPSON
GRANDPA   TRIPLET
HUSBAND   TWIN
INLAWS   UNCLE
MOTHER   WIFE

Animal Stars

```
J C M Z F J H Q Y X W M
I R W B T F F O O Y O A
H G E N Q L M U R R A Y
P J R G L V Z S R N R Y
I T M W G A K I Y Y I R
L V N H W I S H B O N E
Y L Q V P Q R S V O T P
H Z K P C R K T I A I P
D K Y R B O K P H E N I
I H G U N A M C R M T L
N A N T M A B E N J I F
E T K N H R V E T Z N N
H E R C U L E S L P D X
A E B A I N N D G G L K
R H P S M L Z T K Z E Z
Z C F B O P F I P U V I
S E R U E H T C O W X N
```

BABE	MORRIS
BENJI	MR. ED
CHAMPION	MURRAY
CHEETAH	NUNZIO
COMET	RIN TIN TIN
FLICKA	SILVER
FLIPPER	SKIPPY
FURY	TRAMP
HERCULES	TRIGGER
LASSIE	WISHBONE

```
K W C E R D L Y R Z O W
H V U F G E T A B X O F
V O I H W K D W L P B U
C Z R B R A G N A H A A
L Y N N R T G U C M G X
P B P I H N U R K S G N
Q V O G M I W P B L A R
N R I E A R W L O V G H
L L F O I C O V X L E G
F H H M F N E D P L E X
T X T Z G V G G I J P V
S Q L H A A P P R I W R
T R A N S P O R T E R N
L U E Z E R J C S W G W
L S T K T Z H Z R G F D
L J S J O Y S T I C K C
P V S T R I P L A N E N
```

AIRSTRIP	JOYSTICK
BAGGAGE	LONG HAUL
BLACK BOX	NIMROD
BOEING	PITCH
FLIGHT	RADAR
FOXBAT	RUNWAY
GLOVE VANES	STEALTH
HANGAR	TRANSPORTER
HELIPORT	TRIPLANE
INTAKE	TUPOLEV

Cats

```
O N C I K U R I L A N L
O X U E R T R A H C N P
V A N X Y L P O V V P J
M R U O E L A P E R M L
B U U F O R O W K Z R N
O P V S W C N N S U H Z
B A R W S R E A C I N T
E G Y P T I A N M A U P
I N S Y J L A A I R T K
X I H J J C L N K A E O
I S W A I A I I B L M G
P L O R Y S S B T L X G
U O E A S H Y I P I U C
T M N Y V R C I K M G E
A N B A N E S E M R U B
A A N N I K H C N U M J
H L F A N A I R E B I S
```

ABYSSINIAN	KURILAN
AMERICAN CURL	LA PERM
BURMESE	MAINE COON
BURMILLA	MUNCHKIN
CEYLON CAT	PIXIE BOB
CHARTREUX	RUSSIAN BLUE
EGYPTIAN MAU	SIBERIAN
GERMAN REX	SINGAPURA
HIMALAYAN	TABBY
KELTIC	TURKISH VAN

Moons of the Solar System

```
J U J H C O U M B N B S
F C V X P S Q D I G B Y
N S C J K A I L A M I H
D O D O X M B N P L N T
X M I K O I Y G E O R E
Z I O R B M T D T T T T
O E N C E L A D U S L E
L D E D R P E N S I V H
I I E E O Q Y O U L Q L
A E H R N C B H D L Q A
T R U I M O L X L A V H
V E E B H L N E D C N D
A N R P C E A N V A G X
H M A U H I A Y H Z A D
W S E T U R E C V X A J
D Y M X I A U T S W B U
K Y O M M T K R K O Z L
```

ARIEL	LEDA
CALLISTO	LUNA
DEIMOS	MIMAS
DIONE	MIRANDA
ENCELADUS	NEREID
EUROPA	OBERON
GANYMEDE	PHOBOS
HIMALIA	RHEA
HYPERION	TETHYS
IAPETUS	TITAN

Human Character

```
W X C W H V K M T Y Q H
C P A T O S R L U Y R H
C L R I E Y P E Y E R R
M Y P E H A F J G E E U
H R E T T O R D L D Y W
P M R V N F O F N E A U
D O K E A D I U S P M C
W X S Q L N O R R A O A
A F M C L B K E D H C U
S S T E A W B M S I I W
T Y S Q G Y A A F P T R
R H I T H N M E B P A E
E V M H O D A R L I N G
L N I D T Q Q D L E A D
Q H T W A L L Y O M F O
L K P E T I S A R A P C
H B O Y W O N D E R Z D
```

BABBLER	FANATIC
BOUNDER	GALLANT
BOY WONDER	HIPPIE
CADGER	KNAVE
CARPER	MADMAN
CODGER	OPTIMIST
DARLING	PARASITE
DAYDREAMER	ROTTER
DODGER	WASTREL
DRIFTER	WORTHY

```
M C R C G J J H L H U Y
Y B A C O N I E T S P E
M B E R G I E R H D K S
Z A P V Z G O R M L E Y
E W L I G W X V X M M T
P O X G P A P G G W P J
D T A E A I N S I P F M
C R H L B R S L X E D U
C E J A R M D A N J E E
O T M N U I O I N E A Z
B K T D N V K C Q N C C
G O H G T D E W A B O R
K G I C A R E G Y L N S
Q Z X Z O L A K L O I Z
N O K O D B Q U Y Y D G
W I M O R F B H T E O K
K D N D S E D E S S R D
```

ALGARDI   KEMPF

BACON   LACOMBE

BERGIER   MOORE

BLOYE   PISANNO

CRAGG   RODIN

DEACON   STUART

EPSTEIN   VIGELAND

GERACI   WELDON

GORMLEY   WILDING

HEPWORTH   ZADKINE

Glaciers

```
E L D T D L O B M U H L
S F O X R L C Y M J T T
D H E P G U N I E T S P
X T U S D K F U R G G Z
W L S B O O B W D O M G
F T A C B J P L E C I J
F P S D Q A Z O G N G G
S A D Z E N R N L S F O
I S I R N T X D A B D H
T T N B A A S N C R T Q
U E A X M V Q O E I F N
R R M L G U R B J K L O
T Z S Y I N L A A S A S
M E A N C W I O H D T O
A W T E N O H R C A M U
N I R N H C S T E L A T
N S S X M R H M G B J C
```

ALETSCH

BERING

BRIKSDAL

COLUMBIA

FOX

FRANZ JOSEF

FURGG

HARVARD

HUBBARD

HUMBOLDT

JAMTAL

JOSTEDAL

MER DE GLACE

PASTERZE

RHONE

SAN QUINTIN

STEIN

TASMAN

TURTMANN

VATNAJOKULL

Bug Study

```
A I S F C B I F X O K R
B D B W G F W O L Y P E
D S P R I N G T A I L R
O C G U L S I M J U M U
M L L M F E R L Y G R O
E F I V R A G X Y E C P
N E T A W O B S F A Q A
W E C S T P W A E E R V
P L H J V N H D E R G G
S E I X Z C R B O U G T
A R N D K O E O B O Q W
W S G C N L S Y H E L B
L Z O E B I L N M A A B
L C T M M A H T N R L T
A P U P E Q C R A W L S
G B L M Z V K C W I R E
D E T U P Y S E K G B N
```

ABDOMEN	HORNTAIL
BLOODWORM	ITCHING
BUMBLE BEE	LEGS
COCKCHAFER	MEALY BUG
CRAWL	NEST
DRONE	SCARAB
EARWIG	SIMPLE
FEELERS	SPRINGTAIL
GALL WASP	SWARM
GRAYLING	VAPOURER

```
E X T B R O A D B A N D
H N K E R Y E A W A R R
C M L T D C R T S A I A
A O J A B O B A O Q E O
C U M D U N E B N M X B
H S Z P U N R A B I O Y
A E I U A E A S Z A B E
C W Y Y H C W E B R V K
I X O T E T T Q U H M K
N A O I G I F D S A M M
T M K R A O O M I L V H
E M C U U N S N N S I O
R N E C G S F Y E L K B
N X K E N R N M S K L L
E E O S A Y A N S T C N
T B Y M L I M B C W E S
N R E D L O F Z M L D M
```

BINARY	KEYBOARD
BROADBAND	LANGUAGE
BUSINESS	MAINFRAME
CACHE	MOTHERBOARD
COMPACT DISK	MOUSE
CONNECTIONS	SECURITY
DATABASE	SOFTWARE
EMAIL	SYSTEM
FOLDER	UPDATE
INTERNET	WEB

Homophones

```
J U U N Q V F U A T Y V
G G V D M L L E R M B F
L R U F M K O A Z Q S W
T N I E F N B X B J L T
F N N A S X M M S M X B
B G I D P T Y U M R Y E
S T E A K I S T A K E C
Q I F S F L E C K S Y N
S R L O G K Q V A P L E
C W E E C U J W M P E S
X U U A E U E Z D U W E
J A R T O F L S E E E R
I Y C L S T N E S E R P
F L V K O P Q S A E C G
V L M T Q P U T E S D I
S O E S O O M U L T T O
B K P X M M K J H P D A
```

CREWEL	LEASED
CRUEL	LEAST
CYMBAL	MOOSE
SYMBOL	MOUSSE
FAINT	PRESENCE
FEINT	PRESENTS
FLECKS	RACKET
FLEX	RACQUET
GUESSED	STAKE
GUEST	STEAK

Christmas Time

```
Y T R A P V E P D G R Z
K O Q L Y E D S S A E D
P D O M R M B T T B E H
E V E S A M T S I R H C
B O E M M A G T Y I C W
W P H E N N O E L E Z X
A N R V I U C P N L P T
O R E D G E B H C X I R
Y M I M R L E E V E O M
E U N F I C W N Y L R Z
G U D W V M W Q A B E N
A Y E T T U O V D A C O
S H E R R Y I T A T N P
N T R T I T B K N S A A
M A N R S R E K C A R C
Y L J E R S W E E J P O
H K F E A N D V R P I U
```

CAPON	MERRY
CHEER	NOEL
CHRISTMAS EVE	PARTY
CRACKERS	PRANCER
DANCER	REINDEER
EMMANUEL	SAGE
FESTIVAL	SHERRY
GABRIEL	ST. STEPHEN
GUIDING STAR	STABLE
HYMNS	VIRGIN MARY

```
D A V D P S R H W M W A
C D R O W S S O R C N M
O F S N O I T U L O S A
D E M S R A O U N C C R
R T H U D J E O Z R D E
M D U U S R G C O D E S
U P W D E R O S Q J I A
M D N O A G T W M A Z E
I Q A M R I K R G F I T
L O G I C D I K O I S N
R S D N H F W S P G J I
M E M O R Y T H O U T A
F T H G R O P S E R U R
P O I S V B V I I E H B
S U D O K U G V L F L Z
H Q M V R A I U L R L T
P I D Y M A N K A M Z Y
```

ACROSTIC	MAZE
BRAINTEASER	MEMORY
CLUE	NONOGRAM
CODES	POSER
CROSSWORD	QUOTES
DOMINO	SOLUTIONS
FIGURE	SUDOKU
GRID	TRIVIA
JIGWORD	WORDSEARCH
LOGIC	WORDWHEEL

OLD and NEW

```
Z D I A M D L O M N O E
H Z K Y W O W B E L L L
A Y A Y E A O W G N D Y
E M E P X S E R E O T T
E B A F O N R W B Y I S
O I O F G W M E I W M W
E E T L M O V P J U E E
D N A L D N U O F W E N
N N O E O B T C Y O E G
D N L L G O I A V W T N
M E E O D E H R H W X G
T O E W T A C C D D A D
S L R O B K G A S D L D
S D S W O L L E F D L O
N E W E L M O Q G D L N
S R E N E W T O N E L O
S Z N W N A E B D L O O
```

OLD AGE	NEW BLOOD
OLD BEAN	NEW BROOM
OLD BIRD	NEWEL
OLDER	NEW ENGLAND
OLD FACE	NEWFOUNDLAND
OLD FELLOW	NEW JERSEY
OLD HAT	NEW MODEL
OLD MAID	NEWSREEL
OLD SCHOOL	NEW STYLE
OLD TIME	NEWTON

Camping

```
Y G I R L G U I D E M C
D N A L R O O M I C S N
O A R B D H R C R A H K
X P C Q G N T B N M E U
K B R O W N I E S P L R
H C R O T C I V X B T A
T E N T P E G P X E E T
E D O H I K E R E D R I
N Y L I B N F H I E H O
T D Y E K W S D S G L N
P T N N T D U U A Y D S
O N I T N I U S Z Y L X
L F T U O C S Y O B J F
E R O X I T Q P N I K S
J R A K O E E Q M Q S H
G K D V B I V O U A C H
S L E P O R Y U G Z C R
```

BIVOUAC

BOY SCOUT

BROWNIES

CAMP-BED

CAMPSITE

FLYSHEET

GAS STOVE

GIRL GUIDE

GROUNDSHEET

GUY-ROPE

HIKER

MOORLAND

NYLON

PENKNIFE

RATIONS

SHELTER

SLEEPING BAG

TENT PEG

TENT POLE

TORCH

Deserted!

```
M R C Z X U M M M I W W
C A R A H A S R R N L H
D A S Y C N O A O O G B
B E M C G T H W T I B Y
S L A E S A U M S T S E
A T D T L D R S D A K P
N F S A H V E N N R H Y
D U K C T V T A A O U K
D X Q K I B A I S P L R
U A X X E E L L R A H T
N B M R G D O A L V B T
E O E A I K S R A E D X
Z S R D C N E T T A Y G
A I A C O A D S I S A O
M W Y Y G U T U G F H K
C H A R A B I A N W G U
K C A R A V A N E G E V
```

ARABIAN	EVAPORATION
ATACAMA	KALAHARI
AUSTRALIAN	MIRAGE
BEDOUIN	NEGEV
CACTUS	OASIS
CAMEL	SAHARA
CARAVAN	SAND DUNE
DEATH VALLEY	SANDSTORM
DESOLATE	THAR
DUST STORM	WADI

Airlines of the World

```
K J H Q K D Q K N Y U G
U A O W A Y V L S B V X
V Y I G Y R B M V R O R
O I N R E T S A E I A S
E K K U N R O N B T U N
C M R H O A Y X L I E K
O T R C J P M A T S M Y
N S O P L O M I N H V B
T W Y G S R R R B A R A
I I A B I U Q L R I I E
N S L A A E O I C R A R
E S B M H R G N B W T O
N A R U N I T E D A P F
T I U N Y A R S P Y Y L
A R N R P L M M U S G O
L B E D I K K E U J E T
F B I N O R T H W E S T
```

AEROFLOT	EGYPT AIR
AIR BERLIN	EU JET
AIR EUROPA	KLM
AIR MALTA	MANX AIRLINES
AIR MAURITIUS	NORTH WEST
AIR NAMIBIA	ROYAL BRUNEI
BMI BABY	RYANAIR
BRITISH AIRWAYS	SWISSAIR
CONTINENTAL	UNITED
EASTERN	VARIG

Famous Redheads

```
S E L O H C S L U A P K
E E L E Y A K Y N N A D
V V L Q F V A G A Y H E
J B E T T E M I D L E R
Z A W L H A T V A X I E
S S M O Y I X W H A C H
P T O E T N R L D Z X T
M P R V S E W A R N O K
Y A C E N C D A O O I I
O R R C B E A R U N S R
R T E K R O Y G G G I E
B A V F T B R D N C H I
O P I V D W A A H E Q X
R O L R D V A A I H Y T
J E O A I F R I I L A H
L L L D L D P P N F U E
P C M V I B T E P M J J
```

AXL ROSE	KING DAVID
BETTE MIDLER	LORD BYRON
CLEOPATRA	MARK TWAIN
D. H. LAWRENCE	OLIVER CROMWELL
DANNY KAYE	PAUL SCHOLES
ERIK THE RED	RED ADAIR
EVELYN WAUGH	RICHARD I
JAMES CAGNEY	ROB ROY
JULIA ROBERTS	TITIAN

Agatha Christie: *ABC Murders*

```
U Z I N I T I A L S Q U
D F L N O D E H L V D D
Y R E E N T P M A I O F
B E A U T Y S P O T C E
T C H C O T Y R W R G E
N T C O G Z E Q U A C L
S A I N U N U R S H B T
G E M V O S I S S E C N
U L R R G E E L X R I O
R B A I E M G H L W U I
D A C F A G I D O A O T
V T R Z L L D Q U L C U
A E I T L N I U U L D L
Q M S N O J S S E S B O
B I C A N D O V E R B S
B T B E N G L A N D F N
C X U G P A Q J Z G J R
```

ALICE	GERMAN
ANDOVER	HOUSEHOLD
BEAUTY SPOT	INITIALS
BEXHILL	LETTERS
BLUDGEON	MESSAGE
CALLING CARD	OBSESSION
CHURSTON	SERIALISED
CROME	SIR CARMICHAEL
DRUGS	SOLUTION
ENGLAND	TIMETABLE

Astronomical

```
P N H L Z F P V P O U F
M B S F D R S C E X C Y
E I V B E A U B N N R T
M G M B S W I I U O U I
N B I V P D L N T W Y S
L A L V I D E A P M S O
Q N S A L E V R E E U N
M G M P C R E Y N R I I
J T A M E K H T U C C M
V H Y S A C H M S U I U
F E B R E G T O J R R L
S O G N I O N R L Y B W
A R S R Z L U I U E A T
T Y B D V C R S T M F J
U N R E T I C U L U M H
R A S L U P D A R V D O
N F T A U N I V E R S E
```

BIG BANG THEORY	MERCURY
BINARY	NEPTUNE
BLACK HOLE	OBSERVATORY
BRIGHTNESS	PULSAR
ECLIPSE	RED DWARF
FABRICIUS	RETICULUM
GASEOUS	SATURN
HEVELIUS	SPECTRUM
LUMINOSITY	UNIVERSE
MAGNITUDE	VENUS

```
X J S X B E S L P U X Q
I B Q S T R I P L I N G
N E W B O R N I Q K O W
E I I M M A T U R E Y H
X F R T Q T N A F N I I
P J L E L E S M A D E P
E I D E L I N E V U J P
R U O N D D T A J F T E
I N O G I G D T E N N R
E D R X B P L O E V P S
N E B I R Z P I T R K N
C R I N N O C E N T V A
E A E C I M A W R G A P
D G Y O H J L A S S F P
T E R E V E L B D C O E
J T P V L A O H W F R R
G K N T D L W C X J K O
```

BROOD	LASS
CALLOW	LEVERET
DAMSEL	LITTER
FLEDGLING	LITTLE ONE
IMMATURE	NEWBORN
INEXPERIENCED	NIPPER
INFANT	STRIPLING
INNOCENT	TODDLER
JUVENILE	UNDERAGE
LAD	WHIPPERSNAPPER

Holiday Camp

```
N S M L L R E L I A R T
O J O O G C A B A R E T
V X O A T H I H I U E H
H P R P S J E Y Q N R V
S R G G E J D I N E G R
A P N R T O T I D C S O
U O I P N U S C M H C V
Q S G H O P O E V A O C
S T N B C A Z C C L M R
D C A Y T D R R L E P A
E A H Z N P N E O T E Z
Q R C U E P Y A P E T Y
G D P D L B E M H V I G
J N A V A R A C R S T O
Y L D L T X E O E E I L
O K L Y C R O E H C O F
J J C Y C M Y O C R N Z
```

BINGO

BOUTIQUE

CABARET

CHALET

CHANGING ROOM

COMPETITION

CRAZY GOLF

CRECHE

FISH AND CHIPS

ICE CREAM

PEDALO

POOL

POSTCARD

REDCOAT

SQUASH

TALENT CONTEST

TENNIS

TRAILER

TV ROOM

VOLLEYBALL

Hobbies

```
Y R E H C R A V B I J I
Y R E K O O C G M D K M
Y J T K P F N A C P R C
V N I S K I G Y G G O Z
V U I H E I N N J O W X
U V Z O R P I L G X D P
M T N O O H A J A B O Y
S A M H S I B T R A O P
C S R I T L A H D D W O
B C F Q Z A S Y E M A T
N I R T U T K W N I R T
M B E E K E E P I N G E
D O A N J L T G N T A R
N R D N S Y R R G O M Y
V E I I J G Y L Y N E W
L A N S G N I L I A S I
T H G N I I K S X X O M
```

AEROBICS	ORIGAMI
ARCHERY	PHILATELY
BADMINTON	POTTERY
BASKETRY	READING
BEEKEEPING	SAILING
CANOEING	SKIING
COOKERY	TAPESTRY
FISHING	TENNIS
GARDENING	WAR GAMES
MARQUETRY	WOODWORK

Canned!

```
C C E P R D O X Y E L M
R H U B A R B S C Y A G
O C I S P I N A C H P X
G A U C L T G H W E O R
N N U S K Q E B M R T R
R I I R T E I A D A A B
O L E D S A N K B S T D
C O S C D D R E L P O K
T M W A A U E D P B E S
E E V R R F P B E E S N
E S I R S D C E D R J Z
W N U O G H I A C R X E
S Z U T O X H N A I V K
N P K S D S M S E E R S
V M E A T B A L L S A G
E Z N T O M A T O E S N
E Y S E H C A E P R P D
```

BAKED BEANS	PEAS
BEEF SOUP	POTATOES
CARROTS	RASPBERRIES
CHICKEN	RHUBARB
CUSTARD	RICE PUDDING
HOT DOGS	SARDINES
LYCHEES	SEMOLINA
MANDARINS	SPINACH
MEATBALLS	SWEETCORN
PEACHES	TOMATOES

```
S H Y M L F M W S Z B Y
V C R P A T T E R N Y Q
K D I B E M L B K Y I T
S C R S H A I B B K K H
Y I N Y S D S I E O B R
C C O T T O N N A O B E
S R I J M A R G D H I A
V C E P R E S S T U D
H O O K A N D E Y E S S
M T I G M P A T C H S A
N A R N I N H C C C R F
O X T I E I M O P O A E
T A P E M E A S U R E T
T I J B R M D K C C H Y
U T L W G I I L O Z S P
B E I R I U A N E E P I
H K W M N K D L G A K N
```

BEADS

BUTTON

COTTON

CROCHET HOOK

ELASTIC

FABRIC

HOOK AND EYE

MATERIAL

NEEDLE

PATCH

PATTERN

PRESS STUD

SAFETY PIN

SCISSORS

SHEARS

TAPE MEASURE

THIMBLE

THREAD

TRIMMING

WEBBING

Soccer Pitch

```
Y K R T B W E S N H G W
R C O M M E N T A R Y X
R Z S G E M N T O G E E
R B N C O M A C O U L J
R B W J O A I Y H I L L
E H V L B R L T T F O F
C Q C L B G I S F U W D
K T R T O O N N D L C U
Y B E B I R M S G E A S
Z J F L U P P N L H R H
S F E T T E I K I O D B
T X R M A S C O T S X G
A S E K S A I C X N D X
N X E A T E E H H X L F
D R P D D R W Z W U X T
S T H G I L D O O L F F
U U F D U S R Q J W R L
```

BENCH

COMMENTARY

DIRECTORS

FLOODLIGHTS

GOALS

HALF-TIME

LOUDSPEAKERS

MASCOTS

PASSING

PITCH

PROGRAM

REFEREE

SCORING

SIDES

STANDS

TACKLE

TURNSTILE

WHISTLE

YELLOW CARD

H	W	Z	L	A	Y	Z	D	C	Y	L	D
B	S	V	K	K	A	E	R	T	S	W	K
Z	D	F	R	N	O	J	N	U	P	A	M
D	A	S	E	I	S	L	A	R	O	R	E
T	H	P	G	L	N	G	O	U	U	C	X
V	M	D	G	S	U	G	D	S	N	O	J
T	F	O	A	V	R	N	A	A	R	T	J
R	R	O	T	E	S	I	V	U	S	U	Y
I	E	E	S	R	L	D	S	N	M	H	I
P	G	S	A	B	A	D	B	T	E	N	E
A	D	T	W	D	S	O	X	E	L	L	I
X	M	R	R	A	M	L	P	R	B	Q	C
W	P	I	D	Y	G	P	I	M	B	P	L
L	F	D	J	U	U	G	A	T	O	H	M
T	R	E	T	T	O	T	E	C	H	Y	F
W	G	F	J	E	W	Q	C	R	Y	E	P
C	C	C	D	F	Z	J	Q	E	Z	R	R

ADVANCE   SAUNTER

AMBLE   SLINK

CRAWL   SLITHER

DASH   STAGGER

DRIFT   STREAK

HOBBLE   STRIDE

JAUNTY   SWAGGER

JOURNEY   TOTTER

PLODDING   TREAD

PROGRESS   TRIP

On Two Wheels

```
X E P C G L T O A J D T
E F X J P E D A L S Z V
W I H G M I A T V K J P
C H C L W P K R P R J U
W T E Y E F M T S O N K
V H L E M R O A P F R B
Z E C V L E U D R X B Y
N P Y I C S N T O V D C
V U C L P E T X C P L H
Q M I R X R A X K N P O
O P B A A I I R E Z U P
S T S B W T N E T H E P
E B S S B O B C O A L E
K V H S T N I A H C D R
O U W O Z F K R O S D T
P H S R A B E L D N A H
S N L C Q B R A K E S T
```

BICYCLE

BRAKES

CHAIN

CHOPPER

CROSSBAR

FORKS

GEARS

HANDLEBARS

HELMET

MOUNTAIN BIKE

PEDALS

PUMP

PUNCTURE

RACER

SADDLE

SPOKES

SPROCKET

TOECLIPS

TIRES

WHEELS

Formula One

```
P N O T T U B V K A D I
B O Q B C U R V E C K M
R S L N L A I C T I O I
E U Z E R J D M H M C F
B M U R P C G S G C H B
U F O A M O E M I B I U
A W H L R U S A A A C P
S C F C N L T I R R A I
A P X M C T O L T R N M
K I V O W H N L S I E N
I E D E B A E I Z C O E
R L K V Q R Y W H H A N
A D R A J D A A P E W I
R N T L U A N E R L I K
R U R R R I S X G L G K
E R U T C N U P K O Y A
F B S P J X B R K T D H
```

ARROWS   GEARBOX

BARRICHELLO   HAKKINEN

BRIDGESTONE   MCLAREN

BRUNDLE   MECHANIC

BUTTON   POLE POSITION

CHICANE   PUNCTURE

COULTHARD   RENAULT

CURVE   SAUBER

FERRARI   STRAIGHT

FUEL   WILLIAMS

American Universities

```
E G V T G A P B O U W N
L L E B P M A C E W L F
N T N O R T H W O O D A
V N T S R U H K C O R I
K G M D J G C U K N F R
E A V I H S E Y J P K F
I N K U Y E F T G P F I
H W I L B E R F O R C E
P E D T X T N J H W S L
L T R L C O A K L A N D
E N A A A I B M U L O C
D Q V N M A D O N N A Y
A I R D N A X E L A Y V
K G A E U R B A N A Q O
P A H R S T R A Y E R W
X K M L L E X E R D B C
N N L P H I L L I P S Y
```

ADELPHI	MADONNA
ALEXANDRIA	NORTHWOOD
BENEDICTINE	OAKLAND
CAMPBELL	PHILLIPS
COLUMBIA	ROCKHURST
DREXEL	STRAYER
FAIRFIELD	URBANA
GEORGETOWN	WILBERFORCE
HARVARD	YALE
LANDER	YESHIVA

```
N G D O Y N Q B D R H N
W O T Z T L H Q B G F K
I H I Z L T C L A A H P
T E S T I M O N Y V L H
N U Y J U S T I C E E M
E S C N G C J M A L C X
S A C C U S E D E R D C
S U B A R R I S T E R X
Q Y M F H N N I O I A B
B O M M G U Q L M R P Y
E R B E O R U E E T P U
S U N C A N E K R G E L
N M D N A T S U M T A W
E E O E G W T Z O N L L
F R E F Y H O X E G P F
E W B E B B Z P J G P L
D L S D R A W A O H X D
```

ACCUSED	JUSTICE
APPEAL	LEGAL
AWARD	PENAL
BARRISTER	PLEADING
COUNSEL	PROSECUTION
CRIME	STAND
DEFENSE	SUMMONS
GAVEL	TESTIMONY
GUILTY	TRUTH
INQUEST	WITNESS

Wild Flowers

```
B D R W E F R E V E F Y
R E V K N M E Q M Y K L
Y E U W I L D B A S I L
O W P U Q B B W N B M E
N K C P D S A U U H T W
Y W C C I U R T E P R D
M A X Y H L T T P E O E
A H D P C E S P T G W E
R I M I R L I S F Z W P
O Z S C O A A L Y D A S
J J U N E A E M N D S W
R P Q X E A G S E L A O
A A G S B P R W T N X L
M V H A N I A T N A L P
T A N S Y D B I X M C K
Z E C U D W E E D V Y X
F L R F O X G L O V E K
```

BEE ORCHID	HAWKWEED
BRYONY	LADY'S SLIPPER
BUTTERCUP	MARJORAM
CAT'S-EAR	PLANTAIN
CUDWEED	RED BARTSIA
CYCLAMEN	SAW-WORT
DIAPENSIA	SEA ASTER
FEVERFEW	SPEEDWELL
FLEABANE	TANSY
FOXGLOVE	WILD BASIL

Life's a Lottery

```
Q N W A R D R E P U S S
C H A R I T Y R X Y C R
T N U S M O O Z N K R D
H S X Z R L U D O K A I
Y K C U L E I G U P T T
E I S O B C B V S H C O
Z S V X A N O M U E H Q
A E E T K A H N U J C R
R P E C L L D V Q N A B
T G U I N E V E R E R B
H D S B R A H L J L D A
U S X B L N H W N O D K
R L A E L I D C W T K E
C L A I M V C G U T S Z
L A G N I N N I W E Q I
I B J A C K P O T R R R
W V P W R D T U O Y A P
```

ARTHUR	NUMBERS
BALLS	PAYOUT
CHANCES	PRIZE
CHARITY	PUBLICITY
CLAIM	ROLLOVER
GUINEVERE	SCRATCHCARD
JACKPOT	SUPERDRAW
LANCELOT	SYNDICATE
LOTTERY	THUNDERBALL
LUCKY	WINNING

Robin Hood

```
X L R R O B S A G H M T
W K Q E G U A R D S L J
N L J W V Q T O Z U K O
O H E O K R O L P I N T
T U O T K W F A A H I U
T K T J R U T O O W G C
I Q C E E A T J R R H C
N K H U C L E F T E T A
G S T F T C T H V X S S
H V L Q N R J T N Y H T
A X A I N R A R I O N L
M M R Y K R I I E L I E
R P L L C S W O R R A L
O Z F H A C L L O F N G
B R E V I U Q K B T D X
I R B A R O N H I D E Y
N M A I D M A R I A N O
```

ARCHER	LIONHEART
ARROWS	LITTLE JOHN
BARON	MAID MARIAN
CASTLE	NOTTINGHAM
CATAPULT	OUTLAW
FOREST	PRINCE JOHN
FRIAR TUCK	QUIVER
GUARDS	ROBIN
HIDE	SHERWOOD
KNIGHTS	TOWER

Get Away!

```
F P T I G E L Y F E Q W
X R A E P P A S I D S B
N T E A G W T M L Y C P
V G C N A E A C L Z A E
I S T N C K T P E Z R M
E R U U E H I A A F P L
V R Y O O Y L E W L E L
I T F J L K I E A A R D
K F F S G R A Y A Z Y X
S S O K Y X T E E V T A
F T K E H R H K R P E Q
C A A D U F G E D B W O
R E E A S L I P O U T I
J R N D S A H O Y I H G
I T S D S L R L A N N G
B E Y L L F M E V A D E
Y R P E T S E D I S D E
```

BREAK OUT	MAKE OFF
DEFECT	PLAY TRUANT
DISAPPEAR	RETREAT
ELOPE	RUN AWAY
ESCAPE	SCARPER
EVADE	SIDESTEP
FRENCH LEAVE	SKEDADDLE
GET AWAY	SKIVE
HIGHTAIL IT	SLIP OUT
LEG IT	SNEAK OFF

'A' Girl's Name

```
K E C O G E N N A A Y O
C X D S L E O A H E K F
I Y X E V I M T N H I Z
B N D Y U E A F O T Y P
Y A O O L G B G S N M D
F D A I A A E T I A R P
N S A F Q R I E L B V N
F A G I N D N V A G A Q
D Q S J S N N X A A R T
Y I R H E A A I N A A P
L K R I L X T G P N B L
E I R T U E E S W T E Z
B D A Z S L I D A O L B
A J I Y I A R G B N L A
N G N C S I Y Q H I A Z
N D A R A H G N A A B N
A L I C E R A V G X T R
```

ABIGAIL

ADELE

ADRIENNE

AGATHA

ALEXANDRA

ALICE

ALISON

AMELIA

ANASTASIA

ANGELICA

ANGHARAD

ANNABEL

ANNE

ANNIE

ANTHEA

ANTONIA

ARABELLA

ASHLEIGH

ASTRID

AYSHA

Parlez Vous...?

```
A A I B A J N U P Q T P
N P W K N A I L A T I X
S C E E Y F R E N C H P
O E L S S N A I S R E P
L R S S W E D I S H V L
J I H E S E N O T N A C
O R L F U Y A I R I S H
X N R A G G M M H S V S
F E I B G V U S E C X Y
D I N P Y N I T A J S Z
Y C N A I N E M R A E X
A Q L N A L U B G O A T
I A K P I O I A H H P O
M J S E T S L F H G H B
T T S C E A H X W M Y Z
M D N A M R E G Z A M K
P R P I A D G V X X R N
```

ARMENIAN	ITALIAN
BENGALI	MALAGASY
CANTONESE	MALAY
CHINESE	MANDARIN
FILIPINO	PERSIAN
FINNISH	PORTUGUESE
FRENCH	PUNJABI
GERMAN	SPANISH
GREEK	SWEDISH
IRISH	WELSH

Pirates!

```
Q T Z R S W L U K N S C
F C U T L A S S I N T D
I F C E I N K A O Y S H
D N A L A X T O O Y A H
B Z T E S P L V I G M M
Y M C S A B A U A L B K
E O Z C U Q D L B R U K
R E G O R Y L L O J C F
U X D P D E U A O O C C
S S W E O E D L R Y A E
A T A N B S C S H N N H
E S Z E I X A K N I E W
R K A D S I S O U R E W
T R E S R H N Q P B R W
D A U S V Y G C G Z C H
Z H Z X O L D I H H N T
E S F I M G I N H S R N
```

BLUEBEARD	GALLEON
BRINY	HIGH SEAS
BROADSIDE	JOLLY ROGER
BUCCANEER	LAND
CANNON	MASTS
CAPTAIN	OCEAN
CORSAIRS	SAILS
CUTLASS	SHARKS
DECK	TELESCOPE
DOUBLOONS	TREASURE

Canadian Round Tour

```
O S Z H O Z Q E X T N S
E M A R C T I C Z K X B
M E T S W J T H P Y B G
A D F O O I R A T N O Y
N N E I R Q H M W B T R
I O O N N O E I K A E A
T O T V K K N L V V S G
O T T N A L W T U D I L
B A G Q O S O O O A U A
A K J E Q M C N L P O C
S S D F P N D O D L L S
U A S M A I T E T Y E E
D S E V G D N A Q I K Y
B C L A E R T N O M A E
U F C H U R C H I L L Q
R X A T R E B L A W W O
Y N O K U Y P F C P K F
```

ALBERTA	NOVA SCOTIA
ARCTIC	ONTARIO
CALGARY	OTTAWA
CHURCHILL	SASKATOON
EDMONTON	SUDBURY
HAMILTON	TORONTO
KLONDYKE	VANCOUVER
LAKE LOUISE	WINNIPEG
MANITOBA	YELLOWKNIFE
MONTREAL	YUKON

Properly Addressed

```
Q P K T I L D J R I J D
M L R N G U Y R L N R Q
P A R O A D W E C Q N O
D C R A R A U H L N R W
D E S K D N K C O L A O
Z H Q P E J O A S W A D
E L U V N T T O E E O A
R D A N S E B R I D G E
M J R G E E W P A E U M
S W E R H L G P Y K H E
T X T O K R P A G R C D
D S L V E G W X T A B A
U U T E U E W T R T G L
V C N R S X Q R X D O G
Z R E U T N E C S E R C
T I A O U T E N A H O P
E C I I B L M M W L G R
```

ALLEY	GLADE
APPROACH	GREEN
AVENUE	GROVE
BRIDGE	MARKET
CAUSEWAY	MEADOW
CIRCUS	PLACE
CLOSE	ROAD
COTTAGES	SQUARE
CRESCENT	STREET
GARDENS	TERRACE

Oil Everywhere!

```
E Y F D L H Y K Z S A O
Z Q R E V I L D O C H R
X W M E E L W J R Y E P
D O I S G M E A S D B S
N M M R E G T S N X U M
H T G E T T O E E T U S
C S D W A P V G P I Y H
E I M O B A V Y N D D O
P Z S L L E L A M Y C K
D Q F F E A R A O E A H
L E P N C E R G M N M P
S V E U G O F C A I P Z
Y O E S J I E A D M H Y
X L N R E V G S R S O U
K C A X I P T T A A R T
X M A L K P A O C J I N
V R O S E M A R Y I H D
```

ATTAR

BERGAMOT

CAMPHOR

CARDAMOM

CASTOR

CLOVE

COD LIVER

DIESEL

EUCALYPTUS

GERANIUM

HYSSOP

JASMINE

LAVENDER

LEMON

MARJORAM

OLIVE

RAPESEED

ROSEMARY

SUNFLOWER SEED

VEGETABLE

Bible Characters

```
P I A N E D G K H T U P
B R H M U J A C O B H Z
A J I N H N E U U S A I
D B Z S E S F Z D A J I
K D E I C A I N E T I E
P M Q H V I S H L B L T
Y M J P S X L R I O E P
D T O J C F R L Z S A L
A A G L S Y O L A U H Y
G B V A A L Q N B I C Q
W I F I B S Q H E L V P
U T P E D R B J T E C Y
Z H E Z E K I A H N U Q
N A H T A N D E B R T Q
R H M T H T A I L O G J
T A Q S U E A H C C A Z
S B H N O R S R J L N Z
```

ABSALOM	HEZEKIAH
AHAB	JACOB
BOAZ	JEZEBEL
CAIN	LEAH
CORNELIUS	NATHAN
DAVID	PRISCILLA
ELIJAH	QUEEN OF SHEBA
ELIZABETH	RUTH
GABRIEL	TABITHA
GOLIATH	ZACCHAEUS

```
G O L X G A L B S V D Q
L K T R V V I U I K T W
O N O I C N U S A D L K
M M W M U P G T O N V G
E N L O P Q H V R C D N
L T O P T E I W B C I A
A L C D N E R T R A X N
W V H S N X G I A N T L
H E O N X O L D S B H P
E X A B Y B L L I E A R
Y I R K J X E K L R Z R
D E O M C S H S I R B F
G T L R S G I S A A E O
V G F U W N J M D H R S
N P R L K Z M A B I L L
Z B M I A A F K A F I O
H G M X N S N C H X N R
```

AMMAN	LONDON
ASUNCION	LUANDA
ATHENS	NICOSIA
BERLIN	OSLO
BRASILIA	PARIS
BRIDGETOWN	QUITO
BRUSSELS	RABAT
CAIRO	ROME
CANBERRA	TOKYO
HELSINKI	VIENNA

Party Time!

```
L L E Z B V K F L G C J
V A L S T R E A M E R S
Q F E S T I V A L E X H
N O J C P U S E E N K I
O X Q J A W B T G G V N
V S E C A R N I V A L D
Y H K D A M O C S I D I
H S R T D Q B U A W B G
T N I S L S Y O S A U F
H O L A K F R E R A J D
N O N E U U L B Z E L Z
U L H F U N E H J S E E
B L L N P C V H C K F F
M A Q A U T E U Q N A B
Y B R E F I R A F I U P
U T C B D O O F C R H P
Y T H D A N C E W D A Z
```

BALLOONS	FESTIVAL
BANQUET	FOOD
BARBECUE	FUNCTION
BEANFEAST	JAMBOREE
CARNIVAL	KNEES-UP
CAROUSAL	PARTY
CELEBRATION	PUNCH
DANCE	REVELRY
DISCO	SHINDIG
DRINKS	STREAMERS

Setting the Table

```
P G U S X P R H P X O R
S L W A T E R T B A Q E
Y N A N M C Q O V B P T
S G I T Y U K L J S O N
T N M K E A H C R H P A
Z N O O P S A E T D G C
E U K O G A L L J S O E
N B B Y P B N B T A G D
P A M U M S G A S R H R
X C B U D L M T A Y K A
X W T K A E E V O N Q T
N H Y S C R Y S I K S S
P A S A S B U V L V N U
R E L O O C E N I W W M
S P K A L S K R O F O Y
N S T N E M I D N O C B
J T S C B R E A D T L E
```

BOWLS	NAPKINS
BREAD	PLACE MATS
COASTERS	PLATES
CONDIMENTS	SAUCE
DECANTER	SPOONS
FORKS	TABLECLOTH
GLASSES	TEASPOON
GRAVY BOAT	TUMBLERS
KNIVES	WATER
MUSTARD	WINE COOLER

Villains

```
Y A I S W H T E B C A M
E L A D S E M M I D H U
N O X Z F G O L L U M H
C A S S I U S A L P E C
F C P N I L A T S V P N
R T M O N T O N I Y H A
J C Y C L O P S K R I M
D D O T Y E N E E W S U
X W O N C V O H S U T F
O V O R R C T N Y Z O S
T L A K I O R B Y Y P A
S G L T R A T I S X H R
M T B B O X N C P G E U
T S G R G J T G O P L M
A I A L O K I N R D E A
B L U E B E A R D A S N
K B T M O R I A R T Y U
```

BIG BROTHER

BILL SIKES

BLUEBEARD

CASSIUS

CRIPPEN

CYCLOPS

DIMMESDALE

DOCTOR NO

DORIAN GRAY

DR. NIKOLA

FU MANCHU

GOLLUM

MACBETH

MEPHISTOPHELES

MONTONI

MORIARTY

NAPOLEON

SARUMAN

STALIN

SWEENEY TODD

```
L Q H W D O W A H C N A
E T N P H M X B N R A A
V I H T E I T R O F N P
O C V N K A O L Y X A R
W E G D N W R L W W M G
J O N C E O B O R F E F
A W H R F I N B B H R F
S W O S C K O O S R O F
U F O R E B E A R R F A
O B O R N R A W E R O F
L F O R E G O N E M R O
U F C H T N S F U O B R
F O R T U I T O U S A M
K C M Y C G F N I G D U
R R L F O R M I C J E L
O H A N P O J T E O N A
F T E I S F D A G D V H
```

FORBADE	FORGING
FORCIBLY	FORKFUL
FOREBEAR	FORLORN
FOREGONE	FORMIC
FOREKNOW	FORMULA
FOREMAN	FORSOOK
FORENSIC	FORTIETH
FORESHOW	FORTIFIED
FOREWARN	FORTUITOUS
FOREWORN	

Fly Away!

```
J S R E D I L G F T M V
B R E F A I R S H I P A
B J I L Y R E P C L I E
V U R E N I L R I A F R
F M R A E R O P L A N E
T B A E L L E V A R A C
A O H H I N Q B I E I M
Y J J G A D I T R O E Y
U E H L C F H I C D B K
D T P A W O F E R X A E
X I R P I T M O A L L N
B A K A I R C E F W L A
O G Y P T N B A T I O L
E T S M O S Q U I T O P
I E O C H F I T S W N R
N V T N E D I R T L F I
G B O D A N R O T T Z A
```

AIRPLANE	CONCORDE
AIRBUS	GLIDER
AIRCRAFT	HARRIER
AIRLINER	JUMBO JET
AIRSHIP	MICROLIGHT
BALLOON	MOSQUITO
BIPLANE	SPITFIRE
BOEING	TORNADO
CARAVELLE	TRIDENT
COMET	TRISTAR

Let's Eat Out

```
K A A Y A Y C S W M M H
Z U P U D D I N G I P S
D Y K P S I W I H V B L
Q R E S E R V A T I O N
K G A R E T I A W Z N G
R R P O T S I L E N I W
U I E X B T K Z B R E O
E J R N J E R G E I Y R
U C I N I E S T R R T S
Q G T P E D R E E R U L
I Q I F Z A S V E W U E
L R F E T S R S R H L A
Q O R S A A S E T U C V
C Y F R C E H U N E M D
H P B U D E F C E N V U
T B P O N N H H U B I W
N R N C F E V S A L A D
```

APERITIF	ENTREE
APPETIZER	LIQUEUR
BRASSERIE	LUNCH
CARVERY	MENU
CHEESEBOARD	PUDDING
COFFEE	RESERVATION
COURSE	SALAD
DESSERT	STARTER
DINER	WAITER
DINNER	WINE LIST

Look Out!

```
S U T U O P S R E T A W
C W E N Q N Y D K G K C
B O F K L Q I Q A N A M
U I R L S T I R U I E E
R T V R H I Z W Q N L P
T U J T O X R L H T S O
S S S E E S Q E T H A L
Q M U T N F I O R G G S
U L L N Y A B V A I L P
A V A L A N C H E L F E
L S A N E M A I T K A E
L J H K D G I I R H M T
A H O B B S W R L R B S
D R A Z Z I L B I G U Q
B S N O W D R I F T S H
D E T I M A N Y D D H A
K I L B P V O R T E X J
```

AMBUSH	LANDSLIDE
AVALANCHE	LIGHTNING
BLIZZARD	RUSTY NAIL
BROKEN BOTTLE	SNOWDRIFT
CORROSIVE	SQUALL
DYNAMITE	STEEP SLOPE
EARTHQUAKE	TIDE
FIRE RISK	TSUNAMI
GAS LEAK	VORTEX
HURRICANE	WATERSPOUT

Trees

```
Y M C O G Y S H Q G Y C
J C Y P R E S S W S L I
L A I L O N G A M F U B
W L X Y W N B N B O K X
S I L V E R L I M E U S
H L R C N O W A O B W I
S Y D H E H Z T R E Z J
H C E E B T T N J K V X
Z J H S O K W U A P N R
V D I T N C D O N A F E
X O C N Y A M M L L E H
G O K U S L I F E L A N
N W O T O B L O C Z I W
O D R H S C T E U D T W
M E Y A I H D Q R Q R L
E R Q A E A H W P Q E P
L S A S R U Z I S W N S
```

BEECH	LILAC
BLACKTHORN	MAGNOLIA
CEDAR	MOUNTAIN ASH
CHESTNUT	OSIER
CYPRESS	REDWOOD
EBONY	SEQUOIA
HICKORY	SILVER LIME
HOLM OAK	SPRUCE
JUDAS TREE	WALNUT
LEMON	WILLOW

Oh Deer!

```
T J V D I L U X X B R B
K O B G N I R P S A T S
K C H I K A R A U J C M
C G U J O L L H E H G H
X S V B E R A E W D A O
B Q R S K P E L I N Z S
Z L E O F C O D L N E A
L A E G Y H A L D G L M
Q T D S R A D L E E L B
J I N E B I L M B T E A
F H I R S O S D E M N R
O C E O I B K L E B Q A
C R R W O B U J S E C H
B M R C M G C Y T C R L
P A K O A O O D O O K F
V J N R H A N S F F P Z
Z E T O C M W J L O R N
```

ANTELOPE

BLACKBUCK

BLESBOK

CHAMOIS

CHIKARA

CHITAL

ELAND

ELK

GAZELLE

GEMSBOCK

KOODOO

MHORR

RED DEER

REINDEER

ROYAL DEER

SAMBAR

SEROW

SPRINGBOK

TRAGULE

WILDEBEEST

```
M V Q R O S E K Q E F X
V H W O C T W L M I Y A
Y S S D T P R O P E L C
E T A I D U P E R Y H A
K N Q S U J O G S U Y T
A G I M U Q N W C E W A
S I Q I M I N K O M D P
R S H S L Z O I I R C U
O E C S A S D X L T H L
F R J R R E N D D E V T
T M O E A B A R U R R P
B G N V C P B A M M O S
K P G W D T A C P I O P
F E J E T T I S O N I X
A G I Q Q T U I A A H J
I Q M F O K L D D T Y I
D F R E N O U N C E H S
```

ABANDON	PROPEL
CATAPULT	REJECT
CHUCK	RELINQUISH
DESERT	RENOUNCE
DISCARD	REPUDIATE
DISMISS	RESIGN
DROP	SCRAP
DUMP	SLING
FORSAKE	TERMINATE
JETTISON	THROW OUT

Fixed

```
W V B Q V V N T J J R J
C A B L E T I E U L G U
G P I G L H P V B Q J H
G A W B C W G I M I I L
N Q D A R D N R C X P W
L Z U X O Y I V E I F A
P F T Q B Z W K L F Z K
A S S E Z B A C P K S D
R R S E A R R A H U L G
C G S X L E D T K A N J
E T E B P L M C H I I X
L L R A O V O B R P E N
T M P C B L U T A C K A
A K K W D T S R A B Y E
P I O A T P T C M P L D
E R E O Q S R S C R E W
R D N V H Z A J R F X V
```

BLU TACK

BUTTON

CABLE TIE

CHAIN

DEADLOCK

DRAWING PIN

GLUE

HOOK

NAIL

PADLOCK

PAPER CLIP

PARCEL TAPE

PRESS STUD

RIVET

SCREW

SELLOTAPE

STRAP

STRING

TACK

VELCRO

Indoors Search

```
K M A W M G T W H B P H
T D R A O B P U C A J A
R P Z B O F E G N U O L
N L I B R A R Y E D U L
Y U Y R T N A P E I N Y
R N B A S E M E N T R H
E N G U E S T R O O M X
G E C V R I D E T R O T
R H Z O M R T A M I O B
U C U D R O V O U U R A
S T A F F R O O M M W P
F I E Y E R I R O N O H
A K C S K Q Y D Y G H C
K M N A D N Y Q O A S X
M O O R S S A L C R L P
C L B H W O R K S H O P
C E L L A R J V L Y R W
```

AUDITORIUM	KITCHEN
BASEMENT	LIBRARY
CELLAR	LOUNGE
CLASSROOM	PANTRY
CLOAKROOM	PLAYROOM
CONSERVATORY	REST ROOM
CORRIDOR	SHOWROOM
CUPBOARD	STAFFROOM
GUEST-ROOM	SURGERY
HALL	WORKSHOP

Red Starts

```
N K N X R E D I P S N T
P Z M W W A P E Q L R K
G H G R Y D E U C T N R
H Z E L A R I M D A I D
G U A R D R H M H U F J
M N C O R P U S C L E H
J U O E E I L Y H A E V
V W L P T K N Y G A Z T
K Q P L T E L G D L R A
F E C R E S C E N T N N
R O N Z L T D Z T N C B
A O L T H O T N E A T K
W G B J O X K S R R D G
D I N L R Z S P M R W E
C A B B A G E G P U B S
I N F P Z T P A T C Y E
D T M J X N Q M L C B L
```

ADMIRAL	GUARD
BLOODED	HEADED
CABBAGE	HERRING
CARPET	LETTER DAY
CORPUSCLE	MULLET
CRESCENT	PEPPER
CURRANT	SHANK
DWARF	SPIDER
FACED	SQUIRREL
GIANT	WOOD

Creature Feature

```
G Z S M I D M T A H R Q
Q E S I O T R O T L W H
Z K Q P A N D A Z T I E
X B G I G T G T P P L Z
V J N A I O L O P O D W
K C S L D J Z O O M E A
Y D F L S S P C H S B L
K Y Z I L O U I E R E L
S C K G T K F D D T E A
E M Y A V K F N G Z S B
S O M T T Z I A E F T Y
T U F O T T N B H C I P
S S P R I N G B O K P W
D E T P B K E U G U G I
N E A O B P G D I N G O
D W V L A A S T O B K E
Y K E M R T K G V R N H
```

ALLIGATOR	PUFFIN
BANDICOOT	RABBIT
COUGAR	RODENT
DINGO	SEAL
HEDGEHOG	SPRINGBOK
HIPPOPOTAMUS	STOAT
LEOPARD	TORTOISE
MONGOOSE	WALLABY
MOUSE	WAPITI
PANDA	WILDEBEEST

Wedding Day

```
H V Y Z Y P B D J O Q D
E I T N R Z U T V S U C
R C D O R U F R E H S U
N A E B A B F O P N W A
K R S L M S E U B Z I R
P E O L E H T S E T Y Y
R T L O O B E S T T J G
S S E R D B R E R M A C
Y I M L P S F A O R A I
G G N J E N P U T U L N
C E V P O G O E H E T E
Y R O C A H R E E F A B
H K W T K G T A D C R W
R R S A A E E E M F H F
Z A B R V I O B X S J S
C T U Q A O U H O D W B
M S F F C C F U Y Y L J
```

ALTAR	PAGEBOY
BEST MAN	REGISTER
BETROTHED	SOLEMN VOWS
BUFFET	SPEECH
CARS	STAG PARTY
CELEBRATE	TELEGRAMS
CONFETTI	TOASTS
DRESS	TROUSSEAU
GARTER	USHER
MARRY	VICAR

Frightening Stuff

```
U T L J D U V Y I C O W
B E O U I J A A N T E F
Y R E T S Y M L I V E J
I R O N E E P R U E N P
E O Z O M B I E M E K Z
F R I I M P R U X H J Y
G T V T S S E R X S E C
Y G L I G H T N I N G N
L Z X R H H I I V A N L
O R Y A O K O F C B I B
D L Z P S T N U H K K R
S Q M P T E O A L E A E
Z C Z A D C H I L L E D
X I A Y E I U S I C R N
N M D R O R R O H V C U
X Q G F Y T C R U Z M H
Z O K M J T E S R F H T
```

APPARITION	LIGHTNING
BANSHEE	MYSTERY
BROOMSTICK	OUIJA
CHILLED	SCARY
CLANK	SCREAM
CREAKING	SPIRIT
EVIL	TERROR
GHOST	THUNDER
GHOUL	VAMPIRE
HORROR	ZOMBIE

Musical Instruments

```
D W Q V X I N S H D T H
O K B V I X O R A E E X
U G P W U O L X R P P I
B P R E T U L F P B M F
L K I E O E E I A A U D
E I E C D X C S N A R H
B N T T C R S D P L T O
A V G N T O O T I P Y I
S S H L O L L C P H O G
S N M N I B E O E O Y B
U A Y N O S Q D S R V Q
F R E N C H H O R N C W
G E S Z Y Z I H W U G K
X D I X D K O B O E M Z
W R T A C I N O M R A H
O U A C C O R D I O N T
R M R M D S H O U Y F O
```

ACCORDION	KETTLEDRUM
ALPHORN	MANDOLIN
BASSOON	OBOE
CELLO	PANPIPES
DOUBLE BASS	PICCOLO
ENGLISH HORN	RECORDER
FLUTE	SITAR
FRENCH HORN	SNARE DRUM
HARMONICA	TRUMPET
HARP	VIOLIN

Be Happy!

```
A A N C W E W D P D V D
E M L A U G H T E R M E
C I Y U A R T T T F X L
S A R M O D N W R H M I
T B R L K E T C I W E G
A L E E T T H L U L L H
T E M N F I A G M E L T
I D O R R R A R P V O E
C C C P A I E G H E W D
B M Y T E P G E A F G E
H P E T P S T C N E D S
O D Y I X H O U T R X A
C S H S Y G H V R V M E
M C T H G I R B O O V L
Z C I R O H P U E R U P
L I K U H Y Z E E R B S
H M R A P M Q W N B P V
```

AMIABLE	EXHILARATED
BREEZY	FERVOR
BRIGHT	GAIETY
CAREFREE	HIGH-SPIRITED
CHIPPER	LAUGHTER
CHIRPY	MELLOW
CONTENTED	MERRY
DELIGHTED	PLEASED
ECSTATIC	RAPTUROUS
EUPHORIC	TRIUMPHANT

Las Vegas

```
D H H C B C E S S A P T
D V R E K O P E G B U P
D U H X D Z U E M S N T
M W W I N N I N G L T O
B S N Q R R R J C H E J
Q A H G G A M B L E R H
S E C U R I T Y R C R V
B B C C F H P I Y N E A
C T H Y A F D E Y A I H
J Q E O R R L L R H P U
E U A B W O A E E C U Z
R S T X D S U T L G O A
T Q N X V N G L A A R L
R E F E D N I M E H C E
N O G C C Y R L D T J H
M A M K R I H N B K T Q
S W B S T O L S T A K E
```

BACCARAT	LICENSE
BLIND BET	PASSE
BOUNCER	POKER
CHANCE	PUNTER
CHEAT	ROULETTE
CHEMIN DE FER	SECURITY
CROUPIER	SHUFFLE
DEALER	SLOTS
GAMBLER	STAKE
LAS VEGAS	WINNING

```
Z W E P X K M R A G L F
G T S L U X G U E N M A
G L K U D P A N A I D A
D N E T N V S C J A O U
G F L O R A L O P Y P I
Z S M H A U R O R A F A
U A U W V U L U O E X R
L T G E W L C M S F Q Q
M S N M O R P H E U S P
I E T C E R E S R T N C
D V R M E N U T P E N Z
A E S C U L A P I U S P
F A U N U S T P N P I V
R S A T U R N S E G U K
K Z O N U A P O R U E J
Q K E C F M P Q P C D I
B V R J K W O A B T J S
```

AESCULAPIUS	MERCURY
APOLLO	MORPHEUS
AURORA	NEPTUNE
CERES	PLUTO
DIANA	PROSERPINE
EUROPA	SATURN
FAUNUS	URANUS
FLORA	VENUS
JUPITER	VESTA
MARS	VULCAN

Horses for Courses

```
H A F W Y O K A Y I M Y
K K G F Z D Z N L H N H
A L D N E G N I N O R G
Z O N I M O L A P L D B
A F C I I G I D L S O U
K F Y I C S N U N T K O
D U M P E A W T A E O L
B S T I L Y M C I I F G
Z G R T A H E H L N N N
I F E R N K N D O E A A
I H M J D A F R G R I T
S L I P I Z Z A N E R S
F W S B C R Z F O O U U
D N A L T U J T M K T M
C R K C N Y R R K V S K
A A I F K I H C U L A B
L L A T V I A N U K V S
```

ARABIAN	KAZAKH
ASTURIAN	LATVIAN
BALUCHI	LIPIZZANER
DUTCH DRAFT	MISAKI
FRIESIAN	MIYAKO
GOTLAND	MONGOLIAN
GRONINGEN	MUSTANG
HOLSTEINER	PALOMINO
ICELANDIC	SHETLAND PONY
JUTLAND	SUFFOLK

```
Z P P R R Y J E U T N K
D A A U E S T E W A R T
C T T N G G R E B S O R
G N R Z T C R F B B H J
W U E E F R X E R A T O
G H S L L F E O B R W W
X R E A Y L O V I R A A
N M U Z P K I N E I H L
F C B N S T T A B C L M
D L F O K I L L P H A K
A A I G G B B I J E U L
Q R C N O N L N K L D X
C E A R I U J I X L A Y
V N E H Z D V N V O A U
T T T G E V N N S L T L
O E H I R E L A N D O B
G N J G K B T N B T W F
```

ALBORETO	HAWTHORN
BANDINI	HUNT
BARRICHELLO	IRELAND
BERGER	LAUDA
BROOKS	MCLAREN
CEVERT	NANNINI
DEPAILLER	PATRESE
GETHIN	ROSBERG
GONZALEZ	STEWART
GURNEY	TRINTIGNANT

World Money

```
A O K M G M D R J R R E
U V F H P I N P W T G O
A R E Z F E D S P K U S
X M E R I G S I R C W N
D X P X X F D O N K B F
U W U M L W N N V A E S
C K R L Q E L B U O R R
V W C U A E K Y T O L Z
S N N Q P Y H E O G P R
F V A L W I I N H G V U
Y S R F S L A R T S U A
P H F V G I G H I B X H
C U B K V H R T G D U C
Z E E I D N A R G N Y A
D O L L A R E N N I H W
R O F P M A H R I D B K
B O N V K N W K R O N A
```

AFGHANI	PESO
AUSTRAL	POUND
BOLIVIANO	RAND
DINAR	RINGGIT
DIRHAM	RIYAL
DOLLAR	ROUBLE
FRANC	RUPEE
KRONA	RUPIAH
KRONE	SHEKEL
KWACHA	ZLOTY

Communications

```
N E T S I L Z I C X F E
A O W K L A T V W S A Q
O D I A G R A M J S C E
R G B T O N A T K E S L
E R N P A D J X P R I E
T U E I Z T M I U D M C
T R G N D J L O C D I T
E N O O K R C U W A L R
L I T B L S O R S W E O
B X I E I A I C G N S N
K C A D L T I R E E O I
R K T M I E J D T R F C
J I E N O H P O R C I M
G E G P D P N H B D C A
X B I O O R E D O L K I
B M O S P E A K I N G L
B H Q T B R A I L L E R
```

ADDRESS	MICROPHONE
BRAILLE	NEGOTIATE
CONSULTATION	NOTES
DIAGRAM	POST
DIALOG	RECORDING
DISCOURSE	REPORT
ELECTRONIC MAIL	SPEAKING
FACSIMILE	TALK
LETTER	TELEPHONE
LISTEN	WRITING

Henry VIII

```
E Q M O U V S L F J M P
T E R A G R A M I W M B
P H S S C Z F J P R M B
A E O A T L A N D S E Y
R U O M Y E S E N A J D
L G D R A W D E R B I I
I A R G E S H D M S D V
A E T E J G M T S E T O
M L S Q E F E O U H D R
E Y C R U N L N R D N C
N L A A U U W O T E O E
T O T G T P N I D T S R
X H H I K E S C C D A H
C R O M W E L L O H E A
Z N L J J F F T O B R N
X H I P D S P I K D T K
C D C L E M E N T W X K
```

BEARD	JANE SEYMOUR
CATHOLIC	MARGARET
CLEMENT	OATLANDS
CROMWELL	PARLIAMENT
DISSOLUTION	REGENT
DIVORCE	SPURS
EDWARD	THOMAS MORE
FLODDEN	THRONE
GREENWICH	TREASON
HOLY LEAGUE	TUDOR

Shopping Trip

```
G G H O C D P M I B C C
H F I K L W J E K A L U
A A L F O L D N X R I S
I S C I T E M S O C N T
R B S S H S E W G O G O
M E R I E E G E F D E M
V Y R G S M M A G E R E
D J A A S T U R A U I R
C R I W W D A F D A E O
X G A U K S F N R S K T
S N V C Z W S D T E I G
E I Z O T E V A H L P Y
R P X F O I U F L A E T
V P A H I R D Z L G F X
I O S Z A X C E H O O Z
C H A N G I N G R O O M
E S T R E I H S A C D R
```

ASSISTANT	GIFTS
BARCODE	GLASSWARE
CASHIER	LINGERIE
CHANGING ROOM	MENSWEAR
CLOTHES	PERFUME
COSMETICS	RESTAURANT
CREDIT CARD	SERVICE
CUSTOMER	SHOES
FLOOR	SHOPPING
FOOD	TILL

Golden...

```
B G J F X P B K V V D H
F J L U L K I L D E M O
V L H G B E D A I B R R
C S B V M I E L W H E D
Y J K W H R L C O V B E
R R A A H T F E E O M Z
E M A T L G A I E H U E
V R N S G R R E A F N G
O P P O R T U N I T Y P
L S O I E E D P Y F B I
P S N R O S V F R R U W
E G T J H Y E I O Y E A
N S R A E Y A L N D B T
J T K A B H B L D N Z T
S E L P P A Y I H P A L
X W B R O W N N Y M Q E
O B T Z Z G H G V G T I
```

ANNIVERSARY	JUBILEE
APPLES	NUMBER
BROWN	OPPORTUNITY
EARRING	PEN
FILLING	PLOVER
FLEECE	RETRIEVER
GOOSE	THREAD
HAIR	WATTLE
HANDSHAKE	WEDDING
HORDE	YEARS

On the Road

```
B I M E K A A V I V B F
K F Q G Q Y Y D Q U A J
H U N D E R P A S S U R
F B D I K E X L T C O E
N I P R S E A L T A X V
H K L B P N A A D T V O
V D V T E N Z W E S K Y
Q U E U E V O Q T E Y L
P K V D D R C J O Y Z F
U H Z J K T L N U E J K
H I G S P R E I R S U Y
Y G I V E W A Y G U N L
V H G N I K R A P H C X
E W Z L T P W O L S T K
G A B O L L A R D A I S
B Y P A S S Y Q X U O X
X V K B E V X N B G N C
```

BOLLARD	GIVE WAY
BRIDGE	HIGHWAY
BUS LANE	JUNCTION
BYPASS	LIGHTS
CAT'S-EYES	PARKING
CLEARWAY	QUEUE
DETOUR	ROADWORKS
FAST LANE	SLOW
FILTER LIGHT	SPEED
FLYOVER	UNDERPASS

Knitting

```
F R E T N U O C W O R F
R C T M A R P L S B F Y
E I Q O O S R E Y R C C
V M B S A F E T Y P I N
E W A B W T S V R R H O
E B S E O M S Y O J E Q
L L L O O N S B H L Z P
S A B M L O T T F K G B
E N D N C I U O E G G B
L K N A G I D R A C H C
D E E P S H E T L A N D
E T U W D M R R O L O C
E G T E H C O R C W T G
N O T S A C U G E N T D
I P A T T E R N N X U J
L C A S T O F F K O B Y
M C X A E V T R Y V F F
```

BLANKET	NEEDLES
BOOTEES	PATTERN
BUTTON	PRESS STUD
CARDIGAN	RIBBON
CASHMERE	ROW COUNTER
CAST OFF	SAFETY PIN
CAST ON	SHETLAND
COLOR	SLEEVE
CROCHET	TEA COSY
GLOVES	WOOL

Homophones

```
L N M R Q T A L E D N E
S S T O R Y H E T L S G
S N U G O A S V I I N Q
T F M K N S S L U I M S
L Y D G U R E R T M I M
I E E O U V C I M M E Q
A R M L A U R G G L M L
T O M N P W L H Z R Y W
W T A P V I L T H D R Q
C S D T F I C I E T H M
J S L A P I C N I R P N
I N J Y R G M G I C X V
G Q O E R A I R F R A P
J L Y S D W G O X E P B
F R L E S S E N H W Q G
F U R M D E Q X A S T L
C F N A V A L R F H E Y
```

CREWS	MOOSE
CRUISE	MOUSSE
DAMMED	NAVAL
DAMNED	NAVEL
FRIAR	PRINCIPAL
FRYER	PRINCIPLE
HANGAR	RIGHTING
HANGER	WRITING
LESSEN	TAIL
LESSON	TALE

Eight-letter Words

```
D O B U D K B D F N T J
E E A W Q O I H O E R V
D D R P L D O I D K A M
U P K E N I S W L A C R
O B B E B A N R E T T V
R U L R C M N E T S I P
H P P C E M U L S I O N
S U O S D A L N G M N R
M F G F T O K L S D A A
A F G J W R U A U E Z N
N B M V Y F E G G F D A
A A D N E I C A H E F M
G L A T K W O L M N J Q
I L A L G D N B M D U J
N R Q R I N S O L E N T
G Y T I R E V E S D H Y
N T R E I L P P U S Y E
```

BREAKAGE	NUMBERED
DEFENDED	OCCASION
DOUGHNUT	PUFFBALL
EMULSION	ROSEWOOD
GRATEFUL	SEVERITY
HACIENDA	SHROUDED
INSOLENT	SPLENDID
LINESMAN	SUPPLIER
MANAGING	TRACTION
MISTAKEN	UPSTREAM

Artists

```
X V Y L Y O L K W Q X Z
G A H U T D U E R F A S
U N E N O I G R O I G Z
I E I U U I H E T L P N
V Y W N L Q O P H Y R W
K C F R O O M S K W A H
W K N A U O G Y O T X O
D H Z Y S M K S T X I S
W V O O E M K E T A T S
O F N G L L A Z D P E A
X F T A A U S N N I L C
L G M U U R A D A S E I
F X G G T L T K R S S P
Y X J U R A N H B A L O
Z K U I E R E E M R E V
O K H N C D U R E R G B
Y G F R Z S M O R O N I
```

BEARDSLEY	MORONI
DE KOONING	PICASSO
DURER	PISSARRO
FREUD	PRAXITELES
GAUGUIN	REMBRANDT
GHIRLANDAIO	ROTHKO
GIORGIONE	TOULOUSE-LAUTREC
GOYA	VAN EYCK
HAWKSMOOR	VERMEER
HOGARTH	WATTEAU

Volcano Study

```
N I J T S V R V U X C K
G X V I B G W J D D F E
H H G Q X U L A W U N Z
J W P Y D A O O F T E P
G S Z L Y V L D G R Y Y
S R O D C L O E E A G J
W U T R I V R B N R L S
V B M I Y S U T A E Z A
R E D A K S A C H N I H
J S K Y C R I B E A M Q
M A Y O N O C N E L I I
V R N I S L T X L L N R
F T I A T I A O E W A J
A S O E C G V B P F Q K
S A K U R A J I M A J K
V I O W O S H I M A X F
N W K N K B Y Z C P K I
```

ARENAL	OSHIMA
COTOPAXI	PELEE
EREBUS	REDOUBT
GRACIOSA	SAKURAJIMA
ISABELA	SUMACO
KAMBALNY	TIATIA
KOKO	ULAWUN
LOLORU	VISOKE
MAYON	YANTARNI
NISYROS	ZIMINA

Sports and Games

```
D U J E S P L P L S R L
D S W J F I O V N M Q Y
I B I B S O N O C O I C
V E K M A H O N L U X P
I X N O Q K O T E N O L
N E A I E U Y O B T L A
G Y Z R L H I C T A T E
W N O N C O S Z B I L M
F D I D I H P Y Z N N L
F E G H U W E M B E F G
H M N O S L T R A E S G
X C Y C L I N G Y R N N
K N Z O I F F B P I T I
W S V J V N G X G N X T
Y R I D I N G G A G H A
M Y G N I W O R M E B K
A C M J J J H L U S I S
```

ARCHERY	POOL
CYCLING	QUIZZES
DIVING	RIDING
FENCING	ROWING
FISHING	SHOOTING
FOOTBALL	SKATING
GOLF	SNOOKER
JOGGING	TENNIS
LUDO	TRAMPOLINE
MOUNTAINEERING	VOLLEYBALL

477

Oriental Mystery

```
O O R G W O L H V R B P
J W C E B Z O M Q K A M
B A F I J U A J U G W A
R H S S N D X O S U B
N S E H D G I D N K A O
F K D A L N A P H C K Y
A C R K E O L O U I A G
J I A W I K R P P T S F
N R G B F G U P T S H T
I S O W E N P I R P M V
K K N I C O G E G O I M
K Q S T I H E S N H R D
O M U S R S T Q I C C Q
G R E A T W A L L O H S
E M P E R O R F G N I M
U I H S U S A M P A N O
Z Z H L I X K E B M A R
```

ACUPUNCTURE	KASHMIR
BUDDHIST	MANDARIN
CHINA	MING
CHOPSTICKS	PAGODA
DRAGONS	POPPIES
EMPEROR	RICE FIELDS
GEISHA	RICKSHAW
GREAT WALL	SAMPAN
HONG KONG	SUMO
KARATE	SUSHI

Beachcomber

```
A P V S U S O S D E J O
M S O L S L S H E L L S
K W L Q E E L W Y V K B
G I G K A E T S M A A U
M M J W G B P E V R B W
G M E E U O Z V C I Y M
Z E D X L O O P K C O R
D R N L L L X M N U H O
N H A M X L Y C B S N W
A C L C X G H F I W S G
S A D O O W T F I R D U
H E A K P C R Y E S G L
I B E Q J A K K O R H P
N K H C T P A L O G J N
G U X S M E I Y E Z S V
L P V K R G N I H S I F
E W O B M E J W G B L H
```

BEACH	ROCK POOL
BREAKERS	SAND
COCKLES	SCALLOPS
CRAB	SEAGULL
DRIFTWOOD	SEAWEED
FISHING	SHELLS
GROYNE	SHINGLE
HEADLAND	STARFISH
JELLYFISH	SWIMMER
LUGWORM	WAVES

Boys' Names

```
D S L R Y A J Q L L B C
E E Z U Y X Z T Y O L W
C L W U M N W Z C G P E
P U U T I S O Q S X Z G
C J M J Z Y W T D T V N
S Z A W L H N R R E F G
Y Z U C C N A E S A H A
M J O E O H N P I E R S
V B L N C B R U N O A V
G M R I A K R R E Q M M
N E R R A D Y O L L A A
V A R G A M L Y G T K S
G D B E U Y A S U S A L
Z M P R Z D M C U T W Y
E F A E Y J H O M A R X
I R O P C F A T N A R G
S Z O A C R H T K D N J
```

ABNER	OMAR
BRUNO	PEREGRINE
DARREN	PIERS
GLEN	RAYMOND
GRANT	RICHARD
HENRY	RUPERT
JACOB	SCOTT
JULES	SEAN
LIAM	TONY
LLOYD	VERNON

Bible Characters

```
U K T X T F B R B A L A
L Z B L P K E U E I R U
V J J R E B W S D E R L
R U U L E A M H S I H R
I J D K J M H I A B B G
Q L A B E H S H T A B W
Q H S M R L A H D L O M
H A I M E H E N Y A Y S
T K S H M S G I D K Z D
H M C L I D Y V K R B I
H A A G A V K C Q E E L
R D R R H Z X S H N Z W
Q C I O T Y A J O B P E
M U O J P H A R A S E G
S J T Y V P A P U X W C
O X B M I A I U A S D Q
N O M O L O S Z K F R B
```

AARON	JUDAS ISCARIOT
ANDREW	LAZARUS
BALAK	MARTHA
BATHSHEBA	NEHEMIAH
DARIUS	RACHEL
EZEKIEL	REBEKAH
ISHMAEL	SARAH
JAMES	SOLOMON
JEREMIAH	URIAH
JOB	ZIPPORAH

Buildings

```
C L L O O H C S V V P W
H S C A B H M U S E U M
B G N C A B I N M D A U
W G D L L I M D N I W I
E G E L L O C M S E Y S
A T F L H J G O N S A A
P R L A L K N S U U R N
A E T H C E A Q R P T M
V H N S T T V U S E S Y
I O D T C D O E E R C G
L S E R H E F R R M E D
I P R O U O N W Y A N M
O I W P R J U T X R T D
N T Z S C L C S R K E H
W A R E H O U S E E R I
G L I B R A R Y V T D C
V G C Q V W W W A W T R
```

ARTS CENTER	MOSQUE
CABIN	MUSEUM
CHALET	NURSERY
CHURCH	PAVILION
COLLEGE	PENTHOUSE
FACTORY	SCHOOL
GYMNASIUM	SPORTS HALL
HOSPITAL	SUPERMARKET
LIBRARY	WAREHOUSE
MAISONETTE	WINDMILL

Bird Table

```
T D K J S M H W W Y T J
R L T E L K U A O D T D
G N I T N U B L R I C R
L I A T N I P L C P E A
I U L O J E O C D P G Z
A Q R I T B A R E E Y Z
U E R E T Z R E D R I U
Q L P Y K T R E O K A B
S R E H Z C L P O F Y E
K A R R E Q A E H J O A
O H R E T A W R A E H S
Z K R D S S S C U Y N
T T E W H R E A Z T K X
O X V I R O U K N U U H
P Q O N I B V O R T R N
Y S L G K I V B C P J B
Q Q P U E N S U P Y M S
```

AUKLET	PHEASANT
BUZZARD	PINTAIL
CIRL BUNTING	PLOVER
COURSER	QUAIL
DIPPER	REDWING
HARLEQUIN	ROBIN
HOODED CROW	SHEARWATER
KESTREL	SHRIKE
LITTLE AUK	TREECREEPER
NUTCRACKER	WALLCREEPER

Tour of Wales

```
A E W I G J F S J E P S
E M K R N E W P O R T N
S C D D E N Y W G I B O
N T N T B X P W P H L C
A R D R B O H Q O S A A
W Q B A W F F A T E C E
S A D Y V T F S M K K B
T Y S L A I I Y H O M N
I C G Y L A D E M R O O
N Q A H E R R S B B U C
T O W R W T A E H M N E
E Q D R D S C L R E T R
R E E W V I Y G L P A B
N K B X O A G N Y M I D
C O L W Y N B A Y F N H
T M X F O E S O N X S E
L N W L A M P E T E R L
```

ANGLESEY	NEWPORT
BLACK MOUNTAINS	PEMBROKESHIRE
BRECON BEACONS	POWYS
CARDIFF	RHYL
CARDIGAN	SNOWDON
COLWYN BAY	ST DAVID'S HEAD
EBBW VALE	SWANSEA
GWYNEDD	TAFF
LAMPETER	TINTERN
MENAI STRAIT	WREXHAM

Fancy Dress Party

```
F A T J E C B T H R R N
Y R D Y N E T A R I P M
T S O L D I E R T K Y C
S V C L C A T W O M A N
O L C S I D L F I P A D
H U F E K A R Y T T L N
G A R R L N S A X Q C L
S O E X E E I K G O X H
S R T N E N B G T O F A
E Q S C H A C R H C N L
L X N O M P A H I T J U
D V O S H R V U M T B C
A K M T Q E E R D A Y A
E P N U C T M W D Y I R
H C E M G E A L I V E D
G E U E W P N L T A S P
N A I L T T Z W S F B K
```

BATMAN	HEADLESS GHOST
CAPTAIN HOOK	KNIGHT
CATWOMAN	MONSTER
CAVEMAN	PETER PAN
COSTUME	PIRATE
DEVIL	QUEEN
DRACULA	SAILOR
DRAGON	SOLDIER
FOXY LADY	TV CELEBRITY
FRENCH MAID	WITCH

Schooldays

```
H S J P G E R M A N X X
I N O I S I V E R V D X
S C A N T E E N P Y P Y
T E K A A R S B D L O Z
O C C L F U H L A B H S
R N A O F T J Y N M S T
Y E Y H R A G I W E K E
C I G R O R I R R S C X
I C P B O E I T B S U T
S S A U M T S D G A T B
U R N F I I A R O Z A O
M D I N M L A R G R Q O
B E G D K H L D O P S K
D R A O B K C A L B J V
L E A R N I N G B W A A
H O M E W O R K S S Q L
M R O F I N U U N D Y P
```

ASSEMBLY

BLACKBOARD

CANTEEN

CORRIDORS

GERMAN

HEADMISTRESS

HISTORY

HOMEWORK

LABORATORY

LEARNING

LITERATURE

MUSIC

PLAYGROUND

REVISION

SCIENCE

STAFFROOM

TEXTBOOK

TUCK SHOP

UNIFORM

WRITING

Scotland

```
E Z W N Q A X Q F O S H
F N F A S H R G R T T Q
A E U R T P L K I R M L
M T O R R A N R O C K S
O M E A S E L F A D D B
N P Z G Y I F L S N M N
T J O H N O G R O A T S
R W Q G H O L M U V A D
O D K T K Y O S N I Y N
S H R D Q L T T D E S A
E I Z O H E H A O M I L
F G V C F R I F F O D T
L H O E C Y A F J R E E
R L C D N T N A U E Y H
O A E D I N B U R G H S
F N D W J I E H A X V G
V D J W Z K N B I C H N
```

ARRAN	LOTHIAN
AVIEMORE	MONTROSE
BEN NEVIS	ORKNEY
EDINBURGH	PERTH
FIRTH OF FORTH	SHETLANDS
GLASGOW	SOUND OF JURA
HIGHLAND	STAFFA
JOHN O' GROATS	STIRLING
KINTYRE	TAYSIDE
LOCH LOMOND	TORRAN ROCKS

Whatever the Weather

```
R O T C A F L L I H C T
O V D J L S U M M A R Y
X V M G H O G Z T I R D
B R E E Z E U S T L D R
X H T R W E A D X S E O
W L E F C N V M Y T N U
K A O M D A P J E O I G
S P R D A C S M C N H H
R E O M A I O T L E S T
Y G L R F R S R N S N K
S G O A A R C E K J U M
U F G B G U O D V L S T
Y D Y O R H R N J E G C
F O E S F O C U T X R U
G O E I X T H H F R C E
Z V O W N O E T J B O W
B Y O D A N R O T F H X
```

BAROMETER	ISOBAR
BREEZE	METEOROLOGY
CATS AND DOGS	OVERCAST
CHILL FACTOR	SCORCHER
CLOUDY	SEVERE
DROUGHT	SUMMARY
FOGGY	SUNSHINE
GALES	THUNDER
HAILSTONES	TORNADO
HURRICANE	WARM FRONT

Theater Show

```
I R E Z A U D I E N C E
C C O M E D Y H C P L T
M I R T M D H P N E T L
R B C S C A S I A N A T
O C H I T A R D M S E R
S E E U F W I G R R G E
C Z S Q I N B A O X O C
E P T O G L E C F R E N
N H R L M H N D R O P O
E Z A I E E P S E T U C
R D P R M Q T Z P C O R
Y P D T L A R N N E R E
Z G K N G E D F P R T T
Z K M E Z Q Q O F I D A
S A L V T G K U N D C E
U M B A L L E R I N A H
T O M A G I C I A N A T
```

ACTOR	ORCHESTRA
AUDIENCE	PERFORMANCE
BALLERINA	PRIMA DONNA
COMEDY	PROGRAM
CONCERT	REHEARSAL
DIRECTOR	SCENERY
ENCORE	STAGE
HARLEQUIN	THEATER
LEADING LADY	TROUPE
MAGICIAN	VENTRILOQUIST

James Bond Women

```
L I M O C T O P U S S Y
W G B I H L I K E O P A
H O I M S Y G N L R Q R
C K O M A S A I E Y T O
R A R D O B T D K V A M
E R Y B Z A I A T E I A
P A Z G I R N P R R K L
M M Y R Y E O X A O U E
U I E E J V B N K L Z P
H L N Y U R D E I A U U
T O H Q G A D B N G S L
H V G A F C E I G Y Y Q
N Y R R D E L P Q S S U
C E O X N I J X A S S V
Q S A P A S B V R U I O
T R T W L O Z I G P K R
L N Z X Z R R E B M T V
```

BAMBI	MAY DAY
BIBI DAHL	MIRANDA FROST
BONITA	MISS TARO
DINK	NAOMI
ELEKTRA KING	OCTOPUSSY
HONEY RIDER	PUSSY GALORE
JINX	ROSIE CARVER
KARA MILOVY	SOLITAIRE
KISSY SUZUKI	THUMPER
LUPE LAMORA	WAI LIN

```
S O N I T W T M J I N I
O O R J Q S Y O P G O E
U T H M A C E D O N I A
V V W T E C F T N O E T
L R H N A C A I K N H J
A Y A R B I N U I E T H
K E H B E A K N S H H A
I T B K L H I S C T C L
V W D U A R A P P R E F
M Y T H O L O G Y A R B
I Q P T O S A U D P E X
W D N N E O R M N Y M D
A A I I S E G N A R O O
S K D O L L O P A T M Y
I O T E M P L E P U A B
N Z R F O L I V E S K P
G N E Z X Q S O R A P M
```

APOLLO

ARGOLIS

ERECHTHEION

IONNINA

KALAMATA

MACEDONIA

MYCENAE

MYTHOLOGY

OLIVES

ORANGES

PAROS

PARTHENON

POSEIDON

SANTORINI

SKIATHOS

SOUVLAKI

TEMPLE

THESSALONIKI

THRACE

TINOS

Silence in Court

```
A A T T O R N E Y O B H
I W C R S X T G P C G Q
G K I Q E R M L N U B E
D S G T U T A F I S E I
M O O O N I S L M V N T
H X C L N E T I I S C B
G U E T I Y S D R A H N
N O I T U C E S O R P B
Q F C O A N I H F R A I
F J C H C R N T I N T B
R A W E A R T S O L N I
E R Y O X R O S D R A L
H R F Z I N G Y I E R A
S E N T E N C E J G R Y
U S Y R U J R E P D A C
N T N D U B J R X U W M
E O F K K G I P N J G G
```

ACQUIT

ALIBI

ARREST

ATTORNEY

BENCH

CHARGE

COURT

EVIDENCE

GUILTY

JUDGE

MAGISTRATE

PERJURY

PLAINTIFF

PRISONER

PROSECUTION

SENTENCE

SOLICITOR

USHER

WARRANT

WITNESS

```
Y N G M I M X B Y O R K
Y O G J A T W S V Z O O
B Y U L P V T I J O X F
D Z L N K C N U P P Y U
U U R E G D I R B W E N
L C E C T H O R N I U L
T C T N S A E C T L C B
M R A S T O N Y W A Y M
E C W Q E X Z G D D I W
J I B S S E B N W O R B
F P O L D F I E L D N A
Z H K C A S N T I C U R
J R K L R E P P A N K L
H O I A P I N E C C V A
B U P R R M T A O Z Q N
K S G E L Y R R E M I D
N K L T U M P E R G Y Y
```

BARLAND	NEWBRIDGE
BROWN BESS	OLDFIELD
BUTT	PINE
CIPHROUS	ROCK
CLARET	SACK
CYGNET PEAR	STONY WAY
GIN	THORN
KNAPPER	TUMPER
LULLAM	WATER LUGG
MERRYLEGS	YOUNG HEYDON

Cookery Terms

```
E N N E I S I R A P H C
V R B L A N Q U E T T E
X V E A L F O R N O D E
B I R I S C O W P N F D
B G V L T D O F A R C I
R F I Z Q S G S P W E A
O J O A Y E E X I D R B
U I P M L Y F R L P R L
I T U E A A H C O M U E
L W A N M K C C T F E N
L X R D A S Q R T K B T
E O G A L A G R E Q U E
M G S U Q D I Q U C A R
K W E B B O L G V T Y R
F Y M E N N E I L U J I
B M V E N N A S Y A P N
X J J A R D I N I E R E
```

A LA CRECY	EN PAPILOTTE
A LA GREQUE	EN TERRINE
AL FORNO	FARCI
AU BEURRE	FORESTIERE
AU POIVRE	JARDINIERE
BLANQUETTE	JULIENNE
BROUILLE	MOCHA
DIABLE	MORNAY
DORE	PARISIENNE
EN DAUBE	PAYSANNE

Orchestral Instruments

```
H X Y M O I A Q Y L K P
K C A B U T U U P D N M
K P T J S R U N M V K L
G A C E F X D A J R U J
L V L O P Y T E W H D N
O E I B Q M T S D H Y M
C U Q O A U U V Z I R X
K E T T L E D R U M S C
E Q Q F Q I J A T A D Z
N R O H H C N E R F P A
S S A B E L B U O D I D
P C Y M B A L S M K A B
I E F H S R C B B R N V
E L U S P I C C O L O B
L L O W V N T F N P Z X
C O M E C E Y B E L L S
N P O G A T E Q N I O A
```

BASSOON	KETTLEDRUMS
BELLS	OBOE
CELESTA	PIANO
CELLO	PICCOLO
CLARINET	SIDE DRUM
CYMBALS	TAMTAM
DOUBLE BASS	TROMBONE
FLUTE	TRUMPET
FRENCH HORN	TUBA
GLOCKENSPIEL	VIOLIN

Building Site

```
X M M T Q K C K U L H O
A B R E I X J M S N Y G
S Y E B B L H R A C S F
H E D G E T E R C N O C
M Y D B A B V S I U C E
M H A M M E R A N I O M
W P L U S I R D P L M E
B B L K B D A Y H Z P N
S P E G R T E S R J R T
N A I C I R T C E L E E
A W F O C E V A T E S Q
L Q N H K T S F N V S K
P S B M L N L F E O O K
Q E L L A I I O P H R C
N Z I Q Y A A L R S E U
I R W J E P N D A R B R
D O K G R Q O C C Z Y T
```

BEAMS	HAMMER
BRICKLAYER	LADDER
CARPENTER	NAILS
CEMENT	PAINTER
COMPRESSOR	PLANS
CONCRETE	PLUMBER
DRAINS	SCAFFOLD
DRILL	SHOVEL
ELECTRICIAN	TILES
FOUNDATIONS	TRUCK

Top Romans

```
X G K K M Z B T Q C K J
A A G R A T I A N O R R
V A N S U B O R P M J X
R A P I E C B D S M C G
E Y T R T A B R U O N U
N A I L E R U A N D U F
B U L W M A E S I U M I
S V W C C C T P N S E H
S T E P P A Z Q O A R O
U C E S N L Q R L R I N
M L Z T P L M U A V A O
U A I T R A G E S I N R
T U I W X I S A T X H I
S D P I L V C I L K R U
O I M A S P M U A B B S
P U C F D O I K S N A Z
S S K G D K V T G N Y P
```

AURELIAN	MAXIMUS
CALIGULA	NERVA
CARACALLA	NUMERIAN
CLAUDIUS	PERTINAX
COMMODUS	POSTUMUS
CONSTANTIUS	PROBUS
DOMITIAN	SALONINUS
GALBA	TETRICUS
GRATIAN	TIBERIUS
HONORIUS	VESPASIAN

Place Your Bets

```
O R B N E Q B M S P U F
R D N R I U W Q H P P A
C R O U P I E R B L L V
R O U L E T T E A E A O
E Y D E R S P D W C C R
F C E D T A Y H C I E I
G X K O S L C U U R C T
R R T L U O M E U P O E
G E E C A U N L T G D E
N Z K Y L S E E T N T G
I B I A H S V I J I O A
C Y T W M O C E R T N M
A O K H G K U A G R G B
R U Y C C X O N M A L L
T D I A U V A O D T S I
P R R E A L F B B S G N
D T S F G N I T T E B G
```

ACCUMULATOR	LUCKY
BETTING	MONTE CARLO
BOOKMAKER	ODDS ON
CROUPIER	PLACE
EACH WAY	QUITS
FAVORITE	RACING
GAMBLING	ROULETTE
GREYHOUNDS	RULES
LADY LUCK	STARTING PRICE
LAS VEGAS	TRACK

Flower Power

```
H N P Y N J I G Y P E V
O T E S Z P F D H O N C
I S T N S L O I O R F S
M H U A U P X A N D Q U
C A N P Y T G N E W C C
D B I E Z E L T Y O B O
H N A L R L O H S N D R
J P P A L O V U U S H C
A K T R C I E S C Q Y L
S U C G A V W I K C B G
M N P O W N I T L B A Q
I K T N H G E A E R O O
N Y C I L Y M M D E M E
E H J U Y E L E O E W D
D M A M N J N L J N X S
B E G O N I A C O A E W
M U I N A R E G I H G D
```

AGERATUM	HOLLYHOCK
ANEMONE	HONEYSUCKLE
BEGONIA	JASMINE
CLEMATIS	LUPIN
CROCUS	PANSY
CYCLAMEN	PELARGONIUM
DIANTHUS	PETUNIA
FOXGLOVE	SNOWDROP
GARDENIA	SWEET WILLIAM
GERANIUM	VIOLET

Countries of the World

```
N R Q I H T Y E L Z Z D
J L O B T Y F L M P P O
V Q F M R H A J U A V O
T X S C A E A I R N B Q
E Z L O D N Z I B A B N
M V I M M E I C L M B W
A C B O T S W A N A A N
N Q E R E Q I U R L N G
I P R O P N C B E D O D
R T I S O U A S J I C D
U J A T A D M I S V C M
S K S B O L B E K E O D
V E R S I O O V U S R H
J J O A U R D G R B O U
X U F T I H I Y N N M P
I T I A H N A K V A F E
A T K K Q L E A R S I M
```

ANGOLA	KIRIBATI
BARBADOS	LIBERIA
BOTSWANA	MALDIVES
CAMBODIA	MOROCCO
COMOROS	PANAMA
DJIBOUTI	ROMANIA
ESTONIA	SURINAME
GAMBIA	THAILAND
HAITI	UKRAINE
ISRAEL	WALES

```
P Z G B E S Q I C Z I X
G F J N A R W E N H B Q
H L V H C H I M A E P D
X A P F G L B R H F N S
S D T N Q O E F T O A R
F N A R R R L G R C M R
P A I O E H S L O I U C
B G M G E E E T U L R Y
E I I A G S B S A M A V
R O C R B A C E E I S S
N R U A X R B R A G J V
I I L U O O I O L R S H
P Q F A K D A F B M D L
P X R I V E N D E L L B
I H T R A E E L D D I M
P L C O B X M O G P M B
R Z K M D F W G N T E P
```

ARAGORN	LEGOLAS
ARWEN	MIDDLE EARTH
BILBO BAGGINS	MORIA
BOROMIR	OLD FOREST
EDORAS	ORCS
ELROND	ORTHANC
EREGION	PIPPIN
GANDALF	RIVENDELL
GIMLI	SARUMAN
GOLLUM	TREEBEARD

In the Kitchen

```
R E L D A L R E S H M J
E A F J B E P U C A E T
T H M I N O K E T T L E
A K N E N I D H I V D A
R Z A E K K S C U I Y S
G B P V I I G D N F W P
R C G E D A N N N H B O
I M N E R Y E T I Y R O
V F I C P R W S P R E N
S P T X P P K C G E A A
A A S L I O I U N K D P
U B A L Q N K A I C K G
C T O Z D G G Q L O N N
E V R O T G U B L R I I
P T O P E E F F O C F Y
A L U T A P S P R W E R
N T O P A E T P W B L F
```

BREAD KNIFE	PIE DISH
COFFEE POT	RAMEKIN
CROCKERY	ROASTING PAN
DINNER PLATE	ROLLING PIN
FRYING-PAN	SAUCEPAN
GRATER	SPATULA
KETTLE	TEACUP
LADLE	TEAPOT
MIXING BOWL	TEASPOON
PARING KNIFE	WHISK

Admirable Adjectives

```
S T G E N E R O U S E V
S S E L H C T A M W A T
E E L B A D N E M M O C
L B N A V G S I Q V N W
R B M S M N B M M Z O L
E D T N A I L L I R B U
E A G E N T L E T G D F
P Y P P E I I H V U I I
D R P S O C Y O P Y D T
Q A U I S X O S N I N U
Y S W D G E T Q I A E A
T S I N V A L U A B L E
S E P I N Y U E N K P B
U C P D D J U D C P S R
R E I S U O U T R I V A
T N A R E L O T L M R A
G W O N D E R F U L I P
```

BEAUTIFUL	PEERLESS
BRILLIANT	PRICELESS
COMMENDABLE	SENSATIONAL
EXCITING	SPLENDID
GENEROUS	TOLERANT
GENTLE	TRUSTY
INDISPENSABLE	UPSTANDING
INVALUABLE	VIRTUOUS
MATCHLESS	WONDERFUL
NECESSARY	WORTHY

Indian Towns and Cities

```
L R X G A B A B Q A O D
A G U Z A W V K F A F Y
P U K P P H O M Y I J G
O O Q M G C F N N V A S
H I I V H A M U K V I V
B Y H I A N N E H C P U
V X D B Z M T G B D U L
L B U E A A R W P M R L
R R C M R N K I U B A M
M A E U G A G M T A N D
L J S M A W B A R S T T
T K D A B A H A L L A U
D O Q P I C D M D O P R
A T A K L O K P G J R E
P T O L D E L H I H F E
J A V A R A N A S I L M
R O V X K E R R O N D V
```

AGRA	KOLKATA
ALLAHABAD	LUCKNOW
AMRITSAR	MEERUT
BANGALORE	MUMBAI
BHOPAL	NAGPUR
CHENNAI	PATNA
DELHI	RAJKOT
HYDERABAD	SURAT
JAIPUR	VADODARA
KOCHI	VARANASI

Animals of TV and Screen

```
F H C B A G P U S S G T
L C A R T H U R Y X A U
E F H T T U Q L B L R S
F L E A E J V K U T F R
I I L D M E D J G B I R
N P O I S P H L S A E Y
F P H T V J I C B S L C
Y E E N A R R O U I D C
G R E I L K O O N L U S
G N Y L P A M S N B C K
I M O V I Y M Z Y R H R
P W R K E M T B H U E O
S G E K G G I E C S S T
S L C I N N D X E H S U
I I T E L G I P E W O L
M A M N T A R K A O T P
A C A S W M L J B S N P
```

ARTHUR

BAGPUSS

BASIL BRUSH

BUGS BUNNY

CHAMPION

CHEETAH

DUCHESS

EEYORE

FLIPPER

GARFIELD

KING KONG

LAMB CHOP

MICKEY MOUSE

MISS PIGGY

ORVILLE

PIGLET

PLUTO

SYLVESTER

TARKA

TWEETY PIE

```
V C C M A K E U P H I H
A A B D C U O J O C D T
T Z U B T E L R A T S O
A F F D R A M A T I C L
R E V I E W R Y N C K C
A F T K S V G O H K M K
S H A Q S U I B F E N C
R E Y O F S T L S T H A
E T E X U A G A L S D B
Y O S L G P U P P E T C
A N L I G H T I N G O T
L I A G N T W C Q M T J
P F G P P A U N Z P X D
G F X M M K G I I T D X
C H O R E O G R A P H Y
W R I T E R C P O I Q A
P A G K L S H P P E G R
```

ACTRESS	PLAYERS
BACKCLOTH	PRINCIPAL BOY
CHOREOGRAPHY	PROMPT
COMPANY	PUPPET
DRAMATIC	REVIEW
FOYER	SCRIPT
ILLUSIONIST	STARLET
LIGHTING	TICKETS
MAKE-UP	VAUDEVILLE
ORGANIST	WRITER

```
X W F L O O D I N G P Y
T B W A A S P Y C U B N
D O A C T H U G D L D H
S N V R M O I D W S M P
T Z E D R W L E M Q F U
A A S S I E X C B G N R
M T F L A R L T I R X R
B E I G G Z R Z O E P N
H K N N S O O Z V G J
Y C I I I E B B I Y I
D U A T H T M A N R R G
R B T T S P C M Z R A D
A T N I A R D C I W U H
U W U Y W R O G Y W T R
L F O S P L A S H I S Q
I K F C P T F C Z C E K
C O N D E N S A T I O N
```

BARREL	HYDRAULIC
BUCKET	IRRIGATE
CATARACT	PUDDLE
CONDENSATION	RIVER
DRAIN	SHOWER
DRIZZLE	SPLASH
ESTUARY	STREAM
FLOODING	SWIMMING
FOUNTAIN	WASHING
HARBOR	WAVES

Gases

```
T M H F B W C O G E O D
C U E Y W E A T P H P N
A Z N T D H R W A L K X
R Z A O H R B L S T O L
B L P J E A O N G Q X N
O A O N J N N G D X Q V
N Z R T E X D E E E N U
M S P G C G I N B N W A
O K Y U O E O W Q O G C
N X T Z K N X R M Z N E
O T T J R A I C T O N T
X Z H Z Y T D V D I K Y
I W E J P U E A R U N L
D T L C T B R O M I N E
E D I X O S U O R T I N
I Y U M N L Q X S U C E
O Z M M F F A B O S Y S
```

ACETYLENE   KRYPTON
ARGON   METHANE
BROMINE   NEON
BUTANE   NITROGEN
CARBON DIOXIDE   NITROUS OXIDE
CARBON MONOXIDE   OXYGEN
FLUORINE   OZONE
HALON   PROPANE
HELIUM   RADON
HYDROGEN   XENON

Artwork

```
G O O K R E Q X T F G B
C A R A V A G G I O R H
L C I Z E U Q S A L E V
O T M N I K S U R Z N F
P D Z K S D T T Q S R E
Y F S L C B T H A A U C
J Y C H X O O E G L T L
Q Q M P O U L R L I A A
W F T U O C A L O L N R
S H C H A H K A O U I K
I N I N R E B N T P G M
I V O S O R S D E E S H
F J J B T K V S L Y G G
X V K B B L Z E U X X F
F O M R K I E E K O F V
Y B V P O M G R V X R P
W P D F B T K Y V K U R
```

BERNINI	LASZLO
BOUCHER	MILLET
CARAVAGGIO	MIRO
CLARK	POLLOCK
GAINSBOROUGH	ROUSSEAU
GIBBONS	RUSKIN
HOCKNEY	SUTHERLAND
KLIMT	TURNER
KNIGHT	VELASQUEZ
LANDSEER	WHISTLER

What a Sauce!

```
K S W L T K P Y W Y E Y
Q T A R T A R E H H X I
P N W O R B E A I N W K
R R K S J P K H T O L Y
F B L E M A H C E B C M
H E S E N G O L O B D Y
Y O Z D U U R M X A A V
O L L C B C S R B Y E U
S B A L W F E G N A R O
E Y P M A B R B M X B T
S V R W M N A A R A K A
E U I U N G D L L A J M
E I C B N E I A S W B O
H U O X I Q S B I J Z T
C M T R Z R H A V S N Q
E V A C A F J M S I E Y
A R E M C A R A M E L V
```

ALABAMA	HOLLANDAISE
APRICOT	HORSERADISH
BARBECUE	MADEIRA
BECHAMEL	MARSALA
BOLOGNESE	MINT
BREAD	ORANGE
BROWN	PARSLEY
CARAMEL	TARTARE
CHEESE	TOMATO
CUCUMBER	WHITE

Anatomy

```
V P R Q C T T D F Y S C
K R Q H H A O Q L I W B
Q S N I E V Y O E K Y J
F A G C E Q D D F K Y T
L H O X K S B P N H J B
U E V S B Z S L S S E C
L R S P O D H U U P N T
S O C S N M O N I I O D
O P Y M E T U G J N B F
E D A O N V L S G E T N
W S I R I O D U C S S L
P A L A T E E O C L A V
N C Q T S E R E O Q E J
G N I H E A R T N L R O
D S K R T D H Y J K B Z
D C W I N D P I P E V Y
T C I G I Y V O D A N N
```

ARTERY	LUNGS
BLOOD VESSEL	MUSCLE
BREASTBONE	PALATE
CHEEKBONE	PORE
EPIGLOTTIS	SHOULDER
FOOT	SPINE
GUT	THIGH
HEART	TONGUE
INTESTINE	VEINS
KNEE	WINDPIPE

Hallowe'en

```
P U Z C I R V M Y B V A
S E L D N A C C X M D F
P M A L N I K P M U P T
A A R W I T C H E S P R
G G U T H G I N D I M I
A I T C O S T U M E S C
N C A H A T S O H G S K
E T N D G H M T I M C O
C Y R S P O O K Y S G R
S K E L E T O N T N R T
M B P L X P R A I U A R
T G U H I H B T R C V E
A A S Z P V N O K Y E A
Z U T K H U E C W L Y T
B R L E A V A M Y F A U
D A Y H F L Y I N G R B
U K G O B L I N S P D A
```

BATS

BLACK CAT

BROOMSTICK

CANDLES

COSTUMES

EVIL EYE

FLYING

GHOST

GOBLINS

GRAVEYARD

HAUNTING

MAGIC

MIDNIGHT

PAGAN

PUMPKIN LAMP

SKELETON

SPOOKY

SUPERNATURAL

TRICK OR TREAT

WITCHES

```
L S X G E C C U C H T W
G R W N T H P L A U U A
Z P U E I N I C N N U R L
R E O N D L G I T G K L
E U E R A I T E O A I O
E S M G T A S A N R S O
E O N A L U L H E I H N
A E Z I N B G K S A L C
B R A L A I A U E N R G
Q N G N C S A N E O Y I
G J I U H I I N A S T H
B A A M X R G T P A E S
N H I C A E I A R D D I
Q R N D R A N A U O D N
I I N M N I J T E E F N
Z A A C S U C J G C J I
M N Q H G H S I M E L F
```

```
F K B G L R N I B O R E
Y R R L L E L C T S I R
F V R Q A H R C C L A U
K I O B U C P E L G H T
R S R R R T K I T P E L
W O V E V A A B I T R U
O O L D C C M F I A O V
O T R I R R G B Z R N D
D Y E E B E E Y L M D M
D F P G D T S S P I N E
U A I N N S E T T G N R
C L Y I E Y H T O A O G
K C Y K H O E A A N E A
Z O H A R C M U N D G N
T N A R O M R O C K I S
Y S R V O O K C U C P E
P W A E M S I U T C I R
```

```
Z J M N A Y B I L C V E
I E V A J O M G F E R P
L G P K A A P R G U Z Y
I B K A V Q T E B S E I
P A Z M C M N A K S B O
P T T A H U L T C O A T
E N S L I K U V G A U I
A O L K H A Q I R L M A
L S S A U R R C E E U A
P B L T A A Q T A S R V
A I F D H K H O T A P N
A G W A U S Y R B H N A
I R L X A F A I A A W I
J A Z D N L A A S R B B
K L Q A I N Z N I A Y U
L O P A T A G O N I A N
B Z N I S F B R V A D P
```

```
P L Z O V W X U H D J J
S U R B L E M R A C M A
Y F K A I V L R K W W I
A W Q G Y E L N I K C M
C N E W M R U L A K A M
R R N I V E D A D N A N
V S L A G S E I F C C R
T I H N P T O F P G D O
K M O I D U V T C Q H H
A K T S S O R O Z U P R
M Z S J Z I T N A X S E
E Z E E G O V R A E B T
T V B L P L F E R I W T
B C A A U G A C N O C A
I V X C N A L B T N O M
J I S U P M Y L O X E V
F M J A U N Z Y D K Y B
```

5

```
W I F D X Y A H V F P J
W I S F H M Q C P D M D
I E Z J W G D L T H S C
S N L Z I O L F T I F J
U E C M L A D E H R I W
O C N A L E B T O P L J
N S K L R C O M Q Y W M
I C I E A N M T J M A Y
D W N M T Y A N T K S H
U O S A H J E D I U H A
T R E A E E A N I I L N
I U N V R C G S I N L D
T D U G T T O C N L E L
L G T T H I S B L O O D
U T P E E H E T A E R G
M Q E F D M A M C Z A H
S H N Z B J S R J G F N
```

6

```
M K F V E V M Q M U G F
A L A P M I C E J N L J
T R U O J C I Y I Z E H
N A E V O C Y D J N V A
A U L E R N L G E T E K
B G A H M E I K N E R I
C A N R G S C U Z E E O
C J D G C I B N G S T S
C R W G H O A N S N D N
J O D C E P A N T H E R
E S U O M R O D X R O P
V S W I L O V T X V V N
D R H Q B P O S P G E B
W C Y I X L H S U T F M
V I S S E R G I T B V B
Z O M C E Z A I N S W R
N T O W K Q K J U Q L M
```

7

```
Q V J P I H C T W V R Q
F W O Y T C H H E F U Z
N I C H O L A S M Q W W
O L N A E A R I O C Q K
M L E R Q R L M L B J G
I I O O S E E A O O H B
S A S L W N S H H S C Q
O M F D E C B N T H X D
L L N F R E D E R I C K
D A V I D E C I A N I T
O W G M N F S Y B I A P
Q R W U A T G R H V Q U
W E L E O N A R D L V M
P N N P Q D L A R E G H
H C H H I O N B H M U O
Y E N D O R D C J Z W L
R I T K M C Y W R D E N
```

8

```
Q Z Z B U S T L E H D G
P L M R U L U U Y K E F
R T I N G L E S S H S R
O W G O U E T A M I N A
V E H E M E N T N D E W
O J V T R R T L E E T T
K F S I F B U Z T L E N
E T A L U M I T S E J A
M R J Y B N M U P C M R
C I T S A I S U H T N E
E F R V K F D A T R E B
Q R L N M E L R X I V U
G A E Q Y Z E A V F I X
G N B E B M A L M I L E
G T K E B U L L I E N T
R I T L C L H Q N D E Y
W C E T I C N I L S D P
```

9

K	B	V	Z	J	R	L	U	C	Q	L	U
M	A	G	U	E	R	N	I	C	A	Z	X
Y	O	P	B	M	C	R	W	R	B	B	B
S	B	N	J	W	C	U	E	M	S	A	N
P	I	W	A	E	V	V	U	M	I	T	A
Y	R	A	V	L	A	C	Q	A	N	H	T
G	D	T	Y	M	I	F	C	E	T	E	I
S	S	E	I	H	I	S	L	R	H	R	V
T	H	R	E	E	G	R	A	C	E	S	I
I	P	L	O	I	D	U	T	S	E	H	T
L	N	I	A	W	Y	A	H	E	J	J	Y
L	X	L	P	B	A	C	C	H	U	S	O
L	N	I	G	H	T	W	A	T	C	H	T
I	J	E	K	E	R	I	V	L	U	Q	S
F	N	S	U	N	F	L	O	W	E	R	S
E	Z	Z	T	X	S	W	W	W	M	T	T
Y	X	D	T	P	N	U	M	V	T	X	H

10

W	Q	G	V	D	N	T	Y	T	J	G	F
F	H	Z	O	W	R	C	C	D	T	X	X
A	U	I	T	R	O	P	P	U	S	F	E
R	E	F	S	N	A	R	T	F	H	T	E
G	R	R	D	K	M	D	Y	U	U	S	P
K	G	U	K	D	A	M	T	O	G	H	S
H	C	J	N	G	I	W	R	I	D	D	X
T	O	H	I	N	N	I	A	X	E	N	A
B	N	H	A	I	T	U	N	Y	L	A	F
A	V	I	T	R	A	N	S	M	I	T	O
M	E	B	N	B	I	D	P	W	V	S	E
H	Y	A	O	D	N	E	O	K	E	K	Q
T	A	Y	C	L	V	R	R	Q	R	E	Q
L	L	E	S	O	Z	P	T	C	G	Y	P
U	E	M	M	H	N	I	A	T	S	U	S
R	R	E	P	P	P	N	L	Q	W	J	Z
N	R	L	J	U	X	H	T	I	P	V	D

11

U	N	I	T	A	R	I	A	N	X	Y	R
V	C	G	M	S	I	O	A	T	M	D	J
L	R	I	C	N	I	M	U	D	Z	B	P
R	U	L	Z	A	S	D	A	E	N	A	I
T	E	T	B	I	L	R	O	R	A	F	R
L	N	C	H	R	A	V	V	H	I	P	G
U	R	K	Y	E	M	T	I	A	T	B	N
I	I	M	F	T	R	M	D	N	S	E	N
S	G	F	M	Y	H	A	A	G	I	Z	M
R	Q	C	M	B	M	T	N	L	R	S	M
A	U	A	I	S	S	K	M	I	H	I	M
P	A	T	X	E	I	H	L	C	C	S	O
Q	K	H	T	R	A	H	I	A	I	M	R
Q	E	O	L	P	D	U	D	N	I	H	M
R	R	L	O	A	U	R	I	D	T	A	O
P	Y	I	T	C	J	A	P	G	U	O	N
K	Q	C	P	W	J	N	X	U	H	B	K

12

P	E	B	G	E	Y	T	F	S	O	R	L
E	K	M	G	H	W	H	S	V	C	Q	T
P	V	F	V	C	D	V	O	B	Q	L	B
P	V	I	Z	A	S	D	R	N	L	U	E
E	R	B	N	N	U	J	G	S	E	W	T
R	A	E	G	I	G	Q	A	J	M	Y	C
S	T	R	S	P	H	E	N	V	F	A	E
O	A	R	U	S	J	C	I	F	R	L	Q
Y	T	L	G	J	U	U	C	R	Z	U	P
A	O	T	A	M	O	T	O	U	H	R	N
B	U	G	R	D	A	T	L	I	Z	V	J
E	I	J	A	P	W	E	E	T	L	M	J
A	L	A	P	C	I	L	S	E	U	M	G
N	L	L	S	T	U	N	L	V	U	V	N
S	E	K	A	L	F	N	A	R	B	U	G
S	E	S	L	U	P	A	W	M	R	C	T
G	E	Y	H	C	X	Y	B	X	Q	Z	N

515

```
Z G S G O E Y B R R M F
J U R E C U D O R P K E
L I M E L I G H T S I C
M D D I A L O G U E M N
F O S K E S U A L P P A
M V O U N J E L G L E M
T A P R O P S P A V R O
R O S T G E O Y A H S R
A E G Q J N W R W I O T
G M C N U R I O O G N T
E I E I I E W S H O A T
D M T G T P Q A S P T Z
Y O H Y V A P Z D E O S
A T Y N O C L A B R R D
X N D U S I F A L A B D
D A R E S O P M O C K K
W P S M T R E Y U R B W
```

```
F I H G R U B M O H T G
Q T A H N I A R J P P F
E R E K L A T S R E E D
D G P Q R H H P T E T J
S T O V E P I P E H A T
N Y H L L W N U M Y H R
G R M O W Z G W L C P I
Y E S X O T C P E E O L
T N B S B D A A H Z T B
B E A A T C P C H L E Y
B O B B L E H A T B N B
Z X S L R A T P I I N S
R S U D T U C S P X O H
R K L F E S T L O T B C
S O M B R E R O A N Z V
A Y B R E D C T B V M J
J P A T B F E D O R A W
```

```
F E U W G F Z Q O Z L M
M O R I L L E N R Z S Y
C M L T I A S C F O H C
B L A C K T R U F F L E
S A R H O C N P U Z L L
M L O E N A E F G R A I
W T C S E P S U R A B U
A G X B B O O N U D F M
S U L U N N A G R E F D
T A R T O I V I D K U J
T I A T I C B R X A P D
G C T E G R O E G T S S
R U A R A O U T P I L Q
B U J C S P K S F I E Y
Q S K P Y G L Y T H T T
T E P M U R T O V S C S
T I Y H C G L L M M X B
```

```
D C A I C I J S H W W E
A L X T A Y U T D R R F
M S T P R N F P O L A N
E P M R D O V W U Q P G
G S A R I B U X B N O R
W D E C G H X S L V V I
W S B R A S S I E R E G
S M V K N L K R T R R S
E N R W X L C I B F S T
M A E N Z O O J R S H N
P X M T A S R X E T E A
R G U T T M F V J A J P
S K G H D I O U P B N A
Q D G O L L M R U N W S
F I X X G P O T K N A T
T F C J E N J N O Y L E
G O I R A B T K R A C O
```

17

```
S R E N I A R T Q X M A
C Y J H M I S T K D B O
O H O U L H E C U A R S
O I G L W C I E I E O Q
T G G A B T B B W H L E
E D I H S O B U H O L B
R R N O T G U C Y T E L
S A G O M A T S P A R P
K O M P N M E K N T B O
P B C O A A L I O O L P
E E B K M T E B T P A S
T T R H C B T U I R D T
R A A F A M A R S M E A
O K D B P T B M M G S R
C S I N N E T T R O H S
K E O N O M E K O P R G
S P M U R T P O T A L L
```

18

```
Z Q W G A G F X T S F W
F F G N I M N U K V A G
F M N O R A S A H L F O
S U I K U C X R H J U I
H P J E H A H Q S S J G
E Q N M C D Q E R I N N
N H A G N O K G N O H A
Y I N G A I N S M G T Y
A G L C M I H P L R D I
N Q N I J A N A B N O U
G N A I J G N O L A Y G
K J E I X Z U X Q N Q Z
J B A N H O O X E C G N
V N Z O S H A N G H A I
G J U V H G C H R O X N
R N D T X N A Z S N Z I
N Q B G Y V M T L G U X
```

19

```
N R L T E A S M A I D T
P E R C O L A T O R X U
X V R D P D D F A E T D
E A E S R D E O Q I U J
O H M A O X B U C P M H
X S M D J Y N J U O B E
G H I I E R U Y C C L D
O F R K C J S L A O E G
Q R T S T R L G S T D E
P E S J O I O N H O R T
A Y N K R I O W M H Y R
X R L D E C I T A P E I
E D J K S P D W C V R M
Y R S E D K A E H J E M
E I M I X E R K I I I E
W A S N I A H C N S S R
G H Y B L E N D E R W K
```

20

```
K A A I L B P Z D V C S
J D J Y A O U N D E L R
A N E N S M F R S I A W
Y A G P A T R N B B I A
I U H S H A E R A N R M
I L E X S E E T D F O O
P R O P N V T H I K T D
U A D L I L O N G W E O
P B D L K E W Y K A R D
W U L D K F N C T A P C
L E L L I V A Z Z A R B
Y A M O U S S O U K R O
V U H S I D A G O M E R
D S U N M Q B B N E J I
U O U M U O T R A H K A
O T H S L U B Q F B Q C
J D O Y P I B O R I A N
```

21

R	E	O	P	B	D	C	B	G	H	D	R
E	N	O	I	H	S	U	C	N	I	P	S
E	R	B	H	F	I	T	T	I	N	G	T
L	E	S	C	I	S	S	O	R	S	S	F
S	T	E	C	L	W	E	E	O	E	D	B
K	T	W	O	C	V	L	Y	L	P	I	Q
Q	A	I	T	I	R	V	D	I	S	B	L
Q	P	N	T	K	F	E	H	A	S	O	A
H	K	G	O	C	E	D	P	T	O	N	E
J	F	P	N	N	H	G	N	P	K	Q	A
V	W	A	O	K	I	E	S	S	I	C	P
D	C	J	B	S	M	B	S	G	H	Z	W
I	D	A	E	R	H	T	B	T	Q	J	I
Z	U	N	A	N	I	J	Y	O	O	S	F
F	M	G	N	I	K	C	A	T	B	J	E
O	M	Y	F	N	K	O	R	D	N	V	D
S	Y	Y	F	M	C	V	N	I	H	R	O

22

E	D	S	E	L	L	I	E	S	R	A	M
S	I	E	D	S	F	S	Y	U	I	B	N
U	C	F	G	G	I	A	W	X	O	A	V
O	H	Q	F	A	P	A	T	U	Q	M	H
L	A	O	V	E	M	N	L	U	I	C	F
U	N	N	D	V	L	O	I	A	H	S	L
O	T	N	N	P	G	T	R	N	C	Q	L
T	I	O	O	N	A	R	O	F	G	Y	U
V	L	R	E	I	E	E	K	W	D	X	X
F	L	L	N	Y	S	D	L	N	E	L	U
K	Y	E	X	M	C	A	A	P	S	R	A
L	K	A	C	H	A	M	P	A	G	N	E
H	S	N	C	E	R	E	E	R	Q	Z	D
D	U	S	D	O	G	N	Z	I	W	I	R
F	C	A	N	G	O	C	H	S	J	Q	O
H	Y	H	Q	H	T	Z	C	O	A	H	B
E	P	T	R	P	J	E	N	I	E	S	Q

23

O	Q	T	W	I	Y	R	W	T	K	W	M
U	X	I	W	L	D	T	A	H	V	E	U
F	G	S	W	M	G	Y	L	C	I	Q	L
X	O	N	F	S	F	D	L	G	W	T	L
Y	T	O	I	L	E	T	X	E	I	I	E
D	P	A	R	C	H	M	E	N	T	S	V
G	N	I	P	P	A	R	W	M	O	S	C
H	E	U	G	O	E	R	U	A	X	U	J
B	W	G	W	R	I	S	T	N	X	E	N
B	S	D	D	T	Q	C	A	V	S	E	A
Y	G	N	I	K	A	B	K	E	L	P	D
O	K	N	Q	R	I	E	K	Y	R	Z	W
D	G	W	B	L	O	T	T	I	N	G	V
W	V	O	Y	G	E	F	C	Y	P	R	F
D	N	R	C	D	L	G	H	H	N	E	X
B	K	B	F	Z	D	F	A	L	E	E	E
B	L	H	E	V	X	M	K	L	Z	N	E

24

H	W	J	M	B	Y	J	X	D	B	G	B
D	W	W	N	R	X	O	G	F	I	W	F
N	M	I	U	O	P	N	R	F	N	O	E
O	C	J	N	I	I	O	C	S	D	R	F
N	C	W	G	D	T	K	L	L	E	R	A
Z	I	L	R	C	M	R	E	M	R	A	F
S	E	E	A	G	N	I	R	A	E	H	S
T	H	R	N	G	F	M	L	G	O	G	P
K	T	H	A	N	I	M	A	L	S	U	M
P	C	P	R	A	O	B	E	G	K	O	I
S	W	O	Y	E	B	G	R	M	P	R	N
P	C	U	T	A	P	E	E	H	S	T	H
T	O	L	C	S	B	P	C	M	A	D	N
C	A	T	T	L	E	X	O	L	M	U	U
H	Q	R	A	J	O	V	L	H	R	W	L
W	P	Y	N	T	C	K	I	Y	Y	A	N
N	T	Y	Z	R	O	C	C	L	N	Y	F

25

J	Q	J	M	V	G	K	A	S	I	C	W
O	T	G	P	S	R	M	L	S	A	W	H
Q	N	L	O	B	X	E	N	Y	T	E	C
S	O	O	E	L	N	R	S	A	Z	S	V
X	M	C	U	B	D	B	Y	K	L	T	E
O	E	L	K	F	T	E	D	O	N	M	B
M	R	I	O	G	R	A	N	D	E	I	N
B	F	R	J	E	H	D	E	G	M	N	R
Z	T	N	B	W	O	P	Y	R	A	S	E
H	E	M	Y	N	G	D	H	I	G	T	V
O	U	Q	Z	L	A	I	A	P	N	E	E
H	B	L	A	C	K	F	R	I	A	R	S
Y	A	N	G	P	U	O	B	Z	X	V	S
U	U	T	E	E	S	T	O	W	E	R	Z
A	M	I	N	A	T	O	U	R	G	A	H
V	Q	H	S	P	E	C	R	R	B	I	J
J	T	T	S	I	N	G	M	A	X	Z	K

26

T	P	E	F	Y	C	C	O	A	K	V	L
D	L	T	B	E	L	C	I	T	U	C	L
J	F	I	N	G	E	R	Y	J	D	I	U
J	S	R	M	A	S	S	A	G	E	V	Q
T	N	W	S	U	O	L	L	A	C	B	O
L	E	G	T	G	H	L	A	G	R	M	L
Z	T	N	W	N	O	K	C	E	B	U	K
H	T	I	I	A	K	B	E	K	A	H	S
S	I	L	D	L	E	N	R	U	P	T	E
I	M	A	D	N	E	H	U	H	I	L	E
L	F	E	L	G	S	F	C	C	N	E	L
O	U	H	E	I	C	U	I	J	K	O	B
P	W	V	N	S	O	E	N	L	I	L	V
R	U	R	K	T	D	E	A	I	E	A	E
W	A	G	I	E	L	B	M	I	H	T	G
V	C	K	F	S	Q	B	P	J	G	W	N
S	W	R	I	A	T	Q	C	V	T	G	C

27

L	O	V	S	D	N	I	W	S	W	K	E
D	E	T	O	Y	Q	K	M	R	D	O	M
F	C	D	H	D	E	T	R	A	E	H	R
C	M	V	I	G	S	D	R	A	W	U	A
U	E	I	B	S	I	T	H	U	O	K	D
G	G	V	U	G	R	R	A	P	S	A	N
N	A	V	D	W	N	O	D	I	J	E	W
I	Y	T	J	R	D	I	Q	D	R	G	L
D	Y	Z	E	E	M	Z	Y	R	T	S	L
A	S	L	D	T	E	K	R	A	M	V	I
O	E	A	Z	V	Y	S	B	F	L	H	H
L	R	K	V	O	I	H	E	T	Z	P	H
G	X	G	Z	Z	E	O	A	H	D	D	T
V	E	E	I	A	W	L	T	G	L	S	P
Y	U	N	F	A	L	L	A	E	A	Q	E
Y	G	V	S	U	V	B	I	C	M	R	C
Q	T	U	R	N	O	F	O	N	S	L	Z

28

P	C	L	I	D	O	F	F	A	D	N	X
O	T	M	E	C	H	R	O	M	E	A	N
R	K	G	S	L	E	M	O	N	N	F	R
E	K	E	O	Y	O	T	U	T	R	L	O
B	U	F	R	D	L	C	H	U	L	A	C
M	J	G	M	M	R	O	H	A	G	X	X
A	G	V	I	W	U	A	K	R	R	J	Z
D	H	W	R	S	D	A	T	D	E	R	E
S	V	M	P	K	Z	B	R	S	E	Z	W
H	A	N	V	N	L	N	R	W	U	F	A
C	J	F	L	O	D	O	O	O	D	M	R
A	M	D	F	Z	F	L	Y	L	N	Z	T
N	A	Y	F	R	F	V	O	G	U	Z	S
A	I	Q	Y	N	O	G	X	B	G	O	E
R	Z	H	U	L	D	N	A	Z	V	E	H
Y	E	S	D	L	G	A	M	B	O	G	E
B	N	X	O	T	N	E	M	I	P	R	O

29

D	T	E	Y	U	C	A	T	A	N	E	W
E	T	S	L	N	N	Q	E	Y	J	L	C
B	L	Z	E	C	O	D	R	B	A	O	S
X	A	U	A	U	I	C	R	I	R	M	A
P	C	R	N	L	Q	H	A	N	C	A	C
O	H	C	A	N	A	N	C	L	L	C	A
J	T	A	U	J	C	G	O	S	S	A	R
R	L	R	J	S	A	N	T	C	G	U	A
A	I	E	I	D	X	L	T	N	M	G	M
C	T	V	T	L	A	S	A	O	S	O	A
M	S	S	L	O	O	H	E	D	N	C	J
Y	E	A	E	G	C	S	T	T	A	D	V
S	P	A	N	I	S	H	E	P	R	U	N
V	B	L	M	R	S	Z	U	R	N	O	G
Q	U	I	L	A	U	L	O	A	C	A	C
R	H	T	L	M	C	S	I	Y	M	A	Q
C	H	Z	A	O	S	E	A	V	P	S	C

30

P	A	B	M	G	C	U	Z	E	Z	Q	I
E	N	I	L	G	N	I	H	S	A	W	I
S	T	R	I	M	M	E	R	K	X	X	Z
N	H	D	E	R	Z	V	P	J	F	R	Q
A	H	T	N	E	M	A	N	R	O	I	E
I	P	A	R	A	S	O	L	H	L	E	Y
L	N	B	P	P	X	K	K	O	T	S	J
S	D	L	O	I	Q	C	Z	S	R	P	I
K	H	E	S	U	O	H	N	E	E	R	G
W	U	C	B	M	X	I	Y	P	T	I	N
V	T	S	M	R	A	B	O	I	N	N	I
Z	C	A	I	T	E	P	J	P	A	K	W
H	H	S	N	L	S	W	V	E	L	L	S
F	H	U	V	D	L	L	O	C	P	E	O
B	O	N	F	I	R	E	I	L	P	R	Z
F	Z	S	M	A	Z	M	R	D	F	U	Y
L	M	T	A	B	L	E	L	T	E	E	B

31

C	E	O	G	H	S	O	T	T	L	I	D
O	R	R	K	B	Z	P	E	N	P	T	N
L	S	Q	I	P	H	R	Z	N	A	E	I
K	N	Y	P	X	A	S	O	T	T	D	R
D	A	P	A	N	I	S	S	A	S	S	A
T	B	S	I	R	M	L	M	L	F	A	M
P	K	M	B	I	S	K	E	I	Y	L	A
R	N	A	R	A	C	E	C	S	K	U	T
Z	O	C	F	E	H	L	N	M	T	K	V
G	R	E	H	O	L	S	V	A	D	I	N
T	F	C	W	H	X	L	R	N	L	J	H
Y	F	D	J	Y	H	B	E	A	I	A	N
C	A	M	P	H	O	R	T	Z	R	A	E
H	S	O	N	O	U	N	I	E	A	L	P
C	V	B	S	W	I	U	M	D	F	G	U
W	K	H	S	U	L	T	A	N	A	D	R
W	P	Y	Q	Q	F	S	O	C	S	N	O

32

T	N	W	M	A	E	R	T	S	G	N	K
J	Q	G	O	E	S	O	R	M	I	R	P
Y	L	F	N	O	G	A	R	D	G	F	F
D	I	G	B	I	D	F	D	W	B	O	B
L	P	B	H	R	R	P	W	S	L	L	E
B	I	K	L	B	A	A	E	L	A	I	Z
Y	N	A	V	U	V	C	E	C	L	A	H
L	E	S	R	O	E	K	K	L	K	G	N
E	C	L	E	T	G	B	O	E	C	E	G
R	O	S	S	L	E	O	E	I	N	K	R
R	N	G	E	R	T	R	M	L	W	I	E
I	E	I	R	S	A	T	U	O	L	E	E
U	S	I	D	J	T	P	E	T	T	S	S
Q	E	A	Q	X	I	D	W	N	A	C	E
S	O	G	G	I	O	K	N	O	C	N	R
T	E	N	I	D	N	A	L	E	C	B	Y
U	Z	L	E	A	V	E	S	E	E	R	T

33

```
P J G J F I J I U C H W
I L S A R D I N I A M S
C H W N J U C R E A D T
E B H O K K A I D O C Y
L R A B I Z N A Z Q N R
A A E O O C G C K T V H
N D N M R A G T N T X B
D A U E S U W I Y R P C
K N T C U E F P E E X B
L E A V M F L K S K C B
P R U L A L S L R H N Z
X G N B T U G P E A H L
P Y A E R O Y Q J C S Y
C N V P A O G A B O T Y
E O Y M E D T N X R X D
E C H J T R J A A F O H
Z K M M K W N O J U N C
```

34

```
X Q T Y A J C V B O Q P
B J F B B L E E T N E G
O N O F S N L Y U D T A
E E R F E R A C I T S E
Y E E F N X H G O I I E
K T S D T C R R N R W Q
I H E S E E T T E S C L
R G E E N E E W T E B
Y I S N D R S P K W B C
X E E U N R D R H F R L
B R U E E D E D B H G M
B E E V T R C E A S T T
Z D O M T A P G N U M G
E E W Q A O G R D E Y O
Z E Q X G W L E L L V I
L M I W A R K E L W J M
S Y B R D B E J N W T G
```

35

```
C J L Z H Z I L O R H T
W E R I H P P A S P U C
M L R W G Y F E G L X F
T G J U H H L S T E E L
U O J Z L P T R T R J C
R Y U X R E A L F D N R
Q A Q U A M A R I N E K
U P P Q A B E N E N Z Q
O T W R O N E S I B P F
I F I C C V Y L R R E I
S N Y H P R U S S I A N
E D A V E Z Z R D G C A
U H G D A R O E F H O E
J A W L Z N U S T T C P
R O Y A L R L Z E P K M
P J U F T X S K A U J Q
Z H P W E A I D L A S I
```

36

```
W N U X G L H Y W B S P
K V P Y S A N D A L S L
T K Z E R C L E L E I J
R U S R E F A O L T W V
A Y N U K A S U S F Z M
I D Q A C M M E L H O H
N W Y E I A Y I Y C E V
E I E L P X P F C S N S
R X P L E F A A P E G B
S N U N L G S A V O D S
R E M O K I D K L L R T
E H P S N R N C A E M O
P S S S I S K G P T S O
P H T L W P V P T K E B
I O L S G N I K C O T S
L E U Y S L I O N Y N P
S S L F F W S C T G E S
```

37

```
O G W Y H U N J M N J Z
Z N O L J E I C W O W E
X F D L K V E W F C M C
V B I A D W F T D A O O
R N Z E A I T O K R I E
S X T N L T N N U E G T
V F O E Y L J G A Y S Z
A X N K M P I E R R E E
Q C G J M H I V U E B E
D D X H S K L H N F S I
A T F I T Z G E R A L D
S K X R E N K O O R B H
C W E O I Y N F E R V S
Z Z I L L C T K H E A U
Q B L F M A R T E L C R
D O O W T A I N R L O X
H F R R B I N K M V R F
```

38

```
A S U D E M L T V X V O
X M V W Q S Z G Z G J P
P A M S H E L O B Q H C
E U X M T S P O L C Y C
T G F I O L R E O W D A
L H B N G E W C U G R F
O R E O G I T T O R A Y
S N U T O P O D B E R T
A C S A H N Z A K T D J
F B S U S I L I L T P F
B Y H R L R N W O I K I
U I F L O G E G N R X I
R C A G K D S B A R E O
S G F O X Z E K Y A K X
E J N P R G E G A C E Z
G G E B Y N A Z G U L E
B J R R N T E T R A P S
```

39

```
H D X P C A Z P T O Y Y
E L L I V H S A N Y R O
L K S E N I O M S E D T
E L V R I R Z M M C K N
N O T R M F X O X C R E
A K U E A Y G K O M W M
G W L F A T C N L K D A
Y A E X N R C G I Y D R
S C G O A O U N T R L C
Y E M M R F V I T I P A
N S S D E K C S L C G S
A I B Z V N L N E H P X
B O F X O A U A R M X C
L B P S D R A L O O U A
A U R P T F P U C N T E
B A M J R V T S K D X U
C H A R L E S T O N Y L
```

40

```
E M O H N X C H M K M W
L R T H G I R B L T A Y
U O U S W Q G B D L T V
D T V S R E W O H S M O
A S H I S U J H I A E X
I W N W S E B M A U T W
G O K C D I R D Y Z S H
K N O L T B B P U W Y H
Y S O I L Z S I R O S T
N C L G D L L Y L I L A
U R T H R A E L C I A C
E R U T A R E P M E T G
Q Y O N Z H T N S D N Y
S D R I Z Z L E E Y O X
P B W N I S U N B U R N
W N H G L O O M Y G F D
E B W X B V W I F N A Y
```

```
I O Z X Z M C C G Y I L
N P D L W M M S H V I C
H Y N A M S Y A L P T H
I Z A E I I V E N E C S
S Y N R I E H T D N A G
T Q E N T R A N C E S G
I I M H F R T X X S H J
M Q E P T Q D I T K P Z
E I H K X L T L E R C T
R U T Q I S L P H O P Q
Y A A G T L L A D N A L
T Q S A Q A U W Q A R X
A T G D Y T L O Z I T L
M E R E L Y G M Y U S D
I L R P C R Z E O S F Z
S S R A N D O N E M A N
X T E E I G M W H A F X
```

```
W O E K X X F U P A L U
U B D F E R R Y I E T Z
T B S G A O T G H L M V
S E D A N C N Z S C U W
G E K V F O Y A E Y N R
K Y H C N U A L C C Y V
C M O T O R B O A T P G P
U E J F O R B T P O G P
R D D A L H A N S O M F
T N A R L M W C F K Z X
M A E C A O G E L R R B
T T T R B I P K B E A B
R V A I N R V Y T I P F
F N G A D P A T T I B D
M X I Y D C I W Y U T B
Y F R Z H L E K O F I L
B P F T F B O J W L U D
```

```
E U H A V W L Q S W O J
G N O T A D I O Z T A D
Q I G H T A J U U K D W
E L N C Z B I B I G G U
Q Z E U L G A X L N N Y
C T F S H A N G H A I N
L O I C H C G A F Y Q A
S Q A C H A G G Y I G H
J U K B J T N N G U N S
E N Z J E A A P A G A E
Z X Q H I I I G Q H H H
F Q F X O Y J N Y L C A
F U Z H O U U I V Y N I
Y W D D H A I M N S A K
N B Y Z W N J N H G N O
Q Q C E D L V U H W D U
D C W X S W N K A D M C
```

```
D G Q X D Y H H X C K S
Q N A M R U F G A R B P
J P C T O C J P V K H W
D A D N F S O Q I E E T
S T C R M R A D E T S D
O A X K A U R R R T T J
I I I N S O B W O E F Y
K D N N F O E R J R U A
M A M D T V N O E I T P
W C A T I L N V I N Y S
Y R R H E A E M I G A O
Q A S P M M N O C L E U
U D H P H B P A Y O L P
I L A Y Y H S L A W T E
N H L E G N A V E L Y L
C T L I B R E D N A V N
Y G H V W G N C U H A J
```

45

```
R Q C J T C B C M D C X
S E O T I U Q S O M N T
S U P M D J E X N E I W
I J O P W U F W R A T C
Y L F N O G A R D L I I
T E N R O H Y A W W H K
G Q A I D S S X V O C P
P B E P L T I S Y R M T
B O L G O O L O A M A B
J O Y A U N V N P R B L
N U T D S E E O H E G P
V A R F E F R I N N H K
Q Y A L L L F S K N C Z
H B A Y B Y I A X I J V
P Y L F W A S V T P Q A
U G J N H L H N P S V C
O T C J B I T I N G K Q
```

46

```
S Q G I N F E R I O R Y
H C T E R T S T U O M Q
Z N E K O P S T U O B Y
N M Y R A E W T U O Q E
D E E D N I F H P F Y O
B I N S T I N C T Z U O
U W X T T D X D P T W J
E V I T C A N I B X X L
G N E N Z P R R S F K I
G R N R C T E Q G E O N
Z Z A W S A B Q N E U V
R J M T K X R T I G T E
R O U T L Y I N G A R S
O O H U P J S A A R I T
Z I N J U A T F N T D N
W Y I Q N B A N O U E I
P T C E S N I I T O R I
```

47

```
A A U D G T D T U R W E
N T I W D R A C S I D D
I K K B L Q X G N S I Z
B L U F F I N N U A N G
H E C H W I I I M Z A J
Y I Z G K N T O S R L F
B T G I G S N E E U Q N
S L N H Q D G H Q X I B
O T A E S U T R U M P S
Q N R C N T E I E Z L F
D O Q A K O A Z N K T D
G N P N T J P K C Y O F
M V E A G E A P E V E P
R B C S O V G C O S W R
J K U T C X G Y K V F I
L H E A R T S I G H P A
T I D B K B F P K M V L
```

48

```
O E C Z P I I L O R E N
K M I S T L E T O E V G
V I O L E T B Z V W H J
R M S A N D A L W O O D
F O B L U E B E L L N U
L S G A I H C S U F E K
S A T N S D P E O N Y C
O K H O A S Y V G O S R
Z W A I Y M A L O I U W
V J I T U D I R D S C F
G E C A D S N O G S K R
P I C R B B D T M P E E
T M O A T Q R U E L X S
C S N C I M A I R G A I
E A U J P V G K G U D A
W J T U B E R O S E D C
```

49

```
Q C J D I C H W I R Y D
D U A X I B U B O N I C
W J I T A B L E T S E O
A D W N A L L I X A X N
I U M S I L U T O B T S
T U W K S N E Z W N O U
I S R G S U E P R Z U M
N O I T P I R C S E R P
G S S N B L G Z A Y N T
R P T Y O H L D B S I I
O M S E Q I O D D F Q O
O U P X R E T R O W U N
M M R M E O T P M B E Q
Q J A U N D I C E O T C
U F I C I V S D N C N Y
O L N O C Q B G S O E E
B E L L I K F L E X O R
```

50

```
S Y C H G I L L R A Y B
Q I B O Y R W O L L Q T
I C C O N A S S A B F N
I L S K S S T H V V Y E
Z C B T E C T N M L J G
W I N T E R H A L T E R
Y X T I O N T A B V E A
A I S W V U G G A L N S
R J P U L A T N G J E X
H E A B H Z D R E Q P T
H S T C E Y E R F O S S
S S Z V C C F P G I T O
G I U K O C E R S U E Y
Q T R G I H O L B E I N
X A X R G D E B X J N V
J M P K O Y S F H S I F
M O L I Q M T S H Q B R
```

51

```
W R M J N A O U P N A L
P U J A W B O N E Q E S
A M V L N B T U A V V I
M E A W V D O V E S J J
L F H I A D I N A P T X
A D U C T S A B C L U E
P V B N A C O L L E E H
C O L L A R B O N E A S
Q L R V E W T O Q N V U
A H A T W T B D G Q X S
W I Z N A F Q S U N K P
R M H O L L O T Y E B E
I R R A Y S V R L G M C
S H C H R E A E K U I
T T M I L L T A I A J B
F G G A D O C M C N R S
I A G F N C P R J T L M
```

52

```
E L M E R F U D D O G I
I S J W X W C R R B T R
P W U O W P O P E Y E O
Y P O O N S B T G U G A
T A Y D M D T G G X O D
E N C Y I Y D V I U O R
E T O W B D E R T N F U
W J Z O U B T K A O Y N
T N O O G L C L C L I N
R P B D S A D L G I B E
A C M P B D M R R V M R
E I U E U K O R O E A T
B L D C N I W L M O B D
I X K K N M G H B Y P D
G A I E Y N L Z G L M Y
O B A R T S I M P S O N
Y T H C C Y E Q Y W A X
```

53

```
S H C N S O M D L J H G
N D X O G W Z O T Y O R
G O S G G E F V J S A O
I K I R Z S S D A I A W
X V G T E Z U L N Z X T
S K V V A W C B O B I H
N N L C E N O M E N A W
Q A I H O W R H H H R P
C U R Y C V C E S T W S
F F E C I R M M B N N U
W D N O I T A R G I M U
Z B L O S S O M K C H Q
P E U T D N S T J A S A
T B H U W X A U G Y E Y
V H B L O C G K S H R I
K J B I M G P H I V F V
U T X P U D D L E N T I
```

54

```
S S E N W E N H W X Q L
N E W L O O K I G F I F
R E T T E L S W E N U M
O S X O L D B A I L E Y
B I E L T S A C W E N G
W F P O R O D M G W G H
E C Q L O L E K P Q O N
N S C D P D L S F E L E
E E I C W I G U Q O D W
W M V H E E N N Q L S D
G I U A N R A F R D T E
A T O P W M F O G H Y A
T D L D O W W J F A L L
E L B W C E E P J N E W
J O D M D H N N S D X V
Z L O L D B I L L L G I
O Q O L D D E A R Y A I
```

55

```
L P H G Q G O D L L W O
V J Z E G D U G A N D A
Y C A P N I U D P K N B
V I G A A X T O L Q A V
F G M C M E D N A T B O
H E T S V I O I N K D L
D G M D N A T S D N A B
C A L N R E D N A M O P
X D N A T S H T I W R O
B N C L N Y S G Z D B Z
J A M A N D I B L E I O
B B W V N G U E N D D E
F O I A H O L L A N D Y
O C R N Y D G P A A N I
E G Y D N A C L Z R A R
E P F A S B R C P B L L
K Z C L V O G P Q S B M
```

56

```
Y U T U R U S S L A S P
A Z R A C E R M V P Y J
A S Y U I W T I A T R B
Y K A G H P F L H M P P
P I H W H C A O C F B K
V N U E I D N N C V L A
C G C O P P E R H E A D
W B F B B R J D G Q C R
M R A T T L E S N A K E
K O E V J P G R A D T D
P W N D N I O K L N I N
D N A G D C R W S O G I
E G R J T A E W M C E W
A O B S I K P J O A R E
T M O T M D I U O N G S
E H C W X H V K B A X I
G Z U L J H S X D R Y S
```

57

```
G K V K O Y T I S L A Y
D X H D A N I K E L T H
O I T R A V A H A C T M
L V G V V S A N D A O H
C R N E X E C E N B C W
E O Y X N A R A T E I E
L H T R S B G E P C R S
A F C H Y N O B Y O J C
T R I A E K E X D U N K
T R O Y M R S G D C R E
E A P Q K E S A T B G G
J C Y E U W M T C E L K
Z L L E O E F B O D E S
L E T A H C F U E N X U
Y T R I L D P O T R E X
Y T O T T E B A R G T Z
B E D I S D O O W T X H
```

58

```
W S X T M A U K H O S B
D H U T A M B O R A A I
F I E G M O N T B B T Y
O L L Y G L I A P B I V
L N E L S N T K V E Z X
N M E G U I U Z O N I P
A A R K N P C G O O I S
W G A I I A I S A T X M
U E J L L M R L J S V L
K I L A U E A W L W L S
R K W R F N P W U O N U
B Q U F G J I E A L S R
Z S E I V P R P B L M G
T J L S I Y I F A E T N
U A U H A O H R R Y J K
Q P F E T I C O W H U B
Q H A R G Y K Q G N I D
```

59

```
N U B B W B E V M K J G
T X M X G K O Y Y M I U
S D S O J Z T M N S I J
N R P V N M I A R D L R
X T V R I O W W T I R E
Y I X H I L C N G A G D
N A S T W N X H N K D N
R R E S S L T G R S Y I
F T P A Z M E Q R O W F
U R U R E F X R K T M W
N O I T I S O P M O C E
L P E N F L A S H H R I
D R D O O N L M C P R V
F E L C N I C A M E R A
R E E I D Q U Y X L N P
I L N E G A T I V E I E
K G S P G G F K N T J F
```

60

```
O A I D N O N E X O W G
E Z R V M N I E S L K U
S I S O H T N A X P Y U
U Z C A M O H T N A X X
E X F M P X A V I E R P
E N I H T N A X N H A B
F B O L R A K I B H Y Q
X B X H D C C D M F I P
E A E B P U I R B C N J
R Y N A S O H X N B G X
O V O T H Q L X Y L E M
P M L P H E Y Y Y T R J A
H R I L A I N E X B N S
I X T G C X U E Y K G V
L Q H E K T S M L O O W
E P O B P E Y N J J W
P F J P S O C E B E X E
```

61

```
X Z K M R B P T O W B P
B Y G W R T I Z I F W W
R R F E I B B A C L J E
P E N H O P R I N T E R
L I T N D L Y F N W S R
M R B I O L O G I S T N
R U E A R B E G V T I S
I O B T O W A K I V M A
Y C G P T F R V K S A P
F W N A A E I E E N T C
S V A C L K S E D A O U
L V M C S F U E S N R L
G R E T N I A P P N U T
Q Q R S A I L O R Y E X
R E I R R A F Q J L T D
I U F U T S I N A T O B
O I N I M T O V L F Z C
```

62

```
N F J R M Z G O C K E F
R I O J A Z E Y L C P D
E L S R P E M E A J G C
U Y I C F U W D R G C C
M H L A S I T J E I X X
S N B C S S B W T L O X
Z M A P D P O H S T B L
L T H P R A R T I R E Z
L M C H A R D O N N A Y
T O K A Y K E L A P U A
Z G J Q E L A R N E J B
Q M E E N I U E A T O S
Q P V G I N X M C K L E
W U C C V G R O S E A K
C Y E A H E D Q O B I W
W X L G I E N N T M S A
S V R P M B H E Y T X H
```

63

```
C G L W B P X B W Y Q J
X H F Q E T T O V A G G
F M A M Q F K K Q I M O
T I Y R F M V X J V M Z
O W X X L U A E Z I M J
W M I N U E T M L I V A
Y Z F O C I S B B E F E
L S R A F O X T R O T K
U L Z V N G Y A O K C A
L I T C F D N R W N A H
A M L S H X A A B M A S
J B A I B T C N E G I U
T O W Z K R N T G T W F
W O W V U S A E U O F K
I U K M L R C L I V U O
S Y B N Y E K L N A N U
T A N G O I H A E G A B
```

64

```
R S E C J B O T U P A M
N I A M E Y N I R O X S
F T E R W O M L A R P B
L H L K O Y P O T I G T
B I D G I M W P A A T R
N A N A W E W I A C I Q
G A D I B A V R B C L W
R S R D E A S T N Q Q T
A C N U I L M R A J Y A
O H A E B S N A A N D L
Z V A N H M A G L W V L
S O M M B T U B U S B I
K S N I M E A J A J I N
T A C S U M R C U B P H
V I E N N A D R F B A N
I L V M U O T R A H K F
B T H I M P H U F M W Z
```

65

M	E	C	R	E	L	G	G	U	J	K	L
A	C	M	E	A	M	A	R	Q	U	E	E
V	J	H	Y	R	I	D	E	R	S	X	B
O	K	D	T	I	S	L	A	E	S	I	D
E	J	Y	E	A	S	E	S	R	O	H	J
F	J	E	F	U	R	P	E	S	K	Q	O
N	R	O	C	P	O	P	P	D	V	J	L
Y	C	R	Y	O	S	L	A	M	I	N	A
C	I	Q	H	H	N	C	I	U	W	W	V
C	H	I	L	D	R	E	N	R	L	Z	Z
N	Y	N	N	O	R	X	T	R	A	I	D
V	C	S	B	L	T	S	C	I	J	B	N
U	Y	A	B	N	U	S	Y	A	X	Q	A
K	T	V	Z	D	A	R	I	N	G	U	Q
Z	S	N	W	O	L	C	S	Q	N	E	U
Q	T	A	C	C	Y	S	W	O	O	U	S
N	S	C	T	A	V	H	A	R	X	E	F

66

K	N	T	S	Z	M	X	S	U	J	S	C
I	I	U	P	V	Z	E	B	L	S	Z	P
L	A	L	O	S	X	O	P	T	C	C	J
O	Y	L	O	M	O	Q	O	F	C	V	Y
M	H	U	N	M	A	N	U	E	R	M	Y
E	E	F	F	I	E	R	N	A	M	A	H
T	K	B	U	I	K	T	D	A	R	F	H
E	O	B	L	R	I	R	R	D	A	T	T
R	M	H	Z	M	L	G	I	E	P	Q	I
N	K	O	E	E	O	O	R	F	I	F	F
V	I	T	H	L	U	A	N	X	E	U	X
U	E	S	I	T	T	G	H	G	I	R	D
R	U	K	H	C	A	W	A	U	V	U	V
B	U	X	E	L	F	F	N	E	L	U	P
Q	C	H	L	R	P	G	D	X	L	V	S
G	N	O	U	N	C	E	Q	W	I	J	L
A	N	N	L	E	J	A	Q	F	G	X	J

67

C	C	N	W	G	Y	E	K	S	I	H	W
G	R	I	D	S	G	U	C	I	A	Y	C
Y	I	H	S	J	T	Q	I	B	E	D	M
T	S	N	R	U	M	F	N	A	A	M	T
Q	P	D	J	K	M	O	O	R	P	A	T
M	S	T	B	E	E	E	T	M	N	T	Q
F	H	G	P	B	K	S	V	A	T	W	X
B	J	G	C	O	Y	K	S	I	H	W	O
S	L	A	A	X	R	L	M	D	L	X	W
S	P	R	I	T	Z	E	R	Y	I	M	G
P	A	D	G	T	P	G	D	Q	F	U	R
K	R	E	R	L	E	N	R	W	Z	K	A
J	E	N	E	J	A	U	C	E	I	G	L
K	V	A	E	R	N	O	W	H	D	N	L
S	S	O	B	G	U	L	O	D	A	I	E
E	C	I	U	J	T	I	U	R	F	B	C
E	Z	T	K	F	S	P	K	E	Q	K	B

68

I	R	K	F	V	B	P	X	P	J	S	V
S	U	A	S	E	S	B	I	L	B	A	O
J	I	K	I	N	G	S	T	O	N	R	H
B	B	A	M	I	A	L	R	Z	B	C	P
E	P	S	Y	C	P	D	O	D	I	C	Y
R	G	O	Q	E	E	U	G	W	K	N	L
G	C	G	T	A	H	M	R	L	R	O	O
E	T	E	U	R	Q	A	O	G	O	T	I
N	N	X	E	R	H	D	I	P	C	P	U
K	G	V	N	C	B	R	R	F	B	M	U
A	O	A	N	T	W	E	R	P	A	A	W
D	C	S	V	M	V	T	E	H	G	H	B
C	P	A	T	I	R	T	S	Z	V	T	X
H	D	P	L	E	A	O	N	E	G	U	O
P	K	N	C	A	N	R	U	T	L	O	K
O	E	P	P	E	I	D	P	T	V	S	J
V	G	B	L	F	R	S	H	T	A	Z	S

69

```
S V J R F P L M Y U N B
K L Q R W M H D M C R U
F T U D A O E T L R S P
B Q I X A S L E A U J Z
E U E R U V G L B C M F
W P T F I R N M E Z W A
F L F T N A I L P M O C
T I Y F E S D O P S M I
D A T I S R L A U N M L
N B E I Z B E O T S Z E
F L V I V Q I R O H H E
L E L X A D Y O D G H R
U B E U O T T U F D G P
F A V L I H S K Q X E H
F Y E V I T I S N E S S
Y M H N Y N M J M G C T
T D G Z D B G T Q N Q S
```

70

```
Z J O O I N O S D U H X
V A F S J U N G L E O N
C E M W T B F Z R L E T
H M S B L A G D O Y N X
D M A P E Y N P W S D S
X C A N U Z O L W R E Z
A I R O T C I V E K A L
N S K N R A C H N Y V S
H R H A A F R I C A O A
R Q M D M H E C T U R C
Y Z Q G A U E H T H R N
N N O S G M N H O I X I
Q A S W E B P D C B C R
P W M I L O E I S L D A
D S S S L L A J E E W H
A M R E A D R B T R N D
B H X W N T Y O K X C F
```

71

```
U I P D M G C B I T H N
W Z M R B L K R W G O G
E S B A I L E Y S T Z B
R E H N Q U I S T M P W
B G T Y S H R O U E R O
E O I A W E C N R Q B L
N R D M V X S T N R B C
I Y Y A Y Y W D B B O H
U Y R F Q E Y I U Y R X
K T I E E Q M O L F P W
M I G G A H A K L S C N
C F Q A G I N A W K O L
O C D T Y A Q H Y F D N
H Z O E H Y B Z C L D K
C W L S I R R O M G I Z
H A H I B O D J J O E L
H X H G L Y X G U R I U
```

72

```
D I A M O N D H J J O R
A R E L C R I C F G V E
D C N P U C O N I C A L
K I K R E P Z C W P L B
M T N E C S E R C A X W
O J S Q T V P U C P C B
T B N O R I A I E R X S
A K L Q I G R N L L T P
O G T O A D T N A L Y H
Q E L G N A T C E R E E
Z Z F I G G I O A H U R
Y K L O L L B M R O F E
W Y N P E D I S C M E G
C A H H H D T I C B Y A
K B R H G X E R A U Q S
Y C F N T L F P I S B D
U R F B P N A U I U Z E
```

73

```
C X R F Y B O J C W N I
N O X U P P V J N V D R
G E M A G D N E Q D E F
L R C P U Q Q B A E F G
S C C H E C K M A T E B
O S T R A T E G Y B N Y
P M E J Q E I H B I S R
S I J H V N R T L S E J
H D Z C C C N U I H V X
S O N E A T N Y T O X S
P P O E U S A J Z P N S
D E I R F L T H K M A E
O N P N P E B L R K S C
G I M G Q P D P I K V E
T N A S S A P N E N X I
T G H I L W G I G E G P
E X C H A N G E Z U D K
```

74

```
Y D C O E Z N A R I V Q
P V E F U X W Z K K T G
T R F I N I S H U T J R
O S C A P T A I N Q U R
B P Q O H M L E A G U E
E X P G J U M P O R G Y
K K I O D A L Q V R P A
E L M S N U M B E R S L
F S B R S E L B U O D P
I W U Y S I N G L E S J
N O L I T M M T M O U H
T R L W Q N T N I O P I
D R S E L B E R T F U U
C A E U H R O W O M E N
F C Y H X G M A T P V L
K S E G M E N T R H H Q
L R G O U J J T K D P Y
```

75

```
U Q H P R I B S V I F L
V F N A I C I G A M C T
R W C P A L M I N G I C
E J O U K Q P R I X W U
Z T N D S R Y T S H X P
B I J K N T O P H A T S
A B U T N A T S I S S A
Y B R H H C W M N A U N
S A E J I Y P C G V O D
R R R A E P P A S I D D
E K O M S M E N T A T I
B A S R Q Z W A O T W C
U X T P R Q T J P S E E
E Q P N O I S U L L I R
I G I J V D M D O V E S
H H I E M U T S O C N Q
S F L O V R V H S E I N
```

76

```
Z J C N Q M S L F Z B I
J X O B N K R X A O Z H
M J N O Y O D A N R O T
X X V H L A S N U O B R
F D A L G J K Z Y T P L
B W I M N O S E C O N E
K N R O I X F A Q R F R
G R F T N S I P D T E I
T L R Q T R S O A T I F
A A A M H D G I N L K T
L N M D G F L U L K T I
J C E G I P H P S E L P
B A S G L A N D I N G S
F S H A X U T I K S F G
P T N S U B S O N I C H
R E T H G I F O R U E Q
A R R E B N A C L U V X
```

77

Q	G	M	J	Z	W	N	E	F	Z	L	G
C	B	W	C	K	I	V	Y	Q	Z	E	D
G	S	N	A	V	I	A	B	U	O	C	D
S	U	V	I	L	S	C	L	R	F	Q	D
E	D	O	C	H	B	A	G	C	I	N	W
B	T	B	V	F	B	E	I	A	Q	S	R
A	F	N	A	D	N	E	R	B	N	T	X
S	R	V	Y	R	O	Y	S	T	O	N	H
T	S	Q	V	I	N	C	E	N	T	T	L
I	T	X	K	D	O	A	B	E	L	S	F
A	U	F	R	L	R	X	B	H	E	I	G
N	A	I	L	I	M	I	X	A	M	T	R
K	R	F	U	Z	A	B	Q	O	S	A	U
V	T	A	A	N	N	I	G	E	L	X	L
U	W	K	S	E	C	R	N	P	L	I	S
K	Z	U	B	D	K	R	H	G	O	H	K
V	U	K	E	V	E	M	J	C	B	D	H

78

W	J	U	U	T	O	N	T	A	H	W	K
Z	T	G	P	U	K	R	Z	S	U	A	U
E	M	B	U	N	K	B	E	D	E	S	R
U	E	C	D	R	A	P	E	S	S	H	P
P	I	T	E	P	R	A	C	L	U	I	C
W	C	B	T	Y	E	E	G	P	A	N	J
V	O	V	A	E	H	A	T	N	E	G	P
L	M	D	Z	K	S	V	O	T	S	M	H
F	M	E	E	F	A	S	X	E	A	A	T
M	O	B	I	T	W	P	V	L	C	C	T
J	D	R	S	Y	H	I	G	E	K	H	S
T	E	E	U	M	S	N	S	V	O	I	T
J	M	H	O	X	I	D	Y	I	O	N	A
X	T	T	L	D	D	R	N	S	B	E	N
J	X	A	A	M	R	I	R	I	G	H	D
X	D	E	J	W	V	E	C	O	H	C	K
L	R	F	L	U	Y	R	N	N	R	D	X

79

S	D	X	P	U	L	A	W	E	H	L	K
M	Y	C	T	A	A	L	F	R	N	A	U
V	P	N	J	T	P	A	X	Z	G	M	Z
A	C	A	T	E	N	A	N	G	O	I	P
F	N	I	O	T	Z	L	O	S	G	N	P
H	P	Y	A	L	O	I	A	U	A	G	W
Q	S	L	I	P	O	N	U	R	S	T	H
U	E	L	E	R	T	L	I	R	T	O	I
T	B	V	T	O	A	L	I	V	H	N	T
M	I	A	R	R	I	G	Z	A	U	P	E
S	W	I	B	B	I	I	O	Y	J	H	I
W	N	A	X	R	Q	D	O	N	K	W	S
I	C	U	N	Z	E	N	E	T	G	C	L
E	P	A	G	A	N	M	S	N	E	O	A
Y	Q	D	U	K	O	N	O	R	T	K	N
Y	K	S	V	O	T	O	L	E	H	Z	D
J	C	V	H	A	K	O	N	E	R	X	N

80

J	V	T	Y	D	V	H	B	Y	U	Y	N
X	T	Q	U	I	Z	S	O	O	X	W	S
A	B	J	R	O	V	X	T	P	S	U	Z
N	H	W	B	K	T	G	R	J	S	N	Y
O	R	N	H	T	N	S	H	A	E	C	F
T	N	Q	B	I	N	I	K	H	N	U	W
G	T	G	D	B	T	Y	D	L	N	T	C
N	A	O	P	E	W	E	J	A	I	A	B
I	H	L	Y	P	L	L	B	G	U	M	F
D	H	D	O	K	N	A	Z	E	G	B	R
D	Y	B	C	S	Y	E	N	R	E	E	E
O	X	E	O	E	A	L	T	W	N	R	T
B	P	S	L	E	N	A	L	S	O	N	T
S	N	T	O	R	C	P	L	E	L	R	I
P	E	L	P	V	A	I	M	E	H	O	B
T	S	A	E	Y	P	B	T	J	F	C	H
K	U	M	E	V	W	M	C	H	C	V	C

81

```
O D R F N Y R T O G I B
B A L E F U L Q F Q L X
T A I N D W V S P A M D
L U T R C R R F S M U S
P B K T E P O P S V I R
C O B L L T H B A G L S
F M E T U E C R P U L T
X B S X M F F A Y G Y V
B A M E H T R I B N R X
B R I M S T O N E I E G
R D R A O B K C A L B B
E E C P V O E H N K D J
A X H S I T N I S C L E
T S M T J H G L T U C K
H J Q Q O E X D A B Z E
J H I V B R F C L H P W
W F F U O G B A K H H S
```

82

```
Y S R O U N Z G S Z C Z
J N J Y B R V M P Y F M
S Q M S L L A F A R I M
K I Q C C C V A C L N E
C P Z D H Y I Y E G N O
X B R E A D T H S E R J
U G H U I I Z F N Q M E
U Q T W N O I T A C O L
B A V R E A C H P T H E
T N E T X E Q Z X O T N
K T W U H H P S E O A G
E W J W U G L L M F F T
S I S Z M A I E W T V H
O D R U L E R E M F C P
L T N X F O J H H E R H
C H D A H R W Z N S G W
L E H D H J C A G N G I
```

83

```
B J R A S B O R A B G Q
S W O R D T A I L H O G
Q S Y T A L P A H W S O
H U C E D O C T R L E U
W C K T I K U N Y R P R
J S A N M O R N S Z Q A
Y I A O M A Q I L S N M
B D L E L H S F W G I I
Z L R N L N C O E M U U
Y I W Z E A W L C M Q H
F E Y B T R F O D E E S
X V I F A I P Y L I L B
O R I L S P U P E C R P
K S Z H R D F P M D A S
H T C W K E F U O V H D
J B R A B R E G I T Y E
E N R X R W R E Z M G O
```

84

```
K K V F E K S O G W P L
S C N L S N R W A I L M
B L O I P O G P N L P K
Q Q A N L H U G N A H O
M W W M K C I C R E A K
D O D V Q N Y S N U W W
R Q S J G M R I Z Q U N
U K W W L I H A X S L S
M A B Y N W C L A N G K
M A A G H K W P E D R Y
I F I B P E Z M M A W E
N N S B M T A D B O H L
G G N I T E P M U R T P
T X H D R D O K L S A S
J C U C L F L P A N U V
O S S W I Q Q L Z Z I F
Q D S K M Z B I L H R E
```

85

```
Z A Y F A E Q N F D D W
N O I T C I D E R P S J
E R W M P F M A X C K R
E W O U Q G C G R X F R
Z C A C W A T E R B H L
Q V V E I P W S Q G P P
M Q Q D D R R R B C O H
L E O H S L P M A G C P
M Z H F A Q U A R I U S
S B T V B N P I C L Z U
E S R W S G V K K S W C
H L A E C Z U Z N O P W
S T E N A L P O Q C T V
I E W M L D O H T L O Y
F S I G E M I N I K Q A
Y D F R S N T N R W D M
S U I R A T T I G A S N
```

86

```
E Q F Q S D E K A B F D
H R Z L R T E R R I N E
B F V D O G E H B S D I
N L T I E R U W C F S R
E A U S O U E N E A A F
E M B P Z P C N M D O G
T B L A N Q U E T T E P
O E M H N G R A B I X E
C C Z A R I M S Q R N D
E O H A C F L M Q C A E
R X T A P E U A R A N B
T I I S N T D O B N K N
N D D J T U O E I E D
E R Q E Z T I I J L M
O A Z C E L L L N N Y X
S G W I E U T J L A E K
I X H D J P S L S Y S G
```

87

```
T A Y Z Q M T W R S Y S
M R C F F O T R A T S B
K F A D R L W K Y H F I
S I B T E H S W E F Z N
Q T C K S J X A U V E T
T S A K H P D N N W N R
Y A P R S S U O S H K A
N N U T T G T T O D T
O D T A A I A H A E R S
N S R V R R N R R A P D
S T A R T I N G T I M E
T A T L H N Y S L U G R
A R S X I Z E J E I R N
R T P N S R D C D S N N
T S M S T A R T O U T E
E D U D L S I G Y B Q I
R L J E E T R A T S A L
```

88

```
Y C U E Y N O K R D U F
Z I Z B Z F K J T E E K
M Q B L G H O F F A N G
J O S Y U G E S I W O Z
B M A T I L D A L I T I
R H P B A T M A N N S X
C A R W A S H G E I M R
O I E Q L Z A L W T A U
M R C B P P N C O R S I
E D R S E T H I X A T N
D R S E R H S E A M I H
Y E N O B P T M X U E B
M S H H S M E K G T H Y
P S L A W R E N C E L M
H E G H I N E V Y A W Y
H R Z C J P O I O W J N
L E A H C I M X I N I M
```

89

```
U F B J N X N E G R E B
S N E N T Y X M K N R E
P A C L V R O D L I I N
N B L H T M A O S K D K
W R U E B N S B C K A V
V U W A R B A O O N G P
M D S V M N T M V H A L
L A M F E S O B E K R O
I M D T O U L O N R K V
T L G R U B S N E L F S
M A R S E I L L E S F P
E P F E L T T A E S L Q
S R S O X K S Q K I T W
S N M P L K M M L T T H
I R E V U O C N A V O H
N I H C O C S T I Z Y K
A M H B A U K J B C C H
```

90

```
R R B R O K E N X P S S
Z C E A T K U S I Q G E
E H N P F Y D N U F D L
U E G F Q F Y B G G A P
N S A V K B I S C A Y A
E A L B Y R T N A B V N
R P G R O E M Y P A M A
A E G I I N R R W L I I
W A T C D K A E L C M V
A K V A C R U V T N M Z
L E L H W G A O I N Z G
E M N A A G T C B S O C
D Y E L D N D S N A T M
N I W I R N X I P F K A
K A J F V L U D R G V D
Y Y N A T O B D D B T D
E D F X N F M S R Q Y Q
```

91

```
T V G N I V O L G P Q E
T D X N U G E N T E E L
Y P O L I T E N A T W Y
E E Z J M R E C N X O X
D E H F N G A E E H T I
M L Y O I J L C A H C R
U B K L N O T Z X O F B
Y A I S V O R C N N R E
L D R E E X U S A E I L
R N N J J N I R U S E B
O E N T M D S F A T N A
B P R N E O T I H B D I
H E K R R H I I T R L L
G D A V D P C E M I Y E
I T N A S A E L P B V R
E P H E L P F U L X I E
N E L B A R O N O H A L
```

92

```
K L Q O S D E M G V Z R
E D O O H R G O Z O D J
N K N E H C A B M A K A
Y O P I Z B U I N U N G
A S W E T T E R H O R N
Y C K M W R O Y S D A U
F I D U O Y E B C N A J
G U R M Z N O T G D N N
Y S J I V R T A T R W E
R Z A I G Q P E O I S H
O K N W Y A R H R T L C
T O N S R A L X P O T G
O U B I H M U E B S N
S C A N A Q N A A U S A
I T I R M U Y O O H C K
T E T O P N Z R Y N D S
R S N O W D O N B T J Q
```

93

```
X S Y X Z V X V A T T N
I A R R E S T D Q B Y F
A C F I G J T J A R G Z
E G Y T I L I G A N A N
S V C O E B Q U I V O J
Y G O L O R T S A I R P
A A F B N C W L T A T Z
L N E N A L P A U Q A V
L A I C I F I T R A M F
O K Z M A V H N E D A P
Y M R Z A E K E Z L S A
M M U A N L R D C A S P
S R F T V N O I T C U A
E M I N T D C C A A R N
D C N J Z C R C P L E B
X E M O S E W A S A B G
F K U B N G N B A P P J
```

94

```
O L O X P M Q B B G B G
G C S N R A Y E P Y L N
D O U B L E O P V H A I
O W K N I T T I N G N D
M S G T B C H A I N K A
Y Y K E U S K D E W E E
D D G N I L R U P W T B
J T X S A A O M R Z S J
W F Y I C H W V O S V E
I O A O B T H T W I S T
C U T N O A C R C K M O
C R O C H E T H O O K G
H P N Z Z P A N U K C A
C L E B V E P I N M F F
A Y X J W R B A T G X V
C F A I R I S L E Z D P
P S Q A S Y F P R M E K
```

95

```
F G U X W G O O S E N H
R E K Y R U F U N S B J
E H O A Z W T J I E T N
N S H K M T X Y K L Q W
E A W O O D S Y D P O W
M I M N I C K L A U S I
N H O R T H S K W O K A
S C L F O G N L R C O P
E C A Z I N G E R U O H
K E Z J Z I T O C T R L
O V A G K S D N R T B N
S A B R E S P A X K T Y
C C A L E L W R L E T L
O L L L Y E T D I F E A
C A E N T P U C G C K D
B C I S V I A J F U E Y
B T A L P F O R T S A Z
```

96

```
D Z A R E H C A E T Z C
N S A S G S N E N Y O X
J O C M T N J D G L S S
J T I M E T A B L E S C
F S W T A F A E I C A I
R Y G Q N R G S S T C T
E A E N B E M C H U I A
N D O E T A T H J R H M
C I G U X K A E V E Y E
H L R E T S A M D A E H
A O A D U G K I D B B T
V H P S Z T G S N B F A
D T H E S B T T E C F M
Q Y Y R N R F R Q D P K
R B H Z O C O Y O D G U
V B M P V B I O L O G Y
N W S P U P I L M X Q I
```

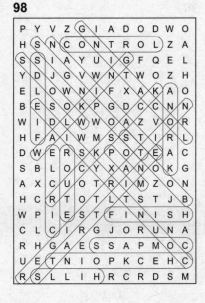

97

```
U Z J A L B S D G D G S
W W A S G I J U A L A E
V K P F R E T S A W G G
E G G I T O A S A U J T
U F B A N D S A W Q I K
L U L H A C K S A W J X
A B X Z U L E S I H C U
B K F T G X G R K C U Y
S M T Y E J F T S C S Y
R E V I R D W E R C S P
R E M M A H N L F R D D
S D D E C A L L I R D S
O M R N L T F A L G X I
U M E P A V H M E M G Y
F R F C M S I I P E A Q
W C E Z P U N C H F A E
C O E I M F S O E B F I
```

98

```
P Y V Z G I A D O D W O
H S N C O N T R O L Z A
S S I A Y U I G F Q E L
Y D J G V W N T W O Z H
E L O W N I F X A K A O
B E S O K P G D C C N N
W I D L W W O A Z V O R
H F A I W M S S T I R L
D W E R S K P O T E A C
S B L O C Y X A N O K G
A X C U O T R I M Z O N
H C R T O T L T S T J B
W P I E S T F I N I S H
C L C I R G J O R U N A
R H G A E S S A P M O C
U E T N I O P K C E H C
R S L L I H R C R D S M
```

99

```
M A A U X O H U W A S Q
Y I I A E E Y M I P M L
L Z N I A P Q L I W L I
R T O T F T O R A A M L
U U H V C N A I B A A A
N E A B G E L W S U X C
R P M A A L O Q S S F M
O W M N E N C M E H A U
H I F M S I T A M E L C
T T A O J B R O O M K J
K C W N R F U C H S I A
C H Y F R S M C V E R S
A H Z C V E Y R K D M M
L A N T E R N T R E E I
B Z V Y M I M L H N Y N
T E P B U D D L E I A E
P L H E C I P S L L A X
```

100

```
R X E U Q M J X E K Q M
E A R N S J P F N M U V
B E U F O W W E B I C H
I R M S Y B E U N T W S
S U E N A C L A C H E U
Y Y F A A E R E A I L C
E S U P S C E G E G B S
N K S S Z T S B D H I R
D C H E E K B O N E D Y
I E P C A G M O E V N A
K I L Y L I N E N J A L
P L A P R A C A T E M L
N I T D W L V G L Y W E
G U H I H U T I O A C T
Y M T V B B E G C J H A
S Q V S U I D A R L R P
C E O O J F A O B M E I
```

101

```
B P P E C W N O Y I E E
E E N I R A M A U Q A T
E N E E O I F B B E P I
R N O T Z P H G U D E H
I W I T E J A P Z A A C
E L K L S Y T L P J R A
O K U C A E V G L A L L
N M D Z N M N K E Y S A
Y R T R A E R I I S M M
X K A I U L C U H R D U
L G L A D Z S Z O R L D
Y Z A Q I A T I W T I R
R A J R R R S W P A Y R
E P C C A A V I M A E U
B O G U B N T O B B L B
N T Q I D O N I M W A Y
A Y K Q E D L A R E M E
```

102

```
L A T I P S O H E P H C
B A F J C B M U R B T J
K U Z A L H G O N V C B
E J N V R O A I T O F U
H G L G G M B P N E S
O E N T C L E O O L Y T
L Y T G T R O U U T E A
S L O T T O T W I S G T
F L A H E H C S A K E I
P L A H U N R F M C L O
A L A T L E O E E A L N
L K R T V L C S N R O N
A J C I L U I G I R C O
C U N L N E Y R C A Z R
E U P E B A T B D B M Z
S K Y S C R A P E R G W
```

103

```
C W I R I V G M U O L X
E E P I S E F I N E T L
R L C L E T G X N T S J
Q A C H P S I T Q G A U
Z R G D C E I U L Q E F
A Q Z U U L P V C A Y R
B R L C S O U P L S S C
I Q C U T U R M E R I C
J H O L A N O B E R T B
R E R H R N U M C M H A
L F N N D C O T A N Y E
L Y F S K V M R M K M K
P G L C S C O F F E E X
Y D O K Q J X E I F G U
T T U A R D P S Y A A N
S D R A T S U M K U O S
N S M P F S H Y C T Y R
```

104

```
B T E C N I U Q A O P V
D R U L F E M W P K I R
F T A N P C S A R J S E
E U K Z T J N V I Q T D
W N O G I S K I C G A C
W A J Q R L E T O M C U
K E S A M E N H T E H R
Q P X V I A E U C N I R
E V I L O V C N T I O A
E X E P L O K J G R N N
W H I T E C U R R A N T
N R T G M A J H P T G M
O E I R O D G P Z C Y E
L F Z O N O L X P E A R
E B I L B E R R Y N J H
M T Y M A N D A R I N W
V L C A H E E H C Y L M
```

105

C	R	O	I	V	A	S	M	L	S	L	D
V	Q	F	Y	I	N	X	A	B	D	X	K
U	Z	Y	U	U	A	P	Y	M	M	Z	H
T	H	B	E	Y	L	D	M	W	Z	G	N
W	G	F	S	A	K	E	V	E	W	A	I
R	E	G	N	A	M	U	T	E	T	I	D
V	M	D	E	G	J	K	X	I	N	T	Q
G	N	I	C	I	S	D	V	H	D	T	K
K	T	N	N	P	O	I	V	O	M	E	V
T	H	G	I	N	T	N	E	L	I	S	O
J	L	C	K	Y	E	J	S	I	H	N	F
E	E	E	N	Y	T	J	P	D	R	I	L
S	Y	A	A	U	H	B	C	A	R	O	L
U	Z	E	R	C	P	I	F	Y	U	P	U
S	C	K	F	Q	E	M	U	L	D	U	A
F	E	S	A	V	I	O	U	R	X	W	K
Y	U	K	N	O	B	B	I	R	C	Y	X

106

H	M	A	N	H	A	T	T	A	N	E	M
A	I	D	S	I	D	E	C	A	R	O	S
R	O	B	R	O	Y	L	L	B	S	C	W
V	B	Y	C	C	G	V	I	C	R	H	R
E	K	K	R	C	G	L	O	E	I	X	Z
Y	A	Q	B	A	A	W	W	S	P	M	Z
W	A	K	R	B	M	D	K	E	I	X	I
A	I	S	U	U	R	Y	L	Y	N	Y	F
L	N	C	L	I	S	U	D	O	A	N	S
L	I	E	V	O	J	T	R	O	C	Z	K
B	T	E	U	T	B	B	Y	H	O	Y	C
A	R	R	N	S	N	V	Z	N	L	L	U
N	A	I	S	S	U	R	K	C	A	L	B
G	M	K	S	S	E	H	C	U	D	I	S
E	Y	W	H	I	S	K	Y	M	A	C	L
R	R	A	T	I	R	E	U	G	R	A	M
T	D	M	G	N	I	L	S	N	I	G	G

107

S	F	B	K	T	B	Z	W	Q	E	Z	E
H	E	H	C	U	I	O	J	R	O	P	E
C	K	G	P	H	R	S	Z	Z	A	I	B
Y	E	Z	A	R	I	P	B	U	G	L	E
U	M	K	A	R	S	C	Z	N	U	S	U
Z	E	Y	S	Y	F	T	O	E	S	W	N
F	K	N	P	Z	E	I	B	R	C	O	Y
H	A	A	H	L	L	E	X	O	Y	C	L
J	O	I	O	E	L	H	L	A	V	D	I
D	K	T	D	L	E	T	E	A	S	E	L
H	O	N	E	Y	S	U	C	K	L	E	D
Z	A	E	L	F	D	A	I	S	Y	W	H
D	N	G	O	R	N	S	J	V	Y	P	N
X	Y	O	E	F	U	N	O	S	M	A	R
M	T	X	F	P	O	R	D	W	O	N	S
F	Z	N	A	I	R	E	L	A	V	K	N
Z	K	T	V	T	G	M	N	H	P	G	H

108

Z	Z	R	U	U	R	J	X	U	X	V	W
A	H	S	S	E	A	S	N	A	I	L	I
P	I	F	T	M	Z	A	S	P	G	A	N
P	X	L	J	A	O	R	S	T	O	S	K
C	X	I	G	P	R	E	U	U	Q	L	L
G	E	M	B	S	S	F	L	U	C	E	E
W	R	P	S	E	H	P	I	U	S	G	H
Y	A	E	H	A	E	D	T	S	W	E	W
V	H	T	E	A	L	T	U	G	H	K	K
V	A	N	L	N	L	M	A	L	C	R	C
S	E	A	L	E	M	O	N	Z	P	B	G
J	S	F	F	M	S	U	P	O	T	C	O
J	Y	I	I	O	W	X	L	O	O	J	P
N	S	L	S	N	T	L	Z	C	D	C	U
H	Z	G	H	E	A	V	K	H	T	T	G
C	R	I	Z	C	U	L	B	M	L	P	O
I	O	Y	S	T	E	R	L	H	Z	N	J

109

A	S	N	F	G	M	Q	E	U	I	P	X
V	S	E	L	K	C	A	W	S	R	M	P
S	M	I	K	E	C	L	R	U	R	G	H
P	C	C	E	Y	E	S	L	L	U	B	X
T	M	R	Y	W	S	O	I	H	E	W	D
H	A	O	O	N	M	L	G	O	A	Y	X
M	G	T	T	O	L	I	L	N	Y	K	
T	W	F	N	Y	G	V	T	I	J	F	O
R	I	J	V	E	Z	E	R	Y	B	A	T
W	T	I	L	K	R	R	L	W	N	G	O
S	C	R	L	G	O	T	F	B	X	I	O
K	H	D	A	N	G	W	D	P	M	N	T
I	U	Y	N	Y	E	I	X	E	J	U	S
M	V	N	C	J	R	S	Z	T	R	D	B
P	I	N	V	W	C	T	M	O	W	F	B
I	A	C	O	D	L	I	N	R	U	P	S
N	E	S	T	R	Y	V	E	R	P	W	V

110

C	X	Y	G	S	H	O	T	C	N	S	V
A	P	L	A	S	T	N	A	P	O	F	M
O	Q	Z	P	P	W	S	Y	C	R	W	S
Y	I	M	B	R	T	E	K	C	A	J	W
E	U	S	E	O	H	S	A	T	H	R	S
P	X	F	O	H	I	R	S	T	E	R	S
F	R	B	L	S	U	E	M	L	E	T	D
R	J	X	L	T	V	C	F	K	R	R	U
A	T	P	X	O	D	F	C	O	A	C	E
C	B	E	A	B	U	I	H	B	J	Y	Z
S	Z	T	A	M	N	S	A	V	T	S	Z
K	T	T	V	K	G	T	E	C	V	S	F
C	O	I	Y	U	A	R	O	D	E	F	Q
E	V	C	C	D	R	X	T	X	I	S	X
N	S	O	T	T	E	L	I	T	S	M	S
J	U	A	V	E	E	G	I	L	G	E	N
Q	R	T	I	U	S	S	E	R	D	E	E

111

O	B	A	W	A	N	I	K	O	R	H	D
W	N	G	V	B	O	U	A	V	Z	S	T
H	V	I	V	A	R	X	E	K	T	N	N
I	R	I	R	B	L	R	S	A	U	R	E
T	E	V	T	O	E	D	C	L	P	O	O
E	I	T	I	U	F	I	A	O	J	H	C
M	M	F	N	W	N	L	R	L	C	G	I
O	Y	A	L	G	O	C	O	K	A	I	V
U	R	D	R	U	X	J	C	S	R	B	T
N	I	A	S	S	G	N	I	Y	T	E	S
T	D	M	M	W	T	E	G	M	H	L	E
A	G	R	U	H	T	O	T	F	A	T	P
I	E	A	L	H	C	M	N	Y	G	T	A
N	O	H	T	A	R	A	M	M	E	I	C
M	Y	B	O	R	O	D	I	N	O	L	N
O	N	I	S	S	A	C	E	T	N	O	M
M	M	Y	Z	S	A	N	N	E	V	A	R

112

H	C	F	H	A	T	P	C	V	V	A	L
N	K	R	E	N	E	N	U	T	E	T	G
R	Y	S	Q	Q	Q	U	D	S	H	U	I
D	I	S	I	S	Z	O	F	B	B	K	L
N	N	E	F	E	R	H	O	T	E	P	S
J	E	O	G	Q	A	T	A	N	T	G	F
G	S	D	S	N	P	A	E	E	U	Y	B
S	I	R	U	I	M	I	R	P	F	X	X
Q	E	B	X	V	R	E	G	H	N	C	V
G	I	H	M	D	W	I	R	T	J	E	F
S	D	B	L	A	X	E	S	H	S	E	R
G	J	F	T	X	G	D	F	Y	V	D	X
A	T	E	T	S	A	B	D	S	F	G	G
N	X	T	E	M	H	K	E	S	E	N	Y
D	O	R	T	E	N	E	F	E	T	T	H
X	E	M	Q	H	T	O	H	T	M	H	H
M	D	K	A	B	R	O	H	T	A	H	N

540

113

```
T F B K F W Z R Y B L G
T O Q S O Z S W O W A W
T Z R Q S H I M K Z O M
H N R P O A B I Y B A H
Q L E T E N X S S C Y N
Y A G D D D G S H M W S
R U G W I G O I G E T C
N N A E M R N L H G N I
J B D U C E T E L F N M
D W O B G N O L V J B I
H T L U P A T A C A R T
J P N R I D U L Y B I A
E E Q R R E V O L V E R
Q J G O L Q N T A S K S
R U W F C E V S N V C X
N S I S T K C I C H U W
A R E F H L K P E A J J
```

114

```
Y S P I H Y D Q J V I I
L L A N G O L L E N D J
P N N O D Y O R C L A Y
K U A V W T O U J K R B
D V M A N S P T U T W R
K H A D G U R K N T C I
C K A N L E E E H S M D
V K M A N Z V N E E G G
M L I T X O I S L R N E
R A A E C A L I A O C W
T E S N L Q S N D F Y A
Y V G N O E D G H K Y T
C R U E D U E T C A R E
E R O K N A E O O E W R
O D X I I T L N R P E G
Z M O U L A S H T O N R
D N A L K N O M V K U J
```

115

```
E N I P E R O H S Z E R
S N R H P E L C I H C B
X U G P N U S R S A U R
W D M L O P F I U W W Q
Z N V A I Q Z B T T C J
K E R N C S V Q P H X N
H L D E W Z H Y Y O A N
O L E R C Z Y O L R M V
E R O M A C Y S A N U E
S D D A L D Z U C K L T
D J A U V X C Z U O B G
R J R M A A B E L E L
A V L G R A N D F I R O
J Z J I I P N E A J R M
C D A X A C A U P W Y J
F I F C U V M L U S N I
R G W A J E U G M Z A I
```

116

```
Z X H G Q H D R X W H Z
K V A N N L P E X D B D
F H V O Y I H L J B M R
S L D S B R G G Q G E R
Z B X I S R A G U K A N
Z L F T M E E U O C J U
A C A T D B G J N J W L
J F J E T S T R E A M A
E I F J C W H O H C J B
G A X A E I P J T K A H
W J J D J A T O Q D C X
U Z B E R S L S D A K A
Z U L D W E O O U W E Y
K L I G N I T T U J T D
Y Z A L P Z S S D S U P
E Y E T J Y C H E F G A
B U S N E L T S O J P A
```

117

```
W V O P J A B H C N B Z
U O U C N A M S A T E B
C Z Q A Z N W I O G L Q
L A I S M Z B R K T L T
Y R N P E A A I H N I M
L U V I R W C S O E N E
V F C A H I N A T L G D
Z A T N W C L I S O S I
W R P U O L T Q K S H T
N A I R E B I S T S A E
B G A D B T X Z A V U R
Z L D J C E L E B E S R
K E F L U I W H I T E A
W Q D R S X T N K P N N
Z W K N R B S L W A Y E
R F F B W Z K C A L B A
V N L G J P Y Z M B E N
```

118

```
E Y O F E M C H C J W Y
G N I T S X R G Y A L E
W A T H V D I H P A Q J
E V M O S W C A C E F A
E O Q R R L K K L L Q H
V O R A N G E T I P N L
I N E X Q Y T T V V O F
L Q O G L O W W O R M N
I P E L B I D N A M U D
A U H E F S H S N S E N
T X U T D E G N N C N U
Y L F S I D D A C X H O
B I S J A G K Z E A C P
U I W E D E P I L L I M
R P H X F X Z V W W F O
L K H L V N R T I F I C
V C Y F X U B N G A J G
```

119

```
J H C R O T N A M U H W
A C A P T A I N A T O M
T H P D M M A O A M E R
K N T T R X P I O H C O
N F A L C O N T Q A A T
P B I M H K N C Y Q P S
L R N T O A R A A U T E
G R A P H W X N G A A R
F R M P Y E T I N M I I
E A E Q Y F A A N A N F
R H R E X X M T C N M L
T O I V N R W P O E A A
C D C Q E A R A B M R S
E G A D Z M R C C X V H
P L I V E D E R A D E W
S P S U P E R B O Y L T
S U P E R M A N I W Z K
```

120

```
V J L O S K V J H P Y V
E E O E C A X G K C T E
N L R U B L X P E Q Q H
A B R R R C Z J T K E I
L T Y H G N I D C X D C
P P S O T R E T H G I L
R Q X R V F S Y P B R E
I Z U S P A A F G T S D
A I R E L I A R T R D O
G B C O A C H O C R M V
O A O C M W B S A M V U
C N L S M O T O R B U S
B G X L G O B P A I B L
C E E G E F O O V T A T
I R A E R O P L A N E K
E N R U L Q N T N N G V
Q L S S A G K U X S Y U
```

121

```
Z Q X D J N A J L U T C
V H A Z J M O L T H C O
J T F V D E E R E H S E
W A N E U U Y W M M U L
V I C C R J T V L A A O
J U H Q S H I L A R Y P
A D L U U Y C V T G Q I
C K E L L E I R B A G B
A B I G A I L C V R R R
M X G R P D E I A E H G
I U U V V F N N T A Q
L A Y O L A N D E E Z Z
L A N K R A A P S R B R
A A U D E Q R Z S E O Z
Q Z N D Z H Y B A S N N
N A Y A S M X U I A C A
S U I B Z O N E A N D P
```

122

```
H B P O H C Y T V R H D
N A H L V J Z O Z E N B
N C I U A E N A R N V E
I V K O V N D S G N Q L
T B B C V J C E U E S L
D R M V R H W K B J V I
L Z A E E I N S T E I N
T C R L E B O N T K L G
I N C O P E R N I C U S
H Z O R F G D R Z N R H
U J N O A A G R I P P A
M X I K R E L R U U W U
B Q F W A P A S C A L S
O C I H D G R W G D Y E
L N E Y A M U N D S E N
D L H G Y W J O A P P F
T S I O L K O V S K Y X
```

123

```
K L G J P F E Q E O F Z
S D A D O V V I L F M M
L T I I C Y Q U C O I O
U H N S W U F G L R R U
F K F G D E M U B C T T
M Z U R T A F L L E H H
R Q L A C R I U N F F F
A L R C E S F N P U U U
H G U E S W O I F L L L
L H H F A I T H F U L U
N C U U T I F T F F L F
T L J L F C A R N T M H
S C F U H C E A C N W T
S W L E T D X P X E I U
K L U F N I S D S V G R
U K U O L S H U Y E P T
Q L W F R P H V N L R B
```

124

```
E I P C U P K G E M X L
K T E Y B K J W N E O K
P H R M R C P O X D R E
G E V A S E L I N E E I
H R R P Y F X W Z E X Y
P M K S E O U T P W G L
F O G T P T L A F T G U
I S K S G E T M O S F X
L B P L S H X Q N I J G
Y D I A C X R B A R J L
W L K T B X E A C R U T
O L O E F S V N C A O M
A C W P Q V O D E H R A
S T Y R O F O A M E C T
P F V D T N H I E B L W
L S Z L E G O D P A E K
D J B Q Z I M M E R V U
```

125

```
R G C S W I H P L A R B
E L B M U G Y E N R A B
N E D F L A N D E R S O
N C O D D N Q W T I R B
I R H F Y M A G G I E W
K H M I L H O U S E D O
S E A O E C K G D G N H
L R N U E F V B H R A S
A U P T A S W M F A L E
P L T H B N Z I Z M F D
I C W K E R X Y G G E I
C C D U Q U O H S G D S
N M B I F B X C V L U X
I Y T S U R K F K T A M
R O W H O M E R E M M K
P R L T F N B L I S A Q
K T D M V O C T H X S N
```

126

```
B B S R E X Q K U B M W
P L W H O E Z N F I C W
K N G I E R E G S K R L
F Y S N N V I S T U L A
R K I E O O I N A N K B
L E J L G S B X O R O M
S F G N S N R V N C E G
Z A O I O D A R O L O C
L C P Z N E H G I L S D
N P A E T G M N O U J Z
I M E B U N A D R O J A
A J S M J P P H A G Z A
P F S A M T U D N W M T
W U O Z K D T T G A J K
N J Q Z S O R B E W T L
I T X O T H A M E S D T
S L N G C K B S I J X Y
```

127

```
A K J H W Y T M P S G G
Z M I O N B N A A F B Q
Y T U L C O N G R E D P
S T O N Y B S E R O C S
N B J R D T H L Y G R E
H M T O H S T L E P E W
S U V H I C E A F N F C
X K D B M F F N E F V Z
K H O S E R N W M B D H
K R O O O A S P C V R C
F U H A C N U V Z Z A S
E E I G I K B F D B K Z
X R Q F L L M L O R E D
S L F F L I U T I R U J
N A N S E N L E R G X H
B D V L J E O W J Y H V
V A A N B O C E T E F S
```

128

```
Z P L J R C S M U J F K
K A S L D R E S S I N G
C P U E P W K V R I L V
M E C D G E M E V E I C
C R B D W A L E X S M O
E P R E A I S G Z O C L
V A C H I P O L A T A S
B T T F S X N R A S R L
G E O V A H C E K E F A
R S N L L O A N G S G W
I A G Q A I J R E A U A
D U S L D P U H C T E K
D C V X F B C H O P S A
L E Q R M D Y F I N T E
E W C A J U N R I S T
W N H O K H Z C E Q K S
```

```
K G C A N M F I B G Q B
A O R N B A G V P B C A
D Q F A G I N R R P S I
B U M B L E X C U Z Z P
N D E E I G U C Y E J T
B S V A C L R V S V L D
R E G D O D L U F T R A
O M K L P F O S B M P W
W A Z E T H H Z I P A K
N H W R K R P Z R K L I
L T J R O F M E R N E N
O V O J C O N U O Y N S
W W W B X T F R R A S R
S E V E I H T T H D Y E
K M T C L A Y P O L E A
I P E R M C R J K P X R
B Z Z D P O L I C E S L
```

```
R M U C S Y Y S P R X I
D V D V G C U A L S Z Q
J Y O Z B N P L O V Z S
H N U S S R I Y N E O O
E P D H I R L W I M F L
U C I K G O L D O W F S
C N A M N L I F N L K X
E E N N I H H C A D G W
B L Q T R S C M F Q H Q
R W D W I U E T X E O Z
A T R D H S F M A E T S
B B A F I R E T D M Q B
K R T B Y R R U C F N X
Z A S D A C G O O A O U
X N U I R S B L A V A K
J U M H K T C C L C Q K
G C F M L N N O S V J G
```

```
H L U W A P C L I Z S V
L L H E E R G E D S E O
T N O M J O H C E E P S
Q O N M D D G R A M M Y
Z I O Y B U T I F D N K
F T R O T C A T S E B A
G A S V A E B W O U R E
A D R T D R A W A Y A R
E N S A D Y T N T Q V O
A E T A C I F I T R E C
B M T W C S R X H R R S
M M O T I B O E E B Y M
B O X L E N M N C Y Z L
W C U L P S N D I T Y I
B V E E G I O E R V O F
U C U T D J D R R L N R
X J L K C J E Q N U F F
```

```
Z N C N D K V O B T U N
L A A U P N P Y Y Z P L
G O L T H G I N R E V O
E N O N A T C W N I S G
E U I H E N I O W T P H
M U X P C I T E M S O C
U L R D E S S O R R R T
U A P L D E A Q E E T U
C I T A M O L P I D S L
A Z L U U R P S R N A C
V G T N C M D E R E G U
H D H D G K Z I A V A Y
O J G R O E E V C A V K
M M I Y E G R R D L Z O
C P L R M C G Z U T J D
T N F V J U O I P K A V
V N O W D U F F E L M W
```

133

Y	F	I	F	T	H	G	I	L	A	S	V
N	F	T	V	K	R	T	I	E	U	U	C
O	Z	G	Y	T	F	E	W	Y	E	W	H
I	B	V	G	P	H	D	A	L	O	D	I
S	R	C	T	E	V	L	Z	S	N	R	N
S	I	D	Y	W	P	Z	S	K	O	O	E
E	L	S	K	S	A	M	I	C	I	N	S
C	L	P	I	Z	F	N	E	T	S	B	E
O	I	D	J	M	G	L	I	Z	O	O	M
R	A	W	N	J	L	D	Q	Q	L	N	A
P	N	B	A	A	A	E	X	S	P	F	L
H	C	M	R	R	C	H	W	M	X	I	F
W	E	S	T	M	I	N	S	T	E	R	Z
S	Q	N	G	U	Y	F	A	W	K	E	S
K	C	A	J	G	N	I	P	M	U	J	F
B	B	Z	E	C	T	E	K	C	O	R	O
A	R	E	R	E	M	E	M	B	E	R	V

134

R	Y	H	T	O	Y	O	P	Y	R	F	Y
S	E	U	L	L	C	A	B	D	T	L	J
B	R	T	J	L	A	I	Q	E	N	S	G
H	D	C	N	T	A	F	C	W	W	T	A
S	B	H	E	E	Q	T	B	J	L	B	B
N	Q	X	S	L	A	J	S	D	M	M	K
O	K	R	T	A	E	R	R	F	I	T	E
B	U	R	R	O	W	N	T	O	H	W	N
Y	L	K	B	S	E	I	N	H	S	T	O
N	D	B	X	N	N	Y	V	E	T	X	R
F	L	O	D	G	E	S	R	E	K	D	A
J	I	H	E	M	L	J	S	I	U	D	C
P	Q	V	B	O	O	J	S	T	E	E	M
R	I	C	A	U	H	P	S	N	E	V	T
H	Y	R	A	C	I	M	R	O	F	A	M
G	T	P	A	D	D	O	C	K	Q	C	U
N	B	P	S	P	O	Q	C	O	O	P	L

135

P	S	S	Z	I	T	O	N	I	E	J	K
I	K	R	F	K	L	W	C	L	W	Q	Y
O	M	O	Z	R	O	W	L	L	U	F	Z
U	L	T	I	C	C	E	R	A	S	A	C
R	A	I	N	H	N	A	D	G	M	R	B
L	B	N	N	A	C	R	H	I	M	F	I
U	S	I	P	G	E	R	T	D	A	A	B
M	H	M	J	F	U	T	O	E	F	L	I
A	A	K	I	L	E	I	D	T	A	L	L
C	I	O	X	B	J	F	N	S	L	E	U
H	R	X	U	L	P	Q	D	E	D	I	M
E	S	T	A	Z	T	U	C	R	E	F	A
E	N	O	I	L	G	I	H	C	N	O	C
Z	A	N	G	I	M	A	R	G	S	R	O
R	Q	I	E	R	S	D	U	M	Y	T	N
N	P	A	E	R	O	P	U	K	X	M	E
H	P	V	M	I	T	I	Z	R	Y	N	W

136

N	C	D	G	Z	Y	D	F	W	Y	U	Z
Z	L	P	N	U	T	T	C	T	S	G	A
I	F	O	I	Z	W	G	F	F	U	D	B
P	Y	F	Y	A	P	E	B	O	O	L	L
T	I	O	L	A	R	E	T	A	L	U	F
B	X	E	I	T	L	E	X	I	C	O	N
S	C	P	S	O	H	T	M	K	S	A	D
U	W	U	T	G	M	P	Y	Y	G	G	D
O	L	X	L	R	N	L	T	L	N	N	K
I	M	C	E	E	E	I	O	S	I	I	F
C	B	M	S	S	V	H	G	X	D	K	X
A	A	S	S	E	R	U	T	G	A	C	O
U	X	E	G	R	X	H	U	A	E	A	X
Q	R	N	O	E	H	C	N	U	L	L	C
O	O	B	G	N	J	H	D	Y	Y	K	S
L	A	R	E	B	I	L	B	J	D	H	K
L	J	M	Q	V	U	R	E	T	S	U	L

546

137

Q	E	X	B	V	W	I	Z	A	W	S	I
E	X	E	F	I	E	E	O	D	T	K	E
C	G	D	A	F	Y	C	Z	O	N	U	P
V	U	S	G	Y	K	W	T	P	N	W	H
R	A	A	N	M	V	N	Z	F	O	U	W
M	I	S	O	A	E	Y	U	Y	T	M	N
Z	W	G	S	T	W	R	G	U	N	H	H
L	V	N	T	A	U	W	T	V	Z	L	Z
K	W	O	F	B	B	S	H	O	N	A	I
T	H	J	M	E	I	L	A	M	O	S	T
T	Q	A	S	L	G	Y	E	B	N	U	H
H	S	M	U	E	N	K	D	K	H	A	M
O	E	A	N	G	O	N	I	M	G	H	M
V	F	R	F	M	L	D	A	K	Q	T	B
O	I	A	E	A	O	M	J	I	U	R	P
P	K	K	E	R	R	O	Y	M	G	Y	P
I	M	W	X	L	O	S	X	L	Q	N	U

138

D	N	S	C	I	M	A	N	Y	D	B	Y
Y	P	Y	C	A	T	A	L	Y	S	T	O
S	K	T	N	I	L	N	T	F	I	S	P
Z	C	N	O	I	T	C	E	V	N	O	C
U	Z	I	I	P	X	S	A	W	S	Z	S
Y	N	D	T	D	T	R	U	I	T	C	K
E	G	X	C	S	G	I	T	O	I	O	T
S	N	R	A	H	I	R	C	E	C	G	N
Y	Q	T	E	N	O	L	N	A	P	A	V
G	Q	A	R	N	O	C	L	V	L	M	T
U	W	T	N	O	E	T	R	A	K	M	K
J	N	O	I	T	P	R	O	S	B	A	B
X	K	M	A	Q	O	Y	A	R	S	R	X
J	F	S	H	J	T	H	A	L	P	A	N
Y	T	I	C	O	L	E	V	Y	O	Y	D
G	M	U	I	N	O	T	U	L	P	S	Y
V	I	W	A	T	T	S	V	N	U	J	R

139

Z	A	M	O	N	H	E	N	T	S	U	L
G	N	E	H	B	O	L	E	H	S	S	X
F	R	O	D	O	B	A	G	G	I	N	S
Z	B	X	J	R	B	V	M	X	M	E	M
H	P	L	D	M	I	L	O	E	J	V	N
P	E	E	T	O	T	U	R	O	H	A	N
G	I	I	E	O	Y	G	D	F	W	H	W
S	P	R	X	D	A	R	O	O	E	Y	F
M	H	D	Y	T	S	O	R	Q	K	E	Z
X	E	A	S	N	H	M	T	E	R	R	Y
L	F	L	D	U	T	R	L	N	M	G	H
L	O	A	U	O	I	J	E	E	X	C	H
D	U	G	N	M	W	D	C	K	H	U	I
K	W	G	A	H	O	F	U	S	O	W	P
Y	U	R	Z	E	S	K	A	R	Y	C	J
E	A	L	H	A	M	L	N	X	L	O	F
F	I	T	T	Z	N	S	V	B	G	C	T

140

R	D	I	R	J	B	G	B	I	M	T	C
I	O	T	R	E	T	R	A	U	Q	H	S
H	U	T	Q	X	H	A	L	F	N	I	R
T	F	I	A	O	E	T	C	H	X	R	Q
N	C	F	M	N	I	G	O	T	L	D	Y
E	O	M	G	P	I	Z	H	E	R	E	U
V	M	I	L	W	R	M	U	I	G	H	D
E	M	E	T	I	U	O	O	T	U	F	C
L	O	P	W	C	S	G	P	N	N	I	F
E	N	G	T	V	A	N	D	E	E	E	J
S	H	T	S	B	T	R	L	W	R	D	B
S	I	M	P	L	E	A	F	T	F	E	H
D	S	C	N	D	M	T	O	V	I	S	J
Q	U	O	T	I	E	N	T	G	F	Q	M
K	V	H	C	A	N	D	H	F	T	I	K
S	S	E	V	E	N	T	H	Q	H	Q	E
G	D	T	W	P	H	A	H	T	N	E	T

141

J	F	C	S	M	B	L	Y	J	V	G	Z
S	D	L	O	S	R	L	B	A	T	H	S
Q	M	I	O	L	N	T	P	Z	A	U	P
M	A	G	M	R	O	P	G	T	I	M	B
S	R	R	O	H	I	S	E	N	E	C	A
U	C	I	T	A	R	A	S	E	A	C	V
X	U	V	N	I	U	E	N	E	S	D	A
H	S	W	Z	H	T	N	M	U	U	N	E
T	A	D	W	C	N	U	M	U	S	M	B
Y	U	Z	O	F	E	B	S	U	S	L	V
E	R	A	M	H	C	I	I	U	A	H	Z
S	E	N	A	T	O	R	E	N	R	I	N
G	L	A	D	I	A	T	O	R	C	P	Q
X	I	M	M	N	O	I	G	E	L	W	W
Y	U	R	E	P	U	B	L	I	C	E	F
Y	S	D	B	Z	A	I	N	W	T	L	F
D	Q	P	E	S	B	Y	P	W	I	R	L

142

W	F	E	R	X	P	Z	M	E	A	Q	B
F	A	A	K	L	A	H	C	Z	S	Q	W
J	W	H	G	T	N	I	L	F	R	I	E
L	Z	A	A	D	M	T	S	E	I	I	T
C	N	R	M	U	S	P	Y	G	K	O	I
S	O	W	P	S	O	I	D	O	P	N	N
D	K	A	I	N	W	N	F	B	G	S	A
Z	G	E	L	B	R	A	M	S	E	H	R
M	N	T	Q	R	E	T	S	I	N	A	G
G	G	I	R	U	T	S	D	D	O	L	M
M	U	M	A	L	A	C	H	I	T	E	I
J	N	O	P	H	L	R	Q	A	S	V	W
A	E	L	S	D	S	E	T	N	E	K	G
B	I	O	D	G	K	P	W	Z	M	N	L
P	B	D	L	G	S	S	C	H	I	S	T
Z	B	K	E	J	B	A	S	A	L	T	P
V	M	P	F	U	P	J	V	Z	U	X	E

143

L	H	F	D	M	B	P	F	O	P	E	Z
X	B	R	N	Q	M	X	H	Y	H	A	Q
R	E	S	O	L	U	T	E	M	G	N	A
A	G	F	M	T	N	A	M	A	D	A	F
N	N	N	A	C	F	D	W	L	E	Z	J
T	H	D	I	P	E	R	T	N	I	N	X
Z	M	A	D	D	E	R	O	M	R	A	A
I	B	U	R	E	L	B	I	C	R	O	F
S	B	X	V	D	I	E	D	G	P	N	S
O	W	A	A	G	N	U	I	E	I	T	D
S	R	O	G	N	G	E	B	Y	O	D	M
B	Y	T	N	I	L	F	S	U	N	E	H
S	N	R	O	B	B	U	T	S	D	U	O
O	M	O	A	V	I	W	E	G	A	Y	X
L	Y	R	S	X	Q	S	E	D	J	K	B
I	U	U	I	P	H	H	L	E	V	A	I
D	Y	Z	T	F	Z	V	Y	K	C	O	R

144

Z	J	O	R	C	H	I	D	E	Z	G	A
M	O	L	O	Z	Y	C	R	Y	W	O	N
N	O	A	T	H	S	T	Z	P	D	F	N
W	E	E	A	C	M	M	I	D	L	Z	P
B	X	D	L	H	X	U	M	S	A	B	J
B	O	S	L	Q	I	E	M	R	E	J	U
O	W	C	I	O	N	Z	T	I	M	B	G
E	R	O	C	T	I	S	B	H	T	P	O
E	Q	M	S	I	E	P	E	D	A	P	Z
U	S	N	O	H	D	U	D	R	O	O	
L	B	I	C	L	H	E	F	A	H	V	N
N	A	R	W	B	U	T	N	W	S	C	E
S	O	V	E	R	S	T	A	T	E	D	O
N	S	U	O	R	E	N	O	U	A	J	C
D	Y	J	U	W	S	H	E	O	T	L	H
X	V	F	J	Z	G	M	T	G	E	A	E
M	N	A	G	R	O	P	P	O	S	E	R

145

H	N	U	P	L	J	O	R	Q	B	Y	K
O	X	X	L	H	L	J	G	A	J	B	V
H	F	Q	P	L	S	A	G	H	L	G	H
S	L	I	I	Q	A	A	B	O	I	U	P
A	L	B	V	A	T	B	C	E	L	R	J
U	A	J	R	E	I	N	T	U	S	F	Y
Q	B	E	L	X	S	T	D	F	E	A	E
S	T	L	L	L	A	B	T	O	O	F	B
Y	E	N	E	T	B	A	L	L	U	S	S
S	K	E	U	Q	N	A	T	E	P	E	C
O	S	S	W	Y	C	V	S	F	L	P	R
C	A	Y	E	R	E	I	C	T	X	E	I
C	B	S	O	L	N	K	T	O	Z	L	C
E	M	S	L	N	U	I	C	Y	O	O	K
R	S	H	E	W	K	O	U	O	L	T	E
E	C	T	U	S	O	J	B	E	H	A	T
W	J	M	A	N	I	B	V	N	L	O	R

146

J	C	F	I	Y	M	B	R	E	A	K	S
H	W	O	L	S	W	I	N	G	Z	Z	P
L	J	L	L	P	D	O	X	Z	V	Q	Y
Y	A	C	I	L	E	V	I	R	D	H	H
U	S	H	W	C	E	T	Q	S	O	G	O
S	N	E	E	Z	E	C	N	T	U	B	I
E	Y	E	Y	E	A	T	T	A	C	K	R
T	R	E	R	E	R	J	L	R	L	E	D
K	L	A	C	E	W	U	Z	E	H	L	I
P	S	N	P	H	C	C	S	T	M	D	D
U	A	I	V	E	B	I	A	N	H	D	B
D	W	R	R	E	R	G	T	R	I	U	G
F	Q	W	J	F	R	P	E	E	R	H	V
I	D	U	Y	T	V	I	W	V	J	Y	T
Q	M	I	G	T	U	H	F	B	R	T	D
P	Q	C	G	E	Y	T	E	Y	I	E	A
N	Y	E	R	E	P	M	I	H	W	R	S

147

N	N	D	X	B	Y	S	J	V	M	Z	T
R	O	P	O	X	C	W	B	C	F	T	T
G	E	R	A	O	K	G	V	T	Z	S	C
D	T	E	T	R	U	S	E	R	O	L	F
G	Y	I	Z	H	A	N	D	U	Z	L	A
J	A	F	Z	R	C	M	T	U	A	L	D
J	N	A	I	N	E	H	R	R	Y	T	N
U	L	A	K	D	C	D	A	A	Z	G	A
S	A	M	Y	H	C	A	I	N	M	R	B
R	C	U	I	W	A	E	S	U	N	E	V
L	C	N	J	M	E	G	A	V	Z	E	Z
L	A	D	S	T	N	E	R	A	B	N	L
O	D	S	U	L	U	A	G	B	V	L	A
H	I	E	C	I	T	N	A	L	T	A	G
L	V	N	C	T	P	X	S	X	E	N	J
H	E	W	L	Z	E	H	S	W	B	D	N
I	N	D	I	A	N	R	O	I	K	B	N

148

F	F	V	D	E	M	M	I	R	T	Y	B
Z	A	X	P	H	H	A	M	M	E	R	A
H	D	G	E	I	R	E	T	E	M	M	A
R	O	Y	R	D	Z	L	C	E	M	R	F
D	E	G	S	T	D	R	N	L	U	I	I
H	E	M	I	E	E	I	E	H	L	R	L
H	L	M	M	M	S	J	M	M	P	E	U
X	R	N	M	A	I	N	O	M	M	A	H
E	G	O	O	I	R	M	E	M	E	A	P
Q	C	H	N	M	R	G	I	M	A	S	Y
J	S	N	E	D	M	N	O	A	M	H	T
S	F	L	F	C	G	A	F	R	J	I	B
U	S	A	R	Z	Q	X	G	L	P	M	M
M	A	M	M	A	N	K	J	K	R	M	F
M	I	M	D	N	A	M	M	O	C	Y	E
E	T	A	D	O	M	M	O	C	C	A	X
R	U	M	N	S	W	T	V	H	O	Z	B

549

149

```
Q Z O M H C T A R C S L
R I S H S Q U E L C H W
M Y Y N C B R A Y H E O
T E E W T E T W U L R Y
A B P S U N H H E P E K
H H L M T A A E U T V S
G O V A M W P A Z D E Z
O W L C C H S S J V R E
C L I K W I C G N A B P
H H I K B S R S Z A E U
G C I R K T E G B A R L
P R N R X L E W A S A J
Y A B U R E C N Z H T Q
T C Q R R U H K I B I M
U K K R G C P S F A O B
H K H W K C S W J B N S
L S V A C L A T T E R G
```

150

```
G L I E L C U N W F E C
S Y E K G R A V I T Y L
E C E L E C T R I C A L
R V E Y C V H C L N U O
U B I S R I K O T C H I
T M N T I B T I O P T E
A C O R C R M R L Y E Y
R P I O O A A X A Z P C
E O S N T T O L Q P O N
P L R T M I Z I O N C E
M A E K Y O P K D P S U
E R P D E N R U Q A O Q
T I S S A C T S G R E
K Z I Y U T I J S B Y R
U E D Q I D P W R G G F
H G N O I S S I F C N O
P E N D U L U M Q U A A
```

151

```
W R G S T C M R H W J W
R S P I Q S H E A R S R
K S P H M J N L Z O K G
Z K I A C L I P P E R S
N W E C N R E A W E O Q
C B A Y K N O T A C F V
E Q R Y H L E S M A H S
O I O K N O E R S R C E
E H T O B G L B W B T C
L T A J U X R E A D I A
C I T N N A C X S N P T
B S O V D I H A D A W E
Z D R A V S O K O T W U
O M W D R I P C O I D R
G L N A Y G P I W B B S
F A S R P G E P K P V M
H W R H S C R A P E R G
```

152

```
L Z Q S J R E D N E T K
H J F L E E C Y M N B K
C J E T U L O S E R R I
L O S T Z A M I L D H H
N K T X N X N S L H Z P
W Z A W R E P S I H W J
D D G K L D G U F B V J
Q K E L B A E L L A M F
V C T A Y H S A U Q S G
L U W H Y P N D O D X S
K D S R P D T Y U B N B
Y U O C H Z Q L S O A I
M P P W X U C I M L L H
A E L T N E G S O U I C
G U X U T Y G I O Y M L
M Q X K P L T H T Q B S
K I W Z V G S Y H S U C
```

153

```
A H D I Z U H S M V D A
I L N W C B J A U L L N
G W A S H I N G T O N A
R T L B M I S S O U R I
O N S O A O D O K I S D
E O I J K M G K C S R N
G M E S E H A W A I I I
N R D D N A L Y R A M Q
I E O A T O S E N N I M
M V H G U O C N P A C D
O W R N C D E S N Z H U
Y D F Q K W C O I I I A
W G L W Y J A R O W G Z
P U I O K L A H O M A O
N X R A K S A R B E N T
C K J J V D G S N H U Y
D K I F I J Y W A R L F
```

154

```
Z R J O D B E Q N O Z B
N H M K K E G H D R F G
A Y F U W E G O B K L S
P V S L S C R E S T E D
Q T L T Y H Z M I C H L
O J T O I A R G H C S O
C P W I V N G O F B A M
T Z T T W T K A O E K M
W E E D I E X I H R M P
D N K Q A R L N O I A N
G A A G Y E B B T R C K
L M T R N L B W D O N C
B S I J O L O V O O W A
I N I L L E B A T R O P
G O H D E C E I V E R W
H I S T U M S D D M B L
C L O O T S D A O T T N
```

155

```
V C G I W O K Y U S H U
M N N H D V T A I W A N
U C A O G V C L E H W D
O D M N Q I E X L Z A K
H O I G T S B J L D I E
K K D K B U O O I A I S
U F D O Z U C N V G K L
V R S N G P I K L Y D N
K A N G A R O O E I K K
V S L C T L F S M T J R
N E W F O U N D L A N D
Y R Z K H X P E N A N G
R H O D E S S M E I Q L
B O F U F S A I W R P L
H U G E M Y H X C F G S
E F I R E N E T F A F X
Y F G N I W Z S Y X F U
```

156

```
E N A W D A Y Q P C Q R
H R X I S E T A L P W C
O R A N G E J U I C E U
J V E E G C I W M K R T
Z E S E E H C Z V T C L
W P E C D F R H H O S E
D V V U E K F A D M K R
U M I T L C M O W A R Y
Q I L T I R V W C T O U
U X O E O K M T W O C H
H N D L B S I O U E H Z
S A L A D U A F E S F M
T S L N R D J N P X W X
G F L F A G K S A L F Y
I I S E H C I W D N A S
B C R B S R R E P M A H
J B H E C K I A D E Z B
```

157

U	J	N	A	Q	V	W	R	X	R	N	H
O	S	E	I	Z	N	O	H	C	F	R	O
S	H	E	R	M	A	N	R	H	G	K	R
N	Z	R	P	C	E	U	N	L	R	A	R
Q	C	G	Y	V	A	M	O	B	I	W	J
Z	R	P	I	C	H	D	T	P	U	C	U
W	S	S	H	A	W	S	L	L	R	U	H
B	L	A	W	E	R	S	E	O	Z	H	H
D	N	H	F	E	E	I	G	L	G	I	X
K	W	O	T	F	D	V	S	H	G	C	J
I	C	A	S	T	L	E	B	X	E	O	D
X	W	L	M	N	A	E	A	O	J	Y	F
F	L	E	H	M	H	B	C	A	S	W	P
Z	U	D	N	O	M	O	L	K	I	F	K
D	M	G	R	R	H	G	J	X	K	E	B
Y	H	Z	Q	E	B	Z	N	C	C	D	U
P	M	Q	N	F	Y	H	W	U	T	L	E

158

B	U	F	N	X	O	G	X	D	E	B	N
P	U	G	V	X	G	H	A	L	L	J	U
U	G	O	R	S	E	E	E	U	Z	D	C
X	F	P	V	K	N	G	F	H	Z	Q	W
B	F	H	P	G	E	P	R	T	U	E	L
E	P	E	N	O	T	S	M	E	G	G	W
U	R	R	D	I	I	N	P	A	A	B	G
Q	W	U	H	W	C	O	B	M	N	T	X
R	P	M	T	V	C	L	B	Y	N	C	K
A	D	K	W	S	E	L	H	K	E	C	X
T	U	N	O	W	E	A	G	J	T	N	W
I	L	R	A	B	V	G	N	W	X	N	V
U	Y	J	E	L	G	G	I	G	R	Z	M
G	I	N	G	E	R	L	Y	B	H	S	G
X	W	O	J	A	M	A	A	V	B	X	J
N	Z	O	S	X	N	J	G	R	Y	O	R
L	C	S	S	W	S	B	K	I	E	D	N

159

J	B	N	N	N	N	J	C	S	P	F	A
D	R	A	C	D	E	R	P	O	A	D	K
S	R	C	N	K	M	M	S	L	A	O	G
U	G	E	U	N	S	S	D	W	O	R	C
G	Z	B	S	S	E	V	R	A	C	S	D
R	A	Y	I	S	N	R	F	B	V	L	C
E	K	W	S	E	I	T	L	A	N	E	P
G	Y	I	I	H	L	N	A	F	S	G	C
A	O	D	N	U	O	R	G	O	H	E	W
N	F	Q	G	R	P	O	S	R	O	S	Y
A	F	R	I	L	G	Q	R	M	O	E	C
M	S	G	N	I	L	K	C	A	T	O	A
O	I	O	G	P	S	J	P	T	I	N	M
S	D	U	C	H	A	N	T	I	N	G	Q
J	E	R	F	S	K	Y	U	O	G	R	J
X	G	V	Z	E	N	J	R	N	V	F	B
R	Q	X	X	W	F	C	F	R	K	V	J

160

Y	I	X	U	J	A	M	E	D	B	G	A
C	O	N	T	R	I	B	U	T	I	O	N
G	E	S	C	Y	D	V	T	U	A	B	T
S	U	H	N	O	I	T	C	U	D	E	D
T	N	C	J	O	M	B	D	Q	N	N	X
U	E	U	E	A	I	E	X	O	F	E	Q
T	V	E	U	R	R	T	T	G	T	F	Q
R	E	C	O	R	D	S	P	A	Y	I	G
I	R	N	E	L	E	N	U	M	X	T	X
C	D	F	O	R	O	Y	O	R	E	S	A
E	E	P	E	I	A	T	U	K	F	X	T
D	D	T	S	S	S	L	C	C	D	E	E
G	N	N	S	S	M	A	C	Q	H	F	T
I	E	U	C	Q	R	N	V	E	M	I	A
P	M	P	F	B	O	E	F	E	D	L	T
T	A	X	H	E	F	P	I	U	Z	E	S
B	K	J	J	O	R	I	A	R	W	K	P

552

161

P	N	E	D	K	V	Z	J	V	R	T	T
L	O	D	R	A	F	G	K	C	P	S	O
K	Q	Y	E	S	T	E	R	D	A	Y	P
P	Q	A	T	H	E	E	V	L	M	V	U
L	D	I	S	W	B	N	L	C	U	P	B
T	V	S	A	M	T	N	T	I	O	T	D
Q	F	W	E	U	F	S	H	E	N	B	O
S	H	V	T	U	W	O	U	E	N	E	I
H	O	C	T	O	B	E	R	C	K	C	R
N	U	U	W	P	R	R	S	R	A	T	E
X	R	L	J	V	U	P	D	N	L	F	P
E	T	A	Y	C	E	L	A	T	T	E	R
C	T	O	A	E	B	M	Y	C	H	H	T
A	Z	U	D	H	L	G	G	X	E	T	C
B	Y	C	N	A	K	H	M	F	F	F	F
Q	K	O	U	I	Y	P	E	W	P	U	I
S	W	U	S	V	M	Z	K	T	F	Y	G

162

B	H	J	T	A	F	F	E	T	A	S	J
O	W	A	F	F	U	G	T	C	Q	Z	E
M	J	G	N	I	F	F	A	H	C	X	K
A	Q	U	N	D	L	Z	C	U	J	S	L
L	F	X	J	I	C	T	O	A	D	L	M
O	F	F	W	U	F	U	F	I	U	U	Q
S	I	E	L	B	A	F	F	E	N	I	U
S	T	M	O	U	A	F	U	F	B	I	A
J	S	I	Z	F	E	Y	S	P	S	H	F
T	A	V	F	R	F	N	E	A	M	X	F
L	M	R	E	F	F	E	C	T	I	V	E
L	D	N	U	L	N	R	N	E	D	B	D
H	C	R	A	F	F	E	E	S	R	I	I
E	C	K	F	Z	F	F	S	F	I	K	A
S	O	N	T	E	O	L	A	S	F	V	T
L	B	N	C	E	L	V	E	W	F	U	E
M	K	M	S	B	T	Y	A	J	N	I	B

163

P	S	E	I	D	N	A	C	X	A	K	C
K	W	Q	X	V	D	S	P	M	G	S	A
C	E	Q	S	E	O	T	A	T	O	P	K
O	E	X	P	E	A	N	U	T	S	E	E
O	T	X	D	A	I	S	Z	I	T	G	S
K	S	G	N	I	L	P	M	U	D	X	E
I	X	E	V	I	N	I	K	U	O	R	L
E	O	P	T	H	C	H	F	R	F	F	F
S	I	Q	R	A	L	C	O	H	O	L	F
U	T	S	G	M	L	D	P	C	V	P	A
Q	R	A	C	B	T	O	F	F	E	E	W
D	E	U	R	U	L	L	C	G	K	U	R
P	A	S	T	R	I	E	S	O	Y	T	A
S	C	A	I	G	H	T	T	S	H	B	V
X	L	G	V	E	S	P	S	I	R	C	G
X	E	E	T	R	A	G	U	S	X	M	M
V	B	S	Q	S	G	O	D	T	O	H	J

164

B	C	T	P	H	H	M	B	S	H	B	G
U	S	C	H	U	M	A	C	H	E	R	R
F	E	P	Q	H	E	H	B	R	V	E	W
K	G	P	B	Z	E	B	B	X	U	F	L
I	C	M	N	C	L	A	R	K	E	T	A
T	T	Z	K	A	M	R	I	J	N	K	L
S	B	T	G	C	D	B	C	U	E	L	Q
O	E	D	E	M	L	U	H	I	L	L	M
R	H	F	A	R	I	N	A	E	L	J	J
P	Z	U	O	E	D	E	S	L	I	M	U
T	O	M	O	X	R	N	F	E	V	X	B
U	R	D	S	F	A	I	A	N	N	E	S
I	G	A	G	M	G	K	N	O	K	O	Z
Q	F	V	W	B	Q	K	G	D	R	K	J
V	N	I	Q	E	N	A	I	J	T	P	J
N	J	H	A	W	T	H	O	R	N	T	X
K	M	L	G	D	S	S	V	Z	M	N	G

165

U	J	E	K	O	R	T	S	K	F	H	X
X	T	Q	C	T	O	W	E	L	L	F	E
C	B	H	T	R	I	A	O	I	S	C	O
V	D	T	X	M	O	V	F	U	E	J	X
A	C	X	M	O	B	E	B	P	M	F	L
M	V	I	M	T	G	M	E	A	U	V	F
G	N	X	C	U	E	A	N	D	L	N	V
G	P	H	A	R	R	K	I	D	F	S	I
X	N	R	G	P	F	E	R	L	B	E	C
C	D	E	L	T	O	R	O	I	P	L	Y
B	K	U	U	T	O	A	L	N	S	G	F
R	G	B	N	L	T	B	H	G	H	G	U
S	E	L	C	I	B	U	C	N	J	O	M
S	G	T	N	B	A	T	H	I	N	G	V
D	P	G	A	N	T	R	O	V	A	Q	O
I	A	Y	X	W	H	F	D	I	P	S	W
W	X	T	S	Z	J	J	C	D	W	S	O

166

O	W	P	A	O	N	H	Y	W	Q	H	J
Y	J	N	R	J	L	Y	L	B	S	X	J
L	D	F	C	O	M	I	Y	V	K	T	K
Q	O	K	C	Z	M	W	E	I	D	L	Y
K	M	F	Z	L	C	P	S	A	C	L	W
I	N	S	T	I	G	A	T	E	L	U	K
C	Y	Z	D	N	N	H	I	A	L	Q	N
K	U	G	C	C	O	D	R	A	U	P	T
H	L	M	A	E	D	A	U	S	R	E	P
L	R	S	J	N	P	V	P	C	G	N	X
P	Q	M	O	T	I	V	A	T	E	L	A
P	I	L	L	I	F	M	W	M	H	I	V
X	R	N	E	V	E	K	A	H	S	V	S
L	W	J	P	E	N	L	K	T	C	E	O
G	H	G	M	U	F	X	E	R	E	N	K
Q	S	T	I	N	G	Y	N	U	U	H	K
O	F	W	I	W	E	L	K	O	W	Z	W

167

M	S	S	A	T	E	E	N	O	L	Y	N
U	A	R	O	G	N	A	I	S	S	E	H
S	E	E	R	S	U	C	K	E	R	P	O
L	B	C	Z	G	T	A	S	T	F	Q	Z
I	Z	R	Y	I	V	R	K	W	F	N	L
N	X	N	O	T	T	O	C	X	I	L	P
M	R	Z	X	C	K	H	U	B	Y	L	J
G	M	I	U	F	A	V	B	N	A	M	P
D	K	S	A	M	A	D	L	C	X	R	A
M	Z	Q	O	H	S	O	E	G	F	C	W
O	D	I	L	F	O	L	A	P	O	L	Z
Y	S	T	U	W	L	M	T	L	D	E	S
D	P	R	G	I	N	G	H	A	M	U	A
Q	Y	E	N	I	M	R	E	I	E	K	B
V	O	G	L	J	U	Z	R	D	C	Y	K
Y	R	X	B	D	D	A	E	T	A	T	N
H	V	G	N	I	L	E	W	O	T	J	L

168

R	E	C	O	G	N	I	Z	A	B	L	E
E	J	U	S	T	I	F	I	A	B	L	E
L	L	W	Q	J	Y	T	C	V	B	R	L
B	H	B	N	Z	E	L	B	A	N	E	B
A	E	G	A	I	A	J	N	F	F	Y	A
T	L	X	T	D	M	O	S	F	T	S	S
U	B	K	J	H	I	M	Z	O	E	J	O
M	A	C	W	T	C	O	L	R	W	P	P
M	T	L	S	L	A	R	V	D	E	E	S
I	I	E	E	L	B	A	F	A	L	L	I
X	U	A	L	A	L	M	C	B	B	B	D
Q	S	N	B	B	E	E	A	L	A	A	G
K	T	A	A	F	A	H	E	E	Y	I	V
J	J	B	U	B	G	S	C	Q	A	T	N
Y	F	L	L	U	W	R	U	Z	P	A	E
H	R	E	A	D	A	B	L	E	E	S	A
C	B	L	V	F	E	L	B	A	R	A	P

169

```
D N U O H F L O W Q K L
I M T I Q H U G E G U L
N M O C N A I T A S L A
G G O D P E E H S M U E
O D R E R S H U A H B Z
D N D E N A D T A E R G
N U N C Y I N U Q E P D
U O U A N H H R I H N L
O H O S I I O R E U X B
H E H V H N R U O B O V
R M D C L E A H N R T Q
E I O Q T P E R Z D E S
E L O L S R W O E D L O
D A L M A T I A N M D S
E U B H P A P I L L O N
B R E T R I E V E R O P
R E G N I R P S M Y P H
```

170

```
K J J N X C T I Y L C W
B L J I E H E U Q J S M
Y G O S L I N G L C U K
G T H Y Q C M T U I L M
B Y L X G K P S E V P W
C K U G I G T P A R H I
A E L P P A E N I P U U
O P L I R Y A M U B R J
Y U I D D N R C H K A R
Q L T L A O R A M K N U
I W E B S E F I N O S F
L E V E T W S F L A U L
C U U T C A O E A O C U
Z B U I N Y M C E D O S
H B T D E O E O C H R E
M N Q W N A J R V I C N
R E H C O L I N I F N N
```

171

```
Q T A I L L O R V C X P
B R Q Y P C E X D R J G
F O S I D Y C F Y A B N
U A B P A I G H E W O A
S T R L I V C A S I N O
Y B P B A N K E R N T K
A W Y R J C N J V N T K
Y F Q B Q O K I X I E W
T U G B L A N J N N S T
R Z T E V G P C A G T X
T E B U T A R A C C A B
F R Q E L O S S E S K E
E O T Y U X P G I P E L
R U Z P W I D K P R E I
N G I K H G G G C E Q T
N E I C Q U A X H A J T
R X W E Q X E W V D J A
```

172

```
X X V I B J L G Y Z E M
T R E A T M E N T N E C
M M O I A B L I O R A F
T A B A S C O H G R F G
F M O I T Q P C T C N L
O X G Y E E T T Y S L R
P G N I L G N I T S E T
S R I E E Q A W S N A A
T W T S S E E T R E V G
G E S E S G L U I U Z G
V V A M R Q T I H E B E
S W O R R O M O T I T D
U X T U F T E D W C R I
B T E X T U R E I I A M
R Y P W O L L A T E N T
U E I U C Q R O Y Q C G
P U D H J J Y H P G Y E W
```

555

173

L	C	P	W	K	P	X	F	C	Y	S	L
U	S	H	A	L	H	L	E	M	K	H	U
F	Y	O	Z	I	U	J	A	C	L	A	F
D	B	U	R	F	N	S	R	U	S	M	S
N	C	E	Y	R	T	F	F	L	X	E	S
I	M	A	A	E	O	N	U	W	C	F	E
M	L	Q	R	U	R	W	L	L	H	U	R
P	L	F	Q	U	T	R	F	A	L	L	T
M	U	M	O	S	G	I	T	U	U	U	S
L	F	M	F	M	T	E	F	F	L	F	D
U	K	N	F	F	F	T	T	U	S	E	K
F	N	W	U	U	H	H	A	H	L	R	U
E	A	L	L	G	G	B	T	E	D	A	A
T	H	R	I	I	Z	A	V	X	S	C	J
A	T	L	R	D	R	E	A	D	F	U	L
F	E	F	L	U	F	T	E	R	G	E	R
D	L	U	F	E	E	L	G	B	G	B	J

174

Y	A	K	U	G	P	R	H	D	K	T	R
V	S	A	K	L	A	S	U	R	A	I	E
R	E	F	O	L	G	F	V	N	L	N	W
W	M	T	L	U	L	U	N	D	V	T	E
Q	E	Z	Z	T	I	H	O	B	U	U	R
X	L	L	Y	S	A	N	N	I	I	R	T
O	E	Y	I	U	C	O	E	L	O	A	H
B	S	W	S	A	C	U	L	L	L	N	E
A	T	E	R	F	I	D	E	Y	L	D	R
N	R	L	E	T	J	D	K	B	E	O	H
C	O	S	I	F	A	N	T	U	T	T	E
S	Y	R	N	A	X	I	R	D	O	L	I
W	E	S	M	D	M	I	A	D	A	E	N
G	N	F	V	A	D	O	J	X	F	X	G
W	S	M	R	I	G	O	L	E	T	T	O
G	S	K	C	E	Z	Z	O	W	Y	K	L
K	O	E	N	E	M	O	D	I	H	T	D

175

O	L	N	O	T	S	A	C	O	W	R	R
E	D	G	I	N	G	R	T	B	E	W	I
P	M	S	H	A	W	L	E	T	L	C	A
I	F	O	T	J	L	R	S	P	W	I	H
C	K	L	K	R	G	E	A	I	M	Q	O
O	C	Q	T	L	Y	W	G	L	F	U	M
T	E	Y	F	L	N	E	S	V	L	K	J
M	P	L	O	K	C	E	N	L	L	O	R
P	A	P	O	E	N	O	P	I	L	S	C
G	G	C	F	H	T	C	G	P	D	T	E
R	A	J	H	W	N	N	H	E	I	G	U
A	G	R	O	I	I	O	P	U	A	G	H
F	F	P	T	K	N	P	T	V	N	O	K
F	L	D	C	E	O	E	L	T	B	K	A
Y	Q	O	R	R	R	E	N	B	U	C	Y
P	T	Z	D	I	S	Y	Y	C	W	B	Q
S	C	A	S	H	M	E	R	E	O	W	V

176

A	Q	P	J	A	L	A	P	E	N	O	S
I	N	O	R	E	P	P	E	P	J	T	A
T	Y	C	R	A	X	B	I	S	U	S	U
K	O	U	H	B	W	N	A	F	E	U	S
D	U	M	T	O	E	N	F	C	I	R	A
H	I	N	A	A	V	E	S	L	O	C	G
T	M	C	P	T	D	I	W	E	M	N	E
L	M	P	E	C	O	T	E	N	O	I	F
K	L	X	R	D	N	S	U	S	Z	H	E
E	T	U	D	I	P	S	M	N	Z	T	E
W	S	E	V	I	L	O	K	C	A	L	B
T	E	D	C	Q	K	N	R	I	R	S	D
O	N	A	G	E	R	O	K	K	E	T	N
W	N	O	D	R	C	H	I	L	L	I	U
A	C	H	I	C	K	E	N	A	L	E	O
N	A	P	P	E	E	D	Q	D	A	Q	R
M	H	J	E	Z	D	U	F	W	K	T	G

```
Z H R D Z H E S T I A R
Y H C R E E T Z J K U K
Z Y D R H N Y T S X P Y
B G M S X E I T F L O V
A E S C U L A P I U S F
S I S O R E T E M E D J
I A Y O J S H E C S W E
M A I H Z H R P Y A T A
E R M E T I D O R H P A
H Q U G A I A T A O I K
T S P Z N O E N L V M Z
V F U R E M A L H T K T
S Y O N I T O H I X P O
G U T S O A A K S E Y E
U P M S Z R P C G L B X
M B N D I E C U E X A I
J S B E V Z T A S H X U
```

```
D D S V L Z U F P X B Y
P A B N D L V N L K V H
D E N E G A W S K L O V
W W U V V N C B D N J J
C O M G U D U A D O K S
K O K F E R R A R I J Q
C H E V R O L E T C Z S
T O B M A V T X G B X M
U N B R O E E I A N D T
B Q N E O R T I C R T P
T T F N B A A S A O O T
F Q R L V T Q F N U Y N
N W Z A U X L I L G O T
I T R H M A S E R A T I
E Z B L I S N B Y J A A
N L W F A K Y E S B V C
D W H N S U B A R U E Q
```

```
N I S A B Y C G W B I K
L L H N T B Z Z F S B E
T J O A E L C M L I S T
U S W I N B U Y D V H S
N L E L I D R E P U H A
V X R C B U T H T A B P
Y Z E L A M A O V F H H
F A D I C Y I I W T S T
Z N W P I Y N R S E U O
F E O P Z G A B R Z L O
N E P E B A A R P O F T
Z R M R U Z A I P A R O
R C U S O A P D I S H I
Y S C I T E M S O C W L
H B L D S B E B H N L E
S H A V I N G F O A M T
Q S T B F T J H X K G J
```

```
M L T T O B F G G O E B
F Z X K U S N A N P Z O
J A I V O R N O M T O G
T P Y G K K I X B E S O
S A A I I C U O O S C T
E L U L N T O N Q H I A
P H Y U G Q W L A P P L
A G S T S O L S O L Y R
D A M S T E R D A M I G
U B R E O L X G T N B M
B O E P N A I R O B I O
D R S A B C I A A L Y D
F O R D U O K B U W W Y
N N J G R A M A N A M Y
U E E B H Q N T X G I L
F T U D C D C C E F U U
T N G Y A E D N U O A Y
```

181

S	H	A	R	E	S	L	M	C	X	O	R
H	N	N	E	S	A	V	I	N	G	S	X
D	C	O	M	T	S	E	R	E	T	N	I
V	S	N	I	A	P	T	B	O	S	I	B
S	P	P	N	T	E	D	E	B	T	O	R
J	A	Z	D	E	C	R	B	S	K	U	E
C	N	N	E	M	U	A	F	P	S	U	E
H	H	L	R	E	L	C	S	X	U	A	T
E	F	C	P	N	A	T	Z	N	M	F	S
C	C	B	X	T	T	I	R	S	A	P	U
K	W	U	Y	T	I	D	Y	R	R	R	R
E	Z	D	R	I	N	E	D	N	K	E	T
A	M	G	E	R	G	R	T	G	E	M	Q
C	B	E	G	W	E	C	D	Z	T	I	C
I	G	T	R	V	F	N	W	T	T	U	C
A	C	C	O	U	N	T	C	Z	J	M	V
L	S	G	F	X	D	I	W	Y	E	S	X

182

Q	Q	D	U	N	I	A	T	N	A	L	P
X	G	R	A	P	E	F	R	U	I	T	K
B	D	I	R	E	C	P	Y	T	G	B	N
F	B	E	H	H	I	O	O	C	O	T	H
B	Z	D	U	C	R	T	G	U	A	E	Y
E	X	F	B	I	D	A	U	T	A	I	D
N	A	R	A	U	L	T	R	L	U	N	M
V	A	U	R	Q	I	O	T	E	U	C	R
O	I	I	B	U	W	H	C	T	Z	E	W
A	A	T	R	E	Y	W	R	C	W	L	V
T	Y	Z	A	A	R	I	Z	C	O	E	D
M	Q	F	H	M	T	G	C	Y	B	R	U
E	C	L	I	I	I	E	I	S	Y	I	B
A	R	E	O	S	C	N	G	N	Q	A	Z
L	E	N	T	I	L	S	S	E	E	C	V
U	P	Z	J	X	D	A	Q	X	V	R	J
W	E	B	B	R	O	U	S	A	Y	T	J

183

S	H	T	N	O	M	E	N	I	N	G	O
F	T	X	Y	A	A	C	W	A	R	Y	V
Y	T	I	N	R	E	T	A	M	C	Y	Q
S	N	I	Y	Y	E	R	T	N	X	S	F
N	N	Q	S	N	O	V	A	L	J	Z	I
E	E	G	X	T	V	N	I	S	Q	K	R
U	W	F	I	L	G	F	W	L	E	O	S
P	B	N	H	E	A	R	T	B	E	A	T
J	O	Y	R	V	M	R	P	R	S	D	C
M	R	P	M	S	S	X	U	F	O	D	R
L	N	S	L	J	X	T	S	D	K	R	Y
D	Z	L	A	G	A	T	H	G	I	E	W
B	O	M	Y	M	F	O	R	C	E	P	S
U	I	C	E	Y	M	I	D	W	I	F	E
V	R	R	T	A	K	X	T	O	H	R	L
T	P	A	T	O	K	C	Y	S	W	D	Q
P	U	C	E	H	R	O	B	A	L	L	A

184

Q	L	Z	W	E	D	T	J	X	B	R	A
V	E	S	U	V	I	U	S	Q	Y	D	L
W	S	E	D	N	J	W	S	B	O	W	A
X	N	L	A	S	S	E	N	P	E	A	K
H	E	K	L	A	U	I	A	L	O	I	T
W	L	K	I	W	O	L	C	Y	L	C	E
Y	E	G	A	S	A	H	A	I	L	J	H
N	H	X	N	O	I	L	M	E	U	A	S
B	T	Y	C	C	A	A	K	Q	R	A	U
P	S	B	H	N	N	O	I	E	O	M	A
F	T	O	I	J	K	L	W	H	J	B	P
M	N	D	A	I	E	A	M	I	L	O	C
Z	U	R	A	I	R	N	I	Q	J	Y	G
P	O	R	E	A	O	U	M	S	X	U	Z
O	M	X	T	A	M	A	J	A	S	U	F
V	O	S	T	R	O	M	B	O	L	I	B
N	T	P	Z	Z	P	W	Y	J	Q	A	Q

185

```
M W A C T Q E U P D J Q
V W D A M P N G W C Y H
L S R B D E H G N Y D D
C F Y E P F B X T N N B
I O J R F G F I T O U M
E I T N A I H C E N G D
G V I E D H O N G G R C
C M O T S Z B A U I U H
Y E B J E D R I O V B A
Q Z H K H N U N R U O M
H D H H C P T R N A B P
F G S E A O E O H S L A
A J F A N S H F P O A G
Z S R I E S L I N G N N
T L P R R W A L S A C E
V Z V A G Z M A F E L F
M E D E Z T Y C T P W U
```

186

```
T H Y S L L X S Y U N G
H N H T A S U P E R B O
T S E Y E L B A I L E R
S U O L L E V R A M P G
N O G O O D L K Y L M E
L L X L O V N L N A V O
G U E A S B E I G M D U
N B F H V V V N K I P S
I A S H O A I G E A R U
L F U L T F T X E B E O
L L P C I I C O F L C L
I P R C N E A C V E I E
R C E T L C R F L B O V
H N M L Z U T P F R U R
T C E E K U T I D R S A
G N I L T R A T S M X M
T Z X S U O I C A R G K
```

187

```
N G Q P N P L O A I V N
Z O X O U T I N G W M D
T H I S J W A K J B U A
P T Z T S I R U O T L U
Y R R C A E G A Y O V N
R O J A P K M F Q Z K S
E P E R V J R H M L I P
N S T D W E O A O Y H Z
E S F K E L L U B T I A
C A M P I N G L R M E N
S P I D G U I D E N E L
D Y A R E Q H K G R E C
T Y Y B P S Q W A I T Y
V A E E P O Y B G B K P
R B C A M E R A G E F Z
J S M C K G Z T U A J Q
W D Q H G N I K L A W U
```

188

```
S M M L E E C R N X F J
T U Z L E O X P H G T W
V A B M D F Z I L W R Z
N S S J B N Y D G T I F
S G C I D A A E A Y V C
B I W N K V R R Z G E Y
M Q Y Y I V B K B Z R X
I R K S A U N D E R S H
F S O I C T S B B R G P
R N S K C J M V B E W U
E H F S M A I L L I W A
N I X E C O R B E T T I
C L E E S E I R U A L B
H L R Z P S E K O I X I
P O C O M L I E U T E D
M Z O G G I V S K O T N
P C A P D D E U M V B X
```

189

H	U	E	X	M	V	A	M	N	L	S	Z
K	V	S	T	M	O	R	I	T	Z	T	F
I	H	I	N	T	E	R	T	U	X	N	X
N	N	U	R	P	A	K	A	L	T	U	I
O	A	O	S	S	O	V	A	D	U	X	N
T	M	L	Y	S	O	L	D	E	N	Z	O
N	A	E	F	R	D	C	F	T	Q	P	M
A	N	K	I	T	Z	B	U	H	E	L	A
T	Q	A	S	R	E	T	S	O	L	K	H
S	Z	L	H	A	I	N	I	V	R	E	C
E	E	R	W	O	A	N	K	Y	D	O	E
E	R	Q	M	F	J	S	G	S	O	L	L
F	M	O	Z	B	P	T	F	E	Z	D	D
E	A	F	W	O	U	L	S	E	N	P	P
L	T	T	I	U	C	X	B	A	E	R	Q
D	T	I	Y	T	V	O	R	A	Y	B	J
D	W	Q	L	D	O	B	A	A	V	V	M

190

Q	L	Z	Y	B	F	S	F	X	L	W	Y
C	O	N	J	U	N	C	T	I	O	N	T
W	H	E	E	L	B	G	A	P	P	S	H
Y	D	Z	P	L	J	S	U	H	P	C	G
Q	X	N	C	O	L	G	R	G	O	A	T
V	H	E	I	E	C	L	U	V	S	W	U
J	L	O	Q	G	S	S	S	A	I	F	A
F	S	V	E	N	R	Z	O	N	T	P	J
X	E	E	V	N	G	I	S	R	I	A	U
T	Q	U	W	F	P	U	V	S	O	P	Y
R	S	K	T	R	A	H	C	U	N	H	T
S	L	X	O	P	E	E	S	N	R	Z	Y
X	A	C	V	R	S	H	S	E	O	U	N
A	S	Q	E	U	J	N	C	V	G	I	L
N	M	V	O	T	C	N	A	R	B	I	L
P	Y	H	E	O	A	C	Z	T	A	B	Z
A	Y	X	P	C	P	J	S	Q	W	M	N

191

Y	R	S	U	I	N	U	E	E	N	B	H
Z	Q	T	E	N	R	E	T	N	I	A	B
T	W	R	L	L	A	W	E	R	I	F	X
Z	T	N	E	O	I	T	C	R	D	C	B
N	U	Z	A	A	G	F	H	R	C	L	W
L	A	N	D	X	H	M	N	A	K	S	I
R	E	Z	A	W	O	S	O	P	D	E	N
X	C	X	N	N	K	C	L	A	M	V	D
P	N	O	I	T	A	V	O	N	N	I	O
X	X	T	M	P	Q	L	G	K	R	R	W
P	O	R	U	P	N	N	Y	E	E	D	S
R	R	J	Y	W	U	O	C	S	C	S	P
U	E	O	O	R	O	T	W	V	I	F	X
I	V	D	G	T	O	O	E	E	R	S	X
O	R	O	E	R	R	M	Z	R	X	V	B
G	E	T	Y	B	A	G	E	M	C	I	P
E	S	L	O	O	T	M	X	M	G	W	Q

192

J	S	E	C	X	F	D	F	L	I	Y	N
S	V	Z	F	A	U	R	E	L	F	R	A
C	I	N	A	T	I	T	A	O	S	A	K
M	Q	L	J	W	D	L	S	N	I	M	L
E	A	A	A	U	R	Y	F	R	C	N	F
G	A	R	K	R	O	Y	A	L	J	E	C
O	I	R	Y	Z	T	M	Y	R	U	E	U
L	N	E	K	R	A	S	Y	T	T	U	C
D	A	B	A	T	O	H	U	M	O	Q	S
E	T	N	N	B	I	S	M	A	R	C	K
N	I	A	Z	E	O	Q	E	Y	I	Q	T
H	S	C	L	A	W	D	Q	F	A	V	F
I	U	A	S	G	K	W	H	L	N	P	T
N	L	F	I	L	J	Z	E	O	A	G	J
D	U	E	R	E	B	U	S	W	O	A	H
N	O	R	M	A	N	D	I	E	X	D	V
H	V	Q	Z	V	M	W	N	R	S	J	R

193

```
H A L I B U T C H E R S
C A Z A A L W A T K T Z
Y R E T R I B U T I O N
R H K Y T G B L M B X M
E A H F F I L I A B C X
T M E I R T O F K U X A
F P G T H E O L E T K F
I L S R U L F O S Z K X
R I I E W B R W H S H T
D F G C Y F I E I Z S S
T Y Y Q H F Q R F U T G
Y R A T U B I R T N A Z
W L E F F I E R O N N M
S D P L S T F T R R O Q
J O C U T I T F O E M C
O R H U T U W I S W T S
R T B S B Q B U C H X X
```

194

```
R X B Z N N R X O B H E
S G M Z T A X P I G G R
B P U P D M W M I D O T
G L O Q O K J A U L Z R
M B U S P L B J I W O T
F G R O T I N A J T E T
S L L I I M T A C B E J
L C P R C R A O E E Z R
C E I R I K D N Y N G L
F I C E A M L R R G T T
L L K T N G A A C I S D
S I E S U T N S Y N I Y
L B U E E R I E O E T E
H A I R D R E S S E R B
E K C O O K A R T R A J
J E J F C M Y K M N U J
S R E W I E T S H B C H
```

195

```
Z Z S J S N A P R W W P
M P D Z Z T F O L H U P
K P I T C H E R I A R M
M B O F A B H A D L T E
Q C A T C H E R L L D E
G X E T S X S A W A L K
W G O O T T B O S B E I
S I N G L E R S U T I R
G V Y R S H R O C I F T
C Y M A T S D K H P T S
S C B N D X R S A S U H
H Y M D L E I F N I O F
D R V S T E O T G M U F
H J R L C C A Z E X Z E
X L L A B E V R U C D F
M S T M Z U U M P I R E
Q I N N I N G G F O Z C
```

196

```
S V A F L O D C O A L U
E V A W T A E H E U A M
T L Q X P B T L A K I G
A S E N I H S N U S N T
L G I C L F L U S H E D
U L O U T I S A J M G B
S O P X M R A W E K U L
N W A Z D E I R G G F A
I I S U Z S P C N E T N
Y N S J D I E E I E U K
T G I A L D N D T T O E
R Z O F F E E I A A Y T
E E N E X F R S P E I M
H O V K D A O E H D Q A
R E Q O A V R T E A S A
R V W V C L E A P R W B
V N V R Z V K I P I T P
```

197

```
D K N U C T J Z L K N R
D Q A F I P V C E V R N
S A J R S N A F S U R L
O O M O P G F R B H U H
L Q R C C A O P O C N M
I G X Y L T T D S S Z R
M R L O K K E H K B Y X
Y C N R T S Y E O T E L
V I S D O H W T O S Z E
A A O X O E A N H A E M
F N A C H I O S K N E N
T N I N W P J I S T O O
O Z S G C Y N O E O J S
Y Q A J E T Q R D R S O
P J M B H A C N O I V S
C F O O U S O R D N A A
A R S S V M T K R I L K
```

198

```
D C J C A M R S X P S Q
P F T Y D U N A Q U C O
M K U L I N E N E B M G
D N O M A I D N Z L W S
O G W C P T P O S M Q L
Y K S Y D A S A G A J A
N A Z R T L P Y N B R B
Y P D V L P A E R I E W
S O M S H G W R R C H Q
P T S I L V E R E Z T C
U T R L A Y M E D M A C
E E V K J B R O N Z E G
K R B X E U C O R A L V
N Y B W R R T I V R D P
A X A Z L T T J A I S I
E K Q D O D J E A E F L
R L A C E O P K P V B P
```

199

```
K X P M C Z K O W A T B
G K E Q L R D M L M H T
B A T E A X G U N H O J
Q I E Y T L A P U Z M E
X F R X H O G I S A A C
X A S E T A L I P B S U
M R T E H H A N N A H R
E M V S Z C U P B T E Q
K A Y I A R A A G H T U
V T B Z Q H N N T S N W
Y T O R B R P S N H W R
B H N K A I E A K E L L
B E P B C H N L I B S Z
Y W W E B K A O A A F X
K N J E S U S M A S C K
I X S M J O X E A H H R
S W H U H E J H E H S Z
```

200

```
L C A C T I I Q E A H Z
L O Q U I T E L O I V I
A B S G Y D L I W E H T
L W U B A N K W H E R E
G R O W S A G E T C D E
M G I N V S F N H R N O
R U C O K P Q I Y E B V
V U S K W I W T M M T E
W P U K D L I N E M H R
M W L I R X T A B U E C
S X H E E O H L L S C A
Y S T N A E S G O D O N
E T I E M R W E W I D O
W H W C D E E H S M D P
O G I S Q H E T O A I I
Q I V J R W T I R Q N E
E N I B D O O W H T G D
```

201

F	T	M	Z	L	W	O	R	R	K	R	D
J	H	E	J	S	S	D	I	P	A	R	S
M	Z	J	W	G	T	V	E	V	P	G	T
B	B	A	P	M	E	E	I	S	E	J	R
Z	M	P	I	R	O	N	P	P	E	S	A
P	K	K	W	Q	E	A	H	P	R	R	I
X	Q	Y	R	E	P	T	S	Q	E	C	T
R	F	W	E	P	M	N	Y	I	X	U	S
N	L	H	G	M	M	I	C	Q	S	R	O
M	L	E	T	P	C	A	N	Y	O	N	E
G	A	R	Y	T	L	T	P	L	A	I	N
Y	F	U	Y	G	B	N	R	H	R	S	W
T	R	S	T	O	U	U	H	S	H	A	X
R	E	S	E	R	V	O	I	R	X	B	H
B	T	I	F	F	H	M	L	A	O	S	H
E	A	F	Y	E	K	A	L	M	E	O	Y
G	W	Y	G	F	E	Y	P	Y	L	V	M

202

R	C	B	L	O	M	K	Z	W	E	A	X
S	O	M	H	Q	I	I	R	P	D	T	M
L	M	J	P	K	L	F	K	N	M	L	C
N	O	L	A	K	L	X	B	A	B	O	E
L	R	V	E	M	S	O	L	O	A	V	N
B	T	G	R	R	M	K	C	E	R	A	R
E	I	F	Q	C	O	L	L	U	R	R	O
T	M	M	K	V	A	T	A	I	Y	T	E
J	E	F	I	E	S	N	H	Q	M	C	O
E	R	C	A	I	N	S	D	L	O	L	H
M	H	P	W	S	U	N	L	Y	R	E	H
A	T	T	A	L	H	O	E	M	E	E	T
N	N	N	E	R	Y	A	D	D	U	S	T
E	K	B	G	D	R	V	N	I	Y	E	N
N	O	N	N	E	L	O	B	U	Q	I	O
J	L	L	H	S	U	R	T	E	E	S	C
E	N	Y	A	W	L	H	Q	T	T	J	M

203

R	O	E	U	R	E	A	J	U	I	V	F
L	P	S	K	P	B	P	O	S	L	N	J
P	O	H	E	X	I	R	U	T	F	T	Y
O	C	E	V	I	Z	S	C	A	N	I	A
D	J	R	K	M	D	Q	T	H	E	S	T
Y	N	P	V	T	R	A	F	I	C	N	K
R	F	A	B	M	X	T	E	A	A	A	V
O	D	T	L	I	Y	P	M	D	P	R	X
X	C	R	D	Y	B	M	O	K	S	T	S
K	C	O	M	M	E	R	J	Q	E	S	P
D	U	L	I	L	D	L	O	N	I	H	R
O	Z	A	L	O	F	P	M	N	B	O	M
D	U	C	A	T	O	A	N	H	K	G	T
G	S	S	Z	S	R	E	O	D	K	U	U
E	I	I	O	I	D	S	X	K	W	N	R
Z	C	W	K	R	T	F	F	P	G	Q	S
V	R	O	Z	B	I	E	R	T	I	V	I

204

S	I	Y	M	O	F	N	C	D	D	E	A
K	P	O	N	Y	J	U	F	D	E	N	Z
A	J	E	E	O	C	L	B	V	O	D	G
D	D	Q	R	J	T	S	T	S	I	L	Z
I	E	D	T	A	N	T	P	M	K	Y	F
D	T	M	H	T	Q	T	W	M	P	B	P
O	A	E	U	V	H	E	L	R	F	X	T
X	S	E	S	Y	H	O	Z	N	G	H	S
S	K	X	I	R	K	D	R	I	M	N	W
V	I	L	L	I	O	K	R	D	A	Y	G
C	G	D	E	G	E	F	J	O	N	G	O
Z	C	T	N	E	C	A	B	M	I	I	U
L	Z	M	I	A	Z	Z	Y	R	G	S	R
V	O	K	U	Y	N	R	F	E	A	V	R
F	O	M	Q	C	R	N	H	H	R	G	E
J	A	Q	A	F	G	A	A	M	M	F	I
A	U	C	T	E	V	U	H	Z	F	R	J

563

205

```
M E X C D E P P I H W B
H I P P O P O T A M U S
X B N O U P E P P E R E
L Z Y L J G P D M M E Z
T A G G P I Z E U D K G
B F R W N I E P R I R E
R L A E I I P L P A E V
Z H S Z A E P P P K P G
Y S S M T O E P G P P Z
U E H I V R L N I C I W
T T O Y P E I Q Z D Z R
J R P N O P N R P M E U
B E P H P P O F C P K B
F M E I P I P F P G R X
H N R J Y L F U Q Z X E
C T G R S S S Y G K F O
E N F N Y D A B A N J N
```

206

```
I H C Z V M Y G H S X S
T D G L E K F N N T M T
F N G F U P B V W T O S
E V I T C E T E D D T N
D N Y R E T S Y M O I H
K U D G P H W Q R D V N
R E D H E R R I N G E J
E S C I S N E R O F X D
D V R N N S S G U E L F
R Y P W E A P O N S P O
U B L O O D S T A I N Z
M N S O L V I N G U F P
L W U A Y I R V H G F A
X J I H U H C B E S L K
U R R J K T J E M I R C
T P E H S Y D O B D F W
O W S B E V F I Q B Z T
```

207

```
Y E T T E U Q N A L B O
J L P R I M A V E R A E
G H Q T A G U W N B A L
N S B O L O G N E S E R
A U P O I V R E D K U U
E S I A D N A L L O H E
B S A C Y M T M S P Q S
K Z O L W A I D T B P S
C C G R S T N E P N B A
A Y P E E A R R B A E H
L G Z B T I V A O W C C
B S I E Y B R E X M H Q
V P E A J B Z A R G A Z
X W K L E A U E M D M F
S I R C I R E P I R E P
G D U P A R S L E Y L S
Z E E S P A G N O L E X
```

208

```
S T O H S G I B P G P H
R S B I G G A M E S Y X
B I E G V M A S E D R I
I M Y N M P E Z D L O L
G A E Z I E H B E E E P
B G B J H S P I R E H H
A I I C D F U G A H T T
N B G Q K E C B E W G U
D I S S A M N R G G N O
B G P H I W O O I I A M
I D E Z B S O T B B B G
G I N A N T T H J G G I
M P D E T R A E H G I B
O P E C O F F R R L B B
N E R N E B G I B S R M
E R D N A H G I B U J W
Y Z B I G T I M E Z N W
```

209

P	T	E	E	I	F	G	Z	S	V	Z	H
A	J	N	O	R	B	E	R	T	M	J	Y
M	F	J	E	J	J	L	A	X	N	S	B
F	Q	I	Y	C	U	D	K	N	C	F	E
A	P	O	P	H	I	S	X	O	R	A	V
L	A	D	O	N	V	F	H	G	P	F	Q
K	D	D	C	R	S	T	E	A	Q	N	Y
O	E	W	A	W	E	L	L	L	X	I	F
R	U	Y	R	U	K	A	H	A	A	R	A
F	S	Z	D	P	L	G	G	C	Z	M	T
H	I	G	L	A	U	R	U	N	G	S	L
D	R	R	Y	A	I	A	I	A	K	I	T
V	G	T	M	A	U	D	A	N	N	Y	Q
E	E	S	U	A	H	T	A	C	S	W	G
O	Z	L	J	O	S	D	M	Y	Q	S	B
Q	E	P	G	V	U	G	Y	J	U	X	C
N	X	G	T	B	M	H	I	N	M	U	V

210

V	Y	I	K	A	M	H	S	A	Y	P	W
E	Y	S	T	O	O	B	M	U	G	A	U
S	A	M	A	J	A	P	Z	I	N	Y	O
T	N	Q	U	P	U	L	L	O	V	E	R
O	J	O	D	H	P	U	R	S	R	I	F
C	S	X	T	K	K	A	H	O	N	R	L
K	B	B	E	G	K	Z	F	I	A	X	O
I	O	L	F	K	N	A	K	C	C	V	G
N	W	O	B	C	N	I	S	S	E	R	D
G	L	U	S	I	B	D	L	R	T	B	S
S	E	S	P	W	A	E	D	L	S	S	U
I	R	O	X	E	I	R	Q	O	E	U	U
N	H	N	H	O	E	M	B	K	A	W	M
G	A	L	O	S	H	E	S	T	J	J	W
L	T	X	S	W	K	U	T	U	Z	W	D
E	U	M	H	N	M	R	O	F	I	N	U
T	C	A	S	R	E	N	I	A	R	T	D

211

I	N	D	Y	Y	B	X	H	E	P	M	C
M	O	Y	L	E	S	E	G	R	U	M	A
R	R	I	E	E	N	L	I	M	F	U	G
T	D	H	O	X	A	K	C	S	I	O	A
M	L	M	N	M	G	A	C	M	N	N	L
P	A	W	I	O	R	G	U	A	N	A	I
B	N	L	S	O	O	D	C	X	H	T	C
P	D	K	O	R	M	T	L	L	O	I	E
X	M	N	L	P	I	U	Y	C	R	S	N
U	B	A	J	O	O	U	D	A	S	U	O
Y	A	B	D	N	A	L	E	V	E	L	C
S	V	S	W	Y	D	L	S	C	K	J	E
M	E	T	P	M	A	Q	D	K	V	F	R
Q	V	R	X	B	D	X	A	O	I	T	I
G	R	U	B	N	E	D	L	O	Q	D	H
U	P	P	T	A	R	D	E	N	N	E	S
G	I	X	G	N	A	U	G	L	L	Z	E

212

K	R	Y	U	G	Y	B	X	G	D	H	Y
K	D	E	T	T	I	F	O	S	S	E	K
R	Q	N	V	J	E	F	B	S	N	J	B
I	E	M	H	I	G	H	F	O	R	C	E
M	X	I	D	A	R	I	H	L	Z	I	X
M	H	H	C	R	R	S	X	E	T	L	R
L	A	C	A	A	O	A	N	G	T	E	L
B	I	N	A	H	L	G	G	N	T	H	S
Z	R	A	S	B	T	G	I	A	U	S	L
E	O	I	V	A	L	G	W	T	I	D	L
G	T	D	D	T	U	E	Q	O	U	N	A
V	C	N	W	A	T	Z	M	Z	B	P	F
E	I	I	S	I	L	E	N	M	H	R	N
N	V	S	H	V	C	V	Z	A	U	S	I
I	U	W	E	E	M	P	E	R	O	R	W
H	C	A	B	N	E	H	C	I	E	R	T
R	Q	J	U	S	S	O	F	L	L	U	G

213

```
O J R T E S O L C D I G
N Y D O Z E A O H W E M
R G L P P D U H A R R E
E H I G H C H A I R I X
O D N T H A F O S M A J
X R H A M P T G E Z T N
V K A S Q I L B L X E G
J S L K R B O A O U R S
R O L C W R J M N V C R
E U S A D A K I G T E E
J E T R R E S P U T S N
H J A B E D S T E A D J
G W N A S Z O K E P C R
K F D C S T E N I B A C
L Q X I E X U E Q A I I
K I A R R H E B R S T N
P Y O B L L A T R F R G
```

214

```
W F M X B G M X M J G T
D N H L R C O W F C X S
E I U B D B I F G F M E
K G G I R Y V N E H V
N L O U A S P M K C T N
I O K N A S U O E N G I
S O I I G N I T E A W F
I A T T N L A G E L L I
N I R R A T I O N A L M
F C D U I L E G X B B P
O P R M L R O R N M D E
R Z I E J S E M N I V A
M T T R U P G L M A Z C
S N R M B F B K A I V H
I M P R O P E R B N X L
U Y D C R N D I C E D P
E A L D E H A S B U I U
```

215

```
Y F C W A N I S E E D K
A S R H I S H E R B E T
V A Z U O N K S N I I G
E N P Z I C E R K Z M C
W E J R D T O G A J A Q
C G F G A C D L U R L L
W H C F P L W R A M Z G
L S I O O N I M O T S E
Y O P K B T E N A P E L
S R L I I L T N E O S T
J E L L Y B A B I E S T
M C L D I P F E O N G I
Q I N F I P G I G O U R
J A N Z F D O V M U B B
C V R T U U K P E G M E
O A H F S A R J S A U L
M S W E H C G T T H T
```

216

```
D C D D X R Y U L E I A
F W N C N C U N S Q Q V
L A B R A D O R A X I W
Z A E L P D O L A C I O
L V B L M H U F T N I T
Q V S O E I I O N R A T
H A E T T L R I A G L A
L Y I L A I P T R W B W
N H T H A E N A H T E A
W F N K G O S A M D R P
N O U Q L S J U M H T L
O C O D R O A O W S A U
K E M I N U N A V U T X
U B V L Y T J D L Y T I
Y E L L O W K N I F E K
R U A N I G E R Z K R U
C Q M N D B J W M W E M
```

217

```
X Y S J X F Y U D Z A Q
T C A S B E R I N G Z N
S H T R O N A M A D N A
L U M K V L R E I O A I
Y E L L O W L B R E E N
K E N R R I P W U S B O
G E L O C B E E G B B I
M H M N T G P X I R I D
C I T A I R D A L A R F
T F N A R K O X B E A B
T M N R K E C F K S C K
J E A C N I C M U D K P
Z I U T F U J A P A N
V E Z I W R J L R E E U
A S C C O T I A V D E B
I A S H K B T Y I Q V H
P S Z P Z B Y L N N O E
```

218

```
M N P M G P X O P Z M A
E D V L U M L M X O A T
F S R L K L V R L E D S
J U I Y T J U Y W H I U
A Q E E H G M L V L S G
J T O B D P X K O C O U
L U L S I L O P A N N A
G I N A O J A C K S O N
P U N E N N E Y E H C H
H R A C A T F R A T J X
O E B I O U A R R Q J O
E V D V H L T E P N T C
N N O J E F N G I O H K
I E J I O T A T P T M Z
X D G R O K S E K S W U
Y H D N R U K F E O I D
Q O L S A A Y X L B W R
```

219

```
N Q M C S O E B M R K F
I S N E T I T T I H O S
N I P H G L N T N N V W
X F Y W A Y U C O A U P
H S E N F D P N A E P R
F Z U A F I J T N A K Y
H D O M S A C A I T B T
N P H O E N I C I A N G
H A Z R R R M H B B N Z
N R I M Y P I Y C A A X
S A E S C B L A E S M Y
G M S S R O C D N S O B
C A C I N E L L E H T C
L E Z I J A P W H R T N
J A A T H Y Y M V P O F
L N J C E S H A N G G S
U E F G X C K P M L Y R
```

220

```
E N A L P R I A M W V A
H U T Y E E Y T F D I Q
T V C R O F T B O Z Y J
R Y O A U I I A R U F R
A O R S E C L T O L R E
I K I R Y B K W J B E L
L A S C O A L J U N I C
R H L T H L W K A B G Y
O E O I A L J L I I H C
A M O G M O P J I Y T R
D W P S H O B M D A E O
S T T O R N U R T T R T
Y R R E F Y O S O Q A O
M S A B A F H O I T V M
E J M C O A C H C N O C
H S H I P S L E D G E M
K T L X T Y L U A A Y G
```

221

```
H G F V H A T C H E T U
K I N D L I N G M T A R
Y E E I Z L A T R I N E
M F M P K D S W R S B L
O O S E C C L M C P L I
U Y U B E M A L F M V A
T T E N P T E P G A G R
D E V P T C M O K C F T
O E V R O A L D D C N N
O H E O K R I F N A A X
R S K W T T O N L L L B
S D T J U S F L S E D G
U N U H C A E B X A S O
M U H H V P Z F Z F M E
P O C K E T K N I F E A
L R N R U C K S A C K Y
R G A B G N I P E E L S
```

222

```
I Q E T M Y K Z Q D E R
E E C N A M R O F R E P
Q S N W K S E K E T N R
N E A F E A T S S V T O
J O L Y U H Z A Z I E G
E S A E P I M F R R R R
D D B T P G E E Q S T A
X T M S N H N T C Y A M
I P L I E W A Y O G I M
C H R T H I G N S I N E
S A V R E R E E T S M S
I Y N A L E R T U S E U
F F X N I F I H M T N A
N J T P O F E U E L T L
Q G N I N N I P S I K P
L G X A S L B I G T O P
V R J X M M G W M S J A
```

223

```
C D X P W L V N T I Q J
X U R S V J L Y C A I I
P O R B R E P P E P D F
L A S R L N B X N W U R
Q E U Q A G N I R R E H
Q G L N U N Q H Z D L R
K A X D A I T B I Q E Z
C B H F H D R P I H T M
I B F R A T S R L U T G
R A Y E B C R A E W E T
B C H R S W R A S L R C
C S D L L I L W E R G H
H B M E M B L O O D E D
I W W D Z T A O C O R G
N Q A M U L L E T A D F
A F R A W D Y I C H O T
C G A L F H E V I C X G
```

224

```
C W P Q H B A U B L E E
W J A R H P L O D U R X
R O M S E T E I V P F R
A G O B S S S U T X J T
P M L T S A E F F Z N M
P F J I O I I N I F E I
I M G L T N R L T N K N
N E W Q A T R Y N S R C
G K D O N N E R V U G E
P H E E D I B R Z A D P
A D B C X C N E R D F I
P O R I K H A B Q A N E
E B E G O O R C S F R S
R C Y A M L C S A G U M
B G A M V A E N M Z Q U
M S R E M S T O V G J Q
I Z P D P G D J N T T M
```

225

```
W B N Y G A E E Q Z W C
S A D D L E N P T N U R
N Q L X X V V N Y U F B
U D S T Y A O B X K E Q
O Y T K U O R W D R A W
C J E R L O T S I P Y L
B V T A N T M A S A M X
T T S C N T F I T D R I
W C O U L F C T A E E E
G B N M I A E D G A T N
N M G R H A R N E J S O
A A E E R O I R C S L T
T H E P F L R B O Y O S
S R R B S C Z N A C H B
U U O N Y N O A C K K M
M B U X E O M L H E W O
J G B P U R R I T S A T
```

226

```
B D F J T L Z X W W C D
P J A S E G A S U A S I
Z J A M S E O T A M O T
B O G P O R R I D G E F
T L M R H S A E K X X J
D Y A K A L N M G X M T
E Q R C M P G I X D N R
G N M A K F E Y F A E C
I W A W F P J F S F O K
U W L D C R U S R F U L
S Z A K L F I D F U D M
E Y D G I O C E D D I B
L E E H R P E F D I M T
F N O C A B P R T E N V
F O P O A C H E D E G G
A H V K W L A E R E C G
W D B L P N Y Y A S S W
```

227

```
T Q R N Y L I P E E L S
U U U E O W T R Y Y V Q
R I R X L B T L U A I P
M L L H J L L W S K S O
E T E P Y U I E M B C V
R I E I F T N R M E O E
I N M T N Q H K H A U R
C G I P U F T M Y T N A
R F G I L C A B I A T W
S C R E S O P M O C R E
Z E A V M M D C O D W D
D T T L W P X E D U E X
A X E O M L O Y D F S W
H Z J S A E T R Z Z B E
S D A S Q T N W I A C V
A G N I L E R I H U F L
I W J D E I F I D O M X
```

228

```
Y G Q X Z C G U M V W Z
F Q V T R E G A N T L E
V O D A F U H H G C N R
D D R O F S N A R O T E
D S E N R U O B D A R M
R T N E E G J G E L E N
E R M H E N N R O A A A
T O M B C I J W L R L R
S D E I R T K X D G A T
B E T R U C I N U O W U
O C A C M P H D R L C B
V F G H P T L U L A B P
X B N W S L M C X T O C
A G W O A D N E U E H Y
Q Z O O L T S R T J K X
V A D D L B N O M M O C
L X L X Y E Y I V R H I
```

229

```
V C A A H X T Y D N R R
L A T I E N N E C M E X
P N A L L A R A L T I O
P D M A V X A R S W R N
W I R T E S V I E Q U O
E D O I T M O A L V O L
R A F R I L J L L H C Y
G E E X C E L S I O R M
V D G G A C U T V C L P
G B N I Y A U W R P N I
S D T O T P P E E P E A
X F B Z M U T B K U U N
R O M A N A R I S T Z T
K B C L E A R F A C E I
P E R P E T U A B N I Q
L L Z A I O B F G L T U
R L Z V N P Z Y X Y Y E
```

230

```
G O P G J H T T R U M V
G O R E N M L K W E E H
J J A L L I H C N I H C
L F I E L D M O U S E H
J E R B O A D M F Y X I
V L I L G E P A E B G P
L O E I E E R C E L O M
U V D Y N K R E J I H U
S X O U I R Q B L Q E N
D Q G I P A E N I U G K
J O U J U Y J T R L D T
X R R I C T O M S A E Y
D P E M R V S C Y M H C
C F V H O R T O M R A M
S I A D P U E V T V K H
P J E X X O S L Y M I O
T I B B A R G E L X Q Y
```

231

```
H Z E N B W U N W G X F
C I G U S P R A O M U J
I A A I G R C Z M T O K
R N B N R O E B B J T T
T A T I B A H L A S A X
S C H F G Z F A T K T W
O I L D K G O F R N F C
W L S L R L A E E H A F
A E Y R A D E M O R D L
L P X F P M N R E G I T
L W F W I O A K U L P W
A U H E R B I V O R E W
B J O I A C E M E L H U
Y S V E F I L D L I W
T N S L A M I N A O X L
E C Y G S S G L N N F W
R N H T C A O I D C T S
```

232

```
L F T T G Y B Q U M P M
I U A I J T T L Q S E A
X Q D R R P E M S I R Y
C V V E U I E O A K A F
G M A H L C R R L Q U A
A A N N E C T T A W Q I
V N C I S A S G R H S R
K N E G R D L A Y I R C
A U N T E I O G L T A T
B I A B Y L O E E E G C
K T L S A L P E G H L O
I Y K N L Y R R N A A L
J D R S P T E X A L F L
M R A D S N V Y E L A E
Y A P W O L I J H U R C
E O O R I Z L F T L T T
J B I R T H D A Y H J V
```

233

T	E	B	J	D	C	F	P	T	K	J	T
C	Z	E	E	N	O	D	T	U	O	T	U
A	K	A	N	R	C	M	N	X	I	U	O
L	V	T	F	A	E	O	F	S	N	U	H
L	R	E	O	J	W	L	S	P	T	P	S
I	I	N	G	H	F	E	L	S	J	Q	A
T	E	D	E	S	T	A	H	A	Y	D	W
Q	U	R	X	D	C	O	D	J	F	W	J
U	E	O	X	E	N	E	R	E	S	O	L
I	J	P	D	E	A	D	E	N	D	Q	M
T	J	O	Q	E	R	I	F	S	I	M	U
S	A	U	U	N	K	S	N	M	M	H	G
A	B	T	I	S	E	C	O	N	D	Q	W
L	O	U	T	N	A	R	O	S	L	A	U
M	D	Y	T	I	T	N	E	N	O	N	T
Y	V	O	E	Z	L	N	I	T	K	Y	E
U	M	Z	R	Q	M	O	R	P	E	D	N

234

Y	B	U	C	H	S	K	C	O	T	S	N
C	M	T	I	D	E	R	C	V	K	W	I
B	H	Y	U	N	F	X	E	E	A	W	T
O	S	E	W	Q	S	U	Q	R	N	S	N
D	E	U	Q	U	E	U	D	D	E	K	U
E	C	S	T	U	Y	R	R	R	C	H	O
P	U	G	Q	A	E	F	E	A	C	I	C
O	R	N	J	V	E	T	F	N	R	C	I
S	I	I	O	G	N	B	K	T	W	C	A
I	T	V	R	I	E	E	K	I	Y	J	E
T	Y	A	J	H	C	O	F	S	T	S	H
Z	H	S	T	N	I	O	P	H	S	A	C
C	Y	N	A	E	L	B	K	C	E	H	C
R	I	L	O	T	M	O	D	B	V	T	S
B	A	P	A	Y	M	E	N	T	N	G	T
B	V	U	K	B	X	C	N	H	I	W	Z
J	V	O	S	E	G	A	G	T	R	O	M

235

W	A	J	F	V	X	V	T	W	T	M	L
B	J	A	X	J	R	C	L	I	U	Q	L
Q	N	P	A	Z	A	H	V	S	Y	O	E
B	T	O	A	L	I	R	S	T	K	D	W
M	J	N	I	W	V	Y	G	E	I	U	D
D	N	I	K	T	L	S	P	R	A	R	E
M	P	C	R	A	A	A	P	I	V	S	E
I	A	A	A	E	S	N	H	A	R	I	P
M	H	E	L	I	O	T	R	O	P	E	S
O	A	A	C	D	Y	H	G	A	E	N	F
S	Z	Z	N	S	V	E	R	A	C	I	Y
A	B	O	R	E	N	M	S	I	I	B	S
F	L	O	E	T	C	U	J	S	M	M	O
W	F	Y	I	O	A	M	S	E	M	U	L
Y	N	A	G	L	L	E	B	E	U	L	B
L	N	J	T	D	I	H	C	R	O	O	J
L	V	T	M	E	L	V	C	F	O	C	N

236

P	S	E	C	J	E	D	I	R	B	A	N
J	I	L	U	N	M	N	A	J	S	H	R
D	V	H	T	R	O	D	G	H	S	H	O
F	E	Q	S	I	T	N	E	T	E	O	E
I	N	V	S	N	I	W	S	S	N	N	N
C	V	S	O	M	O	J	Y	E	D	E	D
Y	A	W	R	L	N	I	A	R	N	Y	S
P	Q	A	F	F	E	C	T	I	O	N	Q
B	H	P	I	D	Y	B	T	A	F	E	U
C	P	Q	X	A	D	N	R	F	L	Y	H
A	D	M	I	R	E	R	A	W	O	E	A
P	L	U	B	L	V	Z	C	K	V	Y	R
T	X	L	A	I	O	Z	T	N	I	K	M
S	H	V	E	N	T	R	I	S	N	G	O
Z	K	C	I	G	I	F	O	R	G	H	N
T	S	U	O	Y	O	J	N	I	U	I	Y
P	H	K	C	E	N	G	A	G	E	D	F

237

X	J	K	M	R	F	D	T	X	E	P	W
D	J	Y	G	P	X	C	L	X	J	A	S
I	N	V	P	G	L	N	W	T	T	O	Y
C	N	O	D	O	D	E	Y	C	B	Q	R
W	P	E	C	N	O	B	H	U	S	H	Z
Y	Z	K	F	E	T	A	L	Q	A	D	F
I	O	W	F	U	S	P	N	K	R	O	L
O	N	R	Q	T	A	O	Y	G	B	F	Z
D	T	V	E	M	P	M	N	R	J	W	Z
T	H	N	D	T	S	E	J	A	L	K	P
E	K	Z	E	O	S	R	B	U	N	B	C
H	Q	M	E	V	E	E	A	R	L	Y	W
G	P	O	A	B	D	F	M	B	T	Y	J
O	P	W	Z	T	I	A	S	E	O	P	J
S	C	M	I	M	R	K	Y	F	S	S	X
E	E	M	P	C	T	W	Z	Z	R	K	K
U	E	U	H	F	X	C	L	P	X	D	I

238

R	U	N	M	M	X	O	H	K	Z	D	S
Y	L	M	Q	R	E	L	L	O	R	U	L
F	Z	E	N	X	Q	E	G	O	U	G	E
B	W	S	V	H	A	T	C	H	E	T	R
U	H	C	R	O	T	W	O	L	B	U	L
E	S	C	Y	T	H	E	R	L	K	V	E
M	P	R	N	I	B	S	K	I	T	Y	P
W	E	O	E	E	B	C	S	B	I	X	L
C	C	W	U	Z	R	R	C	V	X	R	A
U	R	B	J	X	E	W	R	P	C	G	C
B	O	A	J	D	E	E	E	G	H	R	S
O	F	R	I	P	V	N	W	P	A	I	O
I	I	V	U	A	K	K	D	T	I	P	Q
X	I	W	E	N	S	O	P	X	N	P	W
D	P	L	I	E	R	S	V	H	S	E	M
I	C	F	O	U	P	B	V	F	A	R	D
R	E	H	S	I	L	O	P	Q	W	X	A

239

N	O	Y	L	I	L	G	B	E	Q	R	A
I	D	S	B	J	U	G	H	L	A	M	E
E	M	N	H	O	Z	M	Y	Q	Q	S	R
G	D	A	A	E	J	Y	P	P	O	P	Z
Z	O	P	R	V	A	R	E	R	N	J	W
Y	T	A	Q	G	L	T	S	O	N	U	H
X	Y	I	A	H	U	L	H	X	K	F	M
K	B	L	V	N	Y	E	X	E	E	A	V
J	I	H	I	G	N	H	R	N	R	B	D
K	E	A	K	H	Y	A	C	I	N	T	H
U	O	D	P	R	Y	S	G	M	T	X	X
Y	Z	A	P	C	L	O	I	S	N	E	S
V	D	V	I	O	L	E	T	A	F	C	X
C	S	K	Z	D	O	O	B	J	D	I	G
D	R	I	G	S	H	P	V	I	O	L	A
C	R	W	H	C	Y	P	L	E	H	Y	U
H	K	Q	A	Q	L	R	S	I	R	I	T

240

D	F	E	Y	T	P	Y	U	K	R	O	F
J	K	S	J	A	L	U	B	E	N	O	Q
T	O	C	Q	J	U	P	I	T	E	R	P
L	F	H	I	L	T	C	N	O	W	H	A
F	A	I	A	N	O	A	O	C	Z	G	R
T	L	R	H	N	A	I	C	L	C	Q	Z
E	N	Y	I	S	N	L	U	E	Q	S	E
L	P	U	C	P	D	B	L	Y	B	S	G
E	L	L	I	P	S	E	A	E	K	O	A
S	K	T	T	D	S	W	R	Y	G	L	N
C	H	C	P	T	Y	H	S	T	E	A	Y
O	Y	P	I	K	G	M	N	P	F	R	M
P	R	A	L	R	Y	R	E	O	A	Z	E
E	L	I	C	R	D	Y	W	L	Y	C	D
N	M	F	E	I	P	O	T	I	O	T	E
W	E	C	I	T	S	L	O	S	I	T	P
W	U	N	T	C	C	I	N	G	W	Y	P

241

```
V P P S Y J E I I Z U E
M V G L U C Z S F K E B
G D C H A R C Y G J U B
H A S R Z Q Y A R E Y C
B D B S B Q U C E U M I
T G T E N A M E L T O E
X O W R G W W D Y A L R
Z I O U T F B G E R A K
S C I T N O D O H T R O
Y L L N H I V C S A S H
M A I E G P C Z E R Y T
R A P D A N A N O V S E
H Y G I E N I S T I H E
E U Y L R N I L T G T T
Y T I V A C L N L E W I
F E P C N M E D G I C B
J L L I R D A E J M F W
```

242

```
M I P Y S R L V B Z L P
J A N Y E E D N U D K L
C H R I S T M A S A X T
F K F B T A P L W T W I
H A B W L I T X I E T U
F S I M N E L E S A F R
C A R R O T M T S N U F
G C T W Y W O A R D A L
X C H E R R Y L O W E L
M A D E I R A O L A T J
G D A X E W F C L L A X
T Q Y H E S J O U N G S
B B A N L Y E H Q U U C
G O L E L U Y C R T G W
K E G N O P S M A J E W
B N O R F F A S R K K D
A J X K R G N I D D E W
```

243

```
R E W O H N E S I E T E
Z P M K D O I G C Y F I
W H O Q W T O X V L M U
I T N A R G A V O K P O
N V R A N N T R E N R A
D C O O L I D G E R N Q
T R E J O H N S O N Y H
E G Q P C S K Y T K T Q
U R K H N A E X Y W D K
N O S L I W Y V D L V I
P U C S L T O C E C U N
B C M Z M C K I N L E Y
I I N B L A F L N I T T
T W Q Q T R D X E N F O
T Q T M A T D A K T A W
I N A G A E R D I O S A
L D S T T R U M A N L D
```

244

```
K A M S I N B E D C Z A
M O Q M A L V N B Q U K
Y M V U M Z Q F S L I A
K L E M A C U R T D U A
X R X P A M U R H B S E
W G O L D E A K E R J E
B T I C K M R R L O K Z
V L F Y A B G C I W H R
C R Q R K I M Y O N A T
Y Y I R N G Z A T P E I
D N S E N L A W R W T F
E C S H D E T I O I R N
J M T C B N C O P P E R
D O I N I O X N E B T X
P Z D L T T F D M Y W R
I N Z G H S Q A J W E P
V K I W H O V F I W P Y
```

573

245

```
P I D K I E Q D W A R F
E M R Y X A L Z C A J K
D A A B Y O H T M X J C
W I D R G T T I R U Y K
A R N I H G E L L H A I
S Y A D N U B I R O L F
H M T E G N A M N E D T
R H S W D S Z Y I E H S
A L B E R T I N E G V G
M G U O S H L E Y Y F A
R R S R H E E F W Z D T
R E H T O M N E E U Q E
P B B L T F E L I C I A
B E Q M S P E S A Q Z R
Q C J Q I F U J O O U O
T I E N L L Q W G X D S
N X G J K K C Z Y M Q E
```

246

```
T J E W X S L M J V T X
R H I M X O Z X Z E A R
D L A B R E T E P Z C D
F N A I L E R A K R I V
X F Y L L I T N A H C O
U C O U M U J G O P O O
U G B O M B A Y S V L W
I M B V F M V N Z A E K
I L F N U T A L G I G D
M A L F A I N N P L V L
U I F O R I E N T A L Q
R I T E D B S I U M N E
N D B T E G E R V O A C
V I X S S I A M E S E A
S P H Y N X V R I P B U
G X F B J K T A R O K X
E I G J F R N F F U T Y
```

247

```
D T A R P S K C A J P D
A M O L E Z N U P A R P
B I A M K F I T K F F E
N S L R M I U Y O N N T
I S R E G Y N S I D R E
S M E N F E T G V K J R
T U H R E E R U C A J P
E F S O R H F Y C O K I
K F I H O H D K D K L P
C E F K H A A E V A E E
O T Y C Y N P L R S W R
L U T A D P E E P O B F
Y J T J M A R Y M A R Y
C S I M P L E S I M O N
U L K N E E U Q W O N S
L A L L E R E D N I C E
S K C O L I D L O G L Q
```

248

```
E R C B E M Y H T Z S T
Q R G W I R S N S S S A
S Y Q T O W C E F D K E
F E B V N X V E C N S I
S L A B O I G L O J T Y
G S L C H A M G R N A T
F R M C V W A R I W M K
M A R O J R A M A I R P
Y P L V R D R R N E C R
L I S A B E A V D H P O
V L T M P C R Y E T D S
J D L P D X D R R K H E
G H E H I F V E G C A M
C P N E L I S L I H Q A
H T N U L I A E V X W R Y
D I E G N D G C P Y Z Z
C J F A Z T E Y B T G A
```

249

```
G R E L D D O T L J A U
R E P I A P Q S U X X O
P T K X K D Q X T W J J
R H G E G G D L I H C B
G G E B A M B I N O Z U
N U A I D S F T E T G R
I A T G O B R O W N I E
L D T T L O Z L I R A H
K F L V E Q T L E Y E C
C M Q V S R G T B L N N
U X A J C D S I I T I B
S N E R E G A N E E T E
K G S L N L E F I L L Y
K N F U T V B A J P D Z
H U O G U W C N R J E I
F Y A J Q C W T X I J D
L H E S P U P I L A S S
```

250

```
Y K F Q J E N H Q R X H
I D G I H U C R A C E R
M K R B F M T W D M E O
Z C R A R U A S P M S L
Q H M H W S Q R A I P I
A N J Q T E S E I M H A
Q O Y C A P T A I N I S
R I F J O S D S P K E W
S T A R B O A R D M D R
G A M T E N I P I L O T
D G U L F I V L C H C C
R I L W I F A E C O K K
O V G D L L G N S F S V
D A V M M A A N K S D T
B N U D Y G K U Z L E B
K L M O Y S I F M A C L
T M V K T R K O G E K D
```

251

```
A N Q P R C O A K H B X
W G X C F C C Y A G E Y
L I A U Y T S O R F W R
E A N S G U C E C R Z E
G H M T S O B H T B R V
B E Y F R E E Z I N G I
U C L N C Y N B C L N H
Y J Z I A P L D R G L S
F J O Y D I O A L I N Y
R Q V P Z A L A C O N W
I L X Z G O C I W U C B
G R A G P I C S T K Y A
I R F Z A L T K W P T F
D H J L E O A W P F E V
R O T A R E G I R F E R
O M M M L P N M B Y L E
F H D B R Y P Z N F S C
```

252

```
G D R E B M U C U C W S
X E Y C G L B O B A T X
D W L U S A E P C B H S
F N Y T N D G F E B N D
S V X T D X A N B A W D
J U C E R Q S R E G R M
X D M L A V O B W E Q N
Z H U U H C Y P W J R R
K C Y I C P E O C M E G
W A T O S I L Q U L M I
H N L A S F S S P H Y N
G I C E I W R P I W H I
K P B L W W A R A V T H
M S U Y S W P O W C L C
Y A N S L C U U Q C M C
C O U R G E T T E S B U
J X O L I V E S M F S Z
```

253

H	C	G	M	L	B	L	D	Q	Q	I	U
J	Y	I	T	S	B	O	P	T	H	E	F
R	V	Y	T	T	E	A	C	E	J	R	Y
S	E	T	W	S	A	F	R	O	Q	C	A
I	C	B	N	A	U	E	E	D	S	W	M
D	E	U	B	D	T	R	C	D	X	T	A
E	P	P	H	I	Y	I	N	B	N	N	Z
T	U	I	C	S	F	Q	A	A	C	A	O
I	M	W	S	T	H	E	M	L	Y	S	N
R	D	R	L	S	O	N	O	L	M	A	I
O	D	F	A	V	O	U	R	I	T	E	A
V	T	J	N	C	L	G	S	A	C	P	N
A	J	M	I	J	I	S	L	H	X	P	M
F	M	K	M	T	G	R	R	V	X	T	I
Y	N	U	I	S	A	N	C	E	E	Q	S
L	K	T	R	H	N	Z	O	M	B	I	E
K	P	A	C	I	F	I	S	T	G	O	R

254

T	M	Z	E	P	O	J	B	E	C	B	S
O	I	A	U	T	I	K	L	U	F	E	K
O	I	K	C	G	A	K	C	R	F	R	O
T	U	R	B	A	N	H	O	E	P	R	A
H	K	E	C	I	B	F	C	T	U	G	R
G	B	W	W	L	A	K	S	P	C	W	
U	F	U	R	T	E	L	L	Y	T	V	I
B	Q	B	V	E	M	E	E	O	R	C	Y
R	L	A	D	M	A	E	N	S	N	G	J
A	Y	L	I	L	E	N	O	T	S	E	C
L	M	O	E	E	R	C	C	U	C	U	S
R	C	M	E	H	W	R	L	H	O	X	M
R	A	Z	O	R	S	I	I	V	N	Q	U
T	E	B	F	N	T	N	B	T	C	E	R
K	P	V	G	U	I	R	D	H	O	E	
B	V	R	A	T	S	T	M	O	P	Q	X
Z	K	N	E	L	Y	E	E	L	H	T	E

255

H	L	V	F	W	A	T	S	E	I	F	R
G	W	H	L	D	N	H	E	B	I	R	F
E	C	I	M	M	V	D	B	T	D	D	N
G	R	E	N	A	D	I	E	R	A	L	N
D	T	I	P	S	S	S	M	R	R	O	Z
W	R	N	P	M	T	C	U	E	E	G	R
M	O	G	A	S	X	O	C	V	D	A	E
L	H	R	K	Z	N	V	N	W	V	N	R
V	C	I	C	H	I	E	K	W	I	O	G
K	R	D	F	E	P	R	D	I	C	J	J
M	A	M	F	P	S	Y	R	L	T	H	S
S	N	A	L	I	I	T	V	K	O	Y	V
U	O	R	U	C	R	O	E	S	R	G	X
P	M	I	K	U	C	X	P	R	I	S	T
E	V	E	I	R	G	S	E	M	A	J	J
R	M	I	T	E	N	U	T	R	O	F	Y
B	M	J	U	P	I	T	E	R	K	M	J

256

V	F	T	Z	A	R	S	E	N	I	C	S
Y	Z	W	I	Q	E	N	E	E	A	T	U
Z	Q	Y	R	R	I	T	N	L	R	M	L
O	C	V	C	R	S	I	C	O	S	A	F
M	O	S	O	G	D	I	N	V	P	N	U
L	H	U	N	O	U	T	B	O	V	G	R
T	L	U	I	M	I	Y	T	W	L	A	R
F	T	E	U	U	I	A	D	C	P	N	E
B	X	P	M	I	S	Q	N	H	L	E	V
A	P	H	O	S	P	H	O	R	U	S	L
R	I	A	I	E	J	H	N	O	T	E	I
I	C	U	W	N	X	X	E	M	O	K	S
U	M	U	T	G	Q	N	X	I	N	N	O
M	U	I	D	A	N	A	V	U	I	C	Z
L	U	H	V	M	T	D	L	M	U	G	K
J	Y	T	T	E	R	B	I	U	M	B	K
N	O	B	R	A	C	V	J	S	Q	S	Z

257

```
A N I Y S P W T C F T K
P R K C O L R A W A G H
L D B T U A U H C N D L
D A I A Q L D K I J N L
X O H N D W C T P P O E
N T Q R S A N Y B W I P
D Q O B L A C K A R T S
R N R B H D E A B S A O
A E L C N Z G N R J T O
Z L R X A N P A O B N T
I Z G E I L I D O R A H
W Q B W C L W O M K C S
N R E C I R F F S J N A
S R Z M G T O Z T C I Y
B N A D A P C S I F S E
M F F R M R A H C Q C R
A E D S W Z S C K Q V F
```

258

```
A P H E N L U B U B H Q
B H F L V W H B E P C Y
I L G G P H U E O D T J
T L U A A X E C K U A I
T Z X E R A H P R N H Z
E R Y N T A Q T A L T Y
R R U E R I L O L I U J
N R R D I E T Q Y N N A
V F D L D P T F K T U C
W G Q O G Y G Y S Q L K
Y R V G E J D A T Q C D
W E L R U C A U M O E A
Z D T R A K U H C J O W
M P P S P H Q D E K J S
C O E O F N O O V C S Q
J L G R C O C V I W N K
B L Z Z W A G T A I L J
```

259

```
T A D G P K G M A C F V
E S R O J A M A S R U P
S U P E R N O V A R H L
K R T R M C G W T W A E
I U J N A K D V S G V I
W T E A D E M O R D N A
Y C K D T P Y S L I O D
W R D I O R E T S A Y E
G A H R N R I T H I H S
Q W Y X A L A G P G E N
K N E T J R R F E P I P
Z E N I T H C P Z L B L
H A L U B E N C X E T A
Y R T A S Y Y O O P D N
N T P R D Z K E O N A E
T H A T Y R E W E M Z T
V P H X M B V F O A A L
```

260

```
R O R D M H P Y I V U K
M S W A H Y S A Y G D V
T C S A B B A T V N N F
Z K X G R W A P E R E N
S Y F U O L S V X I L W
Q I B R I R O M H T E A
K N S S W C F C F U M T
Q C M P M R S A K A E U
O A P A E I R U O L N R
N N H I M C N L W S T G
W T A K H G T D I P A X
C A N C S H U R Z E L A
N T T V T O L O A L S G
C I O Z Z U I N R L R U
W O M A D L V N D S P I
L N W Y D S E S R U C Z
V G X P P S D E Y M Y D
```

261

```
C F Z M L F L U K E S M
Z R O P I F Z T W C M H
V O E K A R B R I A T H
D K M T K S A L G U O D
W R R O P E S G J D L J
F S A V Q O R E E X I F
H U Y W H M C H N I P L
F K R D E O Q I Y G R W
C H C O N T R O L L E R
F O P X T N S N R E T R
Z I C X E A C O E D H A
W A C K J H V A H T G T
Q W G M P P J E M X I S
Z T E R M I N A L R F I
A K N B U L T J L E A R
Q S K K J R E F U E L T
I V L T H G I R W A Q R
```

262

```
N K W S K G Z S Z G M B
X X Z R S P N Q Q P D Q E
I H P A Z I K V Y U Y T
B P U B M N B Q R M O T
R M J C X N S R A W J O
B A T P G A E C T A I L
B Y N I B M A D L C D R
J Y T I O S A O A C C A
K E O F S M P F R A E H
E F R A P S I P B L T C
M I R I H N E O I A A N
Z T E E O U T M G M C E
J R S B R M S E A U E E
H O R M U Z T I E L H U
W L E D S T D O V E R Q
G R T M A G E L L A N E
X U A K O O C I U Y D D
```

263

```
U T T U E J Y Z U E Y Q
Y D U N G B E E T L E V
X R K Q Q I A N F T Y L
V E L V E T A N T E L O
S R X V A D O W Y E F C
N O J N E I S P P B N U
O B O R P P G S E G E S
Z D T R R K U K E A E T
O Y O A M S Q H R T R W
H C A O R K C O C S G W
S P N A O B D V E B N N
N M T O W J E E G L I K
A M E M G S D R D O W H
K J N M U C I F I W E I
G A N G L I A L M F C V
K K A Y S I D Y X L A U
I H I R L E N M X Y L V
```

264

```
R E D N E T R A B J W H
B I J E U B E N S N F T
B O V T J C U K A M D P
S N O E G R U S F Q U M
Z R G K S E O Z N C S U
M Y L E K C R T A H T M
A T V H Q E U R C B M R
C X F R L P E V D A A E
D R A W E T S P A R N B
B A R M A I D I E Z A M
U X M K V O Z T W R L U
T D E Y V N T A R Z Y L
L R R O T I C I L O S P
E B D G F S S H X G T D
R Q W R I T E R C K L E
N P N A M E G A B R A G
Y E N R O T T A C H N F
```

265

H	J	A	F	Y	E	S	C	T	B	W	M
W	R	Z	S	W	F	T	W	I	S	T	H
E	B	G	F	S	M	I	T	O	G	P	N
T	E	I	K	C	I	R	T	D	R	A	C
Y	E	C	M	P	J	S	O	S	B	D	M
U	O	Y	U	E	E	O	T	R	Y	M	D
L	V	A	K	R	S	J	A	A	D	M	S
Q	Q	K	P	Y	F	C	J	E	N	U	S
W	Z	Y	H	R	A	E	A	P	A	T	S
O	E	Y	V	D	A	Y	K	P	W	E	O
H	V	T	A	R	G	B	J	A	E	G	H
S	O	B	V	A	U	J	B	S	F	O	J
S	R	V	X	Z	C	Q	K	I	U	O	U
A	U	Q	Z	I	J	S	N	D	T	T	N
L	M	F	W	W	F	O	I	Z	X	S	Q
G	L	M	H	Q	C	N	W	C	X	Z	J
I	L	T	O	T	I	R	X	R	X	O	L

266

G	M	C	M	J	V	Y	F	V	E	U	L
U	P	E	L	O	S	X	U	J	Z	C	X
K	Q	I	R	I	E	E	M	R	X	O	D
X	X	T	G	T	P	S	I	E	L	N	Y
B	E	Z	A	X	Q	I	N	C	E	V	Y
X	T	L	O	F	U	N	A	Z	Q	E	E
B	R	R	P	C	A	U	Y	F	W	X	F
I	O	C	G	I	D	T	I	D	E	E	S
L	C	G	O	E	R	H	R	U	K	L	G
B	Z	Y	X	M	U	T	Q	P	S	P	R
Z	Z	X	E	L	P	I	T	L	U	M	D
E	T	E	L	F	L	L	L	E	S	I	G
Q	S	P	P	J	E	I	E	X	S	S	C
P	N	S	R	Z	X	G	Q	X	E	B	I
I	J	R	E	F	L	E	X	G	X	P	N
L	F	E	P	X	F	P	E	H	N	F	A
Q	N	P	L	W	M	F	F	M	C	X	J

267

M	L	R	W	B	G	Y	W	D	E	H	A
T	Y	U	B	S	L	A	B	H	P	L	C
O	U	D	J	A	C	O	I	U	O	A	D
V	Q	R	D	T	B	A	O	W	R	C	O
K	I	C	K	U	H	R	R	D	A	K	G
A	O	F	V	E	R	M	I	L	I	O	N
C	G	R	K	C	Y	N	I	C	E	M	O
B	X	A	I	M	A	Z	T	X	K	T	C
V	K	B	N	L	A	R	I	W	C	E	H
R	R	A	Y	R	K	G	M	A	R	H	R
V	K	N	I	R	E	E	E	I	P	K	O
X	I	N	O	N	R	T	S	N	N	D	M
H	E	I	P	S	R	E	S	X	T	E	E
R	C	C	S	I	M	G	H	B	K	A	N
U	N	A	I	D	N	I	Y	C	O	O	R
D	U	F	R	N	O	O	R	A	M	L	H
I	E	D	N	R	T	C	J	C	S	K	Y

268

Y	V	Z	Y	T	R	I	H	T	Q	S	Y
T	T	R	U	H	H	F	H	L	L	T	D
B	H	X	A	V	Q	O	F	S	F	R	B
E	V	I	I	Z	U	U	Q	I	I	M	U
R	U	O	R	S	Y	R	F	X	X	F	F
U	I	T	A	T	J	T	G	T	F	G	G
N	I	N	E	T	E	E	N	E	B	G	R
S	D	N	O	E	L	E	V	E	N	O	J
Y	I	K	N	I	E	N	N	N	V	P	Y
N	S	P	S	T	L	O	H	C	I	E	L
Y	T	Y	H	Y	I	L	S	A	W	A	S
X	N	G	T	L	T	O	I	Z	Q	W	G
X	I	R	L	H	U	N	D	R	E	D	S
E	O	I	X	C	G	Z	E	I	T	N	U
F	M	T	D	M	F	I	Q	W	G	V	Y
V	I	T	W	E	L	V	E	Z	T	Y	D
F	Y	N	U	B	X	H	B	E	C	F	G

269

Y	C	C	I	U	N	Y	I	G	B	C	T
I	E	O	U	U	R	C	F	W	A	F	O
N	W	M	C	A	T	W	X	N	L	F	D
W	H	I	S	K	E	Y	E	B	H	U	D
P	B	M	A	R	T	I	N	I	U	V	Y
R	E	T	Y	D	N	A	R	B	E	M	R
S	E	B	B	X	Q	Y	I	X	D	X	R
H	O	T	C	H	O	C	O	L	A	T	E
E	S	H	A	D	O	S	W	K	N	C	H
M	E	B	C	W	P	I	H	A	O	T	S
L	E	F	L	Y	L	T	M	C	M	X	R
L	K	A	F	W	U	A	O	I	E	M	S
X	A	A	D	O	I	A	R	E	L	A	V
Q	H	G	M	C	C	N	J	E	T	K	A
J	S	R	E	E	B	R	E	G	N	I	G
X	E	P	O	R	T	G	N	H	P	I	J
V	V	N	Q	K	Y	Y	F	G	V	P	M

270

Z	X	R	U	R	Z	E	Z	C	G	Z	M
A	N	T	H	E	L	O	F	Y	P	E	C
X	Q	B	E	L	L	W	C	C	R	B	Q
D	D	K	E	H	Y	G	Y	L	Q	S	B
Q	S	Z	W	T	C	T	I	G	E	R	A
O	A	S	E	A	K	N	I	G	H	T	U
G	N	N	P	N	H	R	A	G	A	H	X
N	Q	K	X	H	O	K	U	M	V	E	V
I	V	H	W	Q	N	E	C	V	O	Y	N
K	C	I	U	A	N	I	O	A	C	C	W
A	H	O	L	D	H	M	H	T	L	O	A
E	I	Y	P	U	M	A	P	P	U	B	L
S	N	G	T	D	P	U	E	Z	U	R	D
X	O	Z	M	A	N	G	U	S	T	A	L
C	O	N	C	P	M	I	W	T	Y	F	D
F	K	H	S	N	M	K	H	L	W	W	F
R	E	Y	X	O	W	G	A	W	Y	F	P

271

U	T	J	V	L	A	G	K	T	Y	N	D
X	X	I	W	V	U	C	S	Z	E	X	W
W	C	A	N	A	S	T	A	F	G	A	A
C	C	A	N	C	E	L	E	T	N	H	B
J	A	S	N	I	T	L	Z	I	I	A	T
H	N	N	A	Y	D	U	A	N	T	R	N
T	D	X	O	O	O	V	R	S	I	E	A
G	I	D	O	P	T	N	N	E	N	T	T
C	D	N	M	J	H	T	U	L	N	A	H
C	A	N	O	P	Y	I	B	T	I	L	K
C	T	N	E	L	U	N	L	S	T	P	N
R	E	I	D	U	L	K	L	I	U	N	N
O	E	W	N	Y	B	E	G	H	S	I	P
W	O	D	V	H	T	R	N	W	Q	T	H
Z	C	A	N	D	O	R	R	N	P	X	X
M	U	B	Z	I	E	R	F	I	A	M	Y
K	Z	C	U	D	T	I	N	T	A	C	K

272

C	T	I	K	Z	B	V	F	A	K	S	J
H	F	V	Z	A	E	U	S	A	B	Y	B
R	G	M	A	T	X	E	K	R	I	K	V
I	E	N	F	K	N	O	M	O	L	O	S
S	E	B	A	S	T	I	A	N	S	C	U
T	N	J	X	U	H	Y	T	F	S	U	N
O	X	R	M	C	G	H	R	N	K	T	G
P	B	E	A	N	T	U	I	A	E	C	A
H	Z	O	G	E	M	M	S	H	D	U	M
E	J	H	Q	W	B	P	T	T	D	Q	Q
R	Y	A	N	T	M	H	R	A	U	F	P
D	S	T	S	K	R	R	A	N	N	S	K
S	Q	E	N	O	R	E	M	A	C	J	S
F	N	N	H	R	N	Y	B	H	A	M	E
Q	F	G	I	R	P	X	N	L	N	M	R
R	X	M	D	A	L	E	S	L	I	E	Z
Z	W	L	Q	Y	R	O	G	E	R	G	A

273

```
D E T A D P U P H E L D
E E S L F V T C M G L U
U U T Z A R L S Q Q P C
P P P F G V X C D K B D
T T S L I N A W E S Q E
H U X T M L I E Q V R G
R R Z H A V P S H S P A
U N U G T I U U I P Y T
S E P I T T R P A R U S
T D C R L N V S E X P P
A E U P S E T T I N G U
E T R U Q Q S A K A R H
B O V Y P L B N V I O I
P O E K O T D D J J W V
U R D H U P T I G H T U
F P P J S Q B N S I H J
Q U Q L D U P G R A D E
```

274

```
C P G Y U D A W V C E K
I Q V E A I L A T I L A
Y R M H W C G X C P S Y
Z K I B D W U E H M R E
K T K A R L L M A Y B Z
E A B T N A F D S L M B
S Q J C N N A U N O D G
Y J A D C N I T A F I T
A U A N A A R F H C X E
W I B C T R Q F T E V Y
R U R N Z A W R F N N Y
I I E F O R S B U T R S
A N I G R I V S L S M A
B S I N G A P O R E B E
G O D E T I N U A K I D
L U K S A N A C I X E M
H Z A S F L Y B E J Z Q
```

275

```
H D G G M C M Q B T K I
D V L R Q H P M U I R T
B I K A S A W A K D J A
D C G N B R I T T E N C
T T D R A L G L N Q A U
R O Y A L E N F I E L D
Z R A V T Y V I K R Z V
S Y G Q X D Q C T F P H
J S O S L A V E R D A A
N I O U H V K Y D V T T
A Q C H P I A G G I O E
T A K M S D A V T R O E
I K U Z U S X H I P C H
T K I N G O O D A G H C
W F W A W N L B R M A R
B N S W D E L D F S A C
N Y G A Y W S Q M W A Y
```

276

```
Z T S I B S S L K Y G N
U F F D P X D O D B N C
P J S E R X A C B W I J
B A S E B A L L O M L A
Q V U P E G C C A L I V
S E H A R N R R T K A V
I L O G N I M M I W S A
C I C X C E N S N R K C
H N K K I O J T G O I L
E W E Z E N M H I U I L
C T Y U C A F G S N N A
K P R K X C J U T D G B
E L X U L X C A R E N T
R P D M G S J R A R I F
S O G N I B N D D S Y O
W L O D M E Y B O W L S
M O M M U M M R X C F Z
```

581

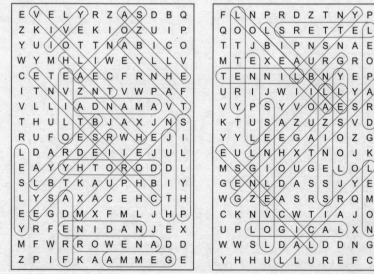

277

E	Y	E	S	T	E	R	D	A	Y	D	I
E	D	U	J	Y	E	H	G	H	I	M	D
S	I	I	F	E	E	L	F	I	N	E	T
W	L	S	R	N	O	R	E	P	L	Y	A
H	E	L	L	O	G	O	O	D	B	Y	E
I	T	W	O	N	T	B	E	L	O	N	G
A	I	R	T	T	O	T	L	U	D	R	S
N	T	M	E	S	U	O	E	C	K	H	K
O	B	I	L	P	V	T	A	K	E	T	C
I	E	C	L	E	P	U	N	L	C	G	A
T	N	H	M	L	C	I	O	L	K	I	B
U	A	E	E	I	E	V	R	F	R	E	T
L	D	L	W	L	E	F	R	T	U	I	E
O	I	L	H	S	P	W	I	S	Y	D	G
V	A	E	Y	Y	H	P	G	F	B	A	M
E	B	O	A	H	M	H	B	Q	I	E	D
R	U	Q	P	E	N	N	Y	L	A	N	E

278

R	E	C	N	E	P	S	J	M	B	N	F
F	R	A	G	O	N	A	R	D	O	Y	Z
R	D	N	C	F	L	D	F	S	T	O	N
S	N	A	H	O	W	K	D	O	T	S	S
L	R	L	H	B	J	N	L	T	I	R	E
O	L	E	G	N	A	L	E	H	C	I	M
H	H	T	T	L	E	R	T	E	E	O	S
R	I	T	W	T	O	I	Z	R	L	N	M
A	G	O	A	T	I	A	F	K	L	E	E
W	R	N	N	A	N	W	H	E	I	R	S
M	O	I	H	N	N	N	H	Y	C	C	G
D	T	A	E	K	N	G	A	C	U	T	N
B	Y	A	S	P	E	O	E	O	S	I	I
A	Z	R	L	U	O	G	B	T	E	T	N
C	H	A	R	D	I	N	O	O	N	I	N
E	R	B	N	E	P	A	Q	R	K	A	U
Q	L	M	E	K	B	V	V	A	U	N	M

279

E	V	E	L	Y	R	Z	A	S	D	B	Q
Z	K	I	V	E	K	I	O	Z	U	I	P
Y	U	I	O	T	T	N	A	B	I	C	O
W	Y	M	H	L	I	W	E	Y	L	L	V
C	E	T	E	A	E	C	F	R	N	H	E
I	T	N	V	Z	N	T	V	W	P	A	F
V	L	L	I	A	D	N	A	M	A	V	T
T	H	U	L	T	B	J	A	X	J	N	S
R	U	F	O	E	S	R	W	H	E	J	I
L	D	A	R	D	E	I	I	E	J	U	L
E	A	Y	Y	H	T	O	R	O	D	D	L
S	L	B	T	K	A	U	P	H	B	I	Y
L	Y	S	A	X	A	C	E	H	C	T	H
E	E	G	D	M	X	F	M	L	J	H	P
Y	R	F	E	N	I	D	A	N	J	E	X
M	F	W	R	R	O	W	E	N	A	D	D
Z	P	I	F	K	A	A	M	M	E	G	E

280

F	L	N	P	R	D	Z	T	N	Y	P	L
Q	O	O	L	S	R	E	T	T	E	L	T
T	T	J	B	I	P	N	S	N	A	E	J
M	T	E	X	E	A	U	R	G	R	O	Z
T	E	N	N	I	L	B	N	Y	E	P	L
U	R	I	J	W	I	I	L	L	Y	A	U
V	Y	P	S	Y	V	O	A	E	S	R	M
K	T	U	S	A	Z	U	Z	S	V	D	B
Y	Y	L	E	E	G	A	I	O	Z	G	E
E	U	L	N	H	X	T	N	O	J	K	R
M	S	G	I	O	U	G	E	L	O	L	J
G	E	N	L	D	A	S	S	J	Y	E	A
W	G	Z	E	A	S	R	S	R	Q	M	C
C	K	N	V	C	W	T	I	A	J	O	K
U	P	L	O	G	I	C	A	L	X	N	G
W	W	S	L	D	A	L	D	D	N	G	A
Y	H	H	U	L	L	U	R	E	F	C	P

281

C	M	O	A	S	R	W	K	L	S	B	P
J	C	H	W	L	K	Y	B	E	U	D	U
B	B	T	F	T	U	K	L	D	N	W	E
N	O	O	R	E	M	A	C	O	U	Y	F
L	G	S	T	X	L	Z	A	M	B	I	A
N	N	E	O	S	H	O	I	W	C	L	L
M	O	L	N	Q	W	S	S	X	O	N	A
J	C	B	Z	D	N	A	I	G	P	I	G
W	W	A	A	S	M	F	N	V	N	N	E
R	Y	T	I	G	X	A	U	A	O	E	N
M	F	B	N	X	F	N	T	S	R	B	E
B	L	M	A	U	R	I	T	I	U	S	S
N	Y	F	Z	S	R	K	T	Z	T	R	K
D	O	Q	N	U	P	R	T	F	E	C	G
C	C	H	A	D	E	U	X	G	U	G	H
F	Z	M	T	A	I	B	I	M	A	N	M
H	G	W	L	N	B	N	D	L	P	M	R

282

M	G	H	S	U	R	B	H	T	O	O	T
E	D	U	S	G	P	P	A	I	O	E	A
V	Q	G	R	U	D	X	W	B	D	U	T
A	S	B	U	J	R	T	Q	I	G	R	E
H	T	A	B	E	L	B	B	U	B	I	C
S	L	L	B	A	H	C	L	F	Q	L	U
R	A	Q	E	N	T	P	O	I	J	H	A
E	S	U	R	G	H	H	W	D	A	Z	F
T	H	B	D	K	R	S	M	I	G	N	U
F	T	P	U	Q	Z	E	R	A	Z	O	R
A	A	A	C	X	H	B	W	C	T	G	F
M	B	T	K	A	R	Z	T	O	W	E	L
U	C	T	F	U	R	E	K	L	H	X	A
J	W	O	S	I	N	K	H	D	X	S	N
V	O	H	S	O	C	I	S	T	E	R	N
L	X	F	R	O	O	P	M	A	H	S	E
C	I	O	D	W	H	J	Q	P	V	A	L

283

R	A	R	U	H	F	H	F	O	R	Q	V
P	C	N	S	S	E	R	D	D	A	W	X
P	E	S	H	O	R	T	H	A	N	D	I
E	J	N	G	R	A	M	M	A	R	P	T
P	U	N	C	T	U	A	T	I	O	N	Y
O	S	P	R	I	Y	M	N	S	M	L	P
L	T	N	T	N	L	M	T	U	L	H	E
E	A	X	H	G	K	O	T	U	W	P	W
V	M	M	O	O	F	C	F	X	O	O	R
N	P	T	A	F	J	H	I	O	E	S	I
E	S	J	I	F	T	R	V	B	R	T	T
D	I	C	T	I	O	N	A	R	Y	M	E
X	E	B	A	C	Q	K	K	E	O	A	R
L	C	F	X	E	Z	Y	F	T	D	N	G
N	X	K	R	A	M	R	E	T	A	W	S
N	M	G	D	E	L	I	V	E	R	Y	U
H	E	A	D	I	N	G	T	L	O	T	C

284

A	Q	A	S	E	U	B	Z	G	E	A	T
W	V	C	H	F	N	F	R	L	C	P	D
D	M	O	U	S	S	E	B	O	Q	J	F
P	E	A	L	W	S	M	I	B	F	Z	F
P	R	Z	E	V	U	P	G	F	C	A	F
E	I	P	B	R	A	B	U	H	R	B	U
S	N	H	C	T	C	P	E	K	X	A	D
A	G	V	W	U	M	E	X	A	K	G	M
N	U	L	P	A	S	L	C	S	J	L	U
I	E	O	E	E	L	I	A	I	Z	I	L
L	P	R	C	M	A	L	M	L	J	O	P
O	C	A	P	P	A	D	I	A	X	N	P
M	K	B	K	D	D	R	N	N	R	E	Z
E	I	P	E	L	P	P	A	U	A	I	X
S	A	K	M	F	E	Q	B	C	S	V	T
J	A	M	S	P	O	N	G	E	L	Z	T
B	N	D	Y	D	O	Y	L	L	E	J	K

285

```
S C U T H Y R O I D L R
I W A Z O U C N P V V B
S T E T H O S C O P E D
P I K S A U Q A Q N F B
E H T B L R K M D B J A
S I T I S O R B I F N Q
A V N L C D I H S L O B
M E D I C I N E I O I H
E R R O T A D M N N T E
Z T P U H B Y N F E A A
C I A S I E P L E H R R
E G S F H T U G C P E T
O O T Y F E W P T I P R
B L H R N S W O A L O A
K L M Z K A O D N L Q T
U X A R O H T B T S U E
N E N D W X I I U N V I
```

286

```
B T C U O K U H C U B P
G C Q O C H R H O P B J
O X I B T C A I O R M K
S R B A D M C R R R S Y
Y H P H E Z C F A R H E
K I K L V U O K G T I K
R N E R P B O O N N Z O
I O P I A A N A A E P
N C N J C V H L K M I S
L E M A C P D A A A P T
Y R A D E M O R D L S I
L O F L R Y M Y A L P Z
W S E V V O R T R A I E
J M O O S E Y X K R N G
I S V E G P D O D B U X
B B T I U N P X U E W K
L T T S K U N K W Z I N
```

287

```
T X F U X N W F Z V H N
W U P T T R G R P K E E
W Y G L N E L A I R T U
S L E D A A C U L T O S
I L I A D I L D F I R F
X T P T N L N L Z W B F
T N E M E L T T E S A I
B F E I F N W C I P N L
F N V G E I N L Y F P I
G T N E D E C E R P F A
B A L E C U T R U O C B
K E K O S Z J K J M X P
F F N T O W F T U S L E
Z N O C A S E T M Z W Z
I D Z D H J A G U Y C D
Y B G R Z L M P R C D W
Z B A Q H H Y Z W F C Z
```

288

```
T Z G T B S K K U M N Q
T Q Q L E Y E K T A L W
S E W N A K D K F E A O
M G N R C U C U M R W U
R N L N H S D I K C N S
O I T C I E E H R E M N
Q M W K G S S E L C O M
W M U S O S D K Z I W L
P I R T Y A D N T D E O
Y W B R N L C O T M R S
A S I O G G L S E E M A
D C M H G N E D R A G R
I E E S A U I B R D E A
L V Y T O S M H L O I P
O R N A A O N K S W O M
H U G E S C I N C I P G
S F S H A P G K E L F C
```

289

```
E L B A E V O M M U M E
L L E L B A F F A H F A
B W B E N D A B L E V W
A S E A S O N A B L E P
E L B A R O L P E D L V
G L L B R E H T E V B X
R F B O V A D L S W A P
A R S A W P B N E N K D
H I B E T A U L O M R P
C A Y H P C B T E P A I
P B V A N A I L S H M T
P L C K S C R D E F E I
L E F U E F N A N I R A
Q H C A C L I L B I G B
T X B A D O R A B L E L
E L B A M U S E R P E E
E L B A H C A E T I W W
```

290

```
N A B N I I R D W S A P
N A N R O H G E L U A A
G B T K J T L R N S D F
E I K L I S G D P S F K
L A R A U C A N A E N R
Z M P M I S B A I X O E
Z Y M H D E A L G P C W
I E M A R A N S E E R R
R I E R D I D I A K E O
F O T B H G A E D I A V
Q D T C G M L D X N M M
K C O R H T U O M Y L P
S C D R O R S H Q P E O
H F N Q K O I R E Z G F
R C A Q U I A O Z I B F
X Q Y F M I N O R C A I
Y O W G W S Q G E O R B
```

291

```
X R P R A G E N I V V E
D N R I S E N O T S C Z
Y S W V A G A N O M I S
A E A H T A M I R A N Z
B T N M R W E N L R M K
X A C R O S S T O Y T C
C L R D B H H H X M T L
R I F A E K T H Y A H B
U P V N B M E O P G I T
C S E F J B G U Q D E F
I U C A L V A R Y A V W
F I V L F P Z S J L E O
I T R E H C L U P E S N
X N R S H I V A C N H I
I O X C A X P E T E R K
O P G N G X P A Q T Z S
N O I T C E R R U S E R
```

292

```
D T T O L A H S Y Q R J
G U L N J A M Z U E D N
A V A L O N N E X E V E
H Z O V I G J C R F J A
H E D E S C A M E L O T
H R C L C L I R A L I W
R I F T I S E M D V O N
I O L B O V O D P N A T
O E U L E R E V E D E B
S R D N A B C A R E T P
L E I K D M R C C R N S
Z U U S A T B F I D K O
G M Y M H X A S V R U Y
W I Q U A H T B A O E A
N N R I L R F N L M T N
M O R G A N L E F E Y J
N W Z M G V B K M E J C
```

293

```
P V L A S H T X Z E Z A
U U V G M T K B U U V A
F E C E K B T R G N B G
Y L C C R G F O V P E B
B N U C I D U E C U E L
P L Y K S N I V A R T S
G M N D O F I R L C H M
Y O I D O D J I H E O E
H Z D K J N O A A L V T
X A O T E Z I B N L E A
X R R W V K L Z D N N A
P T O N O M U U E H E A
B H B V Q L D S L T T Q
Q X S Q D S S U A R T S
Q K K Z W A G N E R I I
Y T A W M O R C R Q R B
P L H Y H K V U C W B A
```

294

```
B K Q T N E G R U S W A
C A L L E R B M U U U T
T I Q I D L P D N X T H
T P N U N I O N I S T P
W O P O R I R O V A E B
G T U E S S O K E E R D
A U S B A A I N R G E N
Z M U I N A R U S A D I
S J O V P E E T A L N W
U C T T D N T T L L Q P
O U R N O E L E L U K U
I Q U B I Q U I T Y O T
R F X C R N F Y X Y F E
O E U P S T A R T C O N
X V C L D R V B M E W S
U I C L Z B P O R P Q I
J C O L U F G I W U A L
```

295

```
A E J H M W W L Z J L A
U Z Q Q O C L T C F Y K
R O M A M K C A L B A U
O W T A D O D O U K J A
C O A T A C W N A N O C
H L R L V U A W O L L A
S F P A H T A I A A A D
J U A S U H L I U L Y Z
T A N B I E K G E H S E
R O V E P A H D U H A B
H A W A I I M A M O N I
V R C R N X F D H T R L
N R E G I T I L A B A L
R G O I P O I P P U I F
K W B B Y J J G G Z L L
L D B U S H W R E N H B
V V D K U A T A E R G X
```

296

```
R T Q Z Y O P R F U O F
O W R F L D E N V E R R
C M O A T N A L T A C G
S K M R H L M Q N L Y D
I C O F H D X K O T S X
C I W K B T F S O M T N
N W L A G U A R D I A D
A T S L R N O E D T N F
R A E T G N A M H N S Z
F G L E T N Y B V C T P
N N L O H P I H C S E M
A E U J A I O J H T D I
S W D F O U G C I Y X Y
U A O M S P Q N C E O E
I R X T A D E N A H B K
I K O O A P B S G H F O
E N O R L A N D O C C K
```

297

```
B A J V N A C W N M D I
F P R C A I G S Q A B K
W T V U D B G W K M W M
T E V P T M U E M Z C O
Y O E L Z A K D P J B P
F R K B Q Z U E O E G F
J R A F K F I N L A N D
Y X B G R A L G A P Y A
N B R U N E I Z N V U S
A Y E K R U T N D G L G
M U W S M D H C A O W A
R M S Y G J U R V B X I
E E R T P O A E W Q L T
G X T G R C N P J I C A
Y I V P I I I O A E E O
P C A N A D A N L N P R
T O H E J Y M V L Y S C
```

298

```
G G Z I M E A D Q A X G
A A B U T T E R F L Y N
F F H J B A E A F Y I I
X Y S H A L L O W E N D
L W A R C X T B A D P A
T R U N K S S G T U G W
N S U N S H I N E T S S
F W J M T V H I R A E E
V I L N R H W V Y C D W
O M N E O Q U I U I I Y
C S S X K Y P D P V L H
B U I C E R E W O H S A
F I G U R E O F T P S E
Q T J I P F V N L A E A
W G R E G F M A S O N X
H B N S T Q S U L M A D
V D L O C H C E W Q L T
```

299

```
K V Z T E Y U A O S D N
D O M P I E L H J O K K
P W Z J C G P B F V R Z
Z U Z D O N G U O D O X
M T U U H D P N R C N L
H C R O R B O L I V A R
P D C S D C F J N R I M
E O G S A L K D T Y V I
D L B E S M B S I L I B
H L A Z T E U Q E Q L E
M A O B L A B O D R O C
C R V S H E K E L I B R
C D T C W H V Z F I O K
B H A G N I L L I H S F
Y W C X E O G A R U E P
K U G J T K K E E K P L
K G X Y Q Q U A F R J S
```

300

```
Q O X S Q Y W E U P H H
G A F C U T W V G M K D
B M T T A I D T N W R A
S R I A R L E F I E I I
Q U A D R A N G L E U L
U U O P E U O L B W Q H
I M T L L Q I X B U S Y
C Q Y Q U R T P I A Q U
K R U U D R S V U T Q C
S L Q A A Q E Q Q U V D
I H U G I R U U I O J V
L Q A M E N Q E Q W V L
V K N I L C T L E Y K C
E X T R J E N L L N N D
R E I E N S J I Y A D D
R E T R A U Q N U S S T
M V Y I G A O G I Q P R
```

587

301

```
P J T A Y Z O S V W M O
N H I U E G N A R O V B
X X U C N I W T C U G E
R Z P A Y Z B S H Y T E
V J M I R U L U E C N C
R M P N R Z R M R I J H
I Y R R E B W A R T S N
H K S V B U Q E Y J K U
H A X R K F G M R E S T
P T Z B C N I I R P C W
P I N E A P P L E O Y A
Q U X T L N L C B P O L
X F M L B N A N P E N N
C R M P V N U N S A R U
Q Z E R K T L T A C K T
E N P Z P I Q G R H W G
O X G E J D N O M L A J
```

302

```
L P L K C O T T A G E F
I M F M H H G A D H S F
M A L L E R A Z Z O M X
B L E Q D E R J T N A B
U O Y N D O E Y O A L S
R Z C A A O D T Z U E W
G N M C R S L E E C E Y
E O G G O I E V U N O E
R G D R T N I M S C M T
I R O S E N C L R M K I
H O A U N B E I E A L L
S G Y E D Y S N N Q P S
E H Y V D A T L U I A I
H M K A N A E A R I S T
C L L A L L R I T A J K
Z E B M K G T C R E J Y
T R H S N J H Q Y B F G
```

303

```
I G A S O L I N E O U Y
L K E G R E A S E A L S
X L Q N P O M Y B H U K
B K X I K H O N N S B C
R J O K O O G D P E R I
J H L A W H D E K W I T
E K A R B D N A H L C S
C O M B U S T I O N A P
S Z H I I R T R R G T I
J B R O E E T O S T E D
V O N V L E R Y E S B O
S I O I P R K G P O M G
D I N D I C A T O R S K
P E G M L I X T W F V N
S W I N D S C R E E N U
Q G D B A V I Q R D A R
T I R E S L E E H W Y T
```

304

```
G M L O W B O R N W V W
U Y D E M O C W O L T L
G T L O W M A S S O O R
Y C N E U Q E R F W O L
D T H I T P E B T P E A
I C I W O Z K E N R F R
A Y G L G P N F I O I I
P A H O E S W W Q F L M
W W R S I D H O C I W D
O H A O S G I V L L O A
L G N W I O S F N E L H
T I K H L P R G H N I G
R H I G H K I C K G E I
T D N A M M O C H G I H
H I G H B L O W N G S H
F R E T A W W O L S I L
G K E E W O R B H G I H
```

305

U	D	N	U	O	H	H	P	Q	D	V	D
N	R	D	A	Q	Z	N	O	N	F	M	V
J	E	A	L	R	Z	D	V	C	P	D	R
S	T	B	E	I	W	C	Y	G	N	E	T
X	A	F	U	J	Z	H	R	H	J	C	W
L	E	H	R	L	H	A	A	Z	D	U	M
O	T	T	E	R	L	M	R	L	U	E	L
P	N	G	F	L	S	O	K	D	J	B	S
O	A	R	I	T	H	I	C	A	C	T	S
F	L	R	E	N	A	S	C	K	E	U	Z
D	O	R	H	V	K	K	K	R	F	Y	T
G	B	P	N	W	A	L	R	U	S	L	I
O	S	P	U	L	O	E	D	E	H	G	A
B	T	G	I	S	F	M	B	L	E	E	G
J	E	N	Y	R	B	R	B	G	E	M	N
C	R	H	V	R	M	Z	J	A	P	O	R
F	R	V	A	V	N	B	G	E	T	W	I

306

N	S	H	O	T	P	O	T	C	O	T	Z
I	O	I	R	A	Z	N	K	E	P	S	I
B	C	M	H	O	A	Z	E	I	O	T	U
Q	E	S	M	S	A	I	V	L	H	E	K
R	Q	E	A	A	P	S	N	O	C	A	B
Y	C	E	F	T	G	X	T	F	B	K	N
O	H	O	A	B	O	W	C	L	M	F	D
P	R	E	T	R	U	F	K	N	A	R	F
C	M	D	S	T	L	R	G	Y	L	M	P
A	X	O	E	P	A	F	G	L	Q	H	B
S	C	P	G	G	S	G	E	E	W	N	V
S	H	W	A	J	H	Q	E	C	R	K	L
E	I	P	S	D	R	E	H	P	E	H	S
R	C	B	U	P	O	R	K	P	I	E	A
O	K	R	A	B	B	I	T	S	T	E	W
L	E	R	S	I	G	G	A	H	P	J	B
E	N	O	S	I	N	E	V	J	Z	W	B

307

K	E	N	O	O	N	R	A	Y	K	K	Y
U	U	D	P	G	E	S	A	E	O	E	K
I	S	Q	R	V	R	O	T	A	T	O	R
R	G	X	I	A	A	Y	W	C	C	X	W
D	R	V	R	C	C	L	R	E	N	J	K
V	E	I	A	L	I	E	S	M	V	A	S
R	P	O	D	W	F	V	C	O	Y	V	E
R	A	L	A	E	A	E	I	A	L	J	X
G	P	Q	R	B	L	L	K	C	R	O	E
N	E	R	O	T	O	R	V	V	D	H	S
W	R	H	G	F	T	Q	F	E	U	K	S
S	U	E	U	M	K	N	I	M	W	V	B
M	A	G	C	O	Z	F	J	A	O	D	O
K	R	G	O	A	I	R	E	D	D	E	R
N	J	K	A	E	O	A	O	A	T	O	S
A	V	Z	D	S	E	K	F	M	F	T	W
E	T	E	N	E	T	D	E	E	D	H	P

308

K	X	S	H	I	N	T	Y	S	G	R	M
C	H	A	M	M	E	R	E	N	N	K	F
O	M	O	C	U	N	O	I	O	T	O	I
D	N	Q	Q	L	N	T	T	R	N	N	W
A	Z	O	S	I	A	N	A	O	X	I	H
N	R	L	M	K	I	C	H	F	Z	Y	F
C	S	O	S	M	K	T	R	E	K	P	L
I	D	C	D	R	A	W	F	O	G	U	T
N	L	A	I	R	F	G	W	M	S	M	W
G	B	Y	A	E	W	P	K	Z	C	S	N
W	N	M	G	N	I	T	H	C	A	Y	E
S	S	I	L	L	A	B	D	N	A	H	T
M	I	S	K	S	Q	A	O	X	A	B	B
J	V	R	A	L	S	R	I	X	S	P	A
G	A	M	K	I	A	E	V	D	I	K	L
B	Q	I	E	X	M	W	H	V	R	N	L
Y	S	O	C	C	E	R	A	C	I	N	G

309

```
X A O M Z Y N D W M N S
M Q T H Y E T F A Y Z C
S J D W M D T N H N R S
S O U I O O S Z S L Y B
E I R E M O G T N O M B
L Y L E O W D G E R B I
P S L W T T X S R B Q W
U Q U E I S T U C F D C
O I E Z A E E A F B A N
C N J K W W P L A Y E R
R R I A J A C K L I N P
E U R V X N S C D A S U
M T I C E O K I O L B D
L A N G E R D N N J O X
A R M R F M T B V G F J
P E J X E A G E A A H I
D S B W U N O H J S T D
```

310

```
Z M Y G U A S Y F J Z N
D E P E J G L O P S L S
F J C R R A G A H J U J
K C T H A D D A E U S N
X L E B A U D T S Q A S
F N L F N R H M E H E O
U K I Q A R I S T S A H
U D S C O Q N A O M I T
V P H L V A N M H J P X
I P A U C O Z U T A Z Q
B N I Q J G W E U S M X
L T A E Y D W L R B G S
T X S B R M S K O E M L
J S I C A I S P H K Z R
E M M D H L P J U L R J
B Q A J A C D D V X U L
K V O V B P Z T C G Z Q
```

311

```
D J H N I H C T U L C D
I H I H B O S P E E D O
C S Z Y R U M V L S U R
L D T N A O O J Y E L D
S E E H O U T Y G I X E
J R X S G W O A H D Y T
U E J D S I R R I H V A
N J P W I A L Q K D Z L
C O H L G R P D K X A P
T A C C E L E R A T O R
I N S U R A N C E E E E
O D R P N Z H S T D H B
N L J C A V N X N I N M
F T S T E E R I N G O U
K P I G C D L O S A F N
D F N I V Y R E T T A B
P P L Q C T R A F F I C
```

312

```
P I L U T Q P D L C Y O
J A I N N I Z J C A F Y
L A D A H L I A S Y P B
Q I O Z P A L U M I R P
D T F Q E D S V X E O B
V E F P R S E I W S L E
E R A L I H P O S P Y G
R B D C W L L L N N J S
B U R A I F O A A W G B
E A E G N W B I P I N K
N R W R K I E S D D P O
A X O E L O L H R A H L
O C L H E Q I C A Q L Z
W Y F T S X A U G M O G
X U N A L U H F O V X X
J K U E D H W Q N Z K B
Z C S H E K M O U J Q F
```

313

```
N S L F R T D Y E L P W
X Y E T V E C V M W D V
C M N D A H A O A M V Y
L H B L A J N U A P U I
U D E N M P A L A Y O R
B R G M R D S R W S J D
S E A M I D T S I H W C
O Y I C N N A O C U P Y
T G R A E A D P N F E S
U A R R G H M E E F U X
D G A S N G T G F L C Z
U J M G T N D R Q E H P
K T L Z K I T T Y V R L
J E W S R N U Z D V E J
K S Q B N N H S S P K X
A H S T N I O P L F O C
N Y M W W W R L Q K J L
```

314

```
H O F V M X J B D T L I
Y T Y A T L A M X V S H
C L K B H R V B I G H P
O M I U I U A C R O N K
Y O U C J G T Q N E H A
V T K H I O E S W C J I
Z A C S R S H G D M S D
W H C I R U U Z E P M O
O I A I A I R P A C I K
K T I Z N T L Y M P N Q
S I N E G I M A A B D E
S Y A M L R M W N N A A
T G M Z E U S O A K N P
V G S R S A Z L D O A M
L Y A W E M E Z Z M O Z
L F T K Y R G U C A G L
U F G X I W L N L S Q Q
```

315

```
T M Y G B O P Y V V G N
S C H O O L E D H R T A
S W E L L V E R S E D M
H Q M L H O B U K D D Q
R E V E L C F Y M I G D
E U E G D E L W O N K Y
W A A S T U T E I F W B
D S H A R P C N W O M M
B R A I N Y O A I R O D
T Q S G L S H L T M T Z
D A A E A S U I N E G D
A E B E N C N K K D D H
Z Z R C O S I E R Y A U
D I I O I J I O M N M M
X U G G T K F B U U N H
H I H R A U K L L S C T
N T T B R Y T G L E M A
```

316

```
S P E C I R T B V W H L
T H Y M U S P Q E C C E
Z T B C L J O I N T S W
Z O N R U T I M T X I O
O H E T A T S O R P L B
F T E C B O O X I G A A
C R G S T O M A C H P A
B D Y N E R S V L N R F
S A O R A O Q K E G A Q
D H L P A I T M I P C P
N N F U Y L O G C N A H
A Q E G B D L B I M T N
L G E C B I R I I B E O
G D A A K K F E P U M L
O S A E R C N A P A P O
M H N M U R D R A E C C
M E N O B P I H L E G L
```

317

```
D T O N K L I A N Q D L
F E N I L W O B K U R L
C L Y U G N I L S R A J
O R E E F K N O T R N E
W T I M B E R H I T C H
H H O C I A Z A C I H C
I U L N D S T Q L Y O T
T M S A K L H P O P R I
C B U L O G S B V W B H
H K O O U E A J E R E E
P N P D Y O R B H N N L
E O F E R T C P I A D I
G T H A L F H I T C H P
K R I N G H I T C H I B
N V S H E E P S H A N K
O T O N K W A R D A A I
T M U S A C K K N O T T
```

318

```
H P C P D Q E E P R V Z
S A O O L R E T A W K B
M G D I E P P E L J B O
W I N T Z S W D Q C G Y
A N Z I O M U P U N Z N
C C C E T Z F A E H I E
M O B R W S G R B L N Y
Y U P S S G A N E C L W
S R Z E D M A H C U L A
B T S P N V W E W L I Y
O R Z C A H Y M C L H N
P E A R L H A R B O R N
L Q I E K O W G I D E B
F N W C L L D E E E K N
O F I Y A I I T K N N L
Y T D Z F H M R J E U L
T V J G L S B O Q J B U
```

319

```
V R I W X X N Y Q P O Y
T A T D B R U S S I A N
T A S L N H C I L E A G
E I R S D I C I P L D Q
K H L A N A H N A D W J
U E S E M A N T E I V A
R B R E W A A I J R Q W
D U Q S I C I K S A F P
I R S G J R G C I H P U
S M L V T F E D N R K N
H E X F C I W Z H R F J
B S B Y T L R E A Z O A
Z E I G J I O I L R Q B
J F L L W P N N E O E I
R O Z T G I D E S Q O E
R J A P A N E S E K V B
T B X N S O E A M B Z K
```

320

```
H C R G H A P V C J Z D
N J R I E I N A Z P Z M
E F J S D N B S E K F U
E C O O K N E A F K U L
C H C T B Z J S N D S Y
Y A G L E A J N I A E D
G I L K E I D O A S N R
Z M I N K S K I E H E N
V E H W U A I T A L U O
L R C X K I V A L H A M
A E A H K A L T S W U O
T J L B A H N N L T I L
U X A H B R F E O L E O
S X M H A C I M C I W S
G A O W H N H A G G A I
G Y S G A N O L H Z T Q
E X O D U S Q J N J V F
```

321

```
X N D T J D G Q Q D A T
Z N G R R S T Q I I N A
T T R W U I I S R N D T
L A O O G O C W U U A O
M L H C V O N S O C L H
I A A T N S S O T N L B
O R D T S I M I P I T T
P I E E H D S O N U H F
S N I T G C U T S E E K
T Q Y I E L H O W O R Y
E B Y N D E O I L O B O
H M E I D R N R Y C F C
T I K E E T A F I O O E
F I E M E M O H U O Z A
O P M R A T J R C M U N
X U I B U R I E D I D S
S W N K C H O U S E R K
```

322

```
D F Q F O P N N S C D A
M P Q S E K A T S N T A
M T A L K S T Q U S H M
B U I N C M U O W E G X
O P S S E N R E D L I W
I J T L Y G E Q B O N Q
V S U T P F H S D P R N
Z L E M E S S K I T E H
N I A H W F B E T E V X
J C N N C G R G T L O S
W I O S T T N A D N Q
Z M H U E E A M E D P F
E N I Y L C R M R I I R
Q Z K L T W T N T R T D
B L I E P A C S E G U N
V K N U B Q C G R I L L
S T G R X A T W X X V Q
```

323

```
W F U M E V G H U X E E
C C H M Z H U A S W W N
N V Y V A O E Z H A B U
B Q N C D R S J V M Q I
D A F Z X S T E O T K Z
J W A I V E R I Z M Z Y
X N G V N W P R A B M W
N N Y G Q I R R O L Y O
O S Y B B H S I N N I F
D C W R O H D H N J W W
H E H O A R M E L K C Y
B A S L R S D T R W D C
P R L S D D L E S A H L
J K Y V E U I N R Y O X
F M J Z R U U G J I A S
S S I U L F G I L L E D
K Z C P I R E S R A O H
```

324

```
S N I O C F V Y T J I Y
T H H N O S V A N B R S
A S O S L B S D E A D G
M V W L D C P E U R K N
P S E F I R R T A Q Q I
S H X M X M O C H W M R
S S O T A G T C A X I Y
B C R T R S G Q E W N E
O C S A O S O L S R I K
O E P P E G E W N F A K
K H N X S B R P L W T D
S C V D L V Y A I X U A
E T A P A J G D P C R K
S G U M D S I H D H E H
B U T T E R F L I E S R
Q V M G M O Q D O E T Z
F B Y T S C S L L O D I
```

325

```
X L Z O R Z H T N J P F
U N U V B F A Q X E F C
N U Y F H M H K T L E D
A C N S D T O R I O P B
O U A E S U O L C R J V
W R H R O C K F O R D K
T S A V E Y E I B C Z I
Z G L L D G R H X Q N B
F N L C F E R R D M S Q
D I A M F W H E A S T X
S R C O W O Y I B H W I
O T I R U L G A Q A G N
K S E S I R C A N N O N
S E T E E A J I S N P A
P O I T L M B M L O A M
N H O L M E S N F N Z H
X S Q C S M V N B S F Q
```

326

```
N H H T L O B U N Y U M
D N F A O H B Z G F P Y
G I J D D O X K U U M O
O F N V M V H U S G N B
F A N D W N E S T I N G
S H C R A M Y R S E R Y
E W W A E W B K D E M S
S L G L I Q L V E A J W
S I X L A I U N U D N A
N D L I R M E I G B L T
O O O P Q R B U N N Y O
W F A R Y A E S I O X Q
D F L E D G L I N G X E
R A C T W O L L A W S Q
O D M A Y C W I E B T N
P I V C G H J N L T A H
N M P H H P S R C Y X Y
```

327

```
G L A T H L E T I C S R
C E S W L L A B D N A H
L G N E N G L V A C A X
O N O I H O C K E Y O S
Y F L G L Z T W G M W S
Y E H H Z O A W L I H U
M N T T S L P O M O S C
W C A L K A L M T O S S
F I T I O F I P A C H I
Z N N F R N U L I R B D
H G E T G T G T I A T B
M R P I E N S J S N M D
Q Y C N C A I E U J G J
N X N G N Y B X U M Y O
T I A M S A G M O Q P O
S C Y C L I N G X B E F
X G L L A B Y E L L O V
```

328

```
C H W C Q D G U J G K U
G G R I P P E R J L L I
K T L U W H S Z H X F K
A G O I S Q M Z A Q A C
R R Y G T H W G K R H H
G U W Y R T N E G C G U
N Z G R V A E N I U G L
O S F A H Y D R E G S Q
R T U T R Q D R I T R O
N J A O N B A E F Y G S
R O R R R M L I P A G Q
G A H Y M O G E F W L C
G R M A K Y M F D E A W
D E G M Z P E A S T S G
Q T L S A R Q K L A S V
F E N I D R A B A G Q V
I W O H D H G O D P H T
```

329

```
M Y S S F I S S A M E L
H A Y R L A K E D G L Y
L E F E E D N O R N L Q
O S K Q K R J U B A E B
V S E U A C B U N L S U
A O H B L N O A V N M O
N R U O E A C H O O E B
C C E N V U V M E C R I
O A U N A D L J N C E R
U L N E L A T E T I I A
V D D B S Y R A G L A C
E I X A T W F S R B V K
R V Q Y A B N O S D U H
M A P L E S Y R U P Q S
U K T P R A I R I E S K
M S N A G O L T N U O M
Q Y D N U F F O Y A B E
```

330

```
O Z A V S B Q C L X Q R
C W R N B W U J L Z P Q
E V A P O R A T I O N E
A Z P T R Z V J K A X D
N R D E E P I P E S O H
J J N R H R Z P N I I E
G T X L O D F R G S G A
U B G K L P B A X U U P
D U R A E A L G L A B I
I H N O T L F E G L B X
T A M H O L D N T P G A
C B I N O K I H I A N H
H N C A S L U P D A I L
G Y T K I S Q U A K R J
L V D A Y D I N L I P K
N C S J V R L K P P S F
K K S Y I T E B V F M W
```

331

```
W Y L T A V A R D S T P
V Q M M Z R E I I H Z Z
Y S L A F G A O N S C O
M H T K C S Z G E D H H
B A B L S K J R A Y U U
G N E O A F E A I I A S
T N E N V W G N B C N F
E O Q D O M R D Z O G V
K N K I N H N E G I H W
L M I K G I R O N D E M
W O S E V E R N I C U L
L L Z V S Z F E L R E K
L V W E T T W C R N T I
U B Z Q L C G A A O O U
L F S T D B Y N D J B G
X K L Q C S E M A H T S
M K P Z N N X A O Y B V
```

332

```
M O E X U N E L O O W C
D Y N W S O G P T G A V
J F S O V I U Z O Z Z B
S P O O L C A G E C U W
D O A R K Y G N I C A F
L A C P U G N I B B I R
B I H K C K K P A T H U
S I Z E S R U O L O C R
G Y H F K L P O L R T L
F P W F L A A L S Y I A
I C A O S G L S T Z T J
B X V T O F F H C I S D
E E I S T L R Z O B I Z
R M K A M E L D E E N B
E O E C A L R E T N I A
X J O D Z Z E N N U F A
I N D D W S R O L O C I
```

595

333

G	S	L	I	C	E	N	O	O	S	E	K
M	G	K	G	J	F	V	C	E	C	Y	O
M	R	N	U	N	E	I	O	H	Y	E	O
B	N	Z	I	B	A	L	L	O	O	N	T
J	M	X	E	P	C	D	G	S	R	J	S
L	L	A	B	T	O	O	F	N	S	G	I
F	R	R	A	J	Y	O	O	V	Q	Q	M
I	G	C	O	M	S	O	N	K	J	H	E
Y	P	O	O	O	T	N	B	S	E	J	D
Y	K	O	O	S	K	O	O	N	A	R	Y
U	L	O	E	D	O	E	N	O	A	G	Y
G	H	F	O	T	N	E	R	G	Z	W	P
Y	O	J	S	P	L	E	O	Y	I	E	O
Q	O	J	V	O	S	O	S	G	D	N	O
D	K	A	O	A	N	M	K	S	H	O	R
R	E	W	Y	L	O	O	P	I	N	G	D
A	D	S	N	O	O	W	S	G	K	U	K

334

O	I	F	X	V	I	O	M	K	K	W	W
C	X	R	N	I	E	A	U	W	Q	K	I
T	E	O	I	A	T	N	R	E	Z	M	M
E	A	N	B	S	N	O	U	O	H	X	Z
S	I	S	E	N	E	N	A	S	R	P	D
V	F	V	J	W	Y	N	K	Q	E	U	R
L	B	K	U	N	D	A	L	I	N	I	A
R	S	C	A	L	L	I	S	T	O	P	D
D	B	S	T	R	D	H	R	A	H	C	S
E	E	A	H	P	I	R	N	R	P	X	M
M	I	N	E	R	V	A	O	O	E	T	U
E	S	L	N	I	Q	D	D	D	S	C	F
T	H	J	E	U	I	H	R	N	R	N	M
E	T	R	A	T	S	A	V	A	E	Y	G
R	A	D	E	O	F	R	O	P	P	Z	B
V	R	W	C	N	E	M	E	S	I	S	Q
B	V	M	W	E	T	A	C	E	H	G	J

335

S	E	E	T	N	K	D	Y	U	Y	M	B
V	Z	Y	Y	N	B	L	A	O	R	R	A
Z	H	P	Q	A	A	M	I	B	U	K	I
I	L	S	E	H	D	T	L	E	N	T	O
G	G	O	E	N	M	I	S	I	I	K	H
P	M	O	T	O	D	Z	L	N	C	C	C
X	W	N	M	D	T	U	Z	O	I	O	O
T	H	E	N	E	E	Z	L	W	H	L	P
R	N	S	D	H	R	C	N	U	X	C	E
T	B	T	R	N	M	E	A	W	M	O	B
W	O	I	L	R	E	T	V	D	W	O	A
Q	E	U	A	R	U	S	H	E	E	K	J
M	Z	L	G	N	E	S	D	F	N	C	P
S	A	Y	N	K	N	M	H	A	G	U	C
I	X	Y	X	N	U	U	R	I	Y	C	T
L	H	F	Y	G	J	K	A	O	N	K	F
E	J	Q	L	U	P	Q	L	L	F	G	C

336

P	P	W	S	A	J	M	E	G	W	X	C
U	C	C	I	D	X	E	E	M	F	N	J
I	E	M	I	L	Y	B	U	J	Y	E	E
P	H	J	P	E	R	D	O	R	E	E	N
K	O	O	C	Z	M	H	G	J	N	R	I
E	C	A	Z	H	A	T	R	E	B	O	R
A	R	N	F	Y	T	S	R	I	K	N	E
T	L	N	L	V	I	I	V	I	E	N	H
C	D	E	F	E	L	V	J	G	O	M	T
M	Y	Z	G	R	D	I	N	G	Y	Z	A
Z	S	E	C	N	A	R	F	K	R	P	C
K	M	H	L	A	A	G	E	X	P	Q	C
F	B	U	E	O	P	I	Z	I	Z	G	A
C	O	K	G	I	U	N	L	Y	W	C	O
J	N	D	L	D	L	I	Y	L	S	Y	K
X	T	G	P	Z	H	A	S	C	I	N	X
F	U	A	Z	P	H	T	D	E	B	G	L

337

```
K N M Q D P I R C Q O N
P O L Y N E S I A N J O
Y U O S I L P T O M M Z
Z H D C H K G I R H A A
J D S O N L T H R C C M
I M N S E I N A A W S A
P K M A D V A T Z I E C
Y Q I E L I N T I O T K
T B P N O N S G P Q R E
H X H Q G G E M E A O N
E E D G D S N E P U C Z
A L N E U T L O R Q A I
S C H Q O O G E L G B E
R G E N S N L B Y V O H
O D R T U E A L U K T B
S U B M U L O C I M E O
S A K F A I E H O W Y S
```

338

```
J V Y L Z T F K R P Z L
C A R R I A G E A Z Y H
S S R D U I T S M A C K
H C E H W H S A T T B R
Y W H G G A Y R C A R P
D T W I G F A G C O G Q
R F E E H I A I R B U S
O R O L N V N F P W N Y
F S P S L I M T J O D S
O D C B M C S C G T A I
I M T O K Y J U D K O R
L D S B O D E T O B R E
K P G V O T M T U M L D
L A N D A U E E B S I I
D O Y A D A M R A W A L
C K J A C X T K J M R G
Z P V D K E F P I G Q L
```

339

```
F Z J I E U T D N S D W
C R U Z Y H T L H V I Y
P D X A O E Y O Y O W S
G O S L T P P N O O A M
C U P C M A T G F N W T
R P A O U U K V T O F B
N E D G C R W A O N H O
I O B M U A M L R B K M
J Z Z U C A T L T K U I
N Z S U R T S E Y D I W
I Y L I K A I Y P I Y V
T A A A M W T A M E S G
J U V M B J A U E N T K
Y R X T B E Y L R G P L
X H F A U E T N A E J B
C C J K Q N N R P B B T
H H E S B C J I I S M S
```

340

```
P R F Z T R E B I T J R
K A O C I C E R O A F H
Q T L M L C S U I C E D
P Q O A U A R A N I B S
O Q U G T L U K O T R L
M G D O U I U D C U U Q
P A S T S G N S I S T N
E B R U U F E B U U Q
Y G A K N L L O U T S G
T D R S A A J M R S K K
Q K M F I N I X O U A M
G R H O S L T R S G M I
I A M J A E I O D U Y D
K A L T P H K C N A R O
I Z G L S C R T A Y H N
F R N O F H T N A P H I
E O Q U V V G E B I E H
```

341

```
W W X G N I H S I F C J
L F K N I T T I N G R R
C G N I G G O J N S B L
G N I K L A W I W A E S
N I U O N S K I L S E S
I D S O X A M L C K K Z
W A U C M M O R G E E O
E E N G I O S N R T E O
S R U N N C I J H C P X
W R G I Y L W M W H I T
I M N T I R G H S I N F
P G G A R D E N I N G O
A M S R B E V H I G V U
P A G O Y F Q E C K Z L
J I Q C O W Y O H R I I
D Y R E T T O P T O A H
N Q M D J U J I T S U V
```

342

```
D A R C S W M M R L H Z
G K E A D B N I F F U M
J K V P E S M S L B L R
Q U O T L B F S W Q A Z
E J R A O N E P O Z M F
M Y G I O P O I R G B S
W F X N B I O G Z Q C G
V O L S Y N A G N Z H M
D G U C L K R Y I C O N
S N J A O Y O B D G P F
B S H R O L L S O U I O
S K C L H A A Z R B J O
W B N E B D N A L L I B
E O U T M O D S O O T Y
E I P R G D R I B G I B
P E R K Y E A L F C S T
V Y M B S N T I M R E K
```

343

```
X Y M M M I P A X W I X
E N O R U H F U F B X M
P Z H B F O O Z P F Y I
A T I H C I W U Z W M R
W Y C E S Y E N C R O W
N E A V A B S E K I H H
E Z N N L A I O B T A O
E B D O C H O C T A W B
F O E E H N U G F C K U
T A N L I S Q O H D Y B
B E E H O A O E Q S Q Q
S R C N R N R H H B N R
G P V O W O I A S K B V
T Q L T K Y W M P M C R
L D D E L N O P E A R Y
P Q E T E J W D U S H A
P S N E H C A P A V C O
```

344

```
D F E T E D A Y Q Y X P
N E W Y E A R A A S F R
G O O D F R I D A Y T H
T H A N K S G I V I N G
Y T B Z Y N P L C M A T
A A P M I U X O H H H E
D T D X X H D H R G V L
N A O R C W D K I E A O
U B F D E I L N S A Y W
S E D E W M E A T T Y S
M H E A S R M B M N N U
L S L A I T P U A E U N
A I X F S P I H S V S D
P M N I G T P V D D T A
I O R N V I E R A A I Y
B H B F P Z U R Y L H M
C N E E W O L L A H W O
```

345

```
M U A S E S E R A U Q S
S Z P E Q Y R E Z H P D
G T N U F E O Q W A F L
F L G X I P O H S I B D
C N O G D X K S G C C L
E H K N R M K G R H G V
X T N K A Y A Y A E Y Q
C T I Z O M S M N S J U
F N G H B F P T D S E E
G T H I W I A Z M M L E
U X T S O S R K A T Q N
M L E N M C O K S G F G
C P M W R H V A T Y M Z
H J P A U E C R E J Y E
Y L O P H R T P R H W R
U B M P G R M O V E S Z
W N G E F L B V Z L K I
```

346

```
X P Y V C P S A M U W P
D D S T S E U G N S A N
A R S T G C R U R F O P
B I S T N S R E W O L F
P P C E I E E F M A O Q
A L T A R A S Y I O Z M
I X J D R V E E H E N N
T I U S G N I N R O M Y
T O Y P O N A C I P D U
E B Z H K M I T E A I O
F R X K T S P D I N R I
N S D S H E A R D O R T
O Q E J C D L O Z E N S
C B Q E R I T S K Q W Z
X V R M U R W E I E Y R
Y P O F H B Q S R A N L
K Q C L C P X G U E N V
```

347

```
Y G H W G A J A J D Q U
Y R A U T S E F L R W B
Q V I K M R S X R K R V
G A Q V S B E O Y E Q D
Y R M C E P B N T K E W
S H O T O R V S N C H I
E G J U A A B F I I D I
M L E H N O S A P E P N
B A K A L D L T N W Q S
A O C C T P B I L K I H
R V F K A R L A W I G O
C O M P E T I T I O N R
O H S L F R H R U T I E
T U G I A G E R J R T Y
Z N R I I O N L A O S M
A D V E F E H Y J U A U
J M W M Y R Y S T T C N
```

348

```
Y W D D N A L H G I H Y
D B R A E G W O L I D V
B D E D N A H H G I H O
N S R E M I T H G I H H
G O U H D H C P F W C H
J R S C S H T Z U R B G
O A S T A N Y E U W N L
Y T E I C O S H G I H L
E L R P T T C K T U O A
D A P W G W D U W W H B
I H W O O N L K N E I H
T G O L A A U E A G G G
W I L L F S C L O Z H I
O H W H C K P D S H N H
L O G R E D A O L W O L
L I T D M N W O D W O I
H I G H C O U R T X N L
```

349

```
F D J T V N Z U P J U I
H T E B C A M G V D C L
A F N I O C G P S E V E
N A U J R I A C R R Q Q
S L F D L F L R K F X E
E S A S A N G E M R U D
L T J T A U A E D E Z I
U A P X R L I B I I N N
N F R H C A O S U S F N
D F I I M B V M J C D A
G I N X N O V I E H C V
R A C U K H A T A U T O
E Q E T S E C L A T H I
T P I M Q M S F O Z A G
E U G E N E O N E G I N
L U O E W L T W E A S O
P A R S I F A L W L B D
```

350

```
L E T I R O I D A T G V
R E T O D I P E R W O H
X R N Y D L S E I R N S
I Q Z F H Y H Z B H Y W
N E L V E C S B E I U M
V P N N N A A N M R R D
B S I I O G O R E H V K
R T Z M T T I N T Y I F
E N O T S N O R I O G C
D U A D D A E R C L N M
M Q U G N P T P A I E X
A M K N A A I R R T O O
R D U X S T S L H E U Q
L S Y E W I E R T Z S H
I B F F U T D P N T J Q
S E D I M E N T A R Y A
E T E R C L A C N D H L
```

351

```
C P A R D Z V W G L L F
P T C O C Y Q H H J V U
J X B G B W D T Y N D F
B A S E C N E R E T X W
N L E R O N A L D M Y H
P X W M N R O K M K O O
S G S E W I N S T O N E
Y E K U D A M R A M E W
D O C K R T F A B I A N
Q F B D A S S Z J P O H
W F U L W I L R Y N G E
L R B A D L A N I G E R
V E D W E A O L Q F M B
E Y R S R H O A D K R E
Q N S O T C V P U T Y R
D U B N Y R K Y E E S T
R T A Q X A K Z C O F O
```

352

```
I Z D R O F X O P V T Q
L K G L E E D S U J L M
Q O L L O T S I R B M A
G U O C O V E N T R Y N
H P C P B U N X E G V C
R E A J R Z C L E S A H
P Q D R A E W E G O G E
X N M E D X V B S U D S
O E A T F A R I O T L T
D W H S O O V R L H E E
Q C G E R O O M N A I R
D A N C D B A I U M F Z
R S I I R H Q N P P F I
U T T E D F R G R T E F
A L T L E C C H P O H K
M E O O D H T A B N S Z
P Y N L P L Y M O U T H
```

353

```
Q B K K V F S O I F I S
O Y O D L M Z B N N N A
D R A D N A T S D B V N
X T Q F G R N E V E I X
A N Q L B A P R B S H R
J V J L Z E Z V U P H X
C H A M N I O E A O P Z
S O Z D M A T R T R J Q
X L E L V F G S C T E O
A N G A J E C H O V E N
T M Q R L H R C R P I T
A L R E P O R T E R Z L
X C T H N U B E I E X D
Z M T I M E S K R S E D
X G C A R G U S U S E I
L L C X C G D R O C E R
E G C M O Y R U C R E M
```

354

```
F F F V J G N I W O L P
C H A H B I M B Q V P I
U U L X X I A F L Q R H
M I L L P O N D P E U D
M P O T F I G F I Z Z V
Z X W Z I A D B G I A L
W C T F R V R S S A R G
A Y R A R M A M T M G R
Q A B H I F I T Y N W J
N L O L G P N L I A F N
E R U N A M A H K O R H
G R N B T R G S R I N D
A V W A I U E E T R N M
L E S R O H S S N U V G
I E K L N T A R T D R X
S D P E R E A P I N G E
V H A Y R I C K A G H M
```

355

```
S B M D W Z Z L E Y W Q
N T Y R E T N I O P B E
F M Z F I L U R C H E R
H O U P F C A F Z U K I
H M S V O H F D L D W J
N D L R X I O B E K I N
T Q G G T B Y E T R T E
D I W S E R W E I W I S
E I A R R E O S K H Y A
L M M E R D H E U I K B
E A K L I S C N L P S S
N B K V E E W I A P U L
W O R T R T O K S E H U
A X T G O T H E C T X S
D E U U L E C P E C U E
R R O D A R B A L U N T
J K D N U H S H C A D J
```

356

```
N B B U R A S P N R B S
V U T S N S W A P W B N
N A I E M Z I W S E K F
H O C I X E M W E N Q U
K A R N Y A K S A L A B
Q I P T I Z S Z B L I K
F U I N H E C V W F N V
H L E K N D P D I H R C
W Z O N H U A L S A O B
E N E R V D L K C L F D
C T E B I I X F O H I M
W E S V N D R R N T L O
Q G G O A O A G S Z A N
N W I H R D G D I G C T
Z S P I O W A E N N Q A
F P D O D U W P R R I N
W X S W K A R I Z O N A
```

357

```
O M M M X L K N I L B V
X Y U E G C R E M B Z D
S D Z F R C A T C H Q P
K U R N A W W S C U W H
H T M P Z F Y I C A D R
L S H L E X P L O D E A
Q B H J J K G M N P C R
Q N H O E N A R S B V M
I M I B U I D I T Z V A
M N H S T H U R R Y J
Q O T M C W E Q U V E N
F M U C Y R R S C H Z K
X L T J W P E J T Z Z B
O V A O S D K A X I F D
M N I S Y G E V M A F E
A I H L W R W F N K H Y
U G K Q B R R U Y S Z Y
```

358

```
R B P R A E G G E A R S
M X Z S V N Y L N E C P
H A S C E W A I D I H I
B A T S X T H W O U U D
M A N C U C O L D D N E
E I J P H P P C W E M R
G O A Y N A A H L Y E L
W H K U E M U I U S E E
O V G E E U M J J B Z G
H D R R P O J H I E H K
C O O W M E N I M S A J
G O E A R L G R E Y X J
N A C A I S E N O D N I
I R A T A R U T A M J R
N S H R N E E R G R K V
D A R J E E L I N G O I
C E Y L O N T Q Z F J Q
```

359

```
C O A W M F I F G F S X
O H H O R S E T A I L S
C Y S L I A R T N O C U
S D U O L C W O L L I B
T R T Y I Y G M M X R M
R O A S V C I F C M R I
A L R U N L Y C V B O N
T O T T A O C I F K C O
O G S A C N W H E H U L
C I O R T I I P N K M U
U C B T H C R A I N U M
M T M S U A G R I V L U
U U I O N U T G U Q U C
L S N T D M V O X S S I
U P I L E U S R C T N L
S U T A R T S O R R I C
M A E R T S T E J E X C
```

360

```
Y R E T N I L P S T K D
E R S S C A L D I N G H
L G O D H C T A W E E W
C P N T F M W G T I S Q
Y M G N I L P M U D N R
C U A E O D A W X E E V
I S I U P S U G M B S K
N H D Q A X I A R O N U
U R Y O P L I R Y A O Y
L O V L V Z Y D P S N R
H O M E L E S S E M W T
Z M K R C F A R R E I S
S T E T S C U P T I Q I
O T W S K T S U N Q A G
P K O N X U O O E X S E
P A C I F I S M S D B R
O E M M L F S J S W I F
```

361

```
L G C E E U C B J W A X
S M R A N L U M Y N E B
F G F K V Y O E O Y K D
C C K Z F I S S U R E A
H X V B T G T W O Z T N
U C M O L R V Y M G F Y
F P C G I A S I D X E J
M G I L A C D Y O T C C
M A S I M R E D I P E G
I M L F I N H B E N B Q
P N U F D Y I P O R E H
B S F I U A I B A X X M
G W K T L N N I H I G R
Y L B H E I N Z B C D S
G D N A H E V B Q S Q C
J S L S R Q T E O O F O
S L A V W P O H R T Q G
```

362

```
Q B T X L F Y O O B F S
D D N A M O T T O U E S
R R W U H E G O G R A F
A E U M A I K Y U E S K
O D F B E S F T M A Y Y
B R S R H Z C I N U C R
E A X E I I A E U O H W
D L L L P G E T F N A R
I F D L F R E F F S I E
S S E A C I E R H L R T
F G B S V E T S A I T S
C K E T T E T L A T P O
A C L A Z A N H B K O P
R O B N N G C P C H N R
V L U D R M S T O O L U
E C O L R X O X C R M O
R X D A A B T A O H T F
```

363

```
V E S U O H T U O B A Z
M D S D M M C I S M W J
U I W U B O A I E E Y J
E Z V N O I S N A M J O
S G T M V H I Q P X A U
U U A W U C N U U P F K
M Y P R L I O W A E L G
D A N E A E R R O N O S
D C S J R G T A U T O K
V W I N D M I L L H H U
U A E S E E A R O O C D
M E C N H L E R G U S K
U T T E T T G I K S L Z
G Y M N A S I U M E E L
K T R E C A R O U B T G
M C H U R C H K O I O L
V T P Q L G L H M Z H Q
```

364

```
R C B I Z T P J K W V T
L E Y T P O T S F D U Y
S M W R I N L U A I M T
L I E I X W E B O A X O
X R U P N I O J Z P O H
M R S O F D H E O H G H
M O E D I E S C O R A S
W R T F L A T T M A K L
T E B M T N O D L G B H
X D W I E G H I E M M S
M E U L R L S R N E C M
G Y P A C E U Q S Z P R
H E P A C S D N A L F S
T H C L O S E U P M R R
V S Y P A N O R A M A O
B O X M Z L O N B G M T
R E T T U H S D K O E C
```

365

```
N W G J A R D E N N E S
E T A L P R E V I R G O
W M L R A V O E R U D X
B A L A M O M C A B I B
U B I G C A C D U K R O
R Z P L L D A L L C B S
Y Y O A M L G R X O R O
F B L F C E O V D N R O
D E I A V L T N E N O R
M S N R P K A E Z A F T
L A W T Q L R H J B M H
L N S V T G A I F P A F
J X W U E H S S K Q T I
F V J S K E N O S N S E
Q Y O E R D M E M E U L
F O C P S M K I T M Y D
G C Y J I P W D M Y E A
```

366

```
L A L S L E S S E V Q R
U A S K A E L S R B B O
G A U S F U S S I L Y B
T Y W V E S X S E N P Q
X R S S E S J S O O U M
G G E R L X S I E N I R
L R P L A I T N E S S E
I P F F N A G J T Z N S
O T S G S C U R M M O S
D G S S S S E R P M I E
D N E C E S S A R Y S R
U C L B S N S S K P S D
I F O E Z G I T A Y E Y
E S S E N I F L H U S W
G U S S E T R Q G U E M
Y K I S S I N G O U J G
J T R V F M K M X T I B
```

367

```
X S A G Q P M V T M D Y
T T Y X R B T E Z Q C B
E S M L K U Q Z I T E E
S W E I S S B I E R P U
U C T R E Q E M L B J F
N P H A O H R I A F R Q
U I V L I F N H U H N M
A X A B O R K N I H E I
T H T R E S A C A N M R
D E A A V E S V A M E Z
L Z E T F A T K A L R C
E A E W U E E H L B B O
S P H U H H L I O T Q L
S T T R Q W H W X V P O
A F E S F C K L E A E G
K C O T S O R A Y I K N
X W G A U T O B A H N E
```

368

```
T Q D L V I W P V V R W
A L E B R A T K E N C R
W N S A N L U I S S D R
K A K H O V K A H K M C
H C X H T O F I C C K X
G K A N E V G L C W O X
E N C D P H A P G A J C
A L G N A M R D R V J F
B G L S H W D A I X V R
J N W I C S I C S G O A
T A V N V B N T A Z C K
N S Y R M O E R N U G R
J A N U G O R W R A I U
L P T C N I E O O E D T
S I S Y S Z B J Q Y P A
J C S O I I U R U C U T
G K N F G R L Z E L S A
```

369

```
K M U D G U A R D S E P
U Q C W L Z D W I W S C
H B O L T S F N D P O M
U A J E B U T R E N N I
E L N R R S B E S G C R
F E P D E E D L E T E S
J V H K L O E A N I J T
I E A L M E R R N S E H
G R V E H S B N P R M G
B S T W U Y A A R H A I
N E P W A P N M R D R L
R Y E S C N C D D S F R
G S D L E B A S K E T W
X V A R D K S E R I T U
Q X L F O D O P U M P X
M W S X E V A P T K K O
U A U C P P V S S T K G
```

370

```
F L T R A J T H G I N S
N K P E L I C A N B V T
I D R A Z O R B I L L Y
K S U Z M H D Y T U T K
S V N N J C R A N E H G
I C W W N A O U U T A K
S N O W C O C K B H O Y
D R I B T A C Y E R G K
H Q E G M I H K L O F R
P O G L H P C W T A Y R
Q D O C I T N K T T E O
X R B P H O I V I B R C
Q A I R O L F N L S I K
D T U N S E L O G E G D
T S D R A L L A M A M O
H U S C H O U G H P L V
F B J L M L B Q O A S E
```

371

```
U C E M U F R E P E Z D
M L G S P R E Y M H O K
A E A D E S Y E U F G S
S A L O N S R S G Z R C
C N R D C Y D H Y G F V
A S O R B K R A X R A N
R E N O I T I D N O C L
A R A L E B A O R O E E
S R I L L S H W S M P R
D Q L E I A E M R I O M
J S P R F P E H O N W Q
X T O S L T S A S G D E
B Y L V I L M T S U E M
L L I C A B G J I R R Q
H I S N N V O S C C E B
A S H A M P O O S L K D
J T B V W A S H I N G A
```

372

```
E G A K C A P A S G X G
P W L Q Z O I G K K D U
R Y R I R R N W R R P F
I E L I M I S C A F O R
N D R A T F S C M U G R
T J I E Q T T N P N X
I L E D U S E T O O I G
N R C U O G A N I T L V
G M E P V I D T T S L R
T J C P N E A W S L E I
E P F P A T V H E L P T
L A E R I P O J U U S A
E N S V S N E K Q F B L
G I N O I T A T C I D I
R I Y P O C O T O H P C
A L N Y L E R E C N I S
M A I L I N G Y Z G O H
```

373

U	S	W	H	E	R	B	S	D	X	B	V
O	G	E	F	W	T	A	U	I	H	F	V
H	L	L	N	C	O	U	G	T	F	G	S
I	K	I	U	U	O	X	Y	E	N	O	H
M	V	M	V	O	R	E	G	A	N	O	T
O	I	C	T	E	W	P	W	B	T	I	Y
N	D	N	F	L	O	U	R	A	S	D	V
A	F	R	T	M	R	I	R	G	P	U	K
M	O	T	I	S	R	R	L	S	A	H	L
B	A	Y	L	E	A	V	E	S	G	U	L
J	J	H	R	G	D	U	E	L	H	S	J
C	O	R	O	A	V	F	C	M	E	T	E
L	S	N	I	S	I	A	R	E	T	I	H
O	E	I	H	I	C	C	A	U	T	E	I
V	U	V	F	E	N	N	E	L	I	E	A
E	C	U	A	S	O	T	A	M	O	T	T
S	B	E	L	K	C	I	P	H	Y	A	O

374

D	X	E	P	R	L	N	A	W	V	O	V
P	Y	Y	Y	Y	S	O	R	P	E	L	N
O	U	S	A	N	G	I	N	A	I	E	V
G	B	K	P	R	S	T	K	N	X	R	S
P	E	L	C	E	R	A	N	A	K	U	C
T	U	A	L	E	L	N	M	C	L	S	G
S	X	A	S	H	H	I	C	E	E	S	L
T	C	P	L	L	N	C	P	A	N	E	R
S	N	J	W	A	A	C	B	E	R	R	B
E	V	G	T	R	M	A	R	U	F	P	E
T	O	I	D	C	N	V	T	P	O	D	Y
S	O	I	R	D	O	C	W	L	I	O	A
N	A	D	A	U	A	M	I	O	A	O	Z
C	J	G	S	R	S	O	N	N	R	L	Y
S	E	H	F	L	A	E	T	E	I	B	R
P	J	A	J	T	D	E	R	A	H	L	O
Q	V	C	I	A	I	P	O	Y	M	A	C

375

376

606

377

```
I N D U R A T E F S Y L
D I L O T S X B T R D K
S T O I C A L R G I D Z
L U F I C R E M N U I I
H K O T R N H F I N F M
M P I R U K L S S B F P
P N L O O E Z E I E I E
G E U A X G N V M A C N
D S R I B S I E O R U E
J M B P I O I R R A L T
Q L W T L V R E P B T R
E D I A I E R I M L K A
R V C H W A X V O E V B
E G R A N I T I C U U L
T R E S I S T A N T S E
O B D U R A T E U G X V
X U Y T T O N K W X P D
```

378

```
Z E Q T E N I P S E D K
B N S S J S V S C O K R
G A T V O L Z H I D H A
F W L A K H M N Y C C M
L K C L G G K O T W O J
P R B U I E H O E C B A
Q H L O R S N Y R Z M Q
E S R O W C T A N A I S
D G C E W A R A S C L A
C Z A F C E R L K E R I
U R E D H A R M T L E M
A K E T N B R L U I P I
N A A E P U G B I P P N
R E V T P N O X S M U G
F S T R I N G P L O B S
V I Y L E B E L L Y T Y
P T S S G N I R D E R G
```

379

```
B U L I I O S C E R R I
S G J B W T T C U A Q
Y E M G O Y T R N A I K
H O O X R B M N E Q N E
K E X T R A E A E N T E
R S D D A R K F N S C E
K U P F B M B E E U D H
U O E E L Y O V T A R G
V H A R E D R T P X Z E
E N S T E A E S D E E W
S E D I H L M O U X Q A
E E J L W I Y P B P M U
L R N I H O F M B U S O
P G U Z U S W O L U D P
P G S E T P X C A N E S
A U Y R E O H U V Q N I
G Q V A Z T N A L P U U
```

380

```
T M D H P N M O T T O B
O E B A M U A O N S X V
F T I M K C C A O H O U
Z I H L H Q B K S C C B
Z T R E U I E T K O T R
O A N T L J T T B R A U
C N J A B L H I D E V T
E I C I R W O E L P I U
F A L L L C P G F S A S
R O M E O M N D A O H O
C S J H I I J E L R R S
M O H P K R T R S P V H
Y Y A O Q A A L T O X L
O B E R O N W O A E R R
Q G K C H D H I F B F X
P D W F C A K K F F Y K
A C T M L U H O L L T T
```

381

```
N G T U E D J X S M P D
K Q O A Y L H E E L O S
B X E L V P K T N G K C
C V N S G B A W I W I A
R H A T G T B S E G S V
N F I R A E E U V G I I
R N L R C N A O N N K D
E Z S M O H K I B I N H
T U D B R P Q L S P O C
S N I U N Q O I E P D N
I Y T V Y G E D P I N W
L Z N A J T I I I K E A
B A Y W S C N O C S T W
R M S O U G S B J T T E
V G P R L I T U F I P S
K N E Z A G E C A C V E
E C T D T T P S Q X R W
```

382

```
I X Z X H O Y R C D T R
D M G V D N E T N I O L
N B A H I E E U R C K H
V I L G H Z Y E D I T B
I Q M P I G H B G N M A
C I W M U N W U M G H J
O J E I I I A E J Z F H
N T N T I N I T I A T E
I N J I O O E A I N K V
C E Y D I R P N O O F O
T D O B L I V I T Q N R
L N G H L E S M S O S P
C I A E N R Y U L Q T M
E K Z T E C I L L Y D I
P X I V S M O L G I H E
O O N T S N A I R E B I
N I Y R O V I J Y L P M
```

383

```
U O S E L B A I N E D K
E R B E L B A E Z I S U
A L E L B A F F A U P N
R D B C O N Y C S E R E
E R M A O W D T R N O N
M I P I C V A M I F B D
O N L L R I E P R M A U
V K A F N A L R H E B R
A A S A B V B P A L L A
B B B L S E A L P B E B
L L E E Q G N I E A L L
E E U L Y E O A L T N E
V T J B S T I B B S N I
F G J A Q A H L A U J X
G Y B X R B S E T J X B
E L B A P L A P O D T L
E I U T L E F R P A R S
```

384

```
R E K N I T S B F S F D
N K K A Z X O U P F W Q
T A U M Y X N I I E U Y
O F M E E V A L A I A E
S X D R A P I D N J K C
A T C O E A C E I S K B
D G E F B H I R S H S E
D C S E T X S A T U Q A
L Y T N P V U I R V S P
E R H I Y L M V F E L I
R E N G I S E D B A B P
G N Z Z K Y H J S B H L
O A C C O U N T A N T I
T E A R Y P E R I C Z J
D L L V Q R D A Z J K Z
B C U Y E K C O J R O B
Q J E R O T I D E U M X
```

608

385

```
V J Q Y O Y S P E L L O O
O J V A A N N U A L V H
K V L D V D L L K T W W
Q W D N M H S S K U U H
T I Z O N Z Z E S A E U
M E E M R W A O U O N R
D W V R E G U L A T O R
U K Q E M F G D N H U Y
Q M Z B L N U E D G W P
E S F M N R S N A I U S
V T A E A E T P N N V I
E X H T R C E T C T Z R
N W I P U I E T J R N E
I O K E Z R U S V O D M
N Z H S M A D V D F X M
G P Z N L B M A V Z L U
N M F W C L F N Y U J S
```

386

```
P Q J K F P W E F C J D
V A Q C A Q B G S U K D
X Y I O Y T O O G Q A I
M A G N Y C W G S N V V
P G N I T P L U C S C I
F E I C B I I H Z D N
A N T Y N G N M N R O G
G E I G N G G G G G Y F
N A R I U G N I F R U S
M L W P U Z Z L E S G O
J O G G I N G D T N Z G
R G A B S E I L I N G A
R Y G O L O R T S A N P
M X X C R Y A S N F I Q
G N M B H K E X X N D S
L K M M S H D C G M I K
Q E Y B C I S U M U R Q
```

387

```
E G D I R B R E T S A C
P O L X A T L A N T I S
B T E A E L A D S M I D
S H I N L W Q A K A M J
T A F A B I Q V A R I J
E M G D D Y R T E Y D U
P C N U E N V G P M W R
F I I C L O W B N E I L
O T R O A O E E I A C E
R Y P M D D A B W D H A
D C S K R A P H T U O S
U C P O E G R R S R M T
H T C M M I J O P Z X W
B K Z R M R M K D E U I
E J I H E B I X I L I C
P U W A M B R I D G E K
Q N O T E S U O M A H F
```

388

```
Z N O J N J Q A I C T C
D N A L E V E L C D C S
N A O N H L K D E D L A
M Q N S A A O C J O S A
O A L C R H R A T Y H C
R F D T R E C D N S I D
S C H I I K F U I L A P
V U V P S S J F B N E U
R Z R O O O I O E E G E
O F N L N L N R G J P W
L N B K L K U D E A I G
Y W H M X B E N J L G Q
A J O H N S O N S H Y X
T R N A Y B R O N P C T
E R V Y X T N X T J F B
G I A E Y W O Y W A P I
W S U S R T M P T Z J V
```

389

Y	Y	J	K	L	G	A	X	O	U	X	T
R	B	C	U	N	C	E	S	R	U	U	K
E	L	Y	P	V	I	U	R	E	M	Y	V
B	Z	U	L	U	M	B	W	A	U	S	Z
R	A	N	V	B	V	I	I	J	U	O	E
E	A	N	Q	R	R	I	Y	B	B	T	V
B	B	F	G	U	M	G	A	A	I	H	P
W	M	W	M	A	N	D	I	N	G	O	A
U	A	N	A	K	R	U	T	T	H	G	R
P	S	Q	L	T	V	W	N	U	G	R	F
T	E	H	I	D	U	Q	A	A	X	H	Z
M	D	J	I	E	Z	T	H	N	X	O	F
W	E	N	R	P	H	C	S	A	D	K	F
J	L	R	M	F	I	G	A	I	Z	A	V
K	C	C	G	J	E	W	N	T	N	Y	F
O	B	F	V	I	I	K	C	G	R	U	R
C	T	N	Z	E	A	T	S	X	Y	W	S

390

N	K	J	P	U	K	W	D	L	U	G	G
J	I	X	Q	D	K	M	V	A	J	M	A
L	A	T	N	E	N	I	T	N	O	C	I
C	H	W	R	I	X	N	S	C	D	D	H
D	J	R	E	A	S	Y	R	I	U	K	Q
B	P	B	V	D	M	S	O	A	R	Y	W
M	E	F	O	N	T	N	T	F	O	R	D
I	O	O	R	U	P	G	O	V	L	O	V
H	C	R	E	Y	T	D	M	T	L	V	Y
K	N	L	G	H	C	A	L	X	S	R	I
V	L	L	N	A	P	I	A	P	R	A	S
H	O	A	A	Q	N	M	R	O	O	N	U
W	C	H	R	Y	S	L	E	R	Y	P	Z
E	N	X	Q	T	M	E	N	S	C	R	U
M	I	U	X	R	N	R	E	C	E	I	K
F	L	A	M	B	O	R	G	H	I	N	I
J	Z	V	W	Q	Z	J	E	E	P	Q	K

391

D	Y	Q	T	X	K	P	W	T	X	X	G
D	U	T	S	D	R	A	C	E	N	I	N
V	W	A	I	H	L	E	J	K	N	B	P
C	E	R	H	R	I	K	C	R	F	S	L
O	C	A	W	K	D	L	U	A	A	K	F
N	N	C	T	V	B	M	O	M	R	A	B
T	E	C	U	E	M	L	A	W	O	T	B
R	I	A	O	Y	L	B	A	E	J	R	E
A	T	B	K	Z	V	H	C	N	I	N	E
C	A	E	C	M	M	L	C	D	O	A	P
T	P	Z	O	Q	R	W	G	O	O	A	M
W	K	I	N	U	T	E	T	G	N	I	V
H	C	Q	K	P	R	N	D	S	U	I	B
I	O	U	L	B	O	G	E	I	Q	O	P
S	L	E	M	P	A	M	E	I	P	J	P
T	C	O	R	R	K	Y	J	C	Q	S	T
W	A	R	D	D	R	A	C	E	V	I	F

392

R	Z	P	Q	K	K	Y	Y	R	Z	U	E
B	S	E	I	X	K	D	H	E	W	J	N
A	Z	T	N	A	I	G	A	I	U	I	G
N	C	O	E	L	X	N	Z	S	J	R	N
R	O	L	G	L	E	H	C	S	R	E	H
M	P	I	G	A	L	I	L	E	O	S	Z
Q	E	Q	T	R	L	A	M	M	F	T	Q
L	R	T	X	A	U	O	R	W	L	L	F
O	N	V	E	P	N	E	N	S	A	R	P
J	I	G	M	O	A	I	Q	V	M	T	T
E	C	S	R	E	R	T	L	F	S	N	Z
U	U	T	E	S	L	B	A	C	T	A	Q
R	S	A	T	E	L	L	I	T	E	I	C
A	X	B	S	H	E	M	O	T	E	D	K
N	Y	Q	U	A	S	A	R	C	D	A	O
U	Q	L	L	G	D	R	E	Y	E	R	B
S	Q	Z	C	L	M	S	D	M	P	W	F

393

```
H B G N I S I R P R U S
F A E L B A R O V A F G
O B E D I E N T E E I Y
P S F P D T T S E N O H
T S E D O M T D T D U I
Z C T T N E T E P M O C
S H G A R F L E R L G D
U A A N G L H G O I E B
P R G U I G D N P S N E
P M R G L D E I I L I G
O I E N A X N R T Z A L
R N E I Y G A U I E L E
T G A S O B G L O N W N
I J B A L W Y L U T G N
V E L E E Q E A S G S V
E E E L X O M F A L H A
Z Y E P S H I N I N G T
```

394

```
E H S H D V V L R J T S
U U I C G I A S A G G G
T L L X O N V T M Y I Z
E L V L A R S Y I W X E
S I E K G G A C U T G A
I T R E R E F L B M W R
O P Q G F E F J X L M Q
U S K I A F R I W U T C
Q I Y E D T O G I D N I
R F M B E T N C P U C E
U I C R U S S E T T E D
T M R N F R V R G A L A
C Q I S B I A I Q A D J
O T M K L H M S R P M K
B X S O N P V E Y V T B
D N O I L I M R E V O C
Q Y N O B E P C G S T X
```

395

```
U W W X X K L L C E V B
P T X E G E I S R S X W
P F P B D T L U A C A C
W A Y I Q E T R S H S S
M W R R U X R F H O N H
X P W T I A H E B O C O
L B H M Y L C I I L V O
X U O P C T T T F W U Y
O Z O S G A A S O U Z U
T O P X C T B M N W Z F
T S S E N I S U B P U O
R N O E F O G R O U P M
C M T L E N O D F B J D
G S O G A O N E V K W Z
O C V G D Z V R G S E X
K J O A W O I G Y A M P
Y E X G C Z Q B P T K B
```

396

```
S N R H T E V I V E R Q
S J S E I A N Y X F E R
T Q M T E C A R B P N W
X P K S I H W J I P C A
T B Q T X M C Q U E O Q
M J E N O R U P S J U X
V E O W X E I L Y N R B
A M P P Y H E L A S A O
A A R Y W N G C X T G E
Z R O D T P T N D I E Q
Z L V B R U E H H M R P
T Q O X A K X L D U I V
E N K T C R C K E L P A
X Z E I Q E I K C U S Q
O X U M B P T X D S N U
M Q D A O G E N M U I C
T V U P V F M O X H H M
```

611

397

```
H C R I B R E V L I S B
E T I I R E L P A M C K
D O L J A E P W M M O E
A H L P O B P B A F T E
I E C I V W A E H P S Y
I M N R V N B K O A P K
Z T H W A E A W G G I D
Q N K N T L R S A C N Z
D P A I S I C Z N W E N
M M H W A A I N Y U V T
J W O D O P A C A C I A
R U R T C R H Q H R Y P
K B N R N E N E E L O U
U F B I L U R D L P Y B
D M E M P R L O L A X N
H A A B Y E H A Z E L E
A L M O N D R R C L T D
```

398

```
W S Y H P S M G G X G U
S S I M N E X T W D W W
C N T B O R E H T A F K
G N O E L L L K M D E C
O U N I P I C D R P C H
N A V I T M N R E E R C
F P R G D A U G H T E R
W T W R G L M T S H V
I G A G E A A E O H T N
F C S Y A G N X R U O I
W X K S H M T D B S M S
F P R T F W C U P B W U
A T E E M F V E B A Y O
O U F N T D T P L N R C
O I D J E S W N C D Y X
W J E Y H Y I F U S X A
O E P V J L N S Q A G E
```

399

```
J C M Z F J H Q Y X W M
I R W B T F O O Y O A
H G E N Q L M U R R A Y
P J R G L V Z S R N R Y
I T M W G A K I Y Y I R
L V N H W I S H B O N E
Y L Q V P Q R S V O T P
H Z K P C R K T I A I P
D K Y R B O K P H E N I
I H G U N A M C R M T L
N A N T M A B E N J I F
E T K N H R V E T Z N F
H E R C U L E S L P D X
A E B A I N N D G G L K
R H P S M L Z T K Z E Z
Z C F B O P F I P U V I
S E R U E H T C O W X N
```

400

```
K W C E R D L Y R Z O W
H V U F G E T A B X O F
V O I H W K D W L P B U
C Z R B R A G N A H A A
L Y N N R T G U C M G X
P B P I H N U R K S G N
Q V O G M I W P B L A R
N R I E A R W L O V G H
L L F O I C O V X L E G
F H H M F N E D P L E X
T X T Z G V G G I J P V
S Q L H A A P P R I W R
T R A N S P O R T E R
L U E Z E R J C S W G W
L S T K T Z H Z R G F D
L J S J O Y S T I C K C
P V S T R I P L A N E N
```

401

```
O N C I K U R I L A N L
O X U E R T R A H C N P
V A N X Y L P O V V P J
M R U O E L A P E R M L
B U U F O R O W K Z R N
O P V S W C N N S U H Z
B A R W S R E A C I N T
E G Y P T I A N M A U P
I N S Y J L A A I R T K
X I H J J C L N K A E O
I S W A I A I I B L M G
P L O R Y S S B T L X G
U O E A S H Y I P I U C
T M N Y V R C I K M G E
A N B A N E S E M R U B
A N N I K H C N U M J
H L F A N A I R E B I S
```

402

```
J U J H C O U M B N B S
F C V X P S Q D I G B Y
N S C J K A I L A M I H
D O D O X M B N P L N T
X M I K O I Y G E O R E
Z I O R B M T D T T T T
O E N C E L A D U S L E
L D E D R P E N S I V H
I I E E O Q Y O U L Q L
A E H R N C B H D L Q A
T R U I M O L X L A V H
V E E B H L N E D C N D
A N R P C E A N V A G X
H M A U H I A Y H Z A D
W S E T U R E C V X A J
D Y M X I A U T S W B U
K Y O M M T K R K O Z L
```

403

```
W X C W H V K M T Y Q H
C P A T O S R L U Y R H
C L R I E Y P E Y E R R
M Y P E H A F J G E E U
H R E T T O R D L D Y W
P M R V N F O F N E A U
D O K E A D I U S P M C
W X S Q L N O R R A O A
A F M C L B K E D H C U
S S T E A W B M S I I W
T Y S Q G Y A A F P T R
R H I T H N M E B P A E
E V M H O D A R L I N G
L N I D T Q Q D L E A D
Q H T W A L L Y O M F O
L K P F T I S A R A P C
H B O Y W O N D E R Z D
```

404

```
M C R C G J J H L H U Y
Y B A C O N I E T S P E
M B E R G I E R H D K S
Z A P V Z G O R M L E Y
E W L I G W X V X M M T
P O X G P A P G G W P J
D T A E A I N S I P F M
C R H L B R S L X E D U
C E J A R M D A N J E E
O T M N U I O I N E A Z
B K T D N V K C Q N C C
G O H G T D E W A B O R
K G I C A R E G Y L N S
Q Z X Z O L A K L O I Z
N O K O D B Q U Y Y D G
W I M O R F B H T E O K
K D N D S E D E S S R D
```

405

E	L	D	T	D	L	O	B	M	U	H	L
S	F	O	X	R	L	C	Y	M	J	T	T
D	H	E	P	G	U	N	I	E	T	S	P
X	T	U	S	D	K	F	U	R	G	G	Z
W	L	S	B	O	O	B	W	D	O	M	G
F	T	A	C	B	J	P	L	E	C	I	J
F	P	S	D	Q	A	Z	O	G	N	G	G
S	A	D	Z	E	N	R	N	L	S	F	O
I	S	I	R	N	T	X	D	A	B	D	H
T	T	N	B	A	A	S	N	C	R	T	Q
U	E	A	X	M	V	Q	O	E	I	F	N
R	R	M	L	G	U	R	B	J	K	L	O
T	Z	S	Y	I	N	L	A	A	S	A	S
M	E	A	N	C	W	I	O	H	D	T	O
A	W	T	E	N	O	H	R	C	A	M	U
N	I	R	N	H	C	S	T	E	L	A	T
N	S	S	X	M	R	H	M	G	B	J	C

406

A	I	S	F	C	B	I	F	X	O	K	R
B	D	B	W	G	F	W	O	L	Y	P	E
D	S	P	R	I	N	G	T	A	I	L	R
O	C	G	U	L	S	I	M	J	U	M	U
M	L	L	M	F	E	R	L	Y	G	R	O
E	F	I	V	R	A	G	X	Y	Y	S	R
N	E	T	A	W	O	B	S	F	A	Q	A
W	E	C	S	T	P	W	A	E	E	R	V
P	L	H	J	V	N	H	D	E	R	G	G
S	E	I	X	Z	C	R	B	O	U	G	T
A	R	N	D	K	O	E	O	B	O	Q	W
W	S	G	C	N	L	S	Y	H	E	L	B
L	Z	O	E	B	I	L	N	M	A	A	B
L	C	T	M	M	A	H	T	N	R	L	T
A	P	U	P	E	Q	C	R	A	W	L	S
G	B	L	M	Z	V	K	C	W	I	R	E
D	E	T	U	P	Y	S	E	K	G	B	N

407

E	X	T	B	R	O	A	D	B	A	N	D
H	N	K	E	R	Y	E	A	W	A	R	R
C	M	L	T	D	C	R	T	S	A	I	A
A	O	J	A	B	O	B	A	O	Q	E	O
C	U	M	D	U	N	E	B	N	M	X	B
H	S	Z	P	U	N	R	A	B	I	O	Y
A	E	I	U	A	E	A	S	Z	A	B	E
C	W	Y	Y	H	C	W	E	B	R	V	K
I	X	O	T	E	T	T	Q	U	H	M	K
N	A	O	I	G	I	F	D	S	A	M	M
T	M	K	R	A	O	O	M	I	L	V	H
E	M	C	U	U	N	S	N	N	S	I	O
R	N	E	C	G	S	F	Y	E	L	K	B
N	X	K	E	N	R	N	M	S	K	L	L
E	E	O	S	A	Y	A	N	S	T	C	N
T	B	Y	M	L	I	M	B	C	W	E	S
N	R	E	D	L	O	F	Z	M	L	D	M

408

J	U	U	N	Q	V	F	U	A	T	Y	V
G	G	V	D	M	L	L	E	R	M	B	F
L	R	U	F	M	K	O	A	Z	Q	S	W
T	N	I	E	F	N	B	X	B	J	L	T
F	N	N	A	S	X	M	M	S	M	X	B
B	G	I	D	P	T	Y	U	M	R	Y	E
S	T	E	A	K	I	S	T	A	K	E	C
Q	I	F	S	F	L	E	C	K	S	Y	N
S	R	L	O	G	K	Q	V	A	P	L	E
C	W	E	E	C	U	J	W	M	P	E	S
X	U	U	A	E	U	E	Z	D	U	W	E
J	A	R	T	O	F	L	S	E	E	E	R
I	Y	C	L	S	T	N	E	S	E	R	P
F	L	V	K	O	P	Q	S	A	E	C	G
V	L	M	T	Q	P	U	T	E	S	D	I
S	O	E	S	O	O	M	U	L	T	T	O
B	K	P	X	M	M	K	J	H	P	D	A

409

```
Y T R A P V E P D G R Z
K O Q L Y E D S S A E D
P D O M R M B T T B E H
E V E S A M T S I R H C
B O E M M A G T Y I C W
W P H E N N O E L E Z X
A N R V I U C P N L P T
O R E D G E B H C X I R
Y M I M R L E E V E O M
E U N F I C W N Y L R Z
G U D W V M W Q A B E N
A Y E T T U O V D A C O
S H E R R Y I T A T N P
N T R T I T B K N S A A
M A N R S R E K C A R C
Y L J E R S W E E J P O
H K F E A N D V R P I U
```

410

```
D A V D P S R H W M W A
C D R O W S S O R C N M
O F S N O I T U L O S A
D E M S R A O U N C C R
R T H U D J E O Z R D E
M D U U S R G C O D E S
U P W D E R O S Q J I A
M D N O A G T W M A Z E
I Q A M R I K R G F I T
L O G I C D I K O I S N
R S D N H F W S P G J I
M E M O R Y T H O U T A
F T H G R O P S E R U R
P O I S V B V I I E H B
S U D O K U G V L F L Z
H Q M V R A I U L R L T
P I D Y M A N K A M Z Y
```

411

```
Z D I A M D L O M N O E
H Z K Y W O W B E L L L
A Y A Y E A O W G N D Y
E M E P X S E R E O T T
E B A F O N R W B Y I S
O I O F G W M E I W M W
E E T L M O V P J U E E
D N A L D N U O F W E N
N N O E O B T C Y O E G
D N L L G O I A V W T N
M E E O D E H R H W X G
T O E W T A C C D D A D
S L R O B K G A S D L D
S D S W O L L E F D L O
N E W E L M O Q G D L N
S R E N E W T O N E L O
S Z N W N A E B D L O O
```

412

```
Y G I R L G U I D E M C
D N A L R O O M I C S N
O A R B D H R C R A H K
X P C Q G N T B N M E U
K B R O W N I E S P L R
H C R O T C I V X B T A
T E N T P E G P X E E T
E D O H I K E R E D R I
N Y L I B N F H I E H O
T D Y E K W S D S G L N
P T N N T D U U A Y D S
O N I T N I U S Z Y L X
L F T U O C S Y O B J F
E R O X I T Q P N I K S
J R A K O E E Q M Q S H
G K D V B I V O U A C H
S L E P O R Y U G Z C R
```

413

M	R	C	Z	X	U	M	M	M	I	W	W
C	A	R	A	H	A	S	R	R	N	L	H
D	A	S	Y	C	N	O	A	O	O	G	B
B	E	M	C	G	T	H	W	T	I	B	Y
S	L	A	E	S	A	U	M	S	T	S	E
A	T	D	T	L	D	R	S	D	A	K	P
N	F	S	A	H	V	E	N	N	R	H	Y
D	U	K	C	T	V	T	A	A	O	U	K
D	X	Q	K	I	B	A	I	S	P	L	R
U	A	X	X	E	E	L	L	R	A	H	T
N	B	M	R	G	D	O	A	L	V	B	T
E	O	E	A	I	K	S	R	A	E	D	X
Z	S	R	D	C	N	E	T	T	A	Y	G
A	I	A	C	O	A	D	S	I	S	A	O
M	W	Y	Y	G	U	T	U	G	F	H	K
C	H	A	R	A	B	I	A	N	W	G	U
K	C	A	R	A	V	A	N	E	G	E	V

414

K	J	H	Q	K	D	Q	K	N	Y	U	G
U	A	O	W	A	Y	V	L	S	B	V	X
V	Y	I	G	Y	R	B	M	V	R	O	R
O	I	N	R	E	T	S	A	E	I	A	S
E	K	K	U	N	R	O	N	B	T	U	N
C	M	R	H	O	A	Y	X	L	I	E	K
O	T	R	C	J	P	M	A	T	S	M	Y
N	S	O	P	L	O	M	I	N	H	V	B
T	W	Y	G	S	R	R	R	B	A	R	A
I	I	A	B	I	U	Q	L	R	I	I	E
N	S	L	A	A	E	O	I	C	R	A	R
E	S	B	M	H	R	G	N	B	W	T	O
N	A	R	U	N	I	T	E	D	A	P	F
T	I	U	N	Y	A	R	S	P	Y	Y	L
A	R	N	R	P	L	M	M	U	S	G	O
L	B	E	D	I	K	K	E	U	J	E	T
F	B	I	N	O	R	T	H	W	E	S	T

415

S	E	L	O	H	C	S	L	U	A	P	K
E	E	L	E	Y	A	K	Y	N	N	A	D
V	V	L	Q	F	V	A	G	A	Y	H	E
J	B	E	T	T	E	M	I	D	L	E	R
Z	A	W	L	H	A	T	V	A	X	I	E
S	S	M	O	Y	I	X	W	H	A	C	H
P	T	O	E	T	N	R	L	D	Z	X	T
M	P	R	V	S	E	W	A	R	N	O	K
Y	A	C	E	N	C	D	A	O	O	I	I
O	R	R	C	B	E	A	R	U	N	S	R
R	T	E	K	R	O	Y	G	G	G	I	E
B	A	V	F	T	B	R	D	N	C	H	I
O	P	I	V	D	W	A	A	H	E	Q	X
R	O	L	R	D	V	A	A	I	H	Y	T
J	E	O	A	I	F	R	I	I	L	A	H
L	L	L	D	L	D	P	P	N	F	U	E
P	C	M	V	I	B	T	E	P	M	J	J

416

U	Z	I	N	I	T	I	A	L	S	Q	U
D	F	L	N	O	D	E	H	L	V	D	D
Y	R	E	E	N	T	P	M	A	I	O	F
B	E	A	U	T	Y	S	P	O	T	C	E
T	C	H	C	O	T	Y	R	W	R	G	E
N	T	C	O	G	Z	E	Q	U	A	C	L
S	A	I	N	U	N	U	R	S	H	B	T
G	E	M	V	O	S	I	S	S	E	C	N
U	L	R	R	G	E	E	L	X	R	I	O
R	B	A	I	E	M	G	H	L	W	U	I
D	A	C	F	A	G	I	D	O	A	O	T
V	T	R	Z	L	L	D	Q	U	L	C	U
A	E	I	T	L	N	I	U	U	L	D	L
Q	M	S	N	O	I	S	S	E	S	B	O
B	I	C	A	N	D	O	V	E	R	B	S
B	T	B	E	N	G	L	A	N	D	F	N
C	X	U	G	P	A	Q	J	Z	G	J	R

417

```
P N H L Z F P V P O U F
M B S F D R S C E X C Y
E I V B E A U B N N R T
M G M B S W I I U O U I
N B I V P D L N T W Y S
L A L V I D E A P M S O
Q N S A L E V R E E U N
M G M P C R E Y N R I I
J T A M E K H T U C C M
V H Y S A C H M S U I U
F E B R E G T O J R R L
S O G N I O N R L Y B W
A R S R Z L U I U E A T
T Y B D V C R S T M F J
U N R E T I C U L U M H
R A S L U P D A R V D O
N F T A U N I V E R S E
```

418

```
X J S X B E S L P U X Q
I B Q S T R I P L I N G
N E W B O R N I Q K O W
E I I M M A T U R E Y H
X F R T Q T N A F N I I
P J L E L E S M A D E P
E I D E L I N E V U J P
R U O N D D T A J F T E
I N O G I G D T E N N R
E D R X B P L O E V P S
N E B I R Z P I T R K N
C R I N N O C E N T V A
E A E C I M A W R G A P
D G Y O H J L A S S F P
T E R E V E L B D C O E
J T P V L A O H W F R R
G K N T D L W C X J K O
```

419

```
N S M L L R E L I A R T
O J O O G C A B A R E T
V X O A T H I H I U E H
H P R P S J E Y Q N R V
S R G G E J D I N E G R
A P N R T O T I D C S O
U O I P N U S C M H C V
Q S G H O P O E V A O C
S T N B C A Z C C L M R
D C A Y T D R R L E P A
E A H Z N P N E O T E Z
Q R C U E P Y A P E T I
G D P D L B E M H V I G
J N A V A R A C R S T O
Y L D L T X E O E E I L
O K L Y C R O E H C O F
J J C Y C M Y O C R N Z
```

420

```
Y R E H C R A V B I J I
Y R E K O O C G M D K M
Y J T K P F N A C P R C
V N I S K I G Y G G O Z
V U I H E I N N J O W X
U V Z O R P I L G X D P
M T N O O H A J A B O Y
S A M H S I B T R A O P
C S R I T L A H D D W O
B C F Q Z A S Y E M A T
N I R T U T K W N I R T
M B E E K E E P I N G E
D O A N J L T G N T A R
N R D N S Y R R G O M Y
V E I I J G Y L Y N E W
L A N S G N I L I A S I
T H G N I I K S X X O M
```

421

```
C C E P R D O X Y E L M
R H U B A R B S C Y A G
O C I S P I N A C H P X
G A U C L T G H W E O R
N N U S K Q E B M R T R
R I I R T E I A D A A B
O L E D S A N K B S T D
C O S C D D R E L P O K
T M W A A U E D P B E S
E E V R R F P B E E S N
E S I R S D C E D R J Z
W N U O G H I A C R X E
S Z U T O X H N A I V K
N P K S D S M S E E R S
V M E A T B A L L S A G
E Z N T O M A T O E S N
E Y S E H C A E P R P D
```

422

```
S H Y M L F M W S Z B Y
V C R P A T T E R N Y Q
K D I B E M L B K Y I T
S C R S H A I B B K K H
Y I N Y S D S I E O B R
C C O T T O N N A O B E
S R I J M A R G D H I A
V C E P R E S S S T U D
H O O K A N D E Y E S S
M T I G M P A T C H S A
N A R N I N H C C C R F
O X T I E I M O P O A E
T A P E M E A S U R E T
T I J B R M D K C C H Y
U T L W G I I L O Z S P
B E I R I U A N E E P I
H K W M N K D L G A K N
```

423

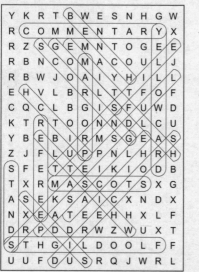

```
Y K R T B W E S N H G W
R C O M M E N T A R Y X
R Z S G E M N T O G E E
R B N C O M A C O U L J
R B W J O A I Y H I L L
E H V L B R L T T F O F
C Q C L B G I S F U W D
K T R T O O N N D L C U
Y B E B I R M S G E A S
Z J F L U P P N L H R H
S F E T T E I K I O D B
T X R M A S C O T S X G
A S E K S A I C X N D X
N X E A T E E H X L F
D R P D D R W Z W U X T
S T H G I L D O O L F F
U U F D U S R Q J W R L
```

424

```
H W Z L A Y Z D C Y L D
B S V K K A E R T S W K
Z D F R N O J N U P A M
D A S E I S L A R O R E
T H P G L N G O U U C X
V M D G S U G D S N O J
T F O A V R N A A R T J
R R O T E S I V U S U Y
I E E S R L D S N M H I
P G S A B A D B T E N E
A D T W D S O X E L L I
X M R R A M L P R B Q C
W P I D Y G P I M B P L
L F D J U U G A T O H M
T R E T T O T E C H Y F
W G F J E W Q C R Y E P
C C C D F Z J Q E Z R R
```

425

X	E	P	C	G	L	T	O	A	J	D	T
E	F	X	J	P	E	D	A	L	S	Z	V
W	I	H	G	M	I	A	T	V	K	J	P
C	H	C	L	W	P	K	P	R	J	U	
W	T	E	Y	E	F	M	T	S	O	N	K
V	H	L	E	M	R	O	A	P	F	R	B
Z	E	C	V	L	E	U	D	R	X	B	Y
N	P	Y	I	C	S	N	T	O	V	D	C
V	U	C	L	P	E	T	X	C	P	L	H
Q	M	I	R	X	R	A	X	K	N	P	O
O	P	B	A	A	I	I	R	E	Z	U	P
S	T	S	B	W	T	N	E	T	H	E	P
E	B	S	S	B	O	B	C	O	A	L	E
K	V	H	S	T	N	I	A	H	C	D	R
O	U	W	O	Z	F	K	R	O	S	D	T
P	H	S	R	A	B	E	L	D	N	A	H
S	N	L	C	Q	B	R	A	K	E	S	T

426

P	N	O	T	T	U	B	V	K	A	D	I
B	O	Q	B	C	U	R	V	E	C	K	M
R	S	L	N	L	A	I	C	T	I	O	I
R	E	U	Z	E	R	J	D	M	H	M	C	F
B	M	U	R	P	C	G	S	G	C	H	B
U	F	O	A	M	O	E	M	I	B	I	U
A	W	H	L	R	U	S	A	A	A	C	P
S	C	F	C	N	L	T	I	R	R	A	I
A	P	X	M	C	T	O	L	T	R	N	M
K	I	V	O	W	H	N	L	S	I	E	N
I	E	D	E	B	A	E	I	Z	C	O	E
R	L	K	V	Q	R	Y	W	H	H	A	N
A	D	R	A	J	D	A	A	P	E	W	I
R	N	T	L	U	A	N	E	R	L	I	K
R	U	R	R	R	I	S	X	G	L	G	K
E	R	U	T	C	N	U	P	K	O	Y	A
F	B	S	P	J	X	B	R	K	T	D	H

427

E	G	V	T	G	A	P	B	O	U	W	N
L	L	E	B	P	M	A	C	E	W	L	F
N	T	N	O	R	T	H	W	O	O	D	A
V	N	T	S	R	U	H	K	C	O	R	I
K	G	M	D	J	G	C	U	K	N	F	R
E	A	V	I	H	S	E	Y	J	P	K	F
I	N	K	U	Y	E	F	T	G	P	F	I
H	W	I	L	B	E	R	F	O	R	C	E
P	E	D	T	X	T	N	J	H	W	S	L
L	T	R	L	C	O	A	K	L	A	N	D
E	N	A	A	A	I	B	M	U	L	O	C
D	Q	V	N	M	A	D	O	N	N	A	Y
A	I	R	D	N	A	X	E	L	A	Y	Y
K	G	A	E	U	R	B	A	N	A	Q	O
P	A	H	R	S	T	R	A	Y	E	R	W
X	K	M	L	L	E	X	E	R	D	B	C
N	N	L	P	H	I	L	L	I	P	S	Y

428

N	G	D	O	Y	N	Q	B	D	R	H	N
W	O	T	Z	T	L	H	Q	B	G	F	K
I	H	I	Z	L	T	C	L	A	A	H	P
T	E	S	T	I	M	O	N	Y	V	L	H
N	U	Y	J	U	S	T	I	C	E	E	M
E	S	C	N	G	C	J	M	A	L	C	X
S	A	C	C	U	S	E	D	E	R	D	C
S	U	B	A	R	R	I	S	T	E	R	X
Q	Y	M	F	H	N	N	I	O	I	A	B
B	O	M	M	G	U	Q	L	M	R	P	Y
E	R	B	E	O	R	U	E	E	T	P	U
S	U	N	C	A	N	E	K	R	G	E	L
N	M	D	N	A	T	S	U	M	T	A	W
E	E	O	E	G	W	T	Z	O	N	L	L
F	R	E	F	Y	H	O	X	E	G	P	F
E	W	B	E	B	B	Z	P	J	G	P	L
D	L	S	D	R	A	W	A	O	H	X	D

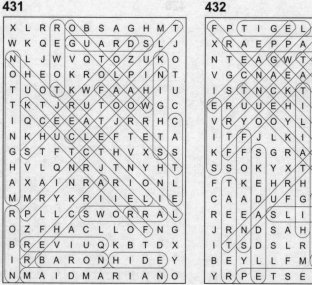

429

B	D	R	W	E	F	R	E	V	E	F	Y
R	E	V	K	N	M	E	Q	M	Y	K	L
Y	E	U	W	I	L	D	B	A	S	I	L
O	W	P	U	Q	B	B	W	N	B	M	E
N	K	C	P	D	S	A	U	U	H	T	W
Y	W	C	C	I	U	R	T	E	P	R	D
M	A	X	Y	H	L	T	T	P	E	O	E
A	H	D	P	C	E	S	P	T	G	W	E
R	I	M	I	R	L	I	S	F	Z	W	W
O	Z	S	C	O	A	A	L	Y	D	A	S
J	J	U	N	E	A	E	M	N	D	S	W
R	P	Q	X	E	A	G	S	E	L	A	O
A	A	G	S	B	P	R	W	T	N	X	L
M	V	H	A	N	I	A	T	N	A	L	P
T	A	N	S	Y	D	B	I	X	M	C	K
Z	E	C	U	D	W	E	E	D	V	Y	X
F	L	R	F	O	X	G	L	O	V	E	K

430

Q	N	W	A	R	D	R	E	P	U	S	S
C	H	A	R	I	T	Y	R	X	Y	C	R
T	N	U	S	M	O	O	Z	N	K	R	D
H	S	X	Z	R	L	U	D	O	K	A	I
Y	K	C	U	L	E	I	G	U	P	T	T
E	I	S	O	B	C	B	V	S	H	C	O
Z	S	V	X	A	N	O	M	U	E	H	Q
A	E	E	T	K	A	H	N	U	J	C	R
R	P	E	C	L	L	D	V	Q	N	A	B
T	G	U	I	N	E	V	E	R	E	R	B
H	D	S	B	R	A	H	L	J	L	D	A
U	S	X	B	L	N	H	W	N	O	D	K
R	L	A	E	L	I	D	C	W	T	K	E
C	L	A	I	M	V	C	G	U	T	S	Z
L	A	G	N	I	N	N	I	W	E	Q	I
I	B	J	A	C	K	P	O	T	R	R	R
W	V	P	W	R	D	T	U	O	Y	A	P

431

X	L	R	R	O	B	S	A	G	H	M	T
W	K	Q	E	G	U	A	R	D	S	L	J
N	L	J	W	V	Q	X	O	Z	U	K	O
O	H	E	O	K	R	O	L	P	I	N	T
T	U	O	T	K	W	F	A	A	H	I	U
T	K	T	J	R	U	T	O	O	W	G	C
I	Q	C	E	E	A	T	J	R	R	H	C
N	K	H	U	C	L	E	F	T	E	T	A
G	S	T	F	T	C	T	H	V	X	S	S
H	V	L	Q	N	R	J	T	N	Y	H	T
A	X	A	I	N	R	A	R	I	O	N	L
M	M	R	Y	K	R	I	I	E	L	I	E
R	P	L	L	C	S	W	O	R	R	A	L
O	Z	F	H	A	C	L	L	O	F	N	G
B	R	E	V	I	U	Q	K	B	T	D	X
I	R	B	A	R	O	N	H	I	D	E	Y
N	M	A	I	D	M	A	R	I	A	N	O

432

F	P	T	I	G	E	L	Y	F	E	Q	W
X	R	A	E	P	P	A	S	I	D	S	B
N	T	E	A	G	W	T	M	L	Y	C	P
V	G	C	N	A	E	A	C	L	Z	A	E
I	S	T	N	C	K	T	P	E	Z	R	M
E	R	U	U	E	H	I	A	A	F	P	L
V	R	Y	O	O	Y	L	E	W	L	E	L
I	T	F	J	L	K	I	E	A	A	R	D
K	F	F	S	G	R	A	Y	A	Z	Y	X
S	S	O	K	Y	X	T	E	E	V	T	A
F	T	K	E	H	R	H	K	R	P	E	Q
C	A	A	D	U	F	G	E	D	B	W	O
R	E	E	A	S	L	I	P	O	U	T	I
J	R	N	D	S	A	H	O	Y	I	H	G
I	T	S	D	S	L	R	L	A	N	N	G
B	E	Y	L	L	F	M	E	V	A	D	E
Y	R	P	E	T	S	E	D	I	S	D	E

433

```
K E C O G E N N A A Y O
C X D S L E O A H E K F
I Y X E V I M T N H I Z
B N D Y U E A F O T Y P
Y A O O L G B G S N M D
F D A I A A E T I A R P
N S A F Q R I E L B V N
F A G I N D N V A G A Q
D Q S J S N N X A A R T
Y I R H E A A I N A A P
L K R I L X T G P N B L
E I R T U E E S W T E Z
B D A Z S L I D A O L B
A J I Y I A R G B N L A
N G N C S I Y Q H I A Z
N D A R A H G N A A B N
A L I C E R A V G X T R
```

434

```
A A I B A J N U P Q T P
N P W K N A I L A T I X
S C E E Y F R E N C H P
O E L S S N A I S R E P
L R S S W E D I S H V L
J I H E S E N O T N A C
O R L F U Y A I R I S H
X N R A G G M M H S V S
F E I B G V U S E C X Y
D I N P Y N I T A J S Z
Y C N A I N E M R A E X
A Q L N A L U B G O A T
I A K P I O I A H H P O
M J S E T S L F H G H B
T T S C E A H X W M Y Z
M D N A M R E G Z A M K
P R P I A D G V X X R N
```

435

```
Q T Z R S W L U K N S C
F C U T L A S S I N T D
I F C E I N K A O Y S H
D N A L A X T O O Y A H
B Z T E S P L V I G M M
Y M C S A B A U A L B K
E O Z C U Q D L B R U K
R E G O R Y L L O J C F
U X D P D E U A O O C C
S S W E O E D L R Y A E
A T A N B S C S H N N H
E S Z E I X A K N I E W
R K A D S I S O U R E W
T R E S R H N Q P B R W
D A U S V Y G C G Z C H
Z H Z X O L D I H H N T
E S F I M G I N H S R N
```

436

```
O S Z H O Z Q E X T N S
E M A R C T I C Z K X B
M E T S W J T H P Y B G
A D F O O I R A T N O Y
N N E I R Q H M W B T R
I O O N N O E I K A E A
T O T V K K N L V V S G
O T T N A L W T U D I L
B A G Q O S O O O A U A
A K J E Q M C N L P O C
S S D F P N D O D L L S
U A S M A I T E T Y E E
D S E V G D N A Q I K Y
B C L A E R T N O M A E
U F C H U R C H I L L Q
R X A T R E B L A W W O
Y N O K U Y P F C P K F
```

437

```
Q P K T I L D J R I J D
M L R N G U Y R L N R Q
P A R O A D W E C Q N O
D C R A R A U H L N R W
D E S K D N K C O L A O
Z H Q P E J O A S W A D
E L U V N T T O E E O A
R D A N S E B R I D G E
M J R G E E W P A E U M
S W E R H L G P Y K H E
T X T O K R P A G R C D
D S L V E G W X T A B A
U U T E U E W T R T G L
V C N R S X Q R X D O G
Z R E U T N E C S E R C
T I A O U T E N A H O P
E C I I B L M M W L G R
```

438

```
E Y F D L H Y K Z S A O
Z Q R E V I L D O C H R
X W M E E L W J R Y E P
D O I S G M E A S D B S
N M M R E G T S N X U M
H T G E T T O E E T U S
C S D W A P V G P I Y H
E I M O B A V Y N D D O
P Z S L L E L A M Y C K
D Q F F E A R A O E A H
L E P N C E R G M N M P
S V E U G O F C A I P Z
Y O E S J I E A D M H Y
X L N R E V G S R S O U
K C A X I P T T A A R T
X M A L K P A O C J I N
V R O S E M A R Y I H D
```

439

```
P I A N E D G K H T U P
B R H M U J A C O B H Z
A J I N H N E U U S A I
D B Z S E S F Z D A J I
K D E I C A I N E T I E
P M Q H V I S H L B L T
Y M J P S X L R I O E P
D T O J C F R L Z S A L
A A G L S Y O L A U H Y
G B V A A L Q N B I C Q
W I F I B S Q H E L V P
U T P E D R B J T E C Y
Z H E Z E K I A H N U Q
N A H T A N D E B R T Q
R H M T H T A I L O G J
T A Q S U E A H C C A Z
S B H N O R S R J L N Z
```

440

```
G O L X G A L B S V D Q
L K T R V V I U I K T W
O N O I C N U S A D L K
M M W M U P G T O N V G
E N L O P Q H V R C D N
L T O P T E I W B C I A
A L C D N E R T R A X N
W V H S N X G I A N T L
H E O N X O L D S B H P
E X A B Y B L L I E A R
Y I R K J X E K L R Z R
D E O M C S H S I R B F
G T L R S G I S A A E O
V G F U W N J M D H R S
N P R L K Z M A B I L L
Z B M I A A F K A F I O
H G M X N S N C H X N R
```

441

L	L	E	Z	B	V	K	F	L	G	C	J
V	A	L	S	T	R	E	A	M	E	R	S
Q	F	E	S	T	I	V	A	L	E	X	H
N	O	J	C	P	U	S	E	E	N	K	I
O	X	Q	J	A	W	B	T	G	G	V	N
V	S	E	C	A	R	N	I	V	A	L	D
Y	H	K	D	A	M	O	C	S	I	D	I
H	S	R	T	D	Q	B	U	A	W	B	G
T	N	I	S	L	S	Y	O	S	A	U	F
H	O	L	A	K	F	R	E	R	A	J	D
N	O	N	E	U	U	L	B	Z	E	L	Z
U	L	H	F	U	N	E	H	J	S	E	E
B	L	L	N	P	C	V	H	C	K	F	F
M	A	Q	A	U	T	E	U	Q	N	A	B
Y	B	R	E	F	I	R	A	F	I	U	P
U	T	C	B	D	O	O	F	C	R	H	P
Y	T	H	D	A	N	C	E	W	D	A	Z

442

P	G	U	S	X	P	R	H	P	X	O	R
S	L	W	A	T	E	R	T	B	A	Q	E
Y	N	A	M	C	Q	O	V	B	P	T	N
S	G	I	T	Y	U	K	L	J	S	O	N
T	N	M	K	E	A	H	C	R	H	P	A
Z	N	O	O	P	S	A	E	T	D	G	C
E	U	K	O	G	A	L	L	J	S	O	E
N	B	B	Y	P	B	N	B	T	A	G	D
P	A	M	U	M	S	G	A	S	R	H	R
X	C	B	U	D	L	M	T	A	Y	K	A
X	W	T	K	A	E	E	V	O	N	Q	T
N	H	Y	S	C	R	Y	S	I	K	S	S
P	A	S	A	S	B	U	V	L	V	N	U
R	E	L	O	O	C	E	N	I	W	W	M
S	P	K	A	L	S	K	R	O	F	O	Y
N	S	T	N	E	M	I	D	N	O	C	B
J	T	S	C	B	R	E	A	D	T	L	E

443

Y	A	I	S	W	H	T	E	B	C	A	M
E	L	A	D	S	E	M	M	I	D	H	U
N	O	X	Z	F	G	O	L	L	U	M	H
C	A	S	S	I	U	S	A	L	P	E	C
F	C	P	N	I	L	A	T	S	V	P	N
R	T	M	O	N	T	O	N	I	Y	H	A
J	C	Y	C	L	O	P	S	K	R	I	M
D	D	O	T	Y	E	N	E	E	W	S	U
X	W	O	N	C	V	O	H	S	U	T	F
O	V	O	R	R	C	T	N	Y	Z	O	S
T	L	A	K	I	O	R	B	Y	Y	P	A
S	G	L	T	R	A	T	I	S	X	H	R
M	T	B	B	O	X	N	C	P	G	E	U
T	S	G	R	G	J	T	G	O	P	L	M
A	I	A	L	O	K	I	N	R	D	E	A
B	L	U	E	B	E	A	R	D	A	S	N
K	B	T	M	O	R	I	A	R	T	Y	U

444

L	Q	H	W	D	O	W	A	H	C	N	A
E	T	N	P	H	M	X	B	N	R	A	A
V	I	H	T	E	I	T	R	O	F	N	P
O	C	V	N	K	A	O	L	Y	X	A	R
W	E	G	D	N	W	R	L	W	W	M	G
J	O	N	C	E	O	B	O	R	F	E	F
A	W	H	R	F	I	N	B	B	H	R	F
S	W	O	S	C	K	O	O	S	R	O	F
U	F	O	R	E	B	E	A	R	R	F	A
O	B	O	R	N	R	A	W	E	R	O	F
L	F	O	R	E	G	O	N	E	M	R	O
U	F	C	H	T	N	S	F	U	O	B	R
F	O	R	T	U	I	T	O	U	S	A	M
K	C	M	Y	C	G	F	N	I	G	D	U
R	R	L	F	O	R	M	I	C	J	E	L
O	H	A	N	P	O	J	T	E	O	N	A
F	T	E	I	S	F	D	A	G	D	V	H

445

J	S	R	E	D	I	L	G	F	T	M	V
B	R	E	F	A	I	R	S	H	I	P	A
B	J	I	L	Y	R	E	P	C	L	I	E
V	U	R	E	N	I	L	R	I	A	F	R
F	M	R	A	E	R	O	P	L	A	N	E
T	B	A	E	L	L	E	V	A	R	A	C
A	O	H	H	I	N	Q	B	I	E	I	M
Y	J	J	G	A	D	I	T	R	O	E	Y
U	E	H	L	C	F	H	I	C	D	B	K
D	T	P	A	W	O	F	E	R	X	A	E
X	I	R	P	I	T	M	O	A	L	L	N
B	A	K	A	I	R	C	E	F	W	L	A
O	G	Y	P	T	N	B	A	T	I	O	L
E	T	S	M	O	S	Q	U	I	T	O	P
I	E	O	C	H	F	I	T	S	W	N	R
N	V	T	N	E	D	I	R	T	L	F	I
G	B	O	D	A	N	R	O	T	T	Z	A

446

K	A	A	Y	A	Y	C	S	W	M	M	H
Z	U	P	U	D	D	I	N	G	I	P	S
D	Y	K	P	S	I	W	I	H	V	B	L
Q	R	E	S	E	R	V	A	T	I	O	N
K	G	A	R	E	T	I	A	W	Z	N	G
R	R	P	O	T	S	I	L	E	N	I	W
U	I	E	X	B	T	K	Z	B	R	E	O
E	J	R	N	J	E	R	G	E	I	Y	R
U	C	I	N	I	E	S	T	R	R	T	S
Q	G	T	P	E	D	R	E	E	R	U	L
I	Q	I	F	Z	A	S	V	E	W	U	E
L	R	F	E	T	S	R	S	R	H	L	A
Q	O	R	S	A	A	S	E	T	U	C	V
C	Y	F	R	C	E	H	U	N	E	M	D
H	P	B	U	D	E	F	C	E	N	V	U
T	B	P	O	N	N	H	H	U	B	I	W
N	R	N	C	F	E	V	S	A	L	A	D

447

S	U	T	U	O	P	S	R	E	T	A	W
C	W	E	N	Q	N	Y	D	K	G	K	C
B	O	F	K	L	Q	I	Q	A	N	A	M
U	I	R	L	S	T	I	R	U	I	E	E
R	T	V	R	H	I	Z	W	Q	N	L	P
T	U	J	T	O	X	R	L	H	T	S	O
S	S	S	E	E	S	Q	E	T	H	A	L
Q	M	U	T	N	F	I	O	R	G	G	S
U	L	L	N	Y	A	B	V	A	I	L	P
A	V	A	L	A	N	C	H	E	L	F	E
L	S	A	N	E	M	A	I	T	K	A	E
L	J	H	K	D	G	I	I	R	H	M	T
A	H	O	B	B	S	W	R	L	R	B	S
D	R	A	Z	Z	I	L	B	I	G	U	Q
B	S	N	O	W	D	R	I	F	T	S	H
D	E	T	I	M	A	N	Y	D	D	H	A
K	I	L	B	P	V	O	R	T	E	X	J

448

Y	M	C	O	G	Y	S	H	Q	G	Y	C
J	C	Y	P	R	E	S	S	W	S	L	I
L	A	I	L	O	N	G	A	M	F	U	B
W	L	X	Y	W	N	B	N	B	O	K	X
S	I	L	V	E	R	L	I	M	E	U	S
H	L	R	C	N	O	W	A	O	B	W	I
S	Y	D	H	E	H	Z	T	R	E	Z	J
H	C	E	E	B	T	T	N	J	K	V	X
Z	J	H	S	O	K	W	U	A	P	N	R
V	D	I	T	N	C	D	O	N	A	F	E
X	O	C	N	Y	A	M	M	L	L	E	H
G	O	K	U	S	L	I	F	E	L	A	N
N	W	O	T	O	B	L	O	C	Z	I	W
O	D	R	H	S	C	T	E	U	D	T	W
M	E	Y	A	I	H	D	Q	R	Q	R	L
E	R	Q	A	E	A	H	W	P	Q	E	P
L	S	A	S	R	U	Z	I	S	W	N	S

624

449

```
T J V D I L U X X B R B
K O B G N I R P S A T S
K C H I K A R A U J C M
C G U J O L L H E H G H
X S V B E R A E W D A O
B Q R S K P E L I N Z S
Z L E O F C O D L N E A
L A E G Y H A L D G L M
Q T D S R A D L E E L B
J I N E B I L M B T E A
F H I R S O S D E M N R
O C E O I B K L E B Q A
C R R W O B U J S E C H
B M R C M G C Y T C R L
P A K O A O O D O O K F
V J N R H A N S F F P Z
Z E T O C M W J L O R N
```

450

```
M V Q R O S E K Q E F X
V H W O C T W L M I Y A
Y S S D T P R O P E L C
E T A I D U P E R Y H A
K N Q S U J O G S U Y T
A G I M U Q N W C E W A
S I Q I M I N K O M D P
R S H S L Z O I I R C U
O E C S A S D X L T H L
F R J R R E N D D E V T
T M O E A B A R U R R P
B G N V C P B A M M O S
K P G W D T A C P I O X
F E J E T T I S O N I X
A G I Q Q T U I A A H J
I Q M F O K L D D T Y I
D F R E N O U N C E H S
```

451

```
W V B Q V V N T J J R J
C A B L E T I E U L G U
G P I G L H P V B Q J H
G A W B C W G I M I I L
N Q D A R D N R C X P W
L Z U X O Y I V E I F A
P F T Q B Z W K L F Z K
A S S E Z B A C P K S D
R R S E A R R A H U L G
C G S X L E D T K A N J
E T E B P L M C H I I X
L L R A O V O B R P E N
T M P C B L U T A C K A
A K K W D T S R A B Y E
P I O A T P T C M P L D
E R E O Q S R S C R E W
R D N V H Z A J R F X V
```

452

```
K M A W M G T W H B P H
T D R A O B P U C A J A
R P Z B O F E G N U O L
N L I B R A R Y E D U L
Y U Y R T N A P E I N Y
R N B A S E M E N T R H
E N G U E S T R O O M X
G E C V R I D E T R O T
R H Z O M R T A M I O B
U C U D R O V O U U R A
S T A F F R O O M M W P
F I E Y E R I R O N O H
A K C S K Q Y D Y G H C
K M N A D N Y Q O A S X
M O O R S S A L C R L P
C L B H W O R K S H O P
C E L L A R J V L Y R W
```

453

```
N K N X R E D I P S N T
P Z M W W A P E Q L R K
G H G R Y D E U C T N R
H Z E L A R I M D A I D
G U A R D R H M H U F J
M N C O R P U S C L E H
J U O E E I L Y H A E V
V W L P T K N Y G A Z T
K Q P L T E L G D L R A
F E C R E S C E N T N N
R O N Z L T D Z T N C B
A O L T H O T N E A T K
W G B J O X K S R R D G
D I N L R Z S P M R W E
C A B B A G E G P U B S
I N F P Z T P A T C Y E
D T M J X N Q M L C B L
```

454

```
G Z S M I D M T A H R Q
Q E S I O T R O T L W H
Z K Q P A N D A Z T I E
X B G I G T G T P P L Z
V J N A I O L O P O D W
K C S L D J Z O O M E A
Y D F L S S P C H S B L
K Y Z I L O U I E R E L
S C K G T K F D D T E A
E M Y A V K F N G Z S B
S O M T T Z I A E F T Y
T U F O T T N B H C I P
S S P R I N G B O K P W
D E T P B K E U G U G I
N E A O B P G D I N G O
D W V L A A S T O B K E
Y K E M R T K G V R N H
```

455

```
H V Y Z Y P B D J O Q D
E I T N R Z U T V S U C
R C D O R U F R E H S U
N A E B A B F O P N W A
K R S L M S E U B Z I R
P E O L E H T S E T Y Y
R T L O O B E S T T J G
S S E R D B R E R M A C
Y I M L P S F A O R A I
G G N J E N P U T U L N
C E V P O G O E H E T E
Y R O C A H R E E F A B
H K W T K G T A D C R W
R R S A A E E E M F H F
Z A B R V I O B X S J S
C T U Q A O U H O D W B
M S F F C C F U Y Y L J
```

456

```
U T L J D U V Y I C O W
B E O U I J A A N T E F
Y R E T S Y M L I V E J
I R O N E E P R U E N P
E O Z O M B I E M E K Z
F R I I M P R U X H J Y
G T V T S S E R X S E C
Y G L I G H T N I N G N
L Z X R H H I I V A N L
O R Y A O K O F C B I B
D L Z P S T N U H K K R
S Q M P T E O A L E A E
Z C Z A D C H I L L E D
X I A Y E I U S I C R N
N M D R O R R O H V C U
X Q G F Y T C R U Z M H
Z O K M J T E S R F H T
```

626

457

```
D W Q V X I N S H D T H
O K B V I X O R A E E X
U G P W U O L X R P P I
B P R E T U L F P B M F
L K I E O E E I A A U D
E I E C D X C S N A R H
B N T T C R S D P L T O
A V G N T O O T I P Y I
S S H L O L L C P H O G
S N M N I B E O E O Y B
U A Y N O S Q D S R V Q
F R E N C H H O R N C W
G E S Z Y Z I H W U G K
X D I X D K O B O E M Z
W R T A C I N O M R A H
O U A C C O R D I O N T
R M R M D S H O U Y F O
```

458

```
A A N C W E W D P D V D
E M L A U G H T E R M E
C I Y U A R T T F X L I
S A R M O D N W R H M I
T B R L K E T C I W E G
A L E E T T H L U L L H
T E M N F I A G M E L T
I D O R R R A R P V O E
C C C P A I E G H E W D
B M Y T E P G E A F G E
H P E T P S T C N E D S
O D Y I X H O U T R X A
C S H S Y G H V R V M E
M C T H G I R B O O V L
Z C I R O H P U E R U P
L I K U H Y Z E E R B S
H M R A P M Q W N B P V
```

459

```
D H H C B C E S S A P T
D V R E K O P E G B U P
D U H X D Z U E M S N T
M W W I N N I N G L T O
B S N Q R R R J C H E J
Q A H G G A M B L E R H
S E C U R I T Y R C R V
B B C C F H P I Y N E A
C T H Y A F D E Y A I H
J Q E O R R L L R H P U
E U A B W O A E E C U Z
R S T X D S U T L G O A
T Q N X V N G L A A R L
R E F E D N I M E H C E
N O G C C Y R L D T J H
M A M K R I H N B K T Q
S W B S T O L S T A K E
```

460

```
Z W E P X K M R A G L F
G T S L U X G U E N M A
G L K U D P A N A I D A
D N E T N V S C J A O U
G F L O R A L O P Y P I
Z S M H A U R O R A F A
U A U W V U L U O E X R
L T G E W L C M S F Q Q
M S N M O R P H E U S P
I E T C E R E S R T N C
D V R M E N U T P E N Z
A E S C U L A P I U S P
F A U N U S T P N P I V
R S A T U R N S E G U K
K Z O N U A P O R U E J
Q K E C F M P Q P C D I
B V R J K W O A B T J S
```

461

H	A	F	W	Y	O	K	A	Y	I	M	Y
K	K	G	F	Z	D	Z	N	L	H	N	H
A	L	D	N	E	G	N	I	N	O	R	G
Z	O	N	I	M	O	L	A	P	L	D	B
A	F	C	I	I	G	I	D	L	S	O	U
K	F	Y	I	C	S	N	U	N	T	K	O
D	U	M	P	E	A	W	T	A	E	O	L
B	S	T	I	L	Y	M	C	I	I	F	G
Z	G	R	T	A	H	E	H	L	N	N	N
I	F	E	R	N	K	N	D	O	E	A	A
I	H	M	J	D	A	F	R	G	R	I	T
S	L	I	P	I	Z	Z	A	N	E	R	S
F	W	S	B	C	R	Z	F	O	O	U	U
D	N	A	L	T	U	J	T	M	K	T	M
C	R	K	C	N	Y	R	R	K	V	S	K
A	A	I	F	K	I	H	C	U	L	A	B
L	L	A	T	V	I	A	N	U	K	V	S

462

Z	P	P	R	R	Y	J	E	U	T	N	K
D	A	A	U	E	S	T	E	W	A	R	T
C	T	T	N	G	G	R	E	B	S	O	R
G	N	R	Z	T	C	R	F	B	B	H	J
W	U	E	F	R	X	E	R	A	T	O	
G	H	S	L	L	F	E	O	B	R	W	W
X	R	E	A	Y	L	O	V	I	R	A	A
N	M	U	Z	P	K	I	N	E	I	H	L
F	C	B	N	S	T	T	A	B	C	L	M
D	L	F	O	K	I	L	L	P	H	A	K
A	A	I	G	G	B	B	I	J	E	U	L
Q	R	C	N	O	N	L	N	K	L	D	X
C	E	A	R	I	U	J	I	X	L	A	Y
V	N	E	H	Z	D	V	N	V	O	A	U
T	T	G	E	V	N	N	S	L	T	L	
O	E	H	I	R	E	L	A	N	D	O	B
G	N	J	G	K	B	T	N	B	T	W	F

463

A	O	K	M	G	M	D	R	J	R	R	E
U	V	F	H	P	I	N	P	W	T	G	O
A	R	E	Z	F	E	D	S	P	K	U	S
X	M	E	R	I	G	S	I	R	C	W	N
D	X	P	X	X	F	D	O	N	K	B	F
U	W	U	M	L	W	N	N	V	A	E	S
C	K	R	L	Q	E	L	B	U	O	R	R
V	W	C	U	A	E	K	Y	T	O	L	Z
S	N	N	Q	P	Y	H	E	O	G	P	R
F	V	A	L	W	I	I	N	H	G	V	U
Y	S	R	F	S	L	A	R	T	S	U	A
P	H	F	V	G	I	G	H	I	B	X	H
C	U	B	K	V	H	R	T	G	D	U	C
Z	E	E	I	D	N	A	R	G	N	Y	A
D	O	L	L	A	R	E	N	N	I	H	W
R	O	F	P	M	A	H	R	I	D	B	K
B	O	N	V	K	N	W	K	R	O	N	A

464

N	E	T	S	I	L	Z	I	C	X	F	E
A	O	W	K	L	A	T	V	W	S	A	Q
O	D	I	A	G	R	A	M	J	S	C	E
R	G	B	T	O	N	A	T	K	E	S	L
E	R	N	P	A	D	J	X	P	R	I	E
T	U	E	I	Z	T	M	I	U	D	M	C
T	R	G	N	D	J	L	O	C	D	I	T
E	N	O	O	K	R	C	U	W	A	L	R
L	I	T	B	L	S	O	R	S	W	E	O
B	X	I	E	I	A	I	C	G	N	S	N
K	C	A	D	L	T	I	R	E	E	O	I
R	K	T	M	I	E	J	D	T	R	F	C
J	I	E	N	O	H	P	O	R	C	I	M
G	E	G	P	D	P	N	H	B	D	C	A
X	B	I	O	O	R	E	D	O	L	K	I
B	M	O	S	P	E	A	K	I	N	G	L
B	H	Q	T	B	R	A	I	L	L	E	R

628

465

```
E Q M O U V S L F J M P
T E R A G R A M I W M B
P H S S C Z F J P R M B
A E O A T L A N D S E Y
R U O M Y E S E N A J D
L G D R A W D E R B I I
I A R G E S H D M S D V
A E T E J G M T S E T O
M L S Q E F E O U H D R
E Y C R U N L N R D N C
N L A A U U W O T E O E
T O T G T P N I D T S R
X H H I K E S C C D A H
C R O M W E L L O H E A
Z N L J J F F T O B R N
X H I P D S P I K D T K
C D C L E M E N T W X K
```

466

```
G G H O C D P M I B C C
H F I K L W J E K A L U
A A L F O L D N X R I S
I S C I T E M S O C N T
R B S S H S E W G O G O
M E R I E E G E F D E M
V Y R G S M M A G E R E
D J A A S T U R A U I R
C R I W W D A F D A E O
X G A U K S F N R S K T
S N V C Z W S D T E I G
E I Z O T E V A H L P Y
R P X F O I U F L A E T
V P A H I R D Z L G F X
I O S Z A X C E H O O Z
C H A N G I N G R O O M
E S T R E I H S A C D R
```

467

```
B G J F X P B K V V D H
F J L U L K I L D E M O
V L H G B E D A I B R R
C S B V M I E L W H E D
Y J K W H R L C O V B E
R R A A H T F E E O M Z
E M A T L G A I E H U E
V R N S G R R E A F N G
O P P O R T U N I T Y P
L S O I E E D P Y F B I
P S N R O S V F R R U W
E G T J H Y E I O Y E A
N S R A E Y A L N D B T
J T K A B H B L D N Z T
S E L P P A Y I H P A L
X W B R O W N N Y M Q E
O B T Z Z G H G V G T I
```

468

```
B I M E K A A V I V B F
K F Q G Q Y Y D Q U A J
H U N D E R P A S S U R
F B D I K E X L T C O E
N I P R S E A L T A X V
H K L B P N A A D T V O
V D V T E N Z W E S K Y
Q U E U E V O Q T E Y L
P K V D D R C J O Y Z F
U H Z J K T L N U E J K
H I G S P R E I R S U Y
Y G I V E W A Y G U N L
V H G N I K R A P H C X
E W Z L T P W O L S T K
G A B O L L A R D A I S
B Y P A S S Y Q X U O X
X V K B E V X N B G N C
```

469

```
F R E T N U O C W O R F
R C T M A R P L S B F Y
E I Q O O S R E Y R C C
V M B S A F E T Y P I N
E W A B W T S V R R H O
E B S E O M S Y O J E Q
L L L O O N S B H L Z P
S A B M L O T T F K G B
E N D N C I U O E G G B
L K N A G I D R A C H C
D E E P S H E T L A N D
E T U W D M R R O L O C
E G T E H C O R C W T G
N O T S A C U G E N T D
I P A T T E R N N X U J
L C A S T O F F K O B Y
M C X A E V T R Y V F F
```

470

```
L N M R Q T A L E D N E
S S T O R Y H E T L S G
S N U G O A S V I I N Q
T F M K N S S L U I M S
L Y D G U R E R T M I M
I E E O U V C I M M E Q
A R M L A U R G G L M L
T O M N P W L H Z R Y W
W T A P V I L T H D R Q
C S D T F I C I E T H M
J S L A P I C N I R P N
I N J Y R G M G I C X V
G Q O E R A I R F R A P
J L Y S D W G O X E P B
F R L E S S E N H W Q G
F U R M D E Q X A S T L
C F N A V A L R F H E Y
```

471

```
D O B U D K B D F N T J
E E A W Q O I H O E R V
D D R P L D O I D K A M
U P K E N I S W L A C R
O B B E B A N R E T T V
R U L R C M N E T S I P
H P P C E M U L S I O N
S U O S D A L N G M N R
M F G F T O K L S D A A
A F G J W R U A U E Z N
N B M V Y F E G G F D A
A A D N E I C A H E F M
G L A T K W O L M N J Q
I L A L G D N B M D U J
N R Q R I N S O L E N T
G Y T I R E V E S D H Y
N T R E I L P P U S Y E
```

472

```
X V Y L Y O L K W Q X Z
G A H U T D U E R F A S
U N E N O I G R O I G Z
I E I U U I H E T L P N
V Y W N L Q O P H Y R W
K C F R O O M S K W A H
W K N A U O G Y O T X O
D H Z Y S M K S T X I S
W V O O E M K E T A T S
O F N G L L A Z D P E A
X F T A A U S N N I L C
L G M U U R A D A S E I
F X G G T L T K R S S P
Y X J U R A N H B A L O
Z K U I E R E E M R E V
O K H N C D U R E R G B
Y G F R Z S M O R O N I
```

473

```
N I J T S V R V U X C K
G X V I B G W J D D F E
H H G Q X U L A W U N Z
J W P Y D A O O F T E P
G S Z L Y V L D G R Y Y
S R O D C L O E E A G J
W U T R I V R B N R L S
V B M I Y S U T A E Z A
R E D A K S A C H N I H
J S K Y C R I B E A M Q
M A Y O N O C N E L I I
V R N I S L T X L L N R
F T I A T I A O E W A J
A S O E C G V B P F Q K
S A K U R A J I M A J K
V I O W O S H I M A X F
N W K N K B Y Z C P K I
```

474

```
D U J E S P L P L S R L
D S W J F I O V N M Q Y
I B I B S O N O C O I C
V E K M A H O N L U X P
I X N O Q K O T E N O L
N E A I E U Y O B T L A
G Y Z R L H I C T A T E
W N O N C O S Z B I L M
F D I D I H P Y Z N N L
F E G H U W E M B E F G
H M N O S L T R A E S G
X C Y C L I N G Y R N N
K N Z O I F F B P I T I
W S V J V N G X G N X T
Y R I D I N G G A G H A
M Y G N I W O R M E B K
A C M J J J H L U S I S
```

475

```
O O R G W O L H V R B P
J W C E B Z O M Q K A M
B A F I J U A J U G W A
R H S S S N D X O S U B
N S E H D G I D N K A O
F K D A L N A P H C K Y
A C R K E O L O U I A G
J I A W I K R P P T S F
N R G B F G U P T S H T
I S O W E N P I R P M V
K K N I C O G E G O I M
K Q S T I H E S N H R D
O M U S R S T Q I C C Q
G R E A T W A L L O H S
E M P E R O R F G N I M
U I H S U S A M P A N O
Z Z H L I X K E B M A R
```

476

```
A P V S U S O S D E J O
M S O L S L S H E L L S
K W L Q E E L W Y V K B
G I G K A E T S M A A U
M M J W G B P E V R B W
G M E E U O Z V C I Y M
Z E D X L O O P K C O R
D R N L L L X M N U H O
N H A M X L Y C B S N W
A C L C X G H F I W S G
S A D O O W T F I R D U
H E A K P C R Y E S G L
I B E Q J A K K O R H P
N K H C T P A L O G J N
G U X S M E I Y E Z S V
L P V K R G N I H S I F
E W O B M E J W G B L H
```

477

```
D S L R Y A J Q L L B C
E E Z U Y X Z T Y O L W
C L W U M N W Z C G P E
P U U T I S O Q S X Z G
C J M J Z Y W T D T V N
S Z A W L H N R R E F G
Y Z U C C N A E S A H A
M J O E O H N P I E R S
V B L N C B R U N O A V
G M R I A K R R E Q M M
N E R R A D Y O L L A A
V A R G A M L Y G T K S
G D B E U Y A S U S A L
Z M P R Z D M C U T W Y
E F A E Y J H O M A R X
I R O P C F A T N A R G
S Z O A C R H T K D N J
```

478

```
U K T X T F B R B A L A
L Z B L P K E U E I R U
V J J R E B W S D E R L
R U U L E A M H S I H R
I J D K J M H I A B B G
Q L A B E H S H T A B W
Q H S M R L A H D L O M
H A I M E H E N Y A Y S
T K S H M S G I D K Z D
H M C L I D Y V K R B I
H A A G A V K C Q E E L
R D R R H Z X S H N Z W
Q C I O T Y A J O B P E
M U O J P H A R A S E G
S J T Y V P A P U X W C
O X B M I A I U A S D Q
N O M O L O S Z K F R B
```

479

```
C L L O O H C S V V P W
H S C A B H M U S E U M
B G N C A B I N M D A U
W G D L L I M D N I W I
E G E L L O C M S E Y S
A T F L H J G O N S A A
P R L A L K N S U U R N
A E T H C E A Q R P T M
V H N S T T V U S E S Y
I O D T C D O E E R C G
L S E R H E F R R M E D
I P R O U O N W Y A N M
O I W P R J U T X R T D
N T Z S C L C S R K E H
W A R E H O U S E E R I
G L I B R A R Y V T D C
V G C Q V W W W A W T R
```

480

```
T D K J S M H W W Y T J
R L T E L K U A O D T D
G N I T N U B L R I C R
L I A T N I P L C P E A
I U L O J E O C D P G Z
A Q R I T B A R E E Y Z
U E R E T Z R E D R I U
Q L P Y K T R E O K A B
S R E H Z C L P O F Y E
K A R R E Q A E H J O A
O H R E T A W R A E H S
Z K R D S S S C U Y N
T T E W H R E A Z T K X
O X V I R O U K N U U H
P Q O N I B V O R T R N
Y S L G K I V B C P J B
Q Q P U E N S U P Y M S
```

481

```
A E W I G J F S J E P S
E M K R N E W P O R T N
S C D D E N Y W G I B O
N T N T B X P W P H L C
A R D R B O H Q O S A A
W Q B A W F F A T E C E
S A D Y V T F S M K K B
T Y S L A I I Y H O M N
I C G Y L A D E M R O C
N Q A H E R R S B B U C
T O W R W T A E H M N E
E Q D R D S C L R E T R
R E E W V I Y G L P A B
N K B X O A G N Y M I D
C O L W Y N B A Y F N H
T M X F O E S O N X S E
L N W L A M P E T E R L
```

482

```
F A T J E C B T H R R N
Y R D Y N E T A R I P M
T S O L D I E R T K Y C
S V C L C A T W O M A N
O L C S I D L F I P A D
H U F E K A R Y T T L N
G A R R L N S A X Q C L
S O E X E E I K G O X H
S R T N E N B G T O F A
E Q S C H A C R H C N L
L X N O M P A H I T J U
D V O S H R V U M T B C
A K M T Q E E R D A Y A
E P N U C T M W D Y I R
H C E M G E A L I V E D
G E U E W P N L T A S P
N A I L T T Z W S F B K
```

483

```
H S J P G E R M A N X X
I N O I S I V E R V D X
S C A N T E E N P Y P Y
T E K A A R S B D L O Z
O C C L F U H L A B H S
R N A O F T J Y N M S T
Y E Y H R A G I W E K E
C I G R O R I R R S C X
I C P B O E I T B S U T
S S A U M T S D G A T B
U R N F I I A R O Z A O
M D I N M L A R G R Q O
B E G D K H L D O P S K
D R A O B K C A L B J V
L E A R N I N G B W A A
H O M E W O R K S S Q L
M R O F I N U U N D Y P
```

484

```
E Z W N Q A X Q F O S H
F N F A S H R G R T T Q
A E U R T P L K I R M L
M T O R R A N R O C K S
O M E A S E L F A D D B
N P Z G Y I F L S N M N
T J O H N O G R O A T S
R W Q G H O L M U V A D
O D K T K Y O S N I Y N
S H R D Q L T T D E S A
E I Z O H E H A O M I L
F G V C F R I F F O D T
L H O E C Y A F J R E E
R L C D N T N A U E Y H
O A E D I N B U R G H S
F N D W J I E H A X V G
V D J W Z K N B I C H N
```

485

```
R O T C A F L L I H C T
O V D J L S U M M A R Y
X V M G H O G Z T I R D
B R E E Z E U S T L D R
X H T R W E A D X S E O
W L E F C N V M Y T N U
K A O M D A P J E O I G
S P R D A C S M C N H H
R E O M A I O T L E S T
Y G L R F R S R N S N K
S G O A A R C E K J U M
U F G B G U O D V L S T
Y D Y O R H R N J E G C
F O E S F O C U T X R U
G O E I X T H H F R C E
Z V O W N O E T J B O W
B Y O D A N R O T F H X
```

486

```
I R E Z A U D I E N C E
C C O M E D Y H C P L T
M I R T M D H P N E T L
O C H I T A R D M S E R
S E E U F W I G R R G E
C Z S Q I N B A O X O C
E P T O G L E C F R E N
N H R L M H N D R O P O
E Z A I E P S E T U C
R D P R M Q T Z P C O R
Y P D T L A R N N E R E
Z G K N G E D F P R T T
Z K M E Z Q Q O F I D A
S A L V T G K U N D C E
U M B A L L E R I N A H
T O M A G I C I A N A T
```

487

```
L I M O C T O P U S S Y
W G B I H L I K E O P A
H O I M S Y G N L R Q R
C K O M A S A I E Y T O
R A R D O B T D K V A M
E R Y B Z A I A T E I A
P A Z G I R N P R R K L
M M Y R Y E O X A O U E
U I E E J V B N K L Z P
H L N Y U R D E I A U U
T O H Q G A D B N G S L
H V G A F C E I G Y Y Q
N Y R R D E L P Q S S U
C E O X N I J X A S S V
Q S A P A S B V R U I O
T R T W L O Z I G P K R
L N Z X Z R R E B M T V
```

488

```
S O N I T W T M J I N I
O O R J Q S Y O P G O E
U T H M A C E D O N I A
V V W T E C F T N O E T
L R H N A C A I K N H J
A Y A R B I N U I E T H
K E H B E A K N S H H A
I T B K L H I S C T C L
V W D U A R A P P R E F
M Y T H O L O G Y A R B
I Q P T O S A U D P E X
W D N N E O R M N Y M D
A A I I S E G N A R O O
S K D O L L O P A T M Y
I O T E M P L E P U A B
N Z R F O L I V E S K P
G N E Z X Q S O R A P M
```

489

```
A A T T O R N E Y O B H
I W C R S X T G P C G Q
G K I Q E R M L N U B E
D S G T U T A F I S E T
M O O O N I S L M V N T
H X C L N E T I I S C B
G U E T I Y S D R A H N
N O I T U C E S O R P B
Q F C O A N I H F R A I
F J C H C R N T I N T B
R A W E A R T S O L N I
E R Y O X R O S D R A L
H R F Z I N G Y I E R A
S E N T E N C E J G R Y
U S Y R U J R E P D A C
N T N D U B J R X U W M
E O F K K G I P N J G G
```

490

```
Y N G M I M X B Y O R K
Y O G J A T W S V Z O O
B Y U L P V T I J O X F
D Z L N K C N U P P Y U
U U R E G D I R B W E N
L C E C T H O R N I U L
T C T N S A E C T L C B
M R A S T O N Y W A Y M
E C W Q E X Z G D D I W
J I B S S E B N W O R B
F P O L D F I E L D N A
Z H K C A S N T I C U R
J R K L R E P P A N K L
H O I A P I N E C C V A
B U P R R M T A O Z Q N
K S G E L Y R R E M I D
N K L T U M P E R G Y Y
```

491

```
E N N E I S I R A P H C
V R B L A N Q U E T T E
X V E A L F O R N O D E
B I R I S C O W P N F D
B G V L T D O F A R C I
R F I Z Q S G S P W E A
O J O A Y E E X I D R B
U I P M L Y F R L P R L
I T U E A A H C O M U E
L W A N M K C C T F E N
L X R D A S Q R T K B T
E O G A L A G R E Q U E
M G S U Q D I Q U C A R
K W E B B O L G V T Y R
F Y M E N N E I L U J I
B M V E N N A S Y A P N
X J J A R D I N I E R E
```

492

```
H X Y M O I A Q Y L K P
K C A B U T U U P D N M
K P T J S R U N M V K L
G A C E F X D A J R U J
L V L O P Y T E W H D N
O E I B Q M T S D H Y M
C U Q O A U U V Z I R X
K E T T L E D R U M S C
E Q Q F Q I J A T A D Z
N R O H H C N E R F P A
S S A B E L B U O D I D
P C Y M B A L S M K A B
I E F H S R C B B R N V
E L U S P I C C O L O B
L L O W V N T F N P Z X
C O M E C E Y B E L L S
N P O G A T E Q N I O A
```

493

```
X M M T Q K C K U L H O
A B R E I X J M S N Y G
S Y E B B L H R A C S F
H E D G E T E R C N O C
M Y D B A B V S I U C E
M H A M M E R A N I O M
W P L U S I R D P L M E
B B L K B D A Y H Z P N
S P E G R T E S R J R T
N A I C I R T C E L E E
A W F O C E V A T E S Q
L Q N H K T S F N V S K
P S B M L N L F E O O K
Q E L L A I I O P H R C
N Z I Q Y A A L R S E U
I R W J E P N D A R B R
D O K G R Q O C C Z Y T
```

494

```
X G K K M Z B T Q C K J
A A G R A T I A N O R R
V A N S U B O R P M J X
R A P I E C B D S M C G
E Y T R T A B R U O N U
N A I L E R U A N D U F
B U L W M A E S I U M I
S V W C C C T P N S E H
S T E P P A Z Q O A R O
U C E S N L Q R L R I N
M L Z T P L M U A V A O
U A I T R A G E S I N R
T U I W X I S A T X H I
S D P I L V C I L K R U
O I M A S P M U A B B S
P U C F D O I K S N A Z
S S K G D K V T G N Y P
```

495

```
O R B N E Q B M S P U F
R D N R I U W Q H P P A
C R O U P I E R B L L V
R O U L E T T E A E A O
E Y D E R S P D W C C R
F C E D T A Y H C I E I
G X K O S L C U U R C T
R R T L U O M E U P O E
G E E C A U N L T G D E
N Z K Y L S E E T N T G
I B I A H S V I J I O A
C Y T W M O C E R T N M
A O K H G K U A G R G B
R U Y C C X O N M A L L
T D I A U V A O D T S I
P R R E A L F B B S G N
D T S F G N I T T E B G
```

496

```
H N P Y N J I G Y P E V
O T E S Z P F D H O N C
I S T N S L O I O R F S
M H U A U P X A N D Q U
C A N P Y T G N E W C C
D B I E Z E L T Y O B O
H N A L R L O H S N D R
J P P A L O V U U S H C
A K T R C I E S C Q Y L
S U C G A V W I K C B G
M N P O W N I T L B A Q
I K T N H G E A E R O O
N Y C I L Y M M D E M E
E H J U Y E L E O E W D
D M A M N J N L J N X S
B E G O N I A C O A E W
M U I N A R E G I H G D
```

497

```
N R Q I H T Y E L Z Z D
J L O B T Y F L M P P O
V Q F M R H A J U A V O
T X S C A E A I R N B Q
E Z L O D N Z I B A B N
M V I M M E I C L M B W
A C B O T S W A N A A N
N Q E R E Q I U R L N G
I P R O P N C B E D O D
R T I S O U A S J I C D
U J A T A D M I S V C M
S K S B O L B E K E O D
V E R S I O O V U S R H
J J O A U R D G R B O U
X U F T I H I Y N N M P
I T I A H N A K V A F E
A T K K Q L E A R S I M
```

498

```
P Z G B E S Q I C Z I X
G F J N A R W E N H B Q
H L V H C H I M A E P D
X A P F G L B R H F N S
S D T N Q O E F T O A R
F N A R R R L G R C M R
P A I O E H S L O I U C
B G M G E E E T U L R Y
E I I A G S B S A M A V
R O C R B A C E E I S S
N R U A X R B R A G J V
I I L U O O I O L R S H
P Q F A K D A F B M D L
P X R I V E N D E L L B
I H T R A E E L D D I M
P L C O B X M O G P M B
R Z K M D F W G N T E P
```

499

```
R E L D A L R E S H M J
E A F J B E P U C A E T
T H M I N O K E T T L E
A K N E N I D H I V D A
R Z A E K K S C U I Y S
G B P V I I G D N F W P
R C G E D A N N N H B O
I M N E R Y E T I Y R O
V F I C P R W S P R E N
S P T X P P K C G E A A
A A S L I O I U N K D P
U B A L Q N K A I C K G
C T O Z D G G Q L O N N
E V R O T G U B L R I I
P T O P E E F F O C F Y
A L U T A P S P R W E R
N T O P A E T P W B L F
```

500

```
S T G E N E R O U S E V
S S E L H C T A M W A T
E E L B A D N E M M O C
L B N A V G S I Q V N W
R B M S M N B M M Z O L
E D T N A I L L I R B U
E A G E N T L E T G D F
P Y P P E I I H V U I I
D R P S O C Y O P Y D T
Q A U I S X O S N I N U
Y S W D G E T Q I A E A
T S I N V A L U A B L E
S E P I N Y U E N K P B
U C P D D J U D C P S R
R E I S U O U T R I V A
T N A R E L O T L M R A
G W O N D E R F U L I P
```

501

```
L R X G A B A B Q A O D
A G U Z A W V K F A F Y
P U K P P H O M Y I J G
O O Q M G C F N N V A S
H I I V H A M U K V I V
B Y H I A N N E H C P U
V X D B Z M T G B D U L
L B U E A A R W P M R L
R R C M R N K I U B A M
M A E U G A G M T A N D
L J S M A W B A R S T T
T K D A B A H A L L A U
D O Q P I C D M D O P R
A T A K L O K P G J R E
P T O L D E L H I H F E
J A V A R A N A S I L M
R O V X K E R R O N D V
```

502

```
F H C B A G P U S S G T
L C A R T H U R Y X A U
E F H T T U Q L B L R S
F L E A E J V K U T F R
I I L D M E D J G B I R
N P O I S P H L S A E Y
F P H T V J I C B S L C
Y E E A D R R O U I D C
G R E I L K O O N L U S
G N Y L P A M S N B C K
I M O V I Y M Z Y R H R
P W R K E M T B H U E O
S G E K G G I E C S S T
S L C I N N D X E H S U
I I T E L G I P E W O L
M A M N T A R K A O T P
A C A S W M L J B S N P
```

503

```
V C C M A K E U P H I H
A A B D C U O J O C D T
T Z U B T E L R A T S O
A F F D R A M A T I C L
R E V I E W R Y N C K C
A F T K S V G O H K M K
S H A Q S U I B F E N C
R E Y O F S T L S T H A
E T E X U A G A L S D B
Y O S L G P U P P E T C
A N L I G H T I N G O T
L I A G N T W C Q M T J
P F G P P A U N Z P X D
G F X M M K G I I T D X
C H O R E O G R A P H Y
W R I T E R C P O I Q A
P A G K L S H P P E G R
```

504

```
X W F L O O D I N G P Y
T B W A A S P Y C U B N
D O A C T H U G D L D H
S N V R M O I D W S M P
T Z E D R W L E M Q F U
A A S S I E X C B G N R
M T F L A R L T I R X R
B E I G G Z R Z O E P N
H K N N N S O O Z V G J
Y C I I I E B B I Y I
D U A T H T M A N R R G
R B T T S P C M Z R A D
A T N I A R D C I W U H
U W U Y W R O G Y W T R
L F O S P L A S H I S Q
I K F C P T F C Z C E K
C O N D E N S A T I O N
```

638

505

```
T M H F B W C O G E O D
C U E Y W E A T P H P N
A Z N T D H R W A L K X
R Z A O H R B L S T O L
B L P J E A O N G Q X N
O A O N J N N G D X Q V
N Z R T E X D E E N U
M S P G C G I N B N W A
O K Y U O E O W Q O G C
N X T Z K N X R M Z N E
O T T J R A I C T O N T
X Z H Z Y T D V D I K Y
I W E J P U E A R U N L
D T L C T B R O M I N E
E D I X O S U O R T I N
I Y U M N L Q X S U C E
O Z M M F F A B O S Y S
```

506

```
G O O K R E Q X T F G B
C A R A V A G G I O R H
L C I Z E U Q S A L E V
O T M N I K S U R Z N F
P D Z K S D T T Q S R E
Y F S L C B T H A A U C
J Y C H X O O E G L T L
Q Q M P O U L R L I A A
W F T U O C A L O L N R
S H C H A H K A O U I K
I N I N R E B N T P G M
I V O S O R S D E E S H
F J J B T K V S L Y G G
X V K B B L Z E U X X F
F O M R K I E E K O F V
Y B V P O M G R V X R P
W P D F B T K Y V K U R
```

507

```
K S W L T K P Y W Y E Y
Q T A R T A R E H H X I
P N W O R B E A I N W K
R R K S J P K H T O L Y
F B L E M A H C E B C M
H E S E N G O L O B D Y
Y O Z D U U R M X A A V
O L L C B C S R B Y E U
S B A L W F E G N A R O
E Y P M A B R B M X B T
S V R W M N A A R A K A
E U I U N G D L L A J M
E I C B N E I A S W B O
H U O X I Q S B I J Z T
C M T R Z R H A V S N Q
E V A C A F J M S I E Y
A R E M C A R A M E L V
```

508

```
V P R Q C T T D F Y S C
K R Q H H A O Q L I W B
Q S N I E V Y O E K Y J
F A G C E Q D D F K Y T
L H O X K S B P N H J B
U E V S B Z S L S S E C
L R S P O D H U U P N T
S O C S N M O N I I O D
O P Y M E T U G J N B F
E D A O N V L S G E T N
W S I R I O D U C S S L
P A L A T E E O C L A V
N C Q T S E R E O Q E J
G N I H E A R T N L R O
D S K R T D H Y J K B Z
D C W I N D P I P E V Y
T C I G I Y V O D A N N
```

509

```
P U Z C I R V M Y B V A
S E L D N A C C X M D F
P M A L N I K P M U P T
A A R W I T C H E S P R
G G U T H G I N D I M I
A I T C O S T U M E S C
N C A H A T S O H G S K
E T N D G H M T I M C O
C Y R S P O O K Y S G R
S K E L E T O N T N R T
M B P L X P R A I U A R
T G U H I H B T R C V E
A A S Z P V N O K Y E A
Z U T K H U E C W L Y T
B R L E A V A M Y F A U
D A Y H F L Y I N G R B
U K G O B L I N S P D A
```